歷史的插曲

一座後方小城的抗戰記憶

張在軍——著

前言

　　早在兩千多年前的西漢時期，司馬相如在《諭巴蜀檄》一文中就寫道：「夫邊郡之士，聞烽舉燧燔，皆攝弓而馳，荷兵而走，流汗相屬，唯恐居後；觸白刃，冒流矢，義不反顧，計不旋踵，人懷怒心，如報私讎。彼豈樂死惡生，非編列之民，而與巴蜀異主哉？計深慮遠，急國家之難，而樂盡人臣之道也。」這可說是對四川人民「急國家之難」的真實寫照。自民初以來，四川儘管一直處於軍閥割據的狀態，但四川軍民對國家民族的愛護與關切，絕不遜於其他任何地區。

　　盧溝橋事變爆發後的第二天，時任四川省主席的劉湘立即向中央和全國通電請纓抗戰：「和平果已絕望，除全民抗戰外，別無自存之道，要求當局早決大計，甫澄願率川軍供驅遣抗敵！」1937年8月7日，劉湘飛赴南京參加國防會議。當會上各方為戰還是和而猶豫不決時，劉湘慷慨陳詞，再次聲明：「四川為國家後防要地，今後長期抗戰，四川即應負長期支撐之巨責。四川竭力抗戰，所有人力、物力，無一不可貢獻國家……」此舉堅定了國民政府當局抗戰的決心。劉湘回到成都後，於8月25日發布《告川康軍民書》，對全省作出動員：「……中華民族為鞏固自己之生存，對日本之侵略暴行，不能不積極抵抗！凡中國人，必須歷盡艱辛，從屍山血海中以求得最後之勝利！……四川為國人期望之復興民族根據地與戰時後防重地，山川之險要，人口之眾多，物產之豐富，四川7,000萬人民所應負擔之責任，較其他各省尤為重大！」

　　不妨再看一組數據：350萬川軍出川抗戰，陣亡、負傷、失蹤約64萬人，居全國之首；承擔國家總支出的30%；徵收占全國1/3的穀物；300至500萬民工擔起了公路、機場修建和交通、糧食運輸等任務；鼎力留存中華文脈，接受48所高校遷川，接納和安置了大批機關、700餘家工礦企業內遷和上千萬人入川避難。1944年6月，蔣介石對四川人民在抗戰中的貢獻給予了全面評價：「抗戰軍興以來，中央本既定之策，而以四川為抗戰重要根據地。我川省同胞，遵奉國家至上、軍事第一之要旨，忠誠奮發，同心戮力，以收動員人力財

力之功。每年糧政兵役所負擔之數量均屬甲於各省。輸將慷慨，繳納必先，丁壯從戎，踴躍恐後。推而至於增產、運輸、募債、獻金等一切有關抗戰之工作，莫不有優良之表現。軍實資以供應，兵源賴以補充。」

為了銘記歷史、珍視和平，在中國人民抗戰勝利七十周年前夕，四川省政府有關部門舉辦了一次很有創意的採訪活動——海峽兩岸記者「重走四川抗戰大後方」。2015年5月中旬，來自海峽兩岸的記者（包括中央電視臺、中新社、中國臺灣網、臺灣TVBS電視臺、臺灣旺報、臺灣導報等）一行二十餘人分別前往成都、雅安、樂山、自貢、宜賓等地，採訪建川博物館川軍抗戰館、成都人民公園「川軍抗日陣亡將士紀念碑」、新津機場、華西壩內遷「五校」舊址、自貢鹽業博物館、江安國立劇專及李莊古鎮抗戰文化等。兩岸媒體在採訪中深切的感受到四川在抗戰時期如何成為「軍事大後方」、「工業大後方」、「文化大後方」。

「之前我認為『大後方』就是沒有戰爭，最舒服、最安逸的地方。以為抗戰期間四川是最幸福的地方，人民過得很悠閒。但現在看，四川的貢獻比我們想像的都大，可以說沒有四川人民的貢獻，就沒有抗日戰爭的勝利，宣傳四川抗戰，不僅是四川的事情，更是四川人民的驕傲！」臺灣旺報助理副總編宋秉忠如此感慨。

5月12日至13日，海峽兩岸記者聯合採訪組走進三江匯聚處的樂山市，對樂西公路、戰時故宮等地進行了採訪拍攝。記者深入樂西公路岩窩溝、蓑衣嶺、五洞橋、峨嵋河大橋、陳列室進行採訪拍攝，採訪當年築路民工及民工後代，多角度拍攝取景，力求還原當時搶通這條抗戰交通生命線時的情景。採訪團被築路的難度艱辛、民眾用生命和鮮血築成的「長城」所震撼，為樂山民眾抗戰護寶「眾志成城」的精神所感動。在安谷鎮故宮內遷文物存放地「戰時故宮」，聯合採訪組採訪了建館人王聯春老先生，瞭解他自費建設「戰時故宮」的初衷和意義，挖掘當地民眾廣泛參與保護故宮文物的鮮活故事。

樂山，古稱嘉州、嘉定，清屬上川南道，抗戰時期稱四川省第五行政督察區（1935年1月，國民政府在全川劃置18個行政督察區），簡稱四川第五區。下轄樂山、犍為、峨嵋、屏山、雷波、馬邊、峨邊七縣。樂山是行政專員公署所在地，故第五區也稱樂山專區。1941年析屏山縣之第三區和第四區，成立沐川設治局，等同縣級行政區；1942年正式設立沐川縣，也屬樂山專區，為第八

縣。今之樂山市，轄原樂山縣（含今市中區、沙灣區）、犍為縣（含今五通橋區）、峨嵋縣（今峨嵋山市）、夾江縣（戰時屬四川第四區，即眉山專區）、井研縣（戰時屬四川第二區，即資中專區）、沐川縣、馬邊彝族自治縣和峨邊彝族自治縣（含今金口河區）。

抗戰之前，樂山地區沒有專科以上的高等院校，樂山的高校都是抗戰時期內遷和新建的。其中內遷高校有：國立武漢大學、國立四川大學、江蘇省立蠶絲專科學校；新建一所國立中央技藝專科學校。抗戰期間，故宮文物有三批南遷，除了少量一批遷往貴州安順外，其餘兩批國寶級文物遷往樂山、峨嵋兩地存放。樂山還有全國獨一無二的「復性書院」，由國學大師馬一浮先生創立，不少弟子後來也成為國學教授。樂山「文化區」由小到大，一個小小的縣城因為抗戰時期高校、文化團體、工廠的內遷匯聚，一時大師雲集、群賢備至，為川西平原南端的文化中心，時有「小重慶」之美稱。抗戰勝利之後，大量內遷單位開始復員，使得地方經濟由大輸血變成了大抽血，樂山戰時的繁榮成為「曇花一現」的景象。

七十多年後的今天，沒幾個人會記得樂山，還有其他後方城市，它們變得無足輕重。雖然它們也曾輝煌耀眼，但那不過是歷史長河的一段插曲而已。

參與「重走四川抗戰大後方」採訪的臺灣旺報記者張國威表示，抗戰這段歷史在臺灣正被漸漸遺忘，以前人們甚至看不起川軍，通過這次走訪報道，可以看到全國都在抗戰，每一個點都在抗戰，每一個中國人都在抗戰。四川在大後方做出這樣的貢獻，應該廣為人知，這是兩岸甚至華人都應該知道的血肉史。

誠哉此言。這也是筆者撰寫此書的初衷。

2018年8月15日

目　次

前言 3

序　曲　到大後方去 11
　　第一節　保留元氣，廠礦內遷 13
　　第二節　搶救文脈，高校長征 17

第一章　華西新塘沽：范旭東與永利黃海 23
　　第一節　寧可玉碎，不求瓦全 25
　　第二節　道士觀建起新塘沽 30
　　第三節　孫學悟與黃海研究社 36
　　第四節　科研成果，碩果累累 43
　　第五節　深憾中國失先生 48

第二章　芭蕉溝往事：孫越崎與嘉陽煤礦 55
　　第一節　孫越崎整理焦作礦務 57
　　第二節　中福南遷，合組天府礦業 61
　　第三節　芭蕉溝辦起嘉陽煤礦 67
　　第四節　開礦出煤，鐵水聯運 72
　　第五節　為抗戰軍需作貢獻 79

第三章　實業報國家：李劼人與嘉樂紙廠 85
　　第一節　關關停停，創業維艱 88
　　第二節　國家不幸廠家幸 93

第三節　勉力維持到天亮 ······················· *100*

第四節　資助文化事業文化人 ··················· *105*

第五節　戰時樂山的印刷業 ····················· *113*

第四章　命運迥異的各類企業 ······················· *117*

第一節　戰時中國唯一的降落傘廠 ··············· *119*

第二節　打敗日本絲綢的美亞公司 ··············· *127*

第三節　資源委員會建設岷江電廠 ··············· *136*

第四節　堪比景德鎮的清華瓷器廠 ··············· *144*

第五節　中國第一家天然金剛砂廠 ··············· *151*

第五章　功侔魯壁：故宮國寶在安谷 ··············· *159*

第一節　「九一八」改變故宮命運 ··············· *161*

第二節　北線文物轉運到樂山 ··················· *166*

第三節　安谷鄉村的一寺六祠 ··················· *171*

第四節　尹煥章成了樂山女婿 ··················· *177*

第五節　完璧歸寧又分離 ······················· *181*

第六章　弦歌不輟：武漢大學在樂山 ··············· *189*

第一節　文廟裡響起琅琅讀書聲 ················· *191*

第二節　一代完人，功蓋珞嘉 ··················· *197*

第三節　四大學院：文法理工 ··················· *202*

第四節　實習工廠，讓馮玉祥長見識 ············· *207*

第五節　十萬青年十萬軍 ······················· *212*

第七章　劬勞吐絲：江蘇蠶校在川南 ··············· *219*

第一節　兩枚炸彈落在蠶校 ····················· *222*

第二節　俞慶棠請費達生「出力」 ··············· *226*

第三節　樂山的桑蠶絲綢業 ····················· *231*

第四節　鄭辟疆入川復校 · 236

第五節　宋美齡認可的蠶絲實驗區 · · · · · · · · · · · · · · 243

第八章　烽火薪傳的文化機構 · · · · · · · · · · · · · · · · · · · 249

第一節　齊魯文物：大佛作伴十三年 · · · · · · · · · · · 251

第二節　復性書院：從講學轉向刻書 · · · · · · · · · · · 260

第三節　中央技專：毫不起眼的學校 · · · · · · · · · · · 268

第四節　峨嵋山下：程天放與四川大學 · · · · · · · · · 277

第五節　凌雲山上：唐燿與木材試驗室 · · · · · · · · · 285

尾　聲　抗戰勝利了 · 295

主要參考資料 · 302

後記 · 309

序曲
到大後方去

收拾起大地山河一擔裝，西邊到後方，

歷盡了渺渺程途，漠漠平林，壘壘高山，滾滾長江，

但見那寒雲慘霧和愁織，受不盡苦雨淒風帶怨長。

雄城壯，看江山無恙，誰識我一瓢一笠到蜀鄉。

　　　　　　　　　　　　　——據李玉《千鐘祿·慘睹》改編

第一節　保留元氣，廠礦內遷

　　盧溝橋事變爆發後，日本對中國進行全面的侵略，先北平、天津，次南京再上海的瘋狂進逼，使沿海工業發達城市先後淪陷。當時全國最大的工業城市上海，工廠總數1,255家，占全國工廠總數近三分之一。為使民族工業免遭厄運，不少資本家出於愛國熱情，紛紛計議，舉廠內遷。上海機器五金同業工會、毛紡行會、上海中華國貨產銷協會等工商界行會組織，聯名向國民政府發出呼籲，「誓不以廠資敵」，要求政府派員聯絡，制定計畫，並給予遷移幫助。局勢嚴峻，輿論強烈，1937年7月22日，國民政府終於成立「國家總動員設計委員會」，由何應欽主持，全面籌劃戰爭動員事宜，決定立即將糧食、資源、交通等統制起來。

　　根據這一設計，資源委員會副主任錢昌照向蔣介石上了一個有關動員內遷的條陳，並要求批准兩件事：一是資助拆遷上海主要民營工廠移至後方生產，以利繼續抗戰；二是緊急撥款搶購積存於青島等沿海城市的戰略物資如水泥、鋼材、木材等，以供防禦之需。以上兩事得到批准後，錢昌照於24日召集實業部、軍政部、財政部、經濟委員會、交通部、鐵道部籌商如何統制資源時，提出內遷沿海工業，得到與會者的贊同。當時，共分8個組討論，即財務、礦冶、燃料、機器及化學、棉業、建築材料、牲畜毛革及專門人才。

　　7月28日，在機器及化學組會議上，資源委員會專員林繼庸提議把上海工廠遷往內地的建議。他認為：近代中國工業佈局極不合理，重要工廠絕大部分集中於上海。據實業部1937年9月底的登記，上海合乎工廠條件的1,279家，廣州較大的工廠164家，其他各地微不足道。[1]上海的工業固然發達，可惜中國軍

---

[1]　張朋園、林泉：《林繼庸先生訪問記錄》，（臺北）中央研究院近代史研究所1984年版，第

備薄弱，沒有強大的海軍空軍，一旦戰爭爆發，上海及沿海勢將不守，中國工業必遭嚴重打擊。而內地各省地廣人稀，幾無工業基礎，難以滿足抗戰之物質需要，從頭建設又為時過晚。最好的辦法是將沿海的工廠遷至內地，這樣既可以增加抗戰的物資力量，又可以避免沿海淪陷後工廠為敵所用。

大家對林繼庸的建議議論紛紛。「有些人以為事體是應該辦的，但是恐怕不易推動，眼看著上海這方面戰爭就要開始了；有些人以為上海的各家機器廠湊合起來，其設備也抵不住一家國營的兵工廠，實在值不得搬遷；有些人以為現在民有的力量，即是國家的力量，能將他們的生產機器搬進內地，盡我們的力量去做，國家因此多花些錢，亦是值得。」林繼庸則認為，「民間工廠的規模確是比不上國營工廠，但是搬進內地去亦有其用處，且現在各民營機器廠亦多接受國營兵工廠的定貨，即如我們國營兵工廠的規模亦比不上克虜伯、斯可達等廠，但是我們的兵工廠搬進亦可幫助戰事的進行啊！」[2]最後，會議通過了一項決議，決定：「調查上海各華廠現有工具機並接洽有無遷移內地之可能，估計其遷移及建設費用或詢明收買之價格，由資委會擔任調查。」會議結束後，資源委員會立即派莊前鼎、張季熙和林繼庸三人前往上海與各實業界人士接洽內遷事宜。

7月30日，工商業界的領袖之一、上海機器廠老闆胡厥文便召集上海機器五金同業公會舉行執委會議，專門討論工廠內遷問題。會上大鑫鋼鐵廠的余名鈺、上海機器廠的顏耀秋、新中工程公司的支秉淵、中華鐵工廠的王佐才等企業家都表明了強烈的遷廠願望，其態度非常堅定，愛國思想溢於言表。但是，上海企業界的想法是十分複雜的，可分為願遷移者、不願遷移者和反對遷移者三類。有很多人因為對戰爭的發展心存僥倖，對內遷採取了消極抵制的態度，尤其是紡織界因留戀上海的優越條件，多數人不肯內遷；有的人感到搬遷困難重重，易地營業，運輸、原料、動力、資金流轉諸問題均無著落；有的人則是抱有苟安心理，認為將工廠自華界搬遷至租界即獲安全。

由於有了胡厥文等人的積極動員，最終，會議通過了遷廠的相關細則。隨後，為了向國民政府表示實業界回應民族工業內遷的號召、共赴國難的決心，

23頁。

[2] 張朋園、林泉：《林繼庸先生訪問記錄》，第27頁。

胡厥文、顏耀秋和林繼庸等人於當晚共赴南京，同時也想籲請國民政府解決內遷的經費問題。8月9日，資源委員會正式向行政院提出了「補助上海各工廠遷移內地工作，專供充實軍備以增厚長期抵抗外侮之力量案」。次日，行政院第324次會議通過了資源委員會的提案，並責令資源委員會會同財政部、軍政部、實業部共同組織「上海工廠遷移監督委員會」（簡稱「監督委員會」），以資源委員會為主辦機關，林繼庸為主任委員，負責經辦工廠內遷事宜。但是，有關遷移費問題，一開始只同意下撥15萬元，後經錢昌照從資源委員會處撥借了56萬元，供遷移工廠之用，總算初步解決了民族工廠內遷資金匱乏的燃眉之急。之後，林繼庸又與胡厥文、顏耀秋一起到南京與國民政府再三交涉，又爭取到500萬元的搬遷費用。

最終，「上海遷出的民營工廠僅148家，工人2500餘名，機器物資1.46餘萬噸，僅占全市已登記工廠數的1/9。這些工廠遷到武漢的共121家，之後又遷往大後方的則有137家。其中四川106家，占77.4%，廣西17家，占12.4%，湖南9家，占6.6%，陝西1家，占0.7%，其他省份4家，占2.5%。」[3]就全國來看，「截至1940年底，民營工廠內遷639家，由國民政府助遷者448家⋯⋯內遷至四川的有250家，占55.8%，湖南121家，占27%，陝西42家，占9.4%，廣西25家，占5.6%，其他省份共10家，占2.2%。」[4]四川之所以占比最多在於，顏耀秋與林繼庸等人於1938年2月份赴四川省察看，先後跑了內江、自流井、鄧井關、成都、彭山、夾江、樂山、五通橋等地，考察工業資源，勘察建廠地點，一圈跑下來，「覺得四川物產富饒，真是『天府之國』，同時看到下江日軍勢如破竹，武漢難以固守，留此非長久之計。重慶儘管運輸困難，暫時條件較差，但為一勞永逸，還是以遷川為宜。」[5]於是內遷工廠紛紛轉道入川。

綜觀整個抗戰時期的工廠西遷，大致可分為三個階段：

第一階段：從1937年8月至1937年底，沿海地區民營、國營工廠的西遷。此階段工礦調整委員會擬具的工廠遷移原則為：「遷移之工廠分為兩種，一為指定軍需工廠，二為普通工廠」；「指定軍需工廠之範圍，以下列各種工廠

[3] 蘇智良等編著：《去大後方——中國抗戰內遷實錄》，上海人民出版社2005年版，第72-73頁。
[4] 蘇智良等編著：《去大後方——中國抗戰內遷實錄》，第68頁。
[5] 顏耀秋：《抗戰期間上海民營工廠內遷紀略》，全國政協文史委編：《中華文史資料文庫第12卷經濟工商編》，中國文史出版社1996年版，第960頁。

為主：1.兵工需要之機器工廠、化學工廠、冶煉工廠；2.動力及燃料工廠及礦廠；3.交通器材製造工廠；4.醫藥品工廠；5.其他軍需品工廠」；「普通工廠為指定軍需工廠以外之工廠，凡願遷移，呈經政府核准者，得予以免稅、免驗、減免運費、便利運輸或徵收地畝等之援助……關於遷移後之安插及工作問題，亦以由廠家自行籌劃為原則。」[6]

第二階段：從1938年1月至1940年底，沿海地區內遷工廠再遷與中部地區工廠的西遷、復工。在國民政府的大力扶持下，經過廣大內遷員工的努力，大部分內遷廠礦在短時間內先後復工，「自武漢撤守，復嚴密規劃，飭令各廠礦繼續內移川、湘各省，籌廠復工。綜計經政府促助內遷之廠礦，共達448家，機器材料70,900噸，技工12,080人。至二十九年終，已大部完成復工」，「其地域分部，四川占54.67%；湖南占29.21%；陝西占15.9%；廣西占5.11%；其他省份占5.11%。」[7]

第三階段：1944年4月至1944年12月，陝、湘、桂等地工廠的遷移。1944年底，金城江、獨山失陷，運抵兩地的大批工廠設備遭敵浩劫，「此次湘、桂工廠內遷者共95家……到達或越過金城江者有52家工廠的5,648噸機器設備，而最終逃脫敵人魔掌到達安全地點的只有少數工廠的200餘噸機件，僅為這次內遷工廠啟運總噸位的2.6%。」[8]

由於重慶目標和負擔過大，從1937年起，沿海一帶的工廠先後有近20家內遷來樂山。其中分布在城區和五通橋的有大業印刷公司、空軍保險傘廠、全華公司、永利化工廠、美亞織綢廠、亞西機器廠等。

內遷廠礦改變了樂山原來的工業布局。廠礦數量，工業門類都有所增加。戰前雖有少數採用機器生產的工廠，但在經濟發展中所占的比重很小，自給自足的自然經濟仍占主要地位。內遷廠大大增強了樂山近代工業的比重和力量，如能源工業，內遷的中福公司與天府公司合辦的嘉陽煤礦，年產約10萬噸。

內遷工礦企業給樂山工業帶來了先進的管理經驗和眾多熟練的工程技術人員，推動了樂山工業的發展。戰前樂山的近代企業管理落後，基本上是封建家

---

[6] 《軍事委員會第三部致第四部函》（1937年9月7日電），《抗戰時期工廠內遷史料選輯（三）》，《民國檔案》1987年4期。

[7] 翁文灝：《行政院工作報告》，章伯鋒、莊建平：《抗日戰爭》第五卷，四川大學出版社1997年版，第232-233頁。

[8] 轉引自黃立人：《抗日戰爭時期工廠內遷的考察》，《歷史研究》1994年第4期。

庭式的、小手工業的管理辦法。隨著工廠內遷帶來的眾多的工程技術人員，使樂山工業的技術力量迅速增強。內遷工礦企業的科技人員又在樂山帶領和培養科技力量。

樂山工商業無疑有較大發展。據《川南工商》載：抗戰時期由於樂山「居青衣江大渡之總匯，當成都宜賓之中樞，川中、樂西兩公路次等完成，通車已久。出產以絲、鹽、白蠟為大宗。商之公司，工之場廠，咸萃於斯，貿易最為興盛。省府特定樂山為工業據點之一……以奠定戰後工業化之基礎。」[9]

歷史就是這麼吊詭。中國現代化進程在東部地區受阻，卻在西南地區得到補償和發展，西南這一中國歷來最為封閉的腹地，開始受到現代化的大幅濡染與薰陶，並開始加速現代化的啟動與發展。

第二節　搶救文脈，高校長征

與工廠內遷的同時，中國的文化機關尤其是高等學校，也開始了史無前例的大遷移。此次高校內遷，儘管是在迫不得已的情況下進行的，但對於保存中國的文脈、推動西部地區落後的教育、文化乃至社會的發展，都具有積極意義。

1937年7月15日，蔣介石邀請各界知名人士在廬山舉行國是座談會。清華大學梅貽琦校長、北京大學校長蔣夢麟、南開大學校長張伯苓以及一些知名教授等應邀參加。

此時，平津戰事日益吃緊，各校紛紛去電告急，要求幾位校長迅即返校應變。在北平的清華教授潘光旦、鄭之藩等人聯合北大等校教授共21人，密電廬山談話會，「務請一致主張貫徹守土抗敵之決心，在日軍未退出以前絕對停止折衝，以維國權。」17日，梅貽琦密電潘光旦，當日早晨當局召開重要會議，表示堅決抗日，並已開始布置。

也就在同日，日本東京「五相[10]會議」決定，調遣四十萬日軍侵華，華北局勢急轉直下。

---

[9]　柳維垣：《抗戰期中川南工商之展望》，樂山《川南工商》第1卷第1期，1944年7月1日。

[10]　五相：指首相、外相、海相、陸相和藏相。

　　日本為了徹底摧毀中國，首先瞄準文化教育機構，對中國高校進行了有計畫、長時間、大規模的摧殘和破壞。7月28日午夜，日軍用密集的炮火徹夜轟擊南開大學，29日又派飛機以南開為目標，對天津進行了長達四小時的連續轟炸。之後，又將軍車開進南開，將尚未炸毀的樓房潑上汽油點火燒毀。南開大學的秀山堂、木齋圖書館、芝琴樓女生宿舍、單身教授樓和大部分平房均被夷為平地。南開中學部的西樓、南樓和小學部教學樓也成了一片廢墟。

　　南開的事例只是抗戰中眾多被日軍破壞的文教機構的一個典型。「此次戰爭中，蒙受損失最大者為高等教育機關，敵人轟炸破壞，亦以高等教育機關為主要目標。」「此項教育機關，關係中國文化之發展。此項損失，實為中華文化之浩劫」。[11]當年底，國民政府教育部對開戰以來中國教育機關被日軍破壞情況作了初步的總結：「自戰爭開始迄今三月有餘，日軍連續採取其一貫之殘酷行動，以大炮飛機摧毀中國各大學及專科學校。當撰寫此文時，中國專科以上學校之被全部摧毀，或局部摧毀者已達23所。此外尚有無數中小學及他種學校也遭同樣厄運。」「日軍以炮火炸彈破壞中國教育機關而最使人注目者，厥為區域之廣闊。北至平津，南至廣州，東至上海，西至內地江西，各地學校校產、校舍及圖書儀器等設備，付諸一炬者為數甚大。日機轟炸實儘量以自其根據地所能達到之地點為惟一止境，彰彰明顯。」[12]

　　同樣，圖書館、博物館等與高等學校直接有關的文化機關損失也極大。1946年，中國代表團遞交聯合國教科文組織巴黎大會的一份報告說：戰前中國全國圖書館計有1,848所。「抗戰發生，圖書館事業受影響最大，或被摧殘，或被掠奪……各省市之公私立圖書館因戰時影響，損毀停頓者，達50%以上。其能倖存者亦均損失甚多。後雖逐漸恢復，據1943年之統計，全國亦僅有圖書館940所，約占戰前50.86%」。中國各地的各類博物館在戰爭中也遭到同樣的命運。該報告又說：「全國博物館，戰前計有37所，工作人員110人。戰事起後，故宮博物館所藏之文物珍品多遷至四川、貴州各地妥藏。國立中央博物院籌備處亦遷四川李莊繼續籌備。各省設立之博物館，則以戰事影響大多停辦。

---

[11]　延安時事問題研究會編：《抗戰中的中國文化教育》，上海人民出版社1961年版，第28、32頁。

[12]　《教育部草擬中日戰爭中日軍破壞中國教育機關之情形》，國民政府教育部檔案，五（2）/581，中國第二歷史檔案館藏。轉引自曹必宏等：《汪偽統治區奴化教育研究》，社會科學文獻出版社2015年版，第34頁。

1944年統計，全國僅存博物館18所」。[13]至於戰時被日軍搶奪去的公私文物，更是無以計算。

野蠻的轟炸和破壞嚇不倒中國政府和人民。張伯苓校長得知南開被炸的消息，向記者發表談話說：「敵人此次轟炸南開，被毀者為南開之物質，而南開之精神，將因此挫折而愈益奮勵。」他表示，「只要國家有辦法，南開算什麼？打完了仗，再辦一個南開。」蔣介石也向張伯苓表示：「南開為中國而犧牲，有中國即有南開。」

8月19日，教育部部長王世杰簽發了《戰區內學校處置辦法》的密令。根據當時的戰爭形勢，他把下列地方列為戰區：「上海、南京、北平、天津、青島；江蘇沿京滬、津浦兩線各地，沿海地帶；山東沿津浦、膠濟兩線各地，沿海地帶；河北沿平漢、平浦兩線各地；福建沿海地帶；廣東汕頭附近；綏遠、察哈爾；浙江沿滬杭鐵路及沿海地帶。」

密令規定，各省市教育廳局如其主管區域轄有戰區，應斟酌情況採用以下措置：「於其轄境內或轄境外比較安全之地區，擇定若干原有學校，即速儘量擴充或布置簡單臨時校舍，以為必要時收容戰區學生授課之用，不得延誤。」「於戰時發生或迫近時，量予遷移。其方式得以各校為單位，或混合各校各年級學生統籌支配暫時歸併，或暫時附設於他校。」

密令還要求戰區內的學校應酌量將學生的成績照片、重要帳簿、貴重且易於移動的設備等預為移藏；暫時停閉的學校應發給學生借讀證書，以便學生自由擇校借讀；主管教育行政機關，對於戰區各學校的教職員應酌量遷調服務或予以救濟。為了保障中小學生在非常時期所需的教學用書，王世杰飭令商務印書館、中華書局、正中書局、世界書局在長沙、南昌、廣州等處開設分支機構，以確保各科教學用書在戰爭期間仍得以源源不斷出版。

緊接著，教育部又於8月27日頒布了《總動員時督導教育工作辦法綱領》。其主要內容是：「戰爭發生時，全國各地各級學校暨其他文化機構，務必保持鎮靜，以就地維持課務為原則；比較安全區域內的學校，在盡可能範圍內，設法擴充容量，收容戰區學生。」「為安定全國教育工作起見，中央及各省市教育經費在戰時仍應照常發給，倘至極萬不得已有量予緊縮之必要時，在

---

[13]　轉引自王春南：《侵華戰爭中日本對中國文化的摧殘》，《抗日戰爭研究》1993年第1期。

中央應由財教兩部協商呈准行政院核定後辦理，在地方應由主管財教廳局會商
呈准省市政府核定後辦理。」

在學校頻遭焚毀、國土連片淪陷的緊急形勢下，為了從這場浩劫中搶救和
保存中國文化教育的命脈，堅持抗戰，各地高校進行了歷史上罕見的流亡遷
移。綜觀八年抗戰期間，中國高校內遷大致分三個時期。

第一時期：1937年抗戰爆發至1938年10月廣州、武漢失守。這段時期作為
高校集中地的平、津、滬、寧、穗、漢等地，都是當時的戰場，高校損失十分
嚴重。統計這一時期內遷高校，共約75所，占1938年底中國高校總數97所（抗
戰前的108所高校已有11所全部受破壞）的77%，占抗戰時期內遷高校總數124
所的60%。[14]東部沿海的各高校除北平的燕京大學、輔仁大學等教會學校中立
未動，上海的交通大學、滬江大學等遷入英美租界外，其餘主要高校或遷往西
南、西北地區，或就近遷入周圍山區。國立西南聯大、西北聯大均成立於此時；
中央大學、復旦大學、武漢大學、浙江大學等均於這一時期遷往西南。此時的
高校內遷是三次大遷移中規模最大、任務最繁重、損失也是最嚴重的一次。

第二時期：1941年太平洋戰爭的爆發至1942年上半年。太平洋戰爭爆發使
原避居於英美在華租界中的高校及在香港的高校，或被迫停辦或遷往西南諸
省。如原遷上海英美租界的高校，如滬江大學、交通大學等，不得不遷往重
慶，原滯留北京的燕京大學也遷往成都。這一時期由於戰事的變動，特別是雲
南從大後方變成大前方，遷往滇西的國立藝專、同濟大學等又先後遷往四川。
統計這一時期遷移高校近20所。

第三時期：是1944年國民黨正面戰場豫湘桂戰役大潰退時，日軍前鋒至貴
陽，西南震動。結果迫使廣西、貴州的一些高校和早先雲集在廣西、貴州、湘
西、粵北的大批高校再度遷徙。如廣西大學遷往貴州榕江，唐山工程學院從貴
州平越遷往四川璧山。同時，日軍對贛中南的進攻，導致聚集在泰和的8所高
校全部遷徙。這一時期，共遷高校26所。

除這三次集中遷徙外，零散遷移或再遷移的高校還有近50所。

內遷高校比較集中的地方是四川重慶、成都和雲南昆明，以陪都重慶為最
多。據統計，內遷西南的61所高校，就有48所占78％集中在四川；而「截至

---

[14] 據唐正芒等著：《中國西部抗戰文化史》，中共黨史出版社2004年版，第321頁。

1944年，遷入重慶地區的有大學9所、大學研究所1所、獨立學院10所、專科學校11所，合計31所，占內遷高校的1/3」[15]。重慶與成都的高校又大多集中在重慶的沙坪壩、北碚的夏壩、江津的白沙壩和成都的華西壩，形成著名的「文化四壩」。

　整個抗戰時期遷入樂山及周邊地區的高校有3所，即國立武漢大學、江蘇省立蠶絲專科學校、國立四川大學，遷入的科研機構有黃海化學研究社、中央木材研究所等。在樂山籌建的文教機構有國立中央技藝專科學校、復性書院等。另有故宮博物院大部分國寶藏在樂山一帶，並在樂山、峨嵋分設兩處辦事處，山東省圖書館的古籍、文物也藏於樂山。

　高校遷入尤其是武漢大學的遷入，對於風氣閉塞，文化、教育和科技都相對落後的嘉州古城產生了重大影響。極大地促進了樂山地區教育和科技文化的發展，推動了樂山城市近代化的進程。

---

[15]　楊宏雨：《困頓與求索》，學林出版社2005年版，第128頁。

第一章
華西新塘沽：范旭東與永利黃海

　　百年前的中國，積貧積弱，災難深重。西方列強憑藉其強大的綜合國力，對中國進行政治上的欺凌，經濟上的掠奪，中華民族危機不斷加深。許多有志之士都在探求中國的強國之途。不同的人有不同的志向和追求，在當時就出現一批從國外留學歸來的仁人志士強調以發展科學與實業作為救國自強的方向，范旭東便是其中的傑出代表。他歷盡艱辛，終於在中國荒蕪的基本化工領域創建了著名的「永久黃」團體：1914年在塘沽創辦了中國第一個精鹽廠——久大精鹽公司；1917年在天津籌建了中國第一個純鹼廠——永利制鹼公司；1922年在塘沽創建了中國第一個化工研究機構——黃海化學工業研究社；1934年又在南京附近建成中國第一個硫酸錏廠。

　　抗戰時期，范旭東的「永久黃」團體毅然秉承「實業救國」的理念，堅定承擔民族責任的信念。從抗戰初期的遭受戰爭採取應急措施，到抗戰中期的積極入川建廠，再到抗戰後期的籌劃復興工業大計，「永久黃」團體在國家危亡的關鍵時期，對於社會責任的切實踐行思想一如既往：以國家、民族利益為己任。1953年8月的一天，毛澤東在談到中國民族工業發展過程時說：「有四個人不能忘記，講鋼鐵工業不能忘記張之洞；講紡織工業不能忘記張謇；講化學工業不能忘記范旭東；講交通運輸不能忘記盧作孚。」

第一節　寧可玉碎，不求瓦全

　　永利公司是中國創建最早的制鹼企業，開創了中國化學工業的先河。由該公司生產的「紅三角牌」純鹼，使中國生產的化工產品首次出口海外。早在1926年美國費城世界博覽會上永利生產的純鹼獲得了金獎和證書，證書中稱永利為「發展中華民國主要化學工業之象徵」。在天津近代史上，永利制鹼公司和南開大學、《大公報》同時被稱為「天津三寶」。

　　1934-1937年是永利公司事業精進、宏圖大展的階段，成為中國純鹼產業的排頭兵，擁有國內最為先進的制鹼技術。產品屢次獲得國際榮譽，市場穩定，產銷兩旺。

　　1935年11月，日軍唆使殷汝耕，在河北通縣成立所謂「冀東防共自治政府」，塘沽當時屬河北省寧河縣，也是冀東範圍。從此，塘沽的日本洋行、酒館、商店和形形色色的日本人不斷增多。塘沽的日軍藉口清查抗日分子，經常

要進久大、永利進行搜查，職工情緒為之不安。直到抗戰爆發前夕，每天有許多日本軍車由東北開往天津方向，時局日益緊張。面對永利、久大、黃海這座規模龐大的化工城拆遷無門，范旭東和永利鹼廠廠長、黃海化學工業社董事李燭塵[1]等人進行緊急會商，決定首先做好南遷的準備。於是，范旭東在1937年7月初乘七七事變前最後一列南下列車前往南京，將北方事宜全權委託予李燭塵。

范旭東（1883-1945），原名源讓，字明俊，後改名銳。祖籍湖南湘陰，生於長沙。宣統二年（1910）畢業於京都帝國大學化學系。翌年辛亥革命爆發，回國任職於南京臨時政府工商部。1913年，被派往歐洲考察鹽政，由此而對精鹽製造及鹽的工業用途發生了濃厚興趣。1915年，范旭東在天津創辦久大精鹽公司，被公推為總經理，生產出中國本土製造的第一批精鹽。范旭東親筆設計了一個五角形的商標，起名「海王星」。1917年，范旭東向久大公司董事會建議籌建鹼廠，並經財政部鹽務署特許立案。次年11月，創辦永利製鹼公司。1920年5月，永利第一屆股東會議決定以資本40萬元在塘沽建廠，范旭東任總經理。1926年，實現了正常運轉，生產出優質純鹼。1926年至1927年，又先後在青島開辦永裕鹽業公司，在漢口開辦信孚鹽業運銷公司。1931年9月，范旭東被實業部聘請為中國氮氣公司籌備委員會委員。在與英、德兩國的公司談判破裂後，考慮中國自辦。范於是踴躍承擔，在南京卸甲甸興建永利硫酸錏（即硫酸銨）廠，於1937年建成。

李燭塵（1882-1968），原名李華揩，湘西永順人。他幼時在當地私塾讀書，19歲考中秀才，後來去北京會試不第。辛亥革命後，李燭塵東渡日本考入東京高等工業學校，攻讀電氣化學。1918畢業後懷著「實業救國」和「科學救國」的理想回國，應范旭東邀請加入久大任技師。1919年初，他奉派去四川自流井、五通橋調查井鹽，掌握了不少資料，為久大後來在四川開拓鹽業，打下了基礎。1920年又去永利任職。1921年到內蒙伊克昭盟等地考察天然鹼資源，回廠後與范旭東商議，認為擴展化學事業，需有專門研究機構，探索鹽鹼奧秘。隨之，於1922年成立了「黃海化學工業研究社」，聘請留美化工博士孫學悟主持其事。這在當時民族工業界是首創的。自此，久大，永利、黃海三位一

---

[1] 李獨塵當時與侯德榜是二人輪值擔任永利鹼廠的廠長。

體，稱為「永久黃團體」。1928年永利、久大、黃海共同創立海王社，發行《海王》旬刊。由於范旭東的遠見卓識，認識到辦好化工企業，技術力量固然十分重要，但沒有科學的經營管理，也不可能取得好的效果。因此，永利制鹼公司設立四個部：經營部、原料部、製造部、化學部。李燭塵任經營部長，之後還擔任過廠長，兼管久大廠務。

全面抗戰爆發之後，久大和永利兩廠的原料運不進，產品出不去，生產基本停頓。范旭東電告在津的李燭塵，要求其督促「全體職工，拆除設備，退出工廠，留津待命」。李燭塵十分冷靜，當即周密安排對職工的疏散工作，對20多年間「永久黃」嘔心瀝血召集和培養出的300多名高級工程技術人員及他們的家屬，他更是一一過問，組織他們分批乘船南下，再經香港轉道武漢和長沙，之後又陸續轉移進川，為在大後方重建鹽廠、鹼廠保存了最重要的「資本」和財富。李燭塵本人卻始終堅守在北方，在最危險的環境裡堅持到最後。

李燭塵首先派人將廠內留下的部分藍圖及資料，均集中在制鹼爐內燒毀，不留任何痕跡，避免洩密；接著，又組織10多名技術人員在天津永利總管理處整理圖紙資料，準備後撤內遷，為在後方建設鹼廠做技術準備；隨後，又不斷派人進入塘沽永利鹼廠進行複查測繪，並乘機將一些先進的設備儀器拆毀，避免讓侵略者利用。8月底，李燭塵電令鹼廠除少量的護廠人員和做善後工作的技術人員外，其餘人員撤回天津待命。

8月7日，塘沽淪陷後，日軍隨即將久大、永利廠包圍，但尚未進入永利廠內。此刻，英國卜內門公司想乘機逼永利鹼廠就範，它表面上提議將永利改為英中合辦，另一方面，乘機參與對永利的投資，企圖日後尋機吞併永利。李燭塵立刻洞悉其險惡企圖，斷然予以拒絕。不久，日本軍部華北開發公司又授意其下屬興中公司奪取鹼廠產權。興中公司的代表刀根去「拜訪」李燭塵碰了壁，又數次找到范旭東，要求把永利鹼廠買下來。范旭東氣憤之極：「我的工廠不賣，你們若能拿走，就拿走好了！」日本人怒氣衝衝地走了之後，范旭東立刻電囑李燭塵：「寧可玉碎，不求瓦全。」

「八一三」淞滬會戰爆發的當日，范旭東在上海收到在津留守的李燭塵、余嘯秋等人發來的情況彙報電文後，即親擬電文回復：

　　甚妥，至慰。兩廠開工無期，離職員工應正式停薪。其他至於儲金發還

等善後，盼詳定辦法，函滬便辦。蕪粵永款，滬久款已匯，諒洽。滕兄請略緩行，候電啟程，其全眷已回湘，局勢緊張，難免一戰。[2]

卻說日方詭計用盡，再也耐不住性子，終於圖窮匕首見。12月9日，刀根竟拿著一份預先擬好的永利公司同意把鹼廠交給興中公司接辦的協定文本，找到設在法租界內的永利公司總管理處，逼迫李燭塵在文本上簽字。李燭塵在此之前儘管心中不快，但始終沒有撕破臉皮。此刻這紙文本放在眼前，他忍無可忍，一改往日斯文儒雅風範，拍案而起。李燭塵怒斥日本人說：「我不能且不願意與任何人簽訂任何契約！你這辦法，只能威脅別人，可不能威脅我！世間有『保護國』這名詞，未聽到有『保護工廠』這乖巧名目⋯⋯你既然口口聲聲說軍部如何如何，軍部有槍在手，強奪便了，又何必簽甚麼字呢？你要知道，搶奪人家的產業，就是土匪，世間豈有土匪搶奪主人的東西，還要主人簽字的道理？」[3]

刀根張口結舌，狼狼離去。第二天，日軍下令強行接管永利鹼廠，而久大鹽廠同樣也被日軍霸佔了。至此，「永久黃」團體在塘沽的產業全部落於日本侵略者手中。對於這一切，李燭塵對日本人說：「你們今天把我公司的廠完完整整的搶去，以後我要回來，要完完整整的交還給我。」隨後，李燭塵與同事經過一番喬裝打扮，搭上英國輪船遠走香港。

永利鹼廠被侵佔，最為傷心的正是那些為永利奮鬥了十多年的廣大職工。當時有位永利職工在離開塘沽時，曾寫下這樣一封令人讀後不禁潸然淚下的信：

每逢輪船將近走入在[塘]沽口的時候，遠遠就望見兩座高聳的樓房，矗立在那浪花深處。往來的船舶，都將這樓頂的一點星光，作為航線的南針，那不就是我們經過十多年奮鬥成功的永利鹼廠嗎？

我們用盡了心血，在那偏僻的塘沽，建設了這偉大的工廠，替國家奠下化學基本工業的基石，解決了數萬人的生活問題。⋯⋯我每每想到塘沽的這種情形，不禁心中發出滿意的微笑，又那裡知道今天想到了，

2　天津鹼廠黨委宣傳部編：《鈎沉——「永久黃」團體歷史珍貴資料選編》，2009年，第105頁。
3　《記塘沽工廠陷敵的一幕》，轉引自李玉：《企業先驅：范旭東大傳》，中華工商聯合出版社1998年版，第236-237頁。

就會黯然傷神呢？

……我記得離開塘沽的時候，遠見著永利高樓，似乎發現出一種黯淡愁雲，向我們灑滴了幾點離別之淚似的。[4]

永利鹼廠被日軍佔領之後，該廠的留守護廠人員在黃叔眉等人的領導下，在極艱苦的環境中，與侵略者進行了無畏的鬥爭。黃叔眉曾多次被日軍召去盤問，強令其儘快恢復生產。為了共同信守「誓不助敵」的原則，他們暗中將30支護廠駁殼槍全部投入深水塘裡，並把廠裡18條管道堵死。日本人只能眼睜睜地看著那巨大的機器，卻無法使其運轉。

塘沽淪陷後，「永久黃」歷盡艱辛建設起來的化工基地變成了另一副模樣：

黃海的圖書館，做了敵軍的運輸司令部；明星小學校舍，駐紮特務機關；太平村、聯合村，是馬廄和堆棧；新村住著管理工廠的敵人和效忠敵人的奸細們；新街、民主街一帶，擠滿了浪人、娼妓、煙館、賭攤。總而言之，那地方已非人世。[5]

1938年春，「永久黃」團體的技術人員、工人和眷屬一千多人，陸續彙集漢口。根據范旭東的指示：「本團體事業受戰事影響，重心西移，漢口事務日繁，應即設立永利、久大、黃海、永裕聯合辦事處，以資聯絡並指定范鴻疇先生為該處處長。」[6]

由於前途未卜，人心惶惶，直到范旭東從香港趕來後大家的心少許安定一些。范旭東剛到漢口，立即召集李燭塵、侯德榜、孫學悟、范鴻疇等核心人物開會研究「永久黃」團體今後的命運和方向。會上意見並不一致，有的主張疏散人員，各奔東西；有的主張克服困難，重建家園。范旭東不主張對事業、對抗戰取消極態度，他說：

[4] 引自李玉：《企業先驅：范旭東大傳》，中華工商聯合出版社1998年，第241-242頁。

[5] 《為久大永利工廠紀念日作》，轉引自李玉：《企業先驅：范旭東大傳》，中華工商聯合出版社1998年版，第237-238頁。

[6] 天津鹼廠黨委宣傳部編：《鉤沉──「永久黃」團體歷史珍貴資料選編》，2009年，第153頁。

　　抗戰後我們大家最大的收穫，就是大勢強迫著我們發揮創造能力。
有人想苟安，想維持現狀，立即就站不住腳，要滾下十八層地獄，會給
敵人取得最後的戰果，那是萬萬做不得的。尤其是我們平素對國事還有
相當抱負，更不能起一絲一毫頹廢雜念，行為要更加純潔、勇敢，自不
待說，必當盡心竭力，從種種角度，創造新的環境，救國兼以自救。我
們有位同仁有這樣的詩句，我讀後很為鼓舞，我讀給大家聽——誰人肯
向死前休?![7]

　　經過熱烈的討論，一致同意范旭東的意見：克服「逃難」心理，利用這一
機會為中國再創立一個化工基地，節衣縮食，在所不辭，勇往直前。研究決
定：四川盛產鹽，鹼廠、鹽廠設在四川；湖南化工原料、煤炭豐富，錏廠可設
在湖南；黃海化學工業研究社也決定選在湖南長沙水陸洲。會議決定西遷工作
由李燭塵總負責，兵分湖南、四川兩路積極遷移。後因抗戰形勢急轉直下，武
漢失守，長沙大火，只得放棄在湖南開始經營的錏廠和黃海。

　　為了在華西重新開拓基本化工基地，他們分頭由水、空兩路向既定目標奮
進。1938年1月中旬，傅冰芝率領的先遣隊首抵重慶；2月中旬，范、侯、孫
所率的隊伍也陸續到達；3月18日，李燭塵、唐漢三、何熙曾也乘飛機由漢抵
渝。這樣大批技術人員西遷，在中國是史無前例的。

第二節　道士觀建起新塘沽

　　調查是以四川為中心，遠及雲貴及川康邊境，凡是書報記載或口碑傳述的
化工原料產地，「永久黃」同仁都冒著隨時可能有敵機轟炸的危險，跋山涉水
進行實地調查。惟因時間太倉促，內地交通又困難，地方土匪多如毛，況且調
查礦產不是同仁們熟悉的行業，參考資料也不見得可靠。幾個月下來，所得結
論僅是一個粗淺的輪廓，真要實施還得認真複查。

　　對於四川資源調查，早在1919年李燭塵就初步進行過，後來黃海社的孫學
悟陪著任鴻雋、翁文灝等人又進行了專門考察，收集到不少資料，使煮海為鹽

---

[7]　何熙曾：《我與「永久」團體》，《化工先導范旭東》，中國文史出版社1987年版，第129頁。

的人大開眼界。一向同情「永久黃」事業的四川鹽運使繆秋傑因公到重慶，偶然會見了范旭東，他們談到川鹽進展情況，繆秋傑極願邀請永利同仁到自貢、犍為一帶參觀，並希望和大家商量尋找合作的可能。繆秋傑一心為公，政績斐然，范旭東極願看到他的新成績。1938年2月24日一早，由南渝中學匆匆起程，一行兩輛汽車，除繆、范兩位外，侯德榜、張克忠、黃漢瑞三人同行，到自流井、樂山、犍為一帶考察鹽政。范旭東說：「時間在這緊急關頭，是萬萬空費不得的，戰時的後方，能夠多增一分生產，於前線不止增十分戰鬥力。」[8]

　　幾個月來，范旭東和同事們為選廠址東奔西走，一而再、再而三地複勘有希望的地方。到初秋，已選定犍為、敘府、瀘州三處供最後抉擇。

　　食鹽是製鹼的主要原料。犍為一帶盛產食鹽，附近煙煤、黃鐵礦、石灰石、耐火土等化工原料和敘府、瀘州相差無幾。所以，最後決定在犍為縣岷江東岸五通橋東南5公里處一個叫老龍壩的地方圈購地皮，設立永利川廠，奠定起西南化工中心。老龍壩所處岷江之濱，常年可通100多噸的船隻，上水20多公里可達樂山，下水200多公里到重慶，公路可經樂山、眉山、新津到成都，又可經榮縣、自流井、內江而北達成都，東至重慶，水陸交通方便。五通橋地下鹽鹵資源豐富，煤產豐富，是一處適合創辦化工基地的好地方。

　　永利選址過程和選在川西五通橋的原因，范旭東在《我們初到華西》中有詳細介紹：

　　　　起初幾個月工夫用在國內的，將近全力勘查廠址，臨時調查之後，一再至三極力複勘。最苦的是我們自己既沒有充分的時間再作廣泛的調查，以往各機關或個人的紀錄，又嫌太粗糙，不敢完全相信。據說，能夠再往西遊，化工原料比四川沿江一帶豐富。現在交通沒有開發，決不是急切間就能設廠利用的，到秋初選定了犍為、敘府、瀘州三處做最後的比較。因為食鹽是我們必需原料之一，產地是有限制的，運往別處應用，在中國現行鹽制之下，也有許多不方便。犍為一帶是產鹽區，此外的條件，也不比其餘兩地相差很多，因此決定在犍為縣屬之道士觀地

8　陳歆文、周嘉華：《永利與黃海——近代中國化工的典範》，山東教育出版社2006年版，第60頁。

方，圈購廠址，在這裡奠定華西的化工中心。二十八年（1939）三月一
日，公司特廢去道士觀舊名，改稱新塘沽，紀念中國基本化工的搖籃
地。新塘沽在岷江東岸，附近食鹽、煙煤、磺鐵、灰石、耐火土料等
等，都有出產。據地質學家調查，甚至煤氣、石油，盡有發現的可能，
堪稱齊備。產量現在還不能確定，要再勘測，但比在別處，多少已有把
握。這一帶江水深湛，地勢寬敞，上距嘉定二十餘公里，下至敘府二百
餘公里，直達長江，目前只大水期間可以通輪船，如其河道稍加修理，
終年必可通航。一九〇三年英法淺水兵輪，曾由重慶上駛，轉入岷江，
經過新塘沽，直抵嘉定，他們的記錄，也說這水產道並不難修理。利用
岷江，可與成渝、敘昆兩路直接聯絡，將來貨品轉運西南西北各省，亦
甚便利，與我們選擇廠址之原則，極相符合……近代化工在華西，現在
才說到要播種，前面講的是選種，選定了種子如何播？播在什地方才合
宜？事前都應當考慮。在這時候，參考資料既不多，其勢又不能坐著久
等。我們權衡輕重，暫定了幾條原則：（1）無論能否全部實施，工程
計畫必要盡力做到完整，至少要包括酸、鹼、煉焦，三個單位構成一
團，萬一無力同時並舉，無妨分期施工建造。（2）各單位的規模，以
適應目前力量與市銷為准，但計畫時，每一單位，都必預留擴張地位。
（3）原料力求自給，如鑿新式鹽井，自采磺鐵、灰石等礦，需與著手
建造工廠時，即行動工。（4）選擇廠址，必須注重可為華西化工中心
之地，且應顧及將來可與西南西北各省暢通無阻。根據這個原則，我們
從二十七年（1938）三月就動手準備，至年底大體已有頭緒。[9]

老龍壩是面臨岷江的半島。站在半島端頭，即可欣賞岷江急端的流水。岷
江在老龍壩地區的拐彎處，怪石嶙峋，地勢險峻，形成一個江水湍急的洄水
灣，使人膽顫心驚，稱之為虎口灣。船隻沖向這江濤滾滾的險灘時，船夫們握
槳撐篙，作生死的鬥爭。這景象使范旭東深為感慨，覺得這恰似象徵在我們這
個國度裡，民族工業的艱難歷程。然而這驚心動魄的險灘似又給范旭東增加了

9　范旭東：《我們初到華西》，《海王》1939年7月7日。轉引自陳歆文、周嘉華：《永利與黃海
　　——近代中國化工的典範》，山東教育出版社2006年版，第59-60頁。

百倍的信心，面對一望無際的江水，豪情滿懷地對同仁說：

> ……蜀省第一名灘擺在眼前，江濤怒吼，淘盡千古懦夫孱弱，堪稱
> 絕勝！化工職志，重在利用厚生，大而天體，小而細菌，無一不是利用
> 對象，也就是無一不是厚生資源。範圍既寬，任務極重，用得著大氣力
> 來幹。[10]

1938年6月26日，范旭東呈文四川鹽務管理局局長繆秋傑：

> 蒙鈞局策勵有加，自應積極進行，惟為便於利用犍樂鹽產作制鹼原
> 料起見，爰勘定本省犍為縣五通橋道士觀地方民地約一千畝為廠址，所
> 需地段業經測量竣事，急需按址收買，以便克期興工。惟念當地業主眾
> 多，對於公司複習國防工業之苦衷或有未明，致滋妨礙，用特將道士觀
> 附近地形圖標明紅線界限，附呈鑒核，懇予援照官購民地辦法，盡於一
> 月內按址收購。[11]

僅僅兩天時間，管理局就以鹽字第4407號指令回函：「查所請購地建廠製
鹼，關係國防需要，應予照準。」[12]隨即，國民政府軍委會行營也迅速致電永
利公司准予發布購地布告。

范旭東又恐在人生地疏之地遭受地方阻滯，呈文給國民政府，懇請頒發布
告曉諭民眾。此項呈請不日竟得到國民政府軍事委員會委員長蔣介石的答覆，
1938年12月29日委員長行營發來快郵代電：「十二月十六日呈悉，所請頒發
布告曉諭當地民眾一節，應准照辦，佈告附發，仰即張貼，具報委員長行營鹽
函渝計。」[13]隨快郵代電附來一張佈告，佈告後赫然署著「蔣中正」。范旭東
等人得此「尚方寶劍」，為後來諸多工作的開展打開了關節，大開綠燈。國民
政府軍政部長何應欽、軍事委員會秘書長張群、行政院副院長兼財政部長孔祥

10　轉引自李玉：《企業先驅范旭東大傳》，中華工商聯合出版社1998年版，第274頁。
11　轉引自易志隆：《千年鹽城五通橋》，九州出版社2011年版，第157頁。
12　轉引自易志隆：《千年鹽城五通橋》，九州出版社2011年版，第157頁。
13　天津鹼廠黨委宣傳部編：《鈎沉——「永久黃」團體歷史珍貴資料選編》，2009年，第199頁。

熙、經濟部長翁文灝等,都曾陸續有來往信函關照,為永利川廠徵購地產緩徵賦稅、建護廠警衛隊購備槍支、請求防空襲高炮連駐廠、解決廠址「廟房」產權轉移糾紛等,各事項都一一得到了妥善解決。

老龍壩,滿目山崗,人煙稀少,野獸出沒,荒涼至極,要在這樣的地方建廠談何容易。但這些並沒有難倒永利的同仁,他們就在壩北端的道士觀和兩座小樓裡設廠部,開始辦公。僱用了5,000工人,每天在這裡叮噹叮噹地鑿石移山、填土修渠,蓋房子、建碼頭、平場地……他們披荊斬棘、風餐露宿、日夜奮戰,硬是把一座座山丘削平,切取條石用來砌房,把取石後的深坑建成長200米、寬50米、可儲水6萬立方米的蓄水池,作為生產、生活用水,被永利人名命為「百畝湖」,湖內養魚,周圍植樹,成為川廠的一道風景。在西側山頂建「開化樓」,山腰建「進步樓」,供設計人員工作及住宿之用。醫院、學校次第建成。在百畝湖西側為沿湖馬路,路旁為山,沿新修的山路,建有一座座玲瓏的雙層小樓,作為職員宿舍,在百畝湖與岷江碼頭之間,削整為平地,建成南北闊長的鐵工房……工程以驚人的速度進行,一座荒蕪的窮山,面目日新月異,正在變成一座新興的化工城。

為不忘根本、激勵鬥志,范旭東在1939年2月24日致函永利公司秘書處,決定於3月1日起改道士觀地名為「新塘沽」,並要求將「新塘沽」照片郵寄永利各機構,告知同仁:

> 逕啟者:本團體事業,發源於塘沽,二十餘年經全體員工一致之努力,蔚為全國化工之中樞。七七國難,吾同人以萬分悲壯心情與國軍同時撤退,計已一年餘矣!現在敵勢已衰,光復在即,行見醜虜消滅、痛飲黃龍,可斷言也。同人去春西來,即經決定利用時機在華西建立化工基礎……永利、黃海則在犍為縣屬鄰近五通橋之道士觀購得廣大地基,現正開始營造,前途無限,不讓塘沽,將永為我華西化工之城堡。茲為追本溯源,不忘當日締造塘沽之苦鬥精神,從二十八年三月一日,將道士觀地名改稱新塘沽,以志紀念。

隨寄的照片上,范旭東親筆題款:「新塘沽,此地原名道士觀,位於岷江東岸,北距樂山二十餘公里,南接宜賓約兩百公里。資源豐富,交通利便,華

西基本化學工業之礎石奠定於此。民國二十八年三月，改稱今名曰：『新塘沽』，燕雲在望，以志不忘耳。」[14]

不僅如此，廠區建好後范旭東親筆書寫下「新塘沽」三個大字，鐫刻在老龍壩蔥蘢山的石崖上。還將一張塘沽鹼廠的舊照懸掛在自己辦公室的牆壁上，並在上面寫下「燕雲在望，以志不忘」八個大字。空閒的時他常常獨自在照片前面佇立凝思，並激勵手下人：「我們一定要打回去的。」他還將廠路分別取名為東四省路、河北路、山東路等，以銘記歷史。

永利川廠的建設由於時機不成熟，不能酸、鹼、煉焦齊頭並進，決定在新塘沽首先建設鹼廠，由傅冰芝主持廠務。照范旭東的計畫，川廠將來必需的原料立足自給，這給永利來說是一件十分為難的事，無一不和人力、物力有關，並且還不能等到建廠之後再進行，如其原料不能得心應手，工廠等於白建，決定首先從最難的入手。

1939年，永利公司將在重慶沙坪壩永利鐵工廠的全部設備運到老龍壩，裝備了川廠的機械部，使機械部成為當時一個中型機械廠，生產任務是製造川廠建設所需國內配套的全部設備及零配件，還接受岷江電廠及五通橋鹽廠等委託加工的設備和配件。對外加工，收取費用，為川廠增添一些收入。

1940年，川廠購置了一部開鑿深井的機器，試探新塘沽附近鹽質到底怎樣。在傅冰芝廠長的努力下，得到地質專家李悅言、丁子俊的指導，進行勘察，選定打井位置，決定在距川廠十華里的楊柳灣吟峨寺附近設立川廠深井工程處。深井工程由佟翕然主持，彭力夫、黃琪瑞、林仲藩參與，聘請美國人韓孟德為技師。佟翕然在籌備階段，不論是開闢井地、準備器材、建築房屋，無一不是他親自策劃，動手操辦。尤其是正式動手安裝機器時，他和韓孟德、彭力夫、黃琪瑞諸位，從清晨忙到黑夜，自兼泥、木匠、鐵工匠、機器匠數職，身著藍布工作服，滿身油泥，在困難中硬幹、快幹的精神，在這裡得到全面體現。

開工兩年多，惟因機器零件短缺難配，技術上時生問題，工作時斷時續，總計真正工作時間七八個月，達到井深一千多米。除發現天然氣、石油（經取樣化驗為重油）、黃鹵外，預期的黑鹵也如願發現。那濃厚的黑鹵和火焰猛烈的瓦斯，象徵著未來中國化工的光明，實為抗戰以來中國化工界地質界的一大

---

[14] 轉引自易志隆：《千年鹽城五通橋》，九州出版社2011年版，第158頁。

成就。井的深度不僅遠遠超過當地和自流井已有的鹽井，而且超過了甘肅玉門石油礦深井，成為當時中國第一口深井，它為五通橋地區的鹽有豐富的儲量，提供了有力的證據。1942年9月11日深井開鑿成功，重慶《大公報》10月15日專題報導了這一盛況。

1942年，由於國外購買的設備不能運進四川，鹼廠建設被迫停止。經過討論研究，決定利用川西地區豐產的芒硝、石灰石及自產的煤，用路布蘭法制鹼，生產工藝又比原路布蘭法有較大的改進，增加了石灰窯，對鹼液進行二次碳化，使含碳酸鈉量大為提高。產品分超、特、優、良四等，良等產品碳酸鈉含量也在95%以上，受到用戶的高度讚揚。日產規模達到10噸，使永利又增加了一筆收入，改善了職工的生活。

經過艱苦努力，在廠長傅冰芝率領下，在荒蕪的山區建成永利川廠。計有：路布蘭法鹼廠、煉油廠、翻砂廠、機械廠、陶瓷廠、玻璃廠、耐火材料廠、土木工程處、日產40噸半機械化煤礦、500千瓦發電廠、侯氏鹼法試驗廠，及深井工程處等十幾個單位。永利川廠的建設所經歷的道路是相當艱難，誠范旭東所說：「樣樣都要從頭做起，沒有原料要自己打井取鹽，沒有煤炭要自己開礦取煤，真是件件都得自己辦」[15]，「關於復興化工，日來進行甚力，吾等在未死之前，盡一分力，稱一分職，只要為抗戰建國費了心力，始不愧也。」[16]

第三節　孫學悟與黃海研究社

「范旭東舉辦永利、久大的同時，創辦了一所黃海化工研究社，羅致國內外著名化學家，不惜鉅資進行有關鹽化學的課題研究，以兩廠之利，彌補一社的費用。抗戰中研究社人員全部隨政府入川，研究工作不輟，這足以證明范旭東是具有遠見卓識的新型企業家，有科學頭腦。當時政府的研究機關除中央研究院外，私人企業舉辦頗有規模的研究機關，實為少見。」[17]這是戰時國民政府資源委員會副主任委員錢昌照對范旭東的評價。

---

[15] 童執中：《愛國實業家范旭東》，《化工先導范旭東》，中國文史出版社1987年版，第43頁。
[16] 唐漢三：《學習范先生工作精神》，《海王》1948年3月1日。
[17] 錢昌照：《我所結識的幾個顯要人物》，《錢昌照回憶錄》，中國文史出版社1998年版，第160頁。

黃海化學工業研究社簡稱「黃海社」，其前身是久大精鹽公司塘沽鹽廠附設的化學室，是中國私人化工企業設立的第一個科研機構。20年代初期，久大、永利兩公司的主要負責人范旭東、李燭塵、侯德榜等鑒於西方列強的經濟侵略，危害國計民生，乃亟謀對付。范旭東更是發表文章，申述其意，要點有三：一、工業救國的迫切需要；二、振興工業必須靠學術研究打下基礎；三、學術研究必須切合實際，針對中國當前的形勢。經過研究，便於1922年8月，將久大精鹽工廠的化學室分出來，獨立設置，成立黃海化學工業研究社，聘孫學悟博士負責，開展工作。

孫學悟（1888-1952），字穎川，生於山東威海。當時的威海為英國租借地，少年孫學悟對西方的科學和民主思想以及殖民主義者的侵略行為感受頗深，從小滿懷愛國熱忱。他於1905年中學畢業後，東渡日本就讀於早稻田大學。1907年，入上海聖約翰大學，以讀書為掩護，繼續進行革命的宣傳活動。一段時間後，他逐漸感到奔走革命宣傳收效甚微，遂萌發了科學救國思想，志在以實實在在的科學技術來振興貧窮落後的中國。1910年，孫學悟考入清華學堂留美預備班。1911年赴美，入哈佛大學攻讀化學。1915年，獲化學博士學位，因成績優異留校任助教。1919年，孫學悟應張伯苓邀請回國，為南開大學籌建理學系。

1920年，原在哈佛大學的同學邀聘他到英資企業開灤煤礦任總化學師，孫學悟以其更接近生產實際而應聘。他在工作中日益體會寄人籬下之苦，有悖自己振興民族工業的初衷，儘管享受著華人學者最高待遇，但終非所願。時值范旭東創辦久大、永利兩公司，邀請孫學悟前往。范旭東的「工業救國」思想，引起了孫學悟的強烈共鳴。1922年，孫學悟在與清華留美預備班、後又同赴美國留學、新近回國在永利公司工作的侯德榜交往中，甚感知己，乃慨然接受范旭東共襄永利之邀。侯德榜曾對他半開玩笑地說：「咱們的薪金待遇可比不上開灤啊！」孫學悟正色回答：「如果為了高薪和優厚待遇，我何必回國？得與幾位志同道合的朋友共建咱們國家自己的化工事業，這正是我的夙願，就是窮也幹。」乃毅然來到荒涼的塘沽鹽灘就任久大鹽業公司化學室主任，負責籌辦黃海社。范旭東對他說：「中國如果沒有一班人肯沉下心，不憚煩，不為當世功名富貴所惑，埋頭苦幹，創造新的學術技藝，中國決產不出新的生命來。」孫學悟極表贊同，並欣然受命擔任了中國第一個化工科研機構的社長。范旭東

提出：「黃海應該是我們的神經中樞。他不屬於永久兩公司，而是與永久兩公司平行獨立的化工研究機關。」至於為什麼以「黃海」為名呢？因為它誕生於塘沽。塘沽面臨渤海，而渤海匯合百川，朝宗於黃海。海洋蘊藏著無盡寶藏，是化學工業的廣闊天地，也是大好的試驗場所。

從董事會成立的1932年後的五年可視為黃海社發展的黃金五年，可惜好景不常，1937年抗戰爆發，不久天津被日本佔領，范旭東等在塘沽苦心經營的產業淪陷了。黃海社和久大、永利兩廠不得不一起向內地轉移。原先計畫「永久黃」的人在武漢集中，由於戰局的變化，黃海社的人員在社長孫學悟的帶領下，隨身僅帶貴重儀器和藥品25箱，中外圖書約3,000餘冊，繼續南撤。

1938年春天，黃海社人員終於到達長沙，選定水陸洲為新社址。經過大家的努力，7月間新屋落成，但僅能供調查、分析兩部分繼續工作。與此同時，由於考慮到戰局不可能馬上好轉，為防萬一，孫學悟已讓菌學研究室的部分人員先期西遷入川，暫時借用重慶南渝中學的科學館先行安頓。不料才到10月，廣州、武漢相繼淪陷，長沙人心惶惶，形勢突顯緊張。水陸洲的社務只好停止，新建研究室的計畫只能放棄，黃海社的人員繼續西遷入川。在重慶會合後，經過范旭東、侯德榜、張克忠等的考察選擇，黃海社終於落腳在川西岷江畔的五通橋。

對於新社址的選定，孫學悟明確表示，化學研究不要在大城市湊熱鬧，要和生產結合。五通橋作為四川鹽業基地之一，便於與生產相聯繫。五通橋的研究環境當然遠不如塘沽。初到時，物資匱乏，設備空虛，處境至為艱難。但黃海社領導和研究工作人員富有艱苦創業精神，因陋就簡，進行工作。「初到五通橋，先是在三公士第外租下王姓住宅，樓下做工作室，樓上做職工寢室。由於途中資料、儀器等幾乎全部丟失，處境極為艱苦，只能架設木板為工作臺，請五通橋錫匠用錫鑄為酒精燈、恆溫器等，以進行實驗研究工作。不久遷至梅子壩，仍舊租用民房。後來在四望關今區委處買了幾間民房，改建成研究辦公室，在河對面的筲箕灣買空地修建了實驗室，又逐步添置了圖書、儀器、藥品。」[18]就是在這樣的極端困難的條件下，抗日救國的雄心壯志激勵著他們，完成了一項又一項重要研究課題。

---

[18] 易志隆：《千年鹽城五通橋》，九州出版社2011年版，第163頁。

　　1938年底，黃海社在五通橋開始了自己生命的新階段。面對著全面抗戰的國內形勢和科技落後的實際，范旭東在論及黃海社的使命中明確提出：

　　　　黃海在它特創的學風之下，健強起來，因此它的工作側重創造，不肯踏襲平常步伐。除協助久大、永利各廠，共同研究技術的改進，同時對於利用久大、永利現有的基地，開發中國新的資源，特別努力，譬如最近幾年礬礦的研究和探索就是個例。如其沒有敵人這次暴舉，再假以相當時日，這在國防和經濟上的貢獻是何等偉大。我們當時熱烈期望的，是這個工作成功，大可借此促醒同胞們，對學術研究加厚信心，這無形的收穫，意義更深。

　　　　初到四川，所聞所見，無一不新鮮，產品種類繁多，礦產也到處都有，無一不是研究資料；儘管設備殘缺不全，化學家是最能就地取材的，一樣可以活動。現在我們在犍為，已經有自置的研究室，清溪前橫，峨嵋在望，是絕好的學園。目前最緊要的工作，是搜集附近化工原料，作有權威的分析，便於工業家趕快利用起來，一面仍要做我們原有的工作。譬如菌學研究，絕不放鬆，華西農產品需要菌學改進、提高生產、增進價值的，不知多少，五倍子、蟲蠟、柏油、桐油、生漆、茯苓等等，都值得研究。相信在最短期間，必有相當成績表現出來，於戰時工程和醫藥上的需求，或可開出一小門徑。今年的四月我們特意發行《黃海》雙月刊，暫出菌學專刊，其目的是希望我們同胞漸漸知道，天府之外還有菌府，也是天下的一雄，和我們是萬分親善的。[19]

　　孫學悟曾在1930年代初期專程到四川做過四十多天的考察，從成都出發一路上沿著岷江東岸經過彭山縣眉山縣到達樂山縣、井研縣等地，最後繞回重慶。他撰寫的《考察四川化學工業報告》就作為黃海化學工業研究社調查報告的第1號。在該報告中提要中，孫學悟指出：「此次在川留約四十餘日，瀏覽地方不少；一路所見的，關於人民生計和工作的性質以及各事業組織，概不外

---

[19]　轉引自陳歆文、周嘉華：《永利與黃海──近代中國化工的典範》，山東教育出版社2006年版，第249-250頁。

乎一農業社會裡的背景，在這背景之下，仔細觀察，也很顯明的露出來，一種深入社會骨髓不可制止的新需要──物質文明。這新需要的欲望，並不是把四川一切舊有事業加一改進，便能滿足的；也不是以虁門劍閣可以擋住的；更不是以『東方文化』所能驅除的。四川確又演進了一個新時代。因為地理上的特殊地位，四川省得要根本上自行創造新事業來供給自己的需要，那才可以使這新需要不成為四川的肺結核。自供自給的唯一方法，便是從興辦基本工業上著手，在這預備時期，唯有一方面整理改進現在物資的背景，一方面準備將來辦工業的事宜。準備的問題，如調查原料，獎勵技術人才等，是希望政府辦理的；那整理改進的問題，如農產品製造及已有幾種化學工業，是社會應當自己進行的。唯有兩方面同時工作，四川省那才能走到真正建設的大路上。」[20]

由此可見，孫學悟對四川的情況是瞭解的，對於黃海社在五通橋該做些什麼也是心中有數的，他與范旭東的想法不謀而合，覺得在四川建設一個華西基本化工中心大有可為。

當黃海社在五通橋的工作步入正軌後，1940年2月黃海社董事會為適應社會和生產的變化及需求，將內部組織進行了調整，增設了副社長一人，輔助社長辦理社內事務，將化工設計及管理室撤銷，增設經理室，並對社章進行了重新修訂。社內具體情況又是如何呢？從黃海社助理研究員孫順潮（即著名漫畫家方成）的回憶文章可見一斑：

　　我1942年在武漢大學化學系畢業就進入黃海，任助理研究員。但我一進社，首先助理的不是研究，而是展覽。當時社裡正籌辦一個科普展覽會，介紹化工研究的內容，和本社研究的項目及其成果，利用各種圖表，陳列各種藥劑和化學製品等等，使觀眾瞭解研究社的性質和工作情況。大概社裡知道我會畫畫兒，就把這展覽工作交給了我。這下子我可大顯身手了，把看來枯燥的圖表盡可能加以形象化，使圖表和陳列品聯繫得更加緊密；另外還加上一些漫畫人物，使展覽活躍起來，增強了對觀眾的吸引力。我一進門就露了這一手，贏得同事們的好印象。
　　當時黃海共有三個研究室：菌學室、有機室、分析室。展覽過後，

---

[20] 孫學悟：《考察四川化學工業報告》，中國科學社刊印，1931年11月，第3頁。

我分配到以趙博泉為主任的分析室工作。這個室加上谷惠軒和後來的鄭玄，總共才三、四個研究人員。菌學室主任方心芳，手下有閻振華、高盤銘，另外兩個是練習生淡家麟、肖永潤，他們是後來才上大學又回來工作的。有機室主任魏文德，有官無兵。孫學悟社長和張子豐副社長率領我們這幾個人工作，其實黃海的研究人員還有許多，當時都借出去了。我知道的有孫繼商、郭浩清、劉福遠、吳冰顏，被借到駐在自流井的「久大」了；劉養軒被當地工廠借去；劉學義借出為鹽商設計「枝條架」。再早被借出的，我就不清楚了。黃海就有這麼個傳統，哪裡需要人，來借就給，只要對大局有利，是從不吝嗇的，而且是白借，分文不取。我也曾在永利川廠開辦鹼廠時，被借去工作了半年，我們的社長就是這麼寬厚。[21]

　　孫順潮的回憶表明，戰時由於經費困難，不僅黃海社的機構進行了調整，但人員也有相應的精簡，特別是把研究人員疏散出去。

　　黃海社的項目研究，嚴格來說屬應用化學的研究內容。由於學科的特點，這些研究都比較費時日和金錢，稍微有點志趣上的動搖，就難以長久地堅持。研究人員長年累月和有害氣體甚至毒菌周旋，外人聽起來都害怕。就算是大功告成，所得的主要成果不外乎是外行人毫不感興趣的一些化學反應方程式。倘若沒有一種獻身精神，很難做到有始有終。黃海社的每個研究人員都具備這種奮鬥的精神，他們都以肩負著振興中國化工的己任而自豪。

　　正是這使命感激勵著黃海社員工在五通橋這塊窮鄉僻壤艱辛地創業，他們將能獲得的點滴經費都用在刀刃上，創辦《黃海發酵與菌學》雙月刊就是例證。節衣縮食不是渡過難關的惟一辦法，特別是到了1942年，抗戰進入相持階段，後方通貨膨脹，「永久黃」團體再次面臨嚴重的經濟困難。此時此刻，孫學悟和張承隆為了更好地保存這支科研隊伍和培養鍛鍊人才，組織部分研究人員到相關廠礦企業參加生產，既減輕了黃海社的負擔，又直接為社會輸送了難得的科技骨幹，加強了黃海社與社會的溝通和聯繫，再次體現了黃海社一貫強

21　方成：《黃海憶舊》，《孫學悟》（威海文史資料第四輯），威海市環翠區政協文史委編印，1988年版，第79-81頁。

調的理論聯繫實際的學風。孫順潮當時看到的科研骨幹借出去就是這一現象的實況。

1942年8月15日，黃海社在五通橋舉行建社二十周年紀念活動。李燭塵對黃海二十年的科研經驗歸納總結道：「黃海學風，崇尚自由研究，啟個人之睿智，探宇宙之奧藏，魚躍鳶飛，心地十分活潑。蓋海育千奇，取攜無礙，集全神以抱卵，自探驪而得珠。若淺賞中輟，西爪東鱗，將莫測淵深矣。歷來藏修游泳其中者，類有是感」，「黃海作風，著重腳踏實地，雖汪洋如千頃之波，而溯源探本，不棄細流。中國舊有工業，必從老師宿匠手中學習而來者，即本此義；故築基甚堅，堪負重載，以視徒尚宣傳作類似海市蜃樓之議論者，不可同日語也。」[22]范旭東因有急要公務飛赴昆明，沒能參與紀念活動，但發來賀電：

> 黃海社孫穎川兄鑒：記得當初扶起黃海這小寶貝，老兄異常高興，曾經說過，願意拿寧寶的心情替中國撫養他，這話一轉眼二十年了，我始終覺得太沉重。現在孩子大了，老兄平日教他有志趣，有骨頭，有向學的恒心，有優良的技術，他一點點都做到了，絲毫沒有使老兄失望，這決不是偶然的。人生如其說應當有意義，這總算得了人生的意義，況且繼往開來，還有多數志同道合的社員在。老兄真是時代最快樂的一個人，為國珍重吧！學術界正需要老兄這樣純潔的導師啊！臨電馳賀，並祝黃海萬歲！[23]

參加活動的各界要人、名流學者、「永久黃」同仁及觀光的家屬濟濟一堂，各方贈送的禮品、題詞及祝畫陳列滿室，函電祝賀不下200件，「國府林主席題『開物成務』四字，蔣委員題『日進無疆』，中央研究院朱院長題『物盡其用』，都是親筆。其餘軍政長官及學者，都有題贈，美不勝收。犍為場商合贈地基一塊，作為擴大黃海建築，並與樂場場商合贈送建築費十萬元。」[24]

---

[22] 李燭塵：《我之黃海觀》，威海市環翠區政協文史委編：《孫學悟》（威海文史資料第四輯），1988年，第171頁。

[23] 天津鹼廠黨委宣傳部編：《鉤沉——「永久黃」團體歷史珍貴資料選編》，2009年，第115頁。

[24] 天津鹼廠黨委宣傳部編：《鉤沉——「永久黃」團體歷史珍貴資料選編》，第115-116頁。

黃海社作為私立研究機構，能獲此盛大讚譽與援助豈非偶然，同時也足見各方對學術研究的殷切期望。

第四節　科研成果，碩果累累

　　黃海社建社初期，在確定研究方向和課題上，如范旭東所言，「簡直是暗中摸索，有時這樣，有時那樣，越做越懷疑，等到略窺門徑，越覺得非再加徹底不可。」在《黃海化學工業研究社廿周年紀念冊》的《沿革》中，對這一時期是這樣記述的：

> 　　溯自黃海成立之初，因欲應付社會一般需求，曾一度步入工作龐雜，漫無標的之境。設以「以有涯應無涯」之光陰，長此下去，將漸失學術研究之真義。吾人深知辦化工研究社本身，就是一個要研究的課題。本此警覺，始得探討黃海應採取研究方向的重要啟示！從此困心衡慮，斟酌中國情形，度量本身力量，在大小輕重緩急之間，擇最切國計民生者數端──如輕重金屬之於國防工業，肥料之於農作物，菌學之於農產製造，以及水溶性鹽類之於化工醫藥等，均為建國所急需者──為主要研究之對象。[25]

　　五通橋時期（1938-1949年）可算作黃海發展的第二個時期，時逢抗日戰爭和國共內戰。儘管環境艱苦、經費拮据，為了抗戰的偉大使命，孫學悟繼續強調「用中國原料研究生產中國需要的產品」的指導思想，在抗日救國的雄心壯志激勵下，在短短的10年裡（由於戰後的回遷，1948-1949年無法正常地科研），其科研成果與塘沽15年相比，毫不遜色。

一、發酵技術與微生物學

　　在前一時期舊發酵技術的整理與新發酵工業的研究取得經驗和成果的基礎上，進行了發酵與菌學旳研究工作。一般就地取材，因利乘便，次第進行。在

---

[25] 天津鹼廠黨委宣傳部編：《鉤沉──「永久黃」團體歷史珍貴資料選編》，第302頁。

此時期編印了《黃海發酵與菌學特輯》，發表了有關發酵與菌學的實驗報告約
20篇，記載了研究的經過與取得的果實。

新發酵工業的研究。到五通橋以後，菌學室首先研究了蜜糖發酵，解決了
酒精發酵工業內重要酵母及營養問題。其間研究員方心芳、魏文德、吳冰顏、
蕭永瀾、謝光巨、謝祚永等曾作了一系列的調查、研究、實驗，如對樂山燒酒
釀法的調查，陝西某酒精廠的調查，紅糖釀酒的實驗，糖蜜釀酒的試驗，糖蜜
及紅糖醪中加麩曲試驗，菊芋製造酒精之初步研究，47種黑麴菌生檸檬酸之比
較，以及詩書二經關於酒的描寫等。寫出的報告計有九篇。所取得的成果，已
被許多酒精廠採用。乳酸發酵也於此時完成。此外，對泡菜、腐乳、豆豉、檸
檬酸、丙酮、丁醇發酵等問題，都做過許多研究和實驗。孫學悟社長自己也參
加了許多實驗工作。

用棓子（即五倍子）發酵製棓酸。四川生產五倍子，樂山產的也多。黃海
社就地取材，用棓子提製棓酸，供醫藥化工之用。為此進行了大量的工作。自
1939年起至1941年，研究員方心芳、魏文德、郭質良、謝光巨、李大德等，
先後提出了「棓酸發酵之研究」報告計10篇（第一至第六報告稱沒食子酸、第
七至第十報告稱棓酸，現統一稱棓酸）。他們試驗了黑麴菌及青黴菌上百種，
比較它們分解單寧酸的能力。研究內容從棓子的浸漬到棓酸的精製；研究的規
模從試管發酵到日產百餘噸的擴大試驗，都曾反覆進行，終於完成了棓酸的精
製工作。同年菌學室又開展了棓酸固體發酵的研究，也取得了良好效果。1939
年9月13日，時任浙江大學校長的竺可楨在孫學悟陪同參觀黃海社之後，在日
記中很有感觸地寫道：「其研究室特點在於能物物事事自己利用國貨製造，
玻璃管等亦在嘉定附近制。研究最著成效者為五倍子中以Mold黴菌及Yeast酵
母提沒食子酸Gallic Acid，以製造染料、代碘酒等消毒品、墨水、照相藥品
等。」[26]

棓子綜合利用的研究。利用四川生產的棓子試製出單寧酸、焦棓酸、單寧
蛋白及棓子染料等。更用棓酸為原料製得許多衍生物。後來以棓酸為開始顏料
的工作，又發展成為染料研究；創製了黃色和棕色染料各一種，前者為媒染染
料，後者是酸性染料。對於絲毛皮革的染色都很適用。在1942年，成立了染色

[26] 竺可楨：《竺可楨全集》第7卷，上海科技教育出版社2005年版，第159頁。

研究室，以發展這方面的工作。

微菌的分離、收集與研究。從工業需要的角度出發，選擇優良的微菌品種，供給工廠應用，在當時很有必要。但要擇優就必須有較多的品種，而要有較多的品種就必須收集，有的還需從發酵物中分離出來，經過鑒定，才能收集。文獻中記載的微菌，在四川也往往可以找到。黃海社在這方面做了許多工作。他們從酒藥、醬曲、酒麴、豬糞中把菌種分離出來，經過鑒定，收集起來，與原收藏的，一併進入備選範圍。黃海社大約從一百多種微菌中選出的梧酸菌，從五十多種黑麴菌裡選出的檸檬酸菌，都有相當的實用價值。

應用菌學知識與技術的推廣。黃海社鑒於當時社會上對菌學知識及其應用的必要性的理解還很不夠，便極力設法提倡。既用文字廣泛宣傳，又敞開實驗室大門，歡迎社外人員前來實習，以致實驗室常常人滿為患。所辦的《黃海發酵與菌學》雙月刊（出刊12卷共70期），為當時的大後方學術交流和科學普及起了不可忽視的作用。[27]

二、水溶性鹽類

協助改進川鹽生產，本是社長孫學悟極力主張黃海社遷五通橋的理由之一。黃海社到達以後，屢次接到四川、雲南各地鹽務局來信要求協助研究如何改進制鹽技術，提高產品質量，增加生產，降低成本等問題。雙方的要求一致，工作便能順利進行。黃海社竭盡所能，不斷研究實驗，解決了許多問題，對於川鹽生產起到了很大的推動作用。

提高食鹽產量，降低能源消耗。為了達到這項目的，黃海社經過研究實驗完成了下列改進辦法：1.枝條架濃縮鹽鹵法；2.磚鹽代替巴鹽；3.塔爐代替舊式花鹽爐；4.汲鹵工具電氣化。所有這些方法的提出實驗和完成，在《黃海化工彙報》的《鹽專號》中都有記載。枝條架法是利用自然蒸發濃縮鹽鹵，結果表明，經過幾次循環濃縮，能把波美表12度的鹽鹵濃縮到20度然後入鍋煎熬，可以節省燃料2/3以上。如四川的淡鹵的1/4，用這種方法預先濃縮，全年製鹽可以節約燃料達500萬擔。因此這種方法在西南鹽區推行很廣，遠達川東和雲

---

[27] 參見唐效實：《黃海化學工業研究社在五通橋》，樂山市編史修志委員會編：《樂山市志資料》1983年第1期。

南。塔爐灶比舊式花鹽爐,能節約燃料30%,磚鹽比巴鹽節約一半,同時又能減少鹵水的損失。因此在川北各地迅速盛行。

工程師劉學義1941年設計出利用廢舊汽車頭和齒輪組成的汲鹵工具——電動捲揚機,先是在牛華溪的義和、自強兩灶反覆試車、改進,於1943年正式投產。該機結構簡單合理,功能較多,且投資不大,很快就普及犍樂鹽場並推廣到全川鹽場。迄至1949年,五通橋全場已有電動捲揚機148部,所汲鹵占總產量的82%。[28]

改良鹽質,消除病害。當時五通橋一帶有一種嚴重的地方病,叫做扒(讀如pa)病。得這病的人,四肢麻木、癱軟倒床,不能行動,重者死亡。當時不知病的來源,也不曉得怎樣醫治,因之死亡率很高。也有人說,本地的鹽鹵,有的含有氯化鋇,但不知氯化鋇是扒病的根源。黃海社遷來後,研究人員趙博泉、蔡子定、郭浩清、谷惠軒、魯波、劉嘉樹等,對這個問題進行了深入的研究和多次的實驗,其中研究員趙博泉[29]所費的心力最多。他們從「犍樂區水的分析」,「鋇鹽之容量分析」,「犍樂鹽產的特點」等實驗中得知鋇鹽是有毒的,而含有氯化鋇的食鹽,毒性更劇烈,足以致人於死亡。為了證明這一事實,他們曾用動物作試驗,這樣就把問題弄明白了。扒病是吃含氯化鋇的食鹽中毒,除去食鹽中的氯化鋇是治扒病的良法,而除去氯化鋇的方法,有沉澱法和分離法,都是簡單易行的。這一發現引起了各界重視,病情有所減輕。

川鹽副產品之試製與利用。鹵水經煎熬分離出食鹽後所得母液稱為鹵旦水,繼續加熱蒸發,冷後得到的塊狀物稱為鹵旦巴。犍樂鹽區所產黃鹵鹵旦水,除含有鈣、鎂鹽類以外,含有大量溴化物。這是醫藥工業上一種很有用的物質。研究員孫繼商作了「犍樂鹽場鹵敢(鹵旦)汁分析」和「鹵敢(鹵旦)水內提制溴秦的試驗」,得到成功,提制出了溴素。黃海社設立的實驗工廠,生產了大量的醫藥化工用品,運往重慶銷售。

---

[28] 易志隆:《千年鹽城五通橋》,九州出版社2011年版,第165頁。

[29] 趙博泉,北京人。1934年畢業於齊魯大學化學系。1948年獲美國普渡大學理學碩士學位。曾任黃海化學工業研究社化驗員、研究員。建國後,歷任北京黃海化學工業研究社研究員,化工部北京化工研究院工程師、室主任、副總工程師、高級工程師。1940年首先提出四川五通橋地區的地方病扒病是因食鹽中含有氯化鋇所致,並研究成功消除該病的方法。

同時，研究員郭浩清作了「四川黑鹵初步研究報告」、「自貢黑鹵之研究」。從分析研究的結果看出，黑鹵水除含食鹽外，還含有鉀、鋰、鍶、銨、硼和鈣、鎂鹽類很多。黑鹵水的經濟價值更大，每升含氯化鉀65.6克，氯化鋰15.8克，氯化銨9.7克，氯化鎂96.1克，溴化鎂20.1克，硼酸30.0克和硼砂4.5克。

根據各項試驗結果，曾先後設立實驗工廠從事生產。計有三一化學製品廠設在貢井，四海化工廠和明星製藥廠設在五通橋。通過明星製藥廠幾年的經驗，黃海社對鹽鹵這種天然資源的綜合利用，積累了不少經驗。為了促進地方化學工業的發展，黃海社毫無保留地公開了全部技術，並指定專人協助地方建立了食鹽副產品製造廠。

新疆、青海鹽業的調查。1943年，黃海社與鹽務局共同組織了一個西北鹽業考察團，以新疆為重點進行了大約一年的實地考察。研究員孫繼商[30]參加了這個考察團。除對各鹽區的地質、食鹽儲量，生產情況，產品質量，以及有關的工業條件作了深入的調查外，還採取有代表性的樣品作了詳細的化學分析。考察團把調查所得編寫了詳細報告。[31]

三、對肥料的研究

興建永利錏廠，主要是為了生產化肥，因此黃海社一直沒有中斷對化肥的研究及相關資源的開發。入川後，根據當時條件，就地取材，研究人員劉福遠完成了「發酵尿水提氬試驗」。閻振華作了「五通橋區植物含鉀量的分析」。為測定五通橋區的植物含鉀量，曾分析過五通橋區的47種植物和3種油餅，計50種。估計這些植物每年吸收土壤中的鉀有219,578公噸，其中1%的鉀為2,196公噸，可採用秸杆歸田的辦法，作灰肥使用，歸還土壤。但這遠不夠，還必須使用其他的鉀肥補充，才能適應植物生長的需要，也才能保持土壤，以利於後來植物的生長。這對於合理施肥，提高產量，是有重要意義的。

---

[30] 孫繼商（1911-1987），山東威海人。1934年畢業於輔仁大學化學系。曾任黃海化學工業研究社助理研究員、副研究員。1949年獲美國普渡大學化工碩士學位。1950年回國。歷任上海化工研究院氮肥室主任、院副總工程師、高級工程師。長期從事並指導氮肥工業中原料氣製備和催化劑的研究，並取得成果。

[31] 參見唐效實：《黃海化學工業研究社在五通橋》，樂山市編史修志委員會編：《樂山市志資料》1983年第1期。

四、金屬的研究

入川後，輕金屬的研究條件設備大不如前。為了國防及經濟建設的需求，黃海社繼續開展對煉鋁資源的考察試驗。他們就地取材，首先對四川敘永的粘土進行提制氧化鋁的試驗。1941年，又著手對雲南、貴州的鋁礦石進行探索。他們先後對由資源委員會提供的雲、貴兩省的鋁土葉岩樣品60多件，逐一做了化學分析，查明各區樣品的組織略有不同，其中矽氧和鐵氧的平均含量都比山東博山的為低，最好的礦樣所含鋁氧達到60%。

黃海社還購到了一批來自江西的鉍礦石，研究員趙博泉作了「國產鉍砂熔煉試驗」，知道它們大部分為鉍土礦和泡鉍礦，其鉍含量最多者達68%，平均為58%。他們還並設計了熔煉法煉出了金屬鉍。金屬鉍經精製後，可供製藥用。因為金屬鉍與由五倍子制得的沒食子酸反應生成鉍黃，可代替黃碘，在醫藥奇缺的抗日後方很受歡迎。由此建立了中國金屬鉍的生產基地。

總之，五通橋時期雖然條件艱苦，但比起西遷前的初創時期，其研究成果從數量上、從貼近於國計民生上更勝一籌。社裡及時把這些成果資料彙集整理，發表出來澤惠於民，有力地支援了抗戰前線。當年的重慶《大公報》稱：「黃海改良食鹽，其功績與李冰父子開鑿離堆相等。」在黃海社紀念建社二十周年時，彙集了近幾年發表的科研成果資料就達92項之多，真可謂碩果累累。

第五節　深憾中國失先生

一、范旭東鞠躬盡瘁

1937年8月1日，范旭東呈請軍事委員會和實業部，請政府給予補助金300萬元，擬在後方重新建設鹼廠。1938年4月21日，行政院批復：「一次撥足三百萬元，作為官股，但須縮短完成年限，交財政、經濟兩部與公司商洽進行辦法呈核。」然而行政院提出將300萬元補助費改為官股或作為投資，欲納「永久黃」團體於國營之中，范旭東對此做了堅決的抗爭，認為加入官股就是改變企業的性質，這是一個重大問題，總經理無權決定，一定要由股東大會決定。當前戰事正烈，股東四散，交通不便，無法召集股東會議，這事最好待時局稍穩再定。一番入情入理的言論，使行政院碰了個不大不小的釘子，只好作罷。

　　300萬元補助金對建廠只是杯水車薪。范旭東又提出以工廠全部資產作擔保，年息8厘，半年結付一次為條件，向中央、中國、交通、農民四行貸款2,000萬原來建設川廠，但貸款還是被拒絕了。范旭東並不灰心，為了實現川廠建設的宏偉藍圖，四處奔走，在國民參政會上大聲疾呼，發動輿論，宣傳「中國需要工業，已到得之則存、不得則亡的階段」；建設華西化工基地與抗戰建國的密切關係；永利有建設川廠的雄心壯志和短缺資金的嚴重困難……迫於社會輿論強烈要求，國民政府同意了范旭東的要求。1938年11月，「國民參政會議決復興基本化工一案，旋經國防最高會議核准，由政府擔保永利向國家銀行借款法幣二千萬元，在四川興辦硫酸錏及煉焦兩廠，出貨以前並由政府保息。所需向國外購置器材的外匯，包括在二千萬元借款之內，政府准予按當時法價賣與，俾得維持預算，這在當時全國工業界中，實不多見。從此華西基本化工中心之創造，始粗具輪廓，惟待逐漸實現而已。」[32]

　　貸款問題解決，使范旭東舒了一口氣，接著便是採購和運輸問題。運輸問題困難更大。

　　在美國購買的鹼廠器材運往四川，有兩條路可走：一是經滇越鐵路，從越南海防直達昆明，一條是用火車，從海防到同登，再用汽車接運，經廣西、貴州到重慶。1940年法國在越南崩潰，永利未運出的機件，還約有500噸為日軍攔截而去。這樣，永利進口器材只好改道由緬甸內運，路程更長，更崎嶇難行。在此情況下，范旭東從美國購置福特牌載重汽車200輛，自辦運輸，又轉赴仰光，從事運輸準備。1941年秋季，太平洋戰爭爆發，范被圍困香港，直到1942年3月才繞道回到重慶。這時仰光也已失守，范又趕去料理殘局。永利器材，經過大家冒著千難萬險搶運回五通橋，再過兩星期即可圓滿結束，然而出人意外，戰局急轉直下，日軍進入緬甸，搶劫破壞了滇緬西路沿途的汽車80多輛、進口器材不計其數。剩餘部分也不得不改運英屬印度，後來又被美軍及中國遠征軍徵用。據統計，永利僅僅在運輸線上遭受的損失即高達80萬美元。[33]1943年9月26日，范旭東呈文國民政府軍事委員會：「華西局面，雖不惜排除戰時萬難，力求展開，乃一扼於越南，再困於緬甸，至今大宗器材存積

---

[32] 天津城廠黨委宣傳部編：《鈎沉──「永久黃」團體歷史珍貴資料選編》，2009年，第290頁。

[33] 蘇智良等編著：《去大後方──中國抗戰內遷實錄》，上海人民出版社2005年版，第112頁。

美國未動。國內工程停頓，欲進無從，雖荷深厚同情，未予譴責，然國家迫切需求，卒無以應，良用疚心。」[34]

為戰後復興化工建設，1944年6月27日范旭東呈文軍事委員會，決定出國考察。「決即先赴美國，一面料理公司所制購之大宗器材，一面視察國防化工，擬在美勾留三個月，再經由英國、蘇聯實地考察，預計年內當可回來。此行擬帶富有學識經驗之工程師一人同往，庶旅行中遇有關於技術問題得以隨時商洽。」7月13日，軍事委員會委員長侍從室第二處致函范旭東：「先生及解壽繽君出國情由轉知外交部，照發護照，所需外匯亦可憑護照徑請外匯管理委員會核給。」[35]

是年10月，范旭東安抵美國，一面出席國際商業會議，一面考察美國化工企業，並以永利公司主管人身分與華盛頓出進口銀行接洽借款事宜，幾經商談，於1945年5月1日雙方簽訂了1,600萬美元透支借款協議。協議中關於借款用途，規定為備付永利「在美採購運入中國之機器設備與材料以及關於新建、重建與擴建有機無機化學工業與聘用美國技術人員薪工旅費」。

1945年5月30日，重慶《大公報》上刊登出一條消息，題目是《永利公司在美借款 美方原則上已同意》。這則短短的消息，轟動了重慶實業界。有人高興，有人羨慕，也有人嫉妒。一時間，成了大家的中心話題。

6月22日，范旭東由美回國。一位記者在機場問道：「范先生，您對政府擔保一節，覺得信心怎樣？」范旭東毫不猶豫地回答：「我想，此節應無問題。因為，聽說政府也想在美國申請一大筆建設貸款。我的計畫，與政府的意圖，可謂不謀而合！」[36]

8月10日，日本宣布無條件投降。第二天一早，范旭東迫不及待地向余嘯秋祝賀勝利。他提筆寫道：「局勢急轉直下，萬分興奮。抗戰以來，我們大方向未錯，私衷尤暢。以後一切，當注重在復興矣。……」[37]

范旭東高興的太早了。美方銀行要求他必須取得中國政府的擔保。為此，范旭東找到財政部長孔祥熙。但是，孔祥熙卻要求取得永利的股票，在遭到范旭東的婉言謝絕之後，竟然拒絕在保證書上簽字。於是，范旭東只好去找行政

---

[34] 天津鹼廠黨委宣傳部編：《鉤沉——「永久黃」團體歷史珍貴資料選編》，第290頁。

[35] 天津鹼廠黨委宣傳部編：《鉤沉——「永久黃」團體歷史珍貴資料選編》，第293頁。

[36] 胡迅雷：《中國工業鉅子——范旭東》，中國青年出版社1991年版，第292頁。

[37] 胡迅雷：《中國工業鉅子——范旭東》，第293頁。

院長宋子文，結果宋子文以讓其出任永利董事長為擔保條件，同樣也被范旭東予以拒絕。不久，行政院對其要求借款擔保一事給予了「不予批准」的答覆。范旭東的滿腔熱情，得到的竟然是如此結果。這位百折不撓，即使歷盡千難萬險也從不灰心的民族實業家，再也承受不起這樣的沉重打擊，心力交瘁，憂憤成疾，不久病倒了。

10月4日下午3時，63歲的范旭東於重慶沙坪壩南園溘然長逝。彌留之際，他給前來看他的同事們留下了「齊心合德，努力前進」這八個字。

10月21日下午3時，范旭東追悼會在南開中學「午晴堂」舉行。約五百人出席行禮時，由江庸主祭，剛從美國趕回來的侯德榜等陪祭。讀祭文時，侯先生泫然淚下。

11月13日上午10點鐘，重慶工業、文化界的20個團體，又一次舉行追悼大會。國共兩黨的最高領導人均送來挽幛或挽聯，對范旭東給予極高的評價。蔣介石在挽幛上手書「力行至用」四個大字。毛澤東當時正在重慶，親題挽幛「工業先導，功在中華」和橫匾「化工先進」表示悼念。周恩來親赴靈堂，敬獻了與王若飛合寫的挽聯：「奮鬥垂卅載，獨創永利久大，遺恨渤海留殘業；和平正開始，方期協力建設，深憾中國失先生。」

實業界的挽聯、挽詞，尤為悲憤而沉痛。侯德榜獻的挽聯是：「此痛豈能言，廿六年戮力同心，大業粗成兄竟去；其謀堪大用，一百日倦飛齎志，長材凋謝我何依。」又一副挽聯道：「不辭艱苦，不求功利，幹則唯力，奠定化工基礎，其先生乎；但唱計畫，徒尚空談，包而不辦，阻擾工化大路，抑諸公歟！」經濟學家許滌新在《新華日報》上撰文悼念：

　　　　范先生的半生坎坷，也就是數十年來中國民族工業的坎坷！中國如果不能獨立自主，中國的政治如果不能走上民主的大道，則民族工業、是沒法發展，甚至是沒法存在的。范先生的半生坎坷，證明瞭這一點，全國的商業界人士，也必定是深深地體驗這一點的。假如范先生的心血是灌溉在民主國家的土壤裡，我知道，他的果實一定比現在來得更豐碩、更美麗。[38]

---

[38] 許滌新：《追悼范旭東》，《新華日報》1945年10月21日。

　　1946年2月1日，當局發布國民政府令，褒揚范旭東：「創辦大規模之化學基礎工業，至今卅年，成績昭著。抗戰以來，四次膺選參政員，擁護國策，尤多貢獻。茲聞溘逝，悼惜良深！應予命令褒揚，用彰忠哲。」[39]

二、傅冰芝死而後已

　　在抗戰勝利之際，五通橋的永利鹼廠由於勞資糾紛引發了一次罷工事件。原來，由於生產規模大，大批招錄員工，招進一批練習生（即有文化的工人，一部分為通材中學的學生）。當時因通貨膨脹，物價飛漲，工人的生活困難。當時個別的技工，下班也要去賣香煙、打臨工，才能維持一家老小的生活，一般工友就更不用說有多困難。據練習生李澤涵（李紫）回憶：「由於我在廠工作時間較長，與工友們都熟悉，又是單身，因此大家經常聚在一起討論，對大家的想法都比較瞭解。於是我們大家就一起議論，看能否要求廠方漲工資。我們聯絡了各個部門一些有威信、有組織能力的工友，在工廠的山洞（擬建硫酸錏廠的地方）中召集開會，討論此事。最後議定：先寫信向廠方提出上述要求，要求增加工資，若不同意就罷工。並要求各部門代表回去聽取工友們的意見，將意見匯總後，再向廠方提出。希望大家要求要合理，不宜過高，宜於廠方接受，增資比例定在50%以內，要求廠方於收信後的3日內答覆，並要求大家高度保密，罷工範圍只限於工人、練習生等。當時還考慮到罷工會被抓、被鎮壓、被扣紅帽子等後果，並為這些後果設置了應對方案。推選出的第一批談判代表為楊澤惠（機械部技工）、張仕成（工友）和我（練習生）。若第一批代表被抓，則考慮了第二批、第三批談判代表。以及以各種形式向社會公佈罷工真相，以求得社會各界支持。要求信發出後，廠方置之不理，最後釀成罷工。罷工時間定在1945年8月14日，以動力室鳴號為信號統一罷工。罷工發生後，趙顯齋（事務部副部長）即與工人代表談判，表示要轉告廠部。第二天他把工人集中在新生活食堂開會，宣布廠部意見：日本已投降了，國家有辦法了，永利廠也有辦法了。同意增資要求，希望大家馬上復工。我們與廠方達成協議，不能因罷工隨意開除工人，特別是談判代表。隨後全廠復工，罷工以勝利告終。」[40]不料10月2日，廠方

---

[39] 天津鹼廠黨委宣傳部編：《鉤沉——「永久黃」團體歷史珍貴資料選編》，第184頁。

[40] 李紫：《我經歷的一次勞資糾紛》，政協樂山文史委員會編：《工業回眸》，天地出版社2013年版，第126-127頁。

突然遣散練習生李澤涵，說抗戰勝利了，永利廠要復原，川廠要遣散一部分工人，一點經濟待遇也不給，命其回家。接到通知後，李澤涵與部門管理人員一起去辦公室找到副廠長傅冰芝，與他理論。但因廠方當時沒有遣散細則，所以沒有結果。此事引起工人們的不滿，均認為是廠方對罷工事件的報復。今後還會有遣散事情發生，應有一個規定。於是工友們倉促舉行罷工抗議，並派出了代表與廠方談判。李澤涵說：「這次罷工事起倉促，為防止廠方拖延，談判工人吃虧，因此採取了一個巧妙辦法應對，即上班不上工。廠方無可奈何遂同意進行談判。這次談判廠方的代表之首是侯德榜，工人方面則以楊澤惠為首。經與廠方幾次談判，工友們適當讓步，才達成一致。以工人三個月的工資額為遣散費發給被遣散的工人，以後即以此為例辦理。」[41]

與此同時，永利錏廠部分職工，也是因生活日益緊迫之苦，要求工廠增加工薪，甚至有職員聯名上書告至總處。一時間沸沸揚揚，人心浮動，生產受到很大影響。主持錏廠工作的傅冰芝正苦於日本投降離廠時工廠設備盡遭丟損破壞，修復生產支出浩大，資金相當拮据困難，加之錏廠事務千頭萬緒，雲集一身，內外肆應，心力交瘁，恰逢此時職工要求加薪，來自廠內外、社會上的壓力更使他倍感頭痛。但是傅冰芝毫無開罪於民之心，他想到的是隨從范旭東畢生精力從事的化工事業，表面觀之，似為一私人營利的團體，其實不然，如他所言：「范公之心願，不僅完全注重產品之製造，其終極之目的，蓋在廣大民眾謀福利。但欲達到此目標，必須供給農村以廉價化肥，使其生產旺盛，收入增多，……民食問題獲得解決，則心安理得，渾忘今日之辛酸。」[42]

傅冰芝既有此胸懷與精神，對職工要求增薪之事自然爽然處之。他在寫給好友彭素夫的信中說：「近來廠中職工要求加薪晉級，備感頭痛，但一想到生產事業，福利人群，便又爽然自得。」他還寫到：「永利公司實為公器，鹼錏諸廠粗具規模，係范、侯二先生苦幹的成績，與全公司同人辛勤收穫之結果。故公司之利益，應該勞資各半。」這足以看出傅冰芝投身工業的動機，他的所作所為，實為廣大民眾謀幸福，全在救貧愛國。隨後，在他的主持下，錏廠改變工薪計算辦法並增加職工生活福利待遇，以此稍加緩解職工生活的艱難。

[41] 李紫：《我經歷的一次勞資糾紛》，政協樂山文史委員會編：《工業回眸》，第127頁。
[42] 天津鹼廠黨委宣傳部編：《鈎沉——「永久黃」團體歷史珍貴資料選編》，第124頁。

　　傅冰芝為職工謀劃增加工薪改善生活，而對自己卻功不居、錢不要，一心只在事業上。他主持鉀廠和鹼廠多年，平日公私分明，絲毫不苟，除應得的薪金外，絕不濫用公司分文。他在廠中的住宅，陳設簡陋，連一個休息的沙發都沒有，廠方擬為購置，他卻堅辭不受，他說：「沙發太奢侈，無此必要，惟平生愛書籍，庋藏無櫥，最為痛心……」堂堂的一廠之長，連一個書櫥都沒有，平日之清廉可以想見。「永久黃」團體中有人贊傅冰芝：「一生淡泊，兩袖清風。」可謂深知傅冰芝的為人倫之師表，堪稱後人之楷模。

　　由於抗戰時期艱苦生活環境的磨難，加上過度的工作疲勞，傅冰芝瘦弱的身體終於頂不住了，但他還是支撐著，日夜忙碌著廠裡的各種大小事宜，同時他還想著《海王》，雖沒有時間撰稿，但還抽暇翻出舊作寄給《海王》，這種為團體事業奉獻的精神，令人感佩至極。1948年2月8日，已在病中的傅冰芝寄給閻幼甫一篇譯稿，題為《一氧化碳及其吸收劑》，署譯名「江聲閣」，其意為傅冰芝在五通橋新塘沽紫雲閣時，曾自署其居住處為「聽江聲閣」。此稿在《海王》第20年第18期（1948年3月10日）發表不久，傅冰芝因積勞成疾住進醫院，4月28日去世。侯德榜在紐約「聞耗之餘，不勝悲悼」，撰文曰：

　　　　當我在國外奔走之時，兄在國內不辭勞瘁，對鉀廠以外，凡可為力者無不協助。川廠深井，賴兄指導；鹼廠糾紛，賴兄解除；湘廠煤礦之勘測，玻璃原料之探詢，處處賴兄執行。兄之工作，不分廠別，不論地區，凡屬公司之事，為兄能力所能及者，無不自動代辦。最近青島化成工廠之接收，亦多賴兄襄助。嗚呼冰兄！兄與我相處二十五年，方冀長此共同苦幹，以渡殘年，何期一病不起，使我孤掌難鳴，徒自傷悲耶？

　　　　抗戰八載，旭公在渝撐持公司全域，我在國外，從事工程設計，川廠方面賴兄維持；抗戰期間，社會紛擾，人心淆亂，兄苦心撐持，卒置川廠於磐石之安。今者旭公逝世未久，兄又繼而棄我長逝，公司事業一再受此打擊，其何以堪？勝利以後，十廠計畫，正在推行，兄協助之力居多，天奪吉人如斷我右臂。嗚呼冰兄！其何以死耶？[43]

43　侯德榜：《哭傅冰芝兄》，侯德榜：《跨越元素世界》，百花文藝出版社2011年版，第130-
　　131頁。

第二章
芭蕉溝往事：孫越崎與嘉陽煤礦

　　中國現代能源工業的創辦人和奠基人之一、「工礦泰斗」孫越崎曾經說過這樣一段話：「我一生中做過不少錯事，但在兩次時局大變動中，有兩件事是做對了的，一是在抗戰初期把焦作中福煤礦的機器設備拆遷四川，為抗戰出力；一是在解放戰爭後期鼓動國民黨政府資源委員會全體人員保護工礦財產，留在大陸，交給人民。」[1]

　　抗戰初期，孫越崎曾將中福煤礦公司大批人員和機器設備轉移四川，成為抗戰時期全國範圍內唯一一家遷徙到後方的以經營煤礦為主的大型中外合資企業。它所生產的煤炭供應著四川全省一半以上生產和民用，為中國人民抗戰勝利起到了積極作用。

第一節　孫越崎整理焦作礦務

　　先從焦作中福煤礦公司的成立說起。

　　清末同治年間（1868-1872），德國人李希霍芬借遊歷之名先後七次來華調查礦產。後來，他在上海發表的一篇考察報告中說：「中國礦產之富，甲於全球，只山西一省之煤，足供世界千餘年之用。」[2]報告還就煤鐵的價格、行銷範圍和運輸情況作了記載。李希霍芬的調查與宣傳，更激發起外人覬覦中國礦產之野心。光緒二十二年（1896），義大利商人康門鬥多·恩其羅·羅沙第（Angelo LuzzJttti）受李希霍芬宣傳的影響，「早知陝晉豫煤田之宏大，面積之廣泛」，便以調查中日甲午戰爭後的經濟形勢為名來到中國，勘察豫、陝、晉三省的煤礦資源，亦曾到河南省懷慶（今沁陽、修武兩縣）一帶調查。隨後，他回到歐洲，籌募資金企圖在中國投資開礦。雖然在他心中沒有一個明確的計畫，但適合當時情況的許多可做的事情卻深印在他心裡，他成功地把這些印象向別人宣傳。而此時，英國政府正極力想把在華勢力範圍向華北推進，英國大資本家們急於通過駐京公使向中國提出在華開礦的要求，但又擔心其他資本主義國家起而反對英國獨佔。英國政府決定委託義大利政府一個大臣的兒子出面，謀取礦山，而由英、意兩國公使大力支持。1897年3月，獲得

---

[1]　吳京：《越過崎嶇陸，走向康莊道——記著名礦業專家孫越崎》，《人物》1983年5期。
[2]　劉民生、張連江主編：《焦作煤礦工運史》，河南人民出版社2005年版，第5頁。

英意政府委託的羅沙第在倫敦農街110號成立了一個英意聯合有限公司，籌集股本金兩萬英鎊。按英國法律註冊，命名為英國福公司（The Peking Syndicate Ltd.）。緊接著，在中國天津設立英商福公司辦公處，任英國駐滬總領事哲美森（Jamieson，Sir George）為總董。這樣，旨在中國山西、河南開礦為主要業務，並妄圖攫為己有的英國福公司誕生了。

福公司成立後，代理人羅沙第再次來到中國，通過李鴻章的親信幕僚馬建忠，勾結官府，花錢活動，賄買了翰林院檢討吳式釗、分省補用道程恩培，借設豫豐公司，出面為其奔走。1897年，吳式釗等人疏通好河南巡撫劉樹棠，答應為羅沙第在河南開礦向清廷保奏。根據當時清朝法令，洋商還不能直接投資開礦，華商也不能與洋商合股，但可以向洋商借債。吳式釗等遂計畫以華商豫豐公司名義因資金周轉不靈，向福公司借款1,000萬兩，轉請福公司承辦河南礦務，呈請河南巡撫批准。「且聲明所借之款為商借商還，將來如有虧折，由該公司自行清理，於國家毫無相干。」[3]這時，恰好光緒帝有旨要各省將軍、總督、巡撫就練兵籌餉事確實查奏。河南巡撫劉樹棠乘機於1898年初先在複奏中附帶提到，有商人自借鉅款，前來河南認辦礦務。接著，又把豫豐公司與福公司承辦河南礦務合同草案入奏，清廷交總理各國事務衙門與戶部合同審議。總理各國事務衙門認為，福公司與山西礦務局的合同已經奏准，河南礦務合同事同一律，讓羅沙第仿照山西辦法另擬合同章程二十條，僅把劉樹棠原擬第一款准福公司「開採懷慶左右，黃河以南、西南諸山各礦地」，改為「懷慶左右，黃河以北諸山各礦」，以示限制。不久，總理各國事務衙門的奏議得到光緒帝的批准。1898年6月21日，羅沙第與吳式釗分別代表福公司與豫豐公司，在總理各國事務衙門簽訂了河南礦務合同，即《河南開礦制鐵以及轉運各色礦產章程》，並加蓋總理衙門的關防。

羅沙第玩弄手段，在章程中設置了不少圈套，侵奪了中國的主權和人民的利益。首先，辦礦的主體名義上是豫豐公司，實際上卻是福公司，因為「批准各事」在英文本中被寫為「讓與權」。也就是說，豫豐公司把直接獲得的開礦權，讓與了英國福公司，「遂據為洋人入內地貿易居住之證」。其次，福公司與豫豐公司在用人和理財上極不平等，豫豐公司處處受制於福公司，所謂的

---

[3] 轉引自薛毅：《英國福公司在中國》，武漢大學出版社1992年版，第19頁。

華董，等於是福公司的雇員。在納稅方面，落地稅是清政府固定的收入，但條文中規定的為數不大，報效部分為數較大，但以有盈餘為前提。而免征厘捐的規定，則使其具備了擠垮當地土窯的有利條件。最後，通過申請自建運輸礦產出境的鐵路，福公司取得了在河南修築鐵路的權利，並於1904年築成了道清鐵路。[4]

20世紀初，有人曾極為痛心地指出：「中國路礦為外人把持盡矣，而憑空結納，斷送於人，未有如河南懷慶煤礦失之之易者也。」[5]河南礦務合同章程的簽訂，使河南的礦產主權幾乎全部喪失，這給河南人民帶來了沉重的災難。英國借此不僅獲得巨額利潤，並且擴大了在華的政治勢力。福公司在此合同的保護下，全面向河南經濟滲透，使當地社會經濟產生了轉折性的變化。

光緒二十八年（1902）5月，福公司總董哲美森、總礦師利德等到河南焦作，在修武縣下白村強購民田，打鑽探礦，建立礦廠，命名為「哲美森廠」（後譯為澤煤盛廠）。在未取得清政府發給的開採憑單的情況下，即在廠內開鑿煤井，並於1906年出煤。英商福公司在焦作的掠奪行經，遭到修武地方煤窯主的強烈反對。為了和英商福公司抗衡，1906年，華商靳法蕙在焦作投資了憑心煤礦公司；1907年加入官股，改為官商合辦，定名為「中州華商憑心煤礦股份公司（簡稱中州煤礦公司）。1914年8月，中州煤礦公司又和豫泰公司、明德公司合併，聯合組成以民族資本為主體的官商合辦「河南省中原煤礦股份有限公司」。1915年6月1日，根據英國公使朱爾典建議，袁世凱同意，仿照開灤礦務辦法，經北京政府批准，在焦作成立福中總公司，實行分采合銷。這樣英商福公司便控制了焦作煤礦，經營日有起色，到1924年成為帝國主義在華經營的七大煤礦[6]之一。

1925年7月焦作煤礦工人反帝大罷工後，福中公司生產日益衰退，至1927年初完全停頓，礦井大部分被水淹沒。1932年福公司向南京國民政府提出復工要求。1933年6月1日南京政府行政院批准《中原公司和福公司合資經營煤礦合同》，將分采合銷的福中公司改為合采合銷的「中福兩公司聯合辦事處」。

4 參見黃天弘：《論1897-1915年英國福公司對河南礦產資源的掠奪及其影響》，鄭州大學碩士論文，2002年。
5 《福公司盜采河南懷慶煤礦之歷史》，《民呼日報》1909年7月5日。轉引自馬鴻謨編：《民呼民籲民立報選輯》（一），河南人民出版社1982年版，第162-163頁。
6 七大煤礦：即開灤、焦作福公司、撫順煙臺、本溪湖、山東華德、井陘、臨城。

1934年9月，蔣介石電令河南省政府主席劉峙，特派翁文灝為河南中福煤礦整理專員。11月，孫越崎受翁文灝之邀到焦作接辦中福公司。

　　孫越崎（1893-1995），原名毓麒，曾用名孫世棻。浙江紹興人。1913年入上海復旦公學，1916年畢業後考入北洋大學礦冶科。因積極參與發動組織天津學生罷課遊行，被校方開除。後經蔡元培幫助，轉入北京大學礦冶系學習，並於1921年畢業。1923年12月，孫越崎任吉林穆稜煤礦（今屬黑龍江）探勘隊隊長、工程師；1929年8月，留學美國加州斯坦福大學採礦研究院和紐約哥倫比亞大學採礦研究院；1932年1月，赴英、法、德三國煤礦參觀學習，8月回國。是年11月，任國防設計委員會礦室主任，陝北油礦探勘處處長。

　　1934年10月，孫越崎經翁文灝推薦，由蔣介石派為中福煤礦總工程師。據翁文灝之子翁心鶴回憶：「河南焦作中外合辦的中福煤礦因管理不善，糾紛迭起，英方告狀告到蔣介石處，蔣介石即要父親去廬山，當面請他出任中福煤礦整理專員。父親辭以自己只是搞地質調查，從未經營管理過煤礦，而且身體尚未完全復原，實在無法勝任。但是蔣介石逕自將任命發表。父親礙於救命之恩，感到實在進退兩難。這時想到孫伯父，立即電邀到北平，詳談經過。然後請孫伯父去中福煤礦調查情況，以便決定是否去就職。孫伯父去礦一星期，得出兩個結論：中福煤礦正處在兩個黃金時期，一是井上現有大量存煤，只要運出去，就能滿足冬季銷售旺季的需要；二是煤礦井下開拓掘進過度，足夠三年的回採，現在可以省下掘進的費用。孫伯父建議機不可失，應立即前往赴任。父親雖然無意礦場工作，但仍複電蔣介石允去焦作就職，並請派孫伯父為中福煤礦總工程師，在父親不在礦時，由孫伯父代理整理專員。蔣介石複電同意。」[7]

　　同年11月，孫越崎到焦作接辦中福公司，隨即進行人事整頓，淘汰冗員，改進工程，解決特別複雜的鐵路運輸問題。1935年11月翁文灝改任行政院秘書長，因此在中福公司實際任職僅一年光景，於是中福公司的領導工作絕大部分落在孫越崎身上。孫越崎針對存在的弊端，採取切實時可行的措施：鐵路運輸方面實行夏運冬銷辦法，按計畫運銷，按月付運費，向路局保證裝卸不超過

---

[7]　翁心鶴：《緬懷孫越崎伯父》，政協浙江省紹興縣文史委編：《愛國老人孫越崎》（《紹興文史資料選輯》第十五輯），1997年，第242頁。

6小時，促使煤礦和路局充分合作；糾正過度開發的浪費，不當的措施有的取消，有的從緩；重視安全生產，擴充礦屬醫院；發清員工欠債，調動員工的積極性。這樣很快就收到了效果。煤產量由每天3,000噸增至5,000噸。同時降低成本，壓低煤價，從此打開了銷路。1935年實現了4個100萬：生產、運輸、銷售各100萬噸，盈利100萬元。1936年產煤增至125萬噸，盈利達到175萬元。企業生氣勃勃，成為中福煤礦前所未有的黃金時代。

1936年冬，兩年整頓期滿，還政於公司和董事會，董事會聘請孫越崎為中福公司總經理，任期3年，平時由總經理負責處理生產及營業等事務。1935、1936兩年的股息和紅利一次分發。過去公司股票在倫敦市場上多年無聲無息，此時迅速上漲。《泰晤士報》詳細報導中福公司情況，稱讚翁文灝和孫越崎經營有方。翁文灝讚賞孫越崎的工作能力，於1937年2月寫了一首詩：

振衰起敝幾春秋，大業豫州仗遠謀。整理昔曾勤輔導，主持今復展才猷。

人心翕服因忠信，規矩殷勤少匹儔。多少民生經濟事，與君須待共相籌。[8]

整理後的中福公司正在順利發展，但是好景不常，就在此時，日本帝國主義對中國猖狂進犯。

第二節　中福南遷，合組天府礦業

盧溝橋事變之後，日本相繼佔領了平津地區，又兵分三路沿平綏、平漢、津浦鐵路向華北腹地大舉進犯。張家口、石家莊、太原相繼失守，大片國土淪入敵手。由於華北正面戰場的潰敗，河南成了保衛武漢的屏障、西北的門戶，華北抗戰的後方和南北戰場的樞紐，成為中國抗戰的最前線。

1937年11月上旬，沿平漢鐵路及兩側南犯的日軍，突破國軍第一戰區的漳河防線，5日攻佔豫北重鎮安陽。若繼續南下佔領新鄉，位於新鄉正西五十多公里焦作煤礦的人員、設備就只有從孟縣南渡黃河向西撤退一條路了。這一時期時，日機經常在焦作上空盤旋偵察，國民政府軍事委員會已派人前來焦作，準備炸毀中福聯合處所屬煤礦的井筒以及主要機器設備。當此萬分危急之際，中福公司總經理孫越崎鑒於戰火即將蔓延至礦區，軍運繁忙，鐵路運輸隨時可

8　同上，第243頁。

能停頓的局勢，果斷決定中福聯合處所屬礦廠於10月22日停止生產，儘快銷售五十多萬噸存煤。孫越崎還請准了國民政府軍事委員會，決定將中福聯合處所屬礦廠主要機器設備遷移到長江以南地區。

南遷設備的決定首先遭到中原公司的反對。中福聯合處董事會中原公司方面的董事劉燧昌、胡汝麟、杜扶東、周樹聲等四人聞此訊後跑到孫越崎辦公室，態度非常嚴肅地說：「我們聽說您在拆遷機器去漢口，這是我們河南的財產，不能拆走。」為此，孫越崎向他們指出：「中原一向是戰亂之地，但以前都是內戰，這次情況不同，是日本帝國主義侵略我們，非內戰可比。現在擺在我們面前有三條路；第一條是不拆不遷，那敵人可以用，我們不能用；第二條完全破壞，敵人不能用，我們也不能用；第三條把井上井下機器設備全部拆走，敵人不能用，我們可以用。拆走的器材產權仍歸你們所有，到南方找礦區，由我負責，開礦得到的利潤全部分給你們。以上三條，你們看哪一條好，由你們定吧。」[9]聽罷此言，劉燧昌等人別無它計，只好勉強同意拆遷設備。

南遷設備的決定最初也遭到福公司的反對。早在19世紀末葉，英國就默認了日本在中國沿海與鄰近的擴張行為。20世紀伊始，英國便同日本結為友國。倫敦借「東方警犬」之力，牽制了俄國與美國，維繫了遠東的局勢；日本則極力攀結當時號稱世界頭號強國的大英帝國。1902年1月30日，英日簽定了同盟條約。盧溝橋事變爆發後，英國力圖避免擴大戰爭。1937年11月，在比利時首都布魯塞爾召開的九國公約會議上，英國不願採取積極行動，以免得罪日本，只是試圖推動美國率先採取強硬態度。由此看出，抗戰初期英國對日侵華行動奉行的是綏靖政策。它雖然對中國有所同情，但又不提供實質性的支援。所以，當福公司駐中福聯合處代表貝爾得知孫越崎將要拆遷中福的機器設備時，明確表示反對，並聲稱「英國與日本是友邦，日本人來了，不會損害我們的權益」。孫越崎說：「日本是你們的友邦，卻是我們中國人的敵人，我們一定要走。」[10]後來，貝爾看到孫越崎拆遷設備的態度十分堅決，況且又得到國民政府軍事委員會的支援，經請示遠在倫敦的福公司董事會，只好同意拆遷一部分機器設備。特別是福公司倫敦董事會同意跟著中國政府西遷重慶，這不但為全

---

[9]　孫越崎：《河南焦作中福煤礦的坎坷道路》，《孫越崎文選》，團結出版社1992年版，第25頁。
[10]　同上。

國煤礦所未有，也是外商合資公司跟中國政府走的獨一無二的事例。[11]

　　卻說孫越崎先後說服中原公司和福公司董事，大張旗鼓地發動員工拆運機器之際，國民黨河南省黨部和焦作市黨部上下串通，向馮玉祥設在新鄉的第六戰區司令長官公署軍法處控告孫越崎，說他拆運機器動搖了後方軍心，有漢奸嫌疑，要求將其逮捕法辦。據孫越崎回憶：

　　　　該軍法處通知中福公司新鄉辦事處長陳祥俊轉告我，限於次日自去新鄉投案，否則派人前來焦作逮捕。我接陳祥俊電話後，即與會計科長張茲闓、營業科長都越週二人徹夜不睡，一條一條地寫出我走後，礦區應辦的各項事宜，以備萬一我回不來。次日，張茲闓留守礦區，都越周同我一起去新鄉，以便把情況隨時向礦區報告。我們到了新鄉，同去第六戰區軍法處。我一人進去，在客房等了很長時間，軍法處長才出來相見，頗有怠慢之意。他坐下尚未發言，我即將我的名片遞過去給他，上面印著「軍事委員會同少將專員」官職。這位軍法處長一看，態度大變，很和氣地說：「原來我們是一家人。」他掏出名片，上面印的也是「軍事委員會同少將專員冉××」（忘其名）。我說，昨接電話，今天特來投案，不知發生了什麼問題。冉處長很客氣地說，等一等，我去把案卷給您看，您就明白了。不久他拿了一個卷宗出來，翻開來給我看，是河南省黨部與焦作市黨部控告我的檔。我當時還不是國民黨員，我把黨部平時對我不滿的經過，簡略地告訴了他；同時也把與中福兩公司董事談話的大意告訴了他，說明拆遷機器是破釜沉舟、與敵鬥爭到底的大局問題。冉處長聽了後大為讚賞，認為我的處理非常正確，表示支持我。……並建議把停產計畫先給他處一份，以便大家都主動。[12]

　　當天晚上，孫越崎連夜趕回焦作，繼續夜以繼日地指揮拆運礦井上下的主要機器設備，並以鄭州為中轉站，將這批設備運往湖北省會——武漢。當日軍到達衛輝、淇縣一帶時，孫越崎電請鄭州車務段長派來一列客車直抵焦作，把

---

[11] 同上，第26頁。

[12] 同上，第26-27頁。

中福聯合處的職員及家眷接走，直達武漢。他本人則留在焦作繼續指揮拆遷機器設備。截至1938年2月7日，中福聯合處李河煤礦井下的機器設備除兩台大泵外，全部運到井上，裝車待運。為了不影響外運，孫越崎坐鎮鄭州，與鄭州車務段密切配合，只要焦作拆滿一列車的機器，車務段長即派一列車前去裝運。這一時期，日軍為了破壞交通，天天派出飛機對鄭州火車站狂轟濫炸，有的炸彈落到人群中，頓時血肉橫飛；有的炸彈從客車廂頂上穿透後爆炸，景象慘不忍睹；……防空警報此伏彼起，哭號聲亂成一團。若干年後孫越崎回憶起這段歷史時曾深有感觸地說：「那一刻，我真正懂得了什麼叫空氣緊張。」[13]工廠內遷運動的首倡者林繼庸說，「孫越崎氏意志堅決，排除萬難，命令礦長湯子珍、張莘夫督率人員，拆卸全礦的鍋爐、發電、鼓風、抽水、起重等等設備，以及煤車、鋼軌、機件、器材共二千餘噸。張、湯兩礦長偕同職員三百餘人，工人七百餘人，分載卡車多列，經道清鐵路轉平漢鐵路南下。廿七年三月初旬，該礦物質到達黃河北岸。其時當地駐軍已下令將平漢路黃河鐵橋炸毀，炸藥埋布，待令發動，特將炸毀期延緩一日，俾得安全渡河。該礦的人員物資剛渡過黃河，陡聞巨大爆炸聲，此有名的黃河鐵橋即被自動毀壞」，「張湯兩礦長於離開焦作時，並將原礦毀壞，放水淹沒。其時敵人尚未到達焦作，該礦留存房屋未毀，派有職員警長率同礦警多名在礦看守。及後，敵人到達前，看守者即將礦內存餘槍支，分散與當地民眾，由礦警長率領抗戰，於擊斃敵軍二十餘名後，乃轉入敵人後方，發動遊擊工作，曾予敵人以大大的打擊。」[14]

　　孫越崎指揮將中福煤礦的大批設備轉移到武漢之際，民生輪船公司總經理兼天府煤礦公司董事長盧作孚也在漢口主持待運物資搶運工作。盧作孚鑒於重慶將成為國民政府的戰時首都，大批廠礦企業內遷，重慶人口激增，燃料勢必供不應求，認為天府煤礦若要擴大生產，增加產量，必須整頓企業，更新設備，採用機械化生產。當時，鄰近天府煤礦的另一民族企業——三才生煤礦為了擠垮天府煤礦，不惜用重金收買礦地，已將礦區面積擴大到590公頃，對天府煤礦形成包圍之勢。正在此時，孫越崎與盧作孚在漢口相遇。據盧作孚之子盧國綸回憶說：

[13] 薛毅：《工礦泰斗孫越崎》，中國文史出版社1997年版，第69頁。
[14] 張朋園、林泉：《林繼庸先生訪問記錄》，（臺北）中央研究院近代史研究所1984年，第80-81頁。

　　1938年3月，孫老和我父親在漢口翁文灝家裡見面。那雖然是他們的初次相識，但有了翁文灝事前的介紹，兩人對對方的人品都已經有所瞭解，交談甫一開始，便切入主題，直接談到抗日戰爭和工廠企業的內遷。

　　孫老對我父親說：「中福公司從焦作遷來的煤礦設備現堆放在漢口丹水池煤場，總量大約有七八千噸，急需遷川，現在等待內遷的物資太多，運輸十分緊張，我感到束手無策，十分焦急，今天和你見面正好，希望能得到你的幫助。設備遷到後方怎麼安排也希望你幫助出出主意。」

　　父親當時也正為抗戰期間民生公司所需燃料和重慶的民用燃料不足而發愁。他創辦的位於北碚的天府煤礦雖然生產煤炭，但是由於資金短缺，只能人工開採，產量極低，根本滿足不了需要。父親為煤礦的發展急需引進先進技術、先進設備，對煤礦進行澈底的改造，提高產量。

　　兩人所想不謀而合。

　　父親對孫老說：「中福公司的人員、設備由民生公司負責儘快運到重慶，然後，由中福公司和天府公司合作，聯合開發天府煤礦，你看怎麼樣？」

　　孫老說：「好哇，此言正合我意。若能如此，我們的設備運到四川以後就有了用武之地，能與天府合作，以中福公司的設備和技術力量，改造老礦、辦好新礦，努力解決燃料供應當不成問題。」

　　一方是中福公司總經理孫越崎，一方是天府礦業公司和北川鐵路公司董事長盧作孚，兩人當時就做出決定，中福以設備材料作為投資；天府煤礦和北川鐵路合併，以礦區和鐵路作為投資，共同組建新的天府礦業公司，公司資金定為150萬元，雙方投資各半。

　　兩大公司合作這樣重大的問題，雙方只交談了5分鐘，就達成了協議。出於相互間的信任，沒有簽訂任何形式的合同，便一言為定，照此辦理了。

　　大事既定，孫老一塊石頭落地，非常興奮，當時便說：「新公司成立後，你當董事長，我當總經理。」[15]

15　盧國綸：《新天府煤礦的誕生和發展》，《武漢文史資料》2006年第5期。

　　孫越崎在回憶也說他和盧作孚見面時，「（盧作孚）談起上海一帶工廠和兵工廠等上運重慶建廠，川江輪船運輸緊張，缺乏煤炭是個大問題。我即告以中福煤礦機器料及技術管理人員和技工都在漢口，如與天府合作，可解決這個問題。盧作孚聞之大喜，立即同意合作，並允負責把中福機器設備優先運輸入川」。[16]

　　為了慎重起見，孫越崎和福公司總代表貝安瀾、原中福聯合處李河煤礦礦長張莘夫、湘潭煤礦工程師布魯西言克（英籍）一行共四人於3月11日專程來到四川。在當時天府煤礦公司經理黃雲龍的陪同下，考察了天府煤礦三個大平洞的採煤情況。孫越崎看到當時的天府煤礦有三個優勢：「即（一）有一條十七公里長的二十磅鋼軌可運五噸重煤車的輕便鐵路，從礦區直達嘉陵江邊；（二）煤層較厚，可采的煤層有兩層，一層厚二——三米，一層厚一點五米，儲量豐富；（三）由嘉陵江下運重慶不到一百公里，運輸便利。」[17]同時，他也發現這個煤礦的生產設施相當落後，不但全靠人工開採，而且巷道彎曲，通風條件差，不適於機械化的大規模生礦的豐富經驗，針對老礦存在的問題，心中很快便有了一幅對老礦全面改造的藍圖。經過反覆權衡利害得失，孫越崎決定前來合作。

　　1938年5月1日，天府煤礦、北川鐵路合併後和中福公司正式聯合組成天府礦業公司，在民生公司漢口分公司召開創立會，推選出第一屆董監事，董監事會議又一致推舉盧作孚任董事長，孫越崎任總經理，原天府煤礦公司經理黃雲龍擔任協理。在新公司董事會9名成員中，中福聯合處占了5名，明顯占了多數。在新公司組織章程中明文規定：「總經理秉承董事長之命，全權綜理對內對外一切事宜。」孫越崎遂委派原中福公司李河煤礦礦長張莘夫為天府煤礦礦長，立即開始策劃對天府煤礦的改造和擴建。孫越崎還決定將公司總部設在位置適中的重慶北碚後峰岩，並在新建的辦公大樓建成後定名為「作孚樓」。

　　同年6月，盧作孚給四川美豐銀行總經理康心如等董事的信函敘述了這一合作，信中說：「北川、天府同仁因鑒於省外工廠遷渝，一時需煤量大，各煤廠必因此競爭開採，天府如不積極前進，則必因落伍而更虧折。北川亦必受天

---

[16]　孫越崎：《河南焦作中福煤礦的坎坷道路》，《孫越崎文選》，團結出版社1992年版，第27-28頁。
[17]　同上，第29頁。

府之影響。但在此時，國外交通至感不便，機器、材料皆難購買，天府前進唯一辦法，在與現有機器材料之煤廠合作。適中福公司有大批機器材料由焦作撤退到漢，將到四川尋求新礦，其總經理孫越崎尤為國內礦業中傑出之人才。所有技術方面，自專家以至工人可用……弟乃商之於經濟部翁部長，以與北川、天府合作，得其所贊同，允投資七十五萬，北川、天府亦共同投資七十五萬，共成百五十萬之資本。如此，則財力、物力、人力皆得極大之幫助，誠為不可失之機會也。故於北川、天府開股東會，提出天府、北川合併，再與中福合資一案，全體股東一致贊成。新公司成立後，仍定名為天府礦業公司，鐵路則改為天府之專用鐵路。近已分呈川建廳暨交通部，請予批准。」[18]

　　經過幾年的建設，天府公司的生產已對後方經濟起到了至關重要的作用。四川原有的煤礦都規模較小，採用土法生產，自中福公司的機器設備及技術員工遷川後，開始用先進的機械採煤，大大減輕了工人的老大強度，煤礦產量大增。僅天府公司一家的產量，就占了戰時陪都重慶全部用煤的一半。「煤礦企業方面，後方大小煤礦數量很多，其中有一定規模的煤礦約有近60家，主要的煤礦約有20多家……按照設備和產量，天府第一，南桐次之，嘉陽、明良、宣明再次之。天府煤礦原來年產不超過10萬噸，增加中福公司設備後，產量大增，加上運輸便利，成為四川省煤業的巨擘。」[19]

第三節　芭蕉溝辦起嘉陽煤礦

　　隨著抗戰後方經濟的發展，燃料供不應求的問題日益突出，天府公司的生產已經遠遠滿足不了市場的需要。1938年春，經濟部資源委員會開始醞釀拆遷湖南湘潭煤礦設備入川建礦。為了支援抗戰後方經濟建設，孫越崎也與湘潭煤礦礦長湯子珍商議，在四川西南部的犍為、樂山一帶辦煤礦。4月16日湯子珍在給孫越崎的信中說：「如吾兄決承辦樂山犍為一帶煤礦，則設立新村計畫，可否移往樂山一帶，聞該處氣候、風景及物產均較天府一帶為優。」9月12日湯子珍給孫越崎的信再次提到建設樂山犍為礦區的事宜，信中說：「樂山犍為

---

[18] 《盧作孚致康心如等函稿》，黃立人主編：《盧作孚書信集》，四川人民出版社2003年版，第690頁。

[19] 張守廣：《大變局——抗戰時期的後方企業》，江蘇人民出版社2008年版，第298頁。

礦區，該處前途似較天府為優，在此抗戰時期，將來去川各工業發達至相當程度時，則樂山犍為礦區似較偉大而永久也。」[20]

10月，湘潭煤礦部分技術工人攜運設備出湘江過洞庭，經宜昌沿長江水路入川。礦長湯子珍帶領部分工人和設備乘4輛卡車和一部轎車，經廣西折貴州入川。12月12日，工程師閆增才、卜魯西言克及王逸凡、郅人傑偕部分員工自重慶西上，到犍為清水溪。次日赴張溝、芭蕉溝、馬廟溪等實地踏勘。

12月15日，國民政府經濟部發出「組織嘉陽煤礦公司開發犍屏國營礦區」的飭令。兩天後，嘉陽煤礦股份有限公司第一次股東會（亦名創業會）在重慶牛角沱經濟部本部召開，會議由經濟部長翁文灝主持。會上通過了《公司章程》，確定資本總額為120萬元（後增加到400萬元），其中國家股（經濟部）占34.43%，中福公司（中商、英商）占33.08%，民生實業公司占16.67%，四川美豐銀行占13.33%，德豐企業公司和川康平民銀行占2.49%。選舉了董事會，推薦翁文灝（資源委員會委員長）為董事長，甯芷村（重慶銀行家）等人為監事；董事會聘請孫越崎為公司總經理。

孫越崎用人知人善用，能發揮各人專長。他當嘉陽公司總經理後，即聘湯子珍為嘉陽煤礦第一任礦長，開發犍樂屏國營礦區。湯子珍（1899-1969），原名湯家寶，河南省南召縣李青店人。他自清華大學採礦系畢業後，到美國密西根大學留學。回國後先後擔任東北穆棱煤礦股長、礦長；1935年調河南焦作煤礦，任中福聯合處李河煤礦礦長，並被聘任為焦作工學院教授。抗戰爆發後，孫越崎先任命他為湖南湘潭譚家山煤礦礦長，繼而任命他擔任四川嘉陽煤礦礦長。湯子珍於1939年1月27日到礦視事。1944年3月奉令調離嘉陽煤礦，先後任中福公司總經理、國民政府經濟部魯豫晉區特派員辦事處駐豫分處主任、資源委員會委員、宜洛煤礦總經理、中原區煤電同業公會理事長、湖北蒲圻煤礦總經理等職。

1939年元旦，嘉陽煤礦股份有限公司正式掛牌，公司總部設在重慶牛角沱（後遷至重慶機房街53號），設立秘書室、會計室、總務室等職能室。關於公司名稱「嘉陽」二字，據說孫越崎與湯子珍二人商定時，考慮到礦區井田在樂山縣的南面，馬邊河的北面。山之南，水之北為陽，「陽」為萬物之光，甚

---

[20] 轉引自《嘉陽集團（煤礦）志》，嘉陽集團志編輯委員會編印，2008年，第68頁。

為吉祥。取名「嘉陽」乃是以礦區井田地理位置與取意吉祥安康的意願結合而成。

　　嘉陽煤礦為隸屬國民政府經濟部資源委員會的中外合資股份制企業，在管理體制上，實行董事會領導下的總經理負責制。公司成立伊始，在重慶和犍為清水溪設立兩個辦事處。1月中旬清水溪辦事處移居馬廟溪，辦事處在礦長領導下，設總務股、運輸股、材料股、會計股和工程部，工程部下設礦務股。1月14日嘉陽礦廠以120元租金租定馬廟溪劉國均樓房作礦廠辦事處辦公室，後因不敷使用，一部分職員遷入馬廟小學內辦公。3月撤銷工程部、保留原工程部下屬各股，後總務股內增設了礦警隊、合作社、醫務組、事務組和文書組。10月28日除鐵路股設在馬廟外，礦廠辦事處全部遷移到芭蕉溝。

　　1940年11月前，礦廠生產的煤炭統一由資源委員會燃料管理處岷江辦事處統籌統銷。嗣後，岷江辦事處停止給礦廠墊款，嘉陽煤礦公司於同年11月在犍為朱石灘設立營運處，負責礦廠煤炭運輸銷售，並在朱石灘、宜賓、瀘縣（今瀘州市）、重慶等地設立辦事處。

　　隨著基建工程逐步轉入生產，1943年礦廠機構又作了一次調整，撤銷了地質股，將其業務併入礦務股，機械股改名為機電股，新成立鐵路股、河運股，撤銷了運輸股，醫務組改為診療所，合作社、礦警隊、文書組從總務股內分出單獨設立。調整後礦廠機構設置有：礦務股、機電股、土木股、材料股、總務股、文書股、鐵路股、會計股、河運股、合作社、診療所、礦警隊、學校。總體配員編制135人。

　　1944年3月，湯子珍調離，黃志煊接任嘉陽礦長之職。黃志煊（1891-1985），學名肇修，四川南溪人。1916年在京師大學堂採礦冶金系畢業後，先後在開灤煤礦、秦皇島柳江煤礦、京綏路雞鳴山煤礦擔任技術工作和礦長。1923年，任井陘煤礦礦長；1933年，受聘為河南焦作工學院採礦系教授；1935年，任資源委員會專門委員；1937年，任資源委員會湘潭譚家山煤礦籌備主任，期間，河南中福公司遷湖南，與譚家山煤礦合併，於1938年9月遷來四川，被資源委員會調任川康銅業管理處處長，後任四川彭縣銅礦籌備主任；1944年3月，出任嘉陽煤礦礦長。黃志煊執掌嘉陽煤礦時，正值抗戰進入最關鍵時期，為保障供給後方軍需動力用煤，支持抗戰，他依靠礦廠的廣大員工，嚴格管理，開展採煤工作競賽，加強與當地同業界聯繫和合作，在犍為、沐

川、樂山三縣煤礦同業公會聯合辦事處改組為「岷江區煤礦業同業公會」中，當選為理事。

黃志煊接任礦長的1944年、1945年，嘉陽煤礦的煤炭生產年產量均在10萬噸左右。

繼天府煤礦、嘉陽煤礦之後，中福公司入川後進軍的第三個煤礦是威遠縣的黃荊溝煤礦，第四個煤礦是隆昌的石燕煤礦。天府、嘉陽、威遠、石燕四個煤礦都由孫越崎擔任總經理，這四個合辦的煤礦辦成以後，中福公司從焦作拆遷入川的器材、現款和技術人員就都分配完畢，沒有力量再合辦其他的煤礦了。

在四川辦起這四個礦以後，從焦作帶來的電工、風鑽工、機修工等技術工人都不夠用了，孫越崎就派人悄悄返回焦作，瞞過日本人，冒著危險偷偷招聘了數十人到四川，補充這四個煤礦。儘管如此，仍不能滿足四個煤礦對技術人才的需要，所以孫越崎一面管理各礦的生產，一面大力訓練培養四川工人，技術人員則從重慶大學、西北工學院、西昌礦業專科學校的畢業生中又招聘了不少。經過幾年的鍛鍊，這批人才都成長起來，抗戰勝利以後，有不少人轉入了資源委員會，成為煤業方面的專家。

天府、嘉陽、威遠、石燕四個煤礦的總公司連同中福公司在一起，都在重慶的一個院子裡聯合辦公，每個公司的帳目，各設會計主任一名，各自管各自的礦務。其他的秘書、總務、材料、勤務員等都是共用一套人馬，而費用則由四個礦來分攤，天府占四成。這樣既可以使機構精簡（全部僅50人），又可以節省開支，工作的效率很高。孫越崎既是中福公司的總經理，同時又擔任四礦的總經理，但他只在中福公司一處領取工資，從不在四礦再額外加收報酬。四個礦公務繁忙，他也不設副職，他不在總公司時只由主管人員代理，業務事由天府會計主任董韵謀代理印信。孫越崎用人知人善用，能發揮各人專長，職責分明，大事都由他本人決斷，小權分散，各由部門負責人處理。

孫越崎不是能在辦公室裡穩坐的人，他常到四個礦去巡視檢查生產情況，哪裡出了問題他就在哪裡就地解決，從不拖延。在總經理任上，孫越崎非常關注各個礦廠的生產和建設，經常瞭解礦廠的各方面情況，協調各階層的關係，努力為礦廠的工作創造條件，親臨礦廠視察，看望員工。據擔任其秘書的沈嘉元回憶：「1942年春我曾隨孫先生赴嘉陽、威遠和石燕視察，目睹他深入第

一線的工作作風。當時同行的有孫夫人王儀孟、中福會計科長米力幹（英國人）、嘉陽會計主任錢雍、天府會計主任董詢謀、威遠會計主任李天楷、石燕會計主任黎季潛和我。到嘉陽礦，礦長湯子珍率各部負責人接待我們。先視察地面各項設備，後孫總經理領我們一同下井。我是初次下井，身穿工作服，頭戴有礦燈的安全帽。先坐絞車到井底，井底大巷有電燈照明，作為通風和運煤的通道，很寬敞，前進也很順利。到了採煤掌子面上因煤層較薄僅一米多，必須彎腰前進，有的地方甚至匍匐爬行，通風也差，前進幾步已滿身大汗。在這種情況下，孫總經理還要問這問那，與人談話。上井時我們已疲憊不堪，接著聽礦長彙報，由孫總指示。一路三個礦都是這樣工作。孫先生……這樣不知疲倦、不怕勞累地深入實際、深入基層，令人敬佩。」[21]

　　四礦聯合總公司雖然在財務、帳目上各自分管，但有時某礦資金緊張，可以向其他資金比較充裕的礦暫時借用，照規定付息，各礦都是有借有還，互通有無，關係融洽，這個辦法對各礦周轉資金的利用都很有好處。平時，這四個煤礦的礦務、生產、經營、人員調度、內部管理等都由各自的礦長全權處理。當時，這四個礦的礦長都是在國外學過煤礦的留學生，有專業知識，也有豐富的實際經驗，工作能力都比較強，孫越崎對他們很放手，所以自己在平時並不過於把持具體事務，忙忙碌碌。尤其是到了1941年以後，孫越崎又被資源委員會任命為甘肅油礦局總經理，負責開發距離重慶2500公里之遙的玉門油礦，每年4月到10月期間常駐玉門老君廟油礦，督促領導生產建設，只有冬季回到重慶編制預算，購買器材，四川四煤礦的事情只有冬季可以親自料理，而其他時間就多靠電訊指揮聯絡了。

　　四個煤礦盈利以後，當年堅決反對中福公司拆遷的董事們，尤其是反對拆遷態度最激烈的中原公司創辦人胡石青，都看得很清楚了：孫總經理的所作所為完全是為了抵抗日本的侵略，同時也完全是為了維護中福公司的利益。由此，他們的思想有了很大轉變。這時，孫越崎在重慶請了一次客，客人都是中福兩公司的董事和他們的工作人員，借這個機會，孫越崎向他們較為詳細地彙報了中福公司的器材、技工遷川以後，與當地合辦四礦的經過和已經盈利的情

---

[21] 沈嘉元：《我任孫越崎秘書前12年的片斷》，呂德潤主編：《長憶百齡翁——孫越崎紀念文集》，石油工業出版社1996年版，第175-176頁。

況。中福兩公司的董事們聽了孫越崎的介紹以後，更加清楚地認識到抗日戰爭的長期性，也認識到中福公司拆遷的正確性。席間，胡石青站起來，很誠懇地說：「中福煤礦是中國在抗戰期間唯一遷到四川後方的煤礦，它像母雞下蛋，在四川合辦起四個煤礦，大力支援了抗日戰爭。今天我才認識到孫總經理真是有遠見有魄力的一位能人。」當年也是堅決反對過拆遷的英國福公司總代表貝爾也被事實征服了，他對孫越崎說：「我們當年如果不跟中國政府到重慶，今天也就會在山東濰縣集中營裡生活，哪裡有現在自由自在。」[22]

孫越崎聽了他們的話以後也站起來，很謙虛地說：「衷心地感謝諸位當年能夠同意並支持中福公司的拆遷，感謝全體員工的同心同德和艱苦奮鬥，功勞應該屬於大家。」[23]他絲毫沒有談及自己的種種辛苦。他當然很清楚中福遷川對支援抗戰的重大意義，但他更深知，中福在四川合辦這四個煤礦能獲得成功，是與盧作孚的大力協助分不開的，如果不是民生公司把中福煤礦的機器設備和人員儘快內遷入川，並真誠予以合作，四川的這四個礦就不會有這樣大和這樣快的發展。多年以後，有學者評價這段歷史：「儘管內遷廠礦為數有限，工廠內遷在中國近代經濟史仍然具有深遠的歷史意義：它為保存抗戰的經濟力量，奠定內地工礦業建設的物質基礎，起到了決定性的作用，而戰前中國近代工業布局上的嚴重不平衡，也借此機會得到一次合理的調整。」[24]

第四節　開礦出煤，鐵水聯運

1938年12月11日午後，湯子珍礦長一行歷盡千辛萬苦到達犍為縣，當日住宿於縣城西街滌塵旅館，12日與縣長會晤洽談建礦保護事宜，13日到芭蕉溝、馬廟溪一帶考察選址。

芭蕉溝位於犍為、沐川、樂山三縣交界地帶，地處馬邊河以北，岷江以南，山巒起伏，溝渠縱橫。在叢山之中有一條長約3華里，寬約200米的大山溝。過去溝內長滿了芭蕉，故名芭蕉溝。早在嘉陽煤礦開辦之前，緊連此溝的張溝、馬廟，被人們稱為張芭馬地方，就辦起了十三家私人小煤廠。這些煤廠

[22] 孫越崎：《河南焦作中福煤礦的坎坷道路》，《孫越崎文選》，團結出版社1992年版，第34頁。
[23] 轉引自宋紅崗：《孫越崎》，花山文藝出版社1997年版，第172頁。
[24] 同上。

是：大同、永豐、三和、德興、恒豐、開源、嘉敘、協泰、復順、祥龍等。工人總數不足千人，資金總數為法幣十多萬元。到1943年後，工人總數達6,991人，資金增至535萬多元。這些小煤廠之所以興旺，最主要原因是這一地帶煤好量大。煤層屬黃丹煤雙層子，從清代以來就享有盛名。嘉陽要在犍為開礦，這個地方最合適了。經過地面調查和工程技術人員勘探，芭蕉溝周圍大山中煤藏量相當豐富，煤質優良，與黃丹煤層相通，還發現芭蕉溝煤並不亞於黃丹煤。地表有天然而成的三華里長的開闊大溝，便於修建廠房，離岷江、馬邊河很近，運輸方便。[25]

為購置土地，湯子珍礦長連日往返鄉縣之間。地方鄉紳對嘉陽建礦購地虎視眈眈，存有敵意。因此，湯礦長自己言行謹慎有加，並告誡同仁，隨時隨地做事須得相機辦理，稍有不慎，不利礦的發展，不得多事，遇機解釋。惟徐滄石系縣府老人（徐曾任犍為縣建設科科長），接觸最多，頗得好感，代覓房屋、打電話等多得照拂，遇事由徐公作引，與縣府各主管聯絡。

芭蕉溝馬廟溪地處偏僻，鄉紳橫蠻狡詐，租購土地時處處枝節橫生。螞蝗溝購地最費唇舌，尤其是馬廟鄉鄉長楊思忠，不但不以國家建設利益為重，反而從中作梗，且處處宣示：「嘉陽屬國營企業，購地定出大價」，致使地主不斷要挾，購地事宜久商不決。湯子珍毅然向地主、中間人等宣稱：「此次建礦購地是利國富民之事，勢在必行，必按以下三原則進行，一按當地習慣，二依照法律，三講人情。」[26]湯子珍言詞嚴厲，始得地主熊思達、熊思安等人有懼於礦，於1939年1月21日簽訂租地合同。

1939年1月，嘉陽煤礦在馬廟螞蝗溝建井地點鑽探時，發現該處煤層薄且湧水量大，庚即放棄，移至芭蕉溝。2月1日，芭蕉溝風井、直井同時動工開鑿。為迅速出煤，均採用豎井開拓，設計日產原煤為30噸。直井為主要出煤井口，深43.8米，井口裝有40匹馬力汽絞車一台，5月底在井深40.5米處見煤。風井在直井東北面77米處，井深34米，以通風為主，兼作出煤。3月經濟部同四川省建設廳令嘉陽礦廠以開鑿代價收買炭主楊國光斜井一口，以4,200元（法幣）兌現購置，並加以修整擴展，井口裝有20匹馬力汽絞車一台。關於這段歷

---

[25] 參見王宗正：《嘉陽煤礦簡史》，樂山市市中區政協文史委編：《樂山市文史資料》第九輯，1989年12月。
[26] 據《嘉陽集團（煤礦）志》，嘉陽集團志編輯委員會編印，2008年，第101頁。

史，樂山地方文史資料中另有一說：

為了早日出炭[煤]，嘉陽派出人員日夜調查、研究。這時，三和煤廠老闆楊丹墀的叔伯兄弟楊國光，在白石巖腳下辦的「平槽炭廠」已出煤半年多，煤質相當好。嘉陽對此很是眼紅。它依仗有機器設備和大量炸藥，派嘴區工人從直井下趕掘了一條巷道，把楊國光的「平槽煤區」攔腰切斷。姓楊的哪肯答應，告了嘉陽一狀，官司從縣府打到省府，又從省府打到中央經濟部。但是，嘉陽後臺硬，「腳頸坳不過大腿」，楊國光的官司打輸了。只得把礦井連同工人和工具，以三百塊銀元的低價，頂給了嘉陽。這樣，嘉陽煤礦，從勘察起，在不足半年的時間內，就創造出煤奇跡了。

可是，楊姓弟兄，特別是有錢有勢被人稱為「張溝王」的楊丹墀哪裡輸這口悶氣。楊姓弟兄以楊丹墀、楊建中（縣三青團幹事長）、楊國光等為主，糾合一批人處處與嘉陽習難。嘉陽煤礦的押糧押款人員，經常遭受到地方武裝的襲擊；嘉陽礦區常有土匪出入，進行騷擾；嘉陽要修房子，地主不賣地，不是說有傷風水，就是漫天要高價，橫順與嘉陽反起幹。特別嚴重的是嘉陽要把煤運出去，沿途遇到關卡，行不通。首先當道的是楊丹墀的雞公車路不准嘉陽通行。嘉陽多次派人去見楊丹墀，準備買下楊丹墀的「芭、馬」路基，楊丹墀理也不理。不久，嘉陽湯礦長還被人暗殺，饒幸子彈未打中，得免一死。

總之，有關煤源、地界、原料、土地、坑木、勞動力等問題，都被當地的頭面人物限制得死死的。而尤以楊丹墀難打整，他在清溪、馬廟、張溝、犍為、竹根灘、樂山、宜賓、瀘縣都設有商行貨棧，與不少地方上權勢人物關係密切。他手下有一大批打手、爪牙、幫辦、管事，有錢有槍，根本不把嘉陽放在眼裡。

孫總經理和湯礦長處境十分苦惱。為了嘉陽的生產發展，幾經研究，只好忍痛給這些「土霸王」一點甜頭。

經董事會決定，把這些惡人委以「課長」、「包工」的肥缺，用地位、經濟實惠，安撫他們。如委犍為縣府科長許滄石當鐵路課第一任課長，袍哥舵把子羅××為包工，肖××、朱××及楊丹墀手下一大批兄

弟夥都當了包工、段長。同時又派人說明與嘉陽合作共事的好處，表明嘉陽不怕刁難，後臺很硬，得罪了嘉陽要吃大虧，軟硬同下。這一著果然見了大效，緊張的關係才緩和下來。楊丹墀等人去嘉陽，受到優待。他也不再作對，反過來還幫助嘉陽解決土地，讓出他的難公車路基，修築了一條輕便鐵路，使嘉陽成千上萬噸的優質煤，源源不斷地從這條鐵路運往馬廟上船，直至省內各地。

　　嘉陽「融洽地方情感」一時成為又一條經驗，被辦礦者傳說著。[27]

　　既為「傳說」，可能就一定事實基礎上摻雜了誇張成分。但楊國光的礦井提高了產量，這點是確信的。同時為鼓勵礦工勤勞工作多出煤，礦長湯子珍於1939年2月19日敬告全體同仁及工友：

一、增加工作效率。因循敷衍，吾等原無自習，夜以繼日，同仁精神固在。湘礦一年，有目共睹，嘉陽今日，更無二致。仍盼繼續努力，發揚光大，工作效率之增，自能提前產煤，以裕國用，論公論私，兩有裨益。

二、修養良好品性。潔身自愛，公論由人，蕩檢逾嫌，防範在我。吾人過去一切，固敢自信，然驟而來此，對於當地人情風俗言語習慣，諸多隔閡，稍有不慎，即足發生誤會，甚望一言一行，深自檢束，修養品性，蔚為良好風尚，亦能避免無謂事故，以利工作進行。

三、愛惜物力財力。物力維艱，名言足徵，財貴節用，尤宜自質，矧在百物昂貴，來源困難之時，更當十分愛惜，即點墨片紙，亦應慎用，以免減少抗戰力量。且本礦資本，雖尚可觀，然機器材料之購置及其運費一項，已占百分之七十，故動用現款，總以盡力樽節為要，務令一錢之支付，必得其當，萬勿有絲毫浪費情形。況官股之外，且有當地實業界及銀行界之投資，十目所視，更須倍加審慎，以加強其信心。即個人養成愛物節用之習慣，亦為美德。[28]

27　王宗正：《嘉陽煤礦簡史》，樂山市市中區政協文史委編：《樂山市文史資料》第九輯，1989年12月。

28　《嘉陽煤礦湯子珍敬告全體同仁及工友書》，羅長安主編：《犍為抗戰記憶》，犍為縣老科技

截止1939年6月底，嘉陽煤礦出工程煤952.5噸。當年7月，三個井口同時出煤，年產煤約10萬噸。[29]宜、瀘、渝等地煤炭需求量增大，以軍工、化工、鋼鐵為主的各類用戶達16家之多，由於煤質甚佳，供不應求。

嘉陽煤礦地處偏僻，生產出來的煤炭是怎麼運輸出去的呢？那就是鐵水聯運。

一、輕便鐵路運輸

芭蕉溝至馬廟溪碼頭的輕便鐵路全長6.5公里，於1939年7月1日竣工，7月6日開始運煤，取代了楊丹墀的雞公車路。這條鐵路全線因地制宜設置了8個中轉車站，依序為大橋站、同豐站、中站、順河站、普賢寺站、鐵爐站、地磅房站（馬廟碼頭）。起點站為礦廠站，終點站為地磅房站。中轉站之間距離最短為600米，最長為1,000米。每站內鋪設雙軌，以便重車、空車分別運行。每個站作為一個運輸單位，實行包工制，均建有房屋及生活設施。在全線設置稽查人員，負責查禁偷煤和處理站與站之間有礙運輸的事件。

運煤工具為礦廠自製鐵翻斗車，每車可裝煤炭700-800公斤。運煤之初，礦廠投入160餘輛鐵斗車，招募工人300餘人，其中260餘人為推車工，40餘人為馬廟碼頭挑煤上船工。

運輸方式為人力推車，兩人推一部車。重車到達下一站後，交下一站再推空車返回本站。周而復始，每班往返二十趟左右。

南岸沱至朱石灘（原名豬石灘）地處犍為縣安樂鄉老龍壩和高家營壩之間，兩點遙遙相望，地勢平坦。南朱輕便鐵路建於1940年1月，同年7月1日投入生產運輸。南朱鐵路全長1.6公里，軌距600毫米，全線鋪設雙軌；配備鐵方車15輛、鐵翻斗車23輛，計38輛（1944年共有煤車48輛）。南朱鐵路煤車每輛可裝煤800公斤左右。

二、小河運輸

嘉陽煤自馬廟溪裝船為起運點，隨馬邊河沿江而下達清水溪、南岸沱、河口岷江交匯處，計水程52里。由朱石灘沿岷江上行經樂山到成都計水程500餘

工作者協會、犍為縣檔案局印，2015年7月。此件藏重慶檔案館天府嘉陽煤礦第57卷。

[29] 據《嘉陽集團（煤礦）志》，嘉陽集團志編輯委員會編印，2008年，第3-4頁。

里，沿岷江下行達宜賓計270餘里，由宜賓下行至長江瀘縣為310餘里，由瀘縣下行達重慶為570餘里。河運全線長1,600餘里，設若干河運碼頭，如馬廟溪碼頭、河口碼頭、南岸沱碼頭、朱石灘碼頭等。

馬邊河流經沐川縣至黃丹，折東於板板橋入犍為縣馬廟，經清溪，於河口注入岷江。馬邊河屬典型的山區溪河，大山挾持河道，河床狹窄，河道曲折，水流落差大，湍急而灘多。正如湯子珍礦長致孫越崎總經理信中所述：「每至洪水時期，挾兩岸沙石壅積河漕，既疏複塞，且淺灘相接，航運至艱。」[30]從馬廟溪至河口，水路52里計有險灘16處。馬邊河只能行駛山河船，載量至多為15噸左右。載量還受到當地氣候的影響，水位的制約。一年中大致分為枯水期、平水期、洪水期三個階段。枯水期在每年一、二、三和十二月，每船載量僅為6噸左右，每月可行15趟次；平水期在4至6月，9至11月，載量可達10噸以上，每月可行10趟左右；洪水期發生在每年7月，載量可增至16噸以上。但一遇大雨滂沱，船則不能航行。1939年7月，礦廠招僱山河船30隻，滿載煤炭，駛向河口，拉開了河運序幕。後因河路尚未整治，灘多潛淺，每月每隻船行船僅為7趟左右。1940年，嘉陽公司委託岷江水道工程處在馬南河段掏灘疏浚，整治河道，小河運輸雖有改善，但收效不大。1944年營運處接管礦廠河運股後，自行組織力量加大掏灘疏浚工程，從不間斷。山河船運煤量與芭馬輕便鐵路運輸量，逐漸達為一致。小河日運煤炭數量可達300噸以上。

三、大河運輸

大河運輸即岷江至長江運輸，由大河運輸股管理。大河運輸，上達成都，下至重慶，水路計1,600餘里。1940年8月13日，嘉陽自製的「嘉」字1號、2號大河船，分別載煤50噸從朱石灘碼頭出發，下運宜賓瀘縣。這是礦廠自辦營銷的第一次岷江航行。

岷江運輸灘口較多，從樂山大佛寺至宜賓，共有灘口142處。常年發生的船隻失吉、大丟（全部損失）事故，石鴨子灘為最多。據公司年報統計，1940年以來失吉船隻110隻，大丟船隻54隻。孫越崎總經理在1942年董事會上報告：「自本公司籌設營運處以來，自備大批船隻運輸稱便。但川江行船艱險，

---

30 轉引自《嘉陽集團（煤礦）志》，嘉陽集團志編輯委員會編印，2008年，第206頁。

全年失吉事件達43次，其中全部損失10次。」[31]1944年，嘉陽營運處投入大河
船隻計有：「嘉」字號25隻，「駁」字號44隻，「蓉」字號2隻，另外常年僱
用商船20餘隻，總載量達1,200噸。故朱石灘每日有百餘隻大河船舶岸待發，
每日出口煤量為500噸以上。1945年，公司年度工作總結時指出：「近年來，
商船缺乏，各業搶雇，以及運費激漲，公司能指揮靈活，運輸未受影響者，皆
因有自備船隻之故。」[32]

　　為補充船隻，營運處將竹根鎮造船部遷至朱石灘、南岸沱老龍壩就近督
造、維修船隻外，還在泥溪、納溪等處以包工形式造船，保證大河運輸船隻數
量，滿足煤炭運輸的需要。嘉陽營運處督造的大河船隻皆有字號，「蓉」字號
船載量為32噸，專行朱石灘至成都航線；「駁」字號船載量為70噸，岷江河
段均可航行；「嘉」字號船載量105噸，只有洪水期可達朱石灘，其餘時期在
宜、瀘、渝長江水域行駛。大河船為包工制，船長一人負全船責任，配員20
人，但工錢支付則按24人計發，船長一人抵3人，撐梢一人抵2人，喊號、伙夫
一人抵1人半；撓工（下水推撓，上水拉纖）16人。資費支付辦法與小河運輸
一致。船工工資由船長發放。規定各段往返天數，正常超時日（紮雨紮水、碼
頭等待卸載），公司給予補貼，無故超時日，船長自行負責。返途艱苦，船長
需臨時僱用拉纖者（俗稱拉「埋錢」），則由船長自負盈虧。

　　營運處為保障船運煤炭不被偷盜，及時調解處理船隻在航行中的糾紛，於
1941年1月建立航運稽查機構，將大河運輸線路分為朱蓉（朱石灘至成都）、
朱宜（朱石灘至宜賓）、宜瀘（宜賓至瀘州）、瀘渝（瀘州至重慶）4段，每
段駐稽查長1人，配備稽查兵若干。1942年，軍隊以補充兵源為由，到處抓人
當兵。犍為縣馬廟鄉鄉長楊思忠5次派人到礦廠抓壯丁，計有17人被抓；與此
同時，犍為縣清水溪、河口及宜賓、江安等地方勢力，擅扣煤船，強拉嘉陽船
工當壯丁，時常引發衝突，導致礦、處工人人心惶惶，影響煤炭生產和運輸。
嘉陽礦、處分別向公司報告，嘉陽公司速函請經濟部、軍政部協調解決封船拉
丁事宜。1943年3月，經濟部及國家總動員會分別急電四川省政府，轉飭犍為
縣及沿江各地政府，切實制止到嘉陽煤礦抓丁及封船行為，同月13日，國民政

---

[31] 轉引自《嘉陽集團（煤礦）志》，嘉陽集團志編輯委員會編印，2008年，第207頁。

[32] 羅長安：《抗戰誕生的嘉陽造船廠》，羅長安主編：《犍為抗戰記憶》，2015年，第204頁。

府軍政部核發嘉陽礦、處船隻長期行江護照100張，行江船隻懸掛公司標識，從此煤船運輸暢通無阻。

第五節　為抗戰軍需作貢獻

　　嘉陽煤炭的銷售管理，大致可分為兩個階段。抗日戰爭爆發後，四川成為國統區抗戰後方基地，抗戰所需的人力、物力都靠四川供給，煤炭需求量驟增。國民政府採取緊急措施，並且頒布《非常時期煤礦工商管理條例》，經濟部設立燃料管理處，對全川煤炭生產實行統一管制、統一分配、統一供應。1939年至1940年期間，生產的產品無論多少，由資源委員會燃料管理處岷江辦事處按照規定的價格統購統銷，嘉陽煤礦不承擔銷售的具體業務，這是第一階段。第二階段是1941年至1949年，實行產銷獨立，在公司的領導下，礦廠負責煤炭生產，營運處負責銷售。

　　嘉陽公司在籌建運輸和銷售業務機構時，於1940年4月首先在犍為縣河口成立了造船部。造船部下設材料股、會計股，負責造船和籌建營運處事宜。1940年10月15日嘉陽煤礦營運處成立，負責礦廠的煤炭運輸和銷售，造船部撤銷。營運處處部設在犍為縣城北街孫家花園內，1944年1月遷往朱石灘辦公，12月又遷回城內。1941年至大陸易幟，營運處下設營業股（1946年改為營業課），負責對外營銷業務，同時分別在朱石灘、宜賓、瀘縣、重慶等地設立辦事處，成都設分銷處，擔負該地區的煤炭銷售業務。朱石灘辦事處原僅是一個煤棧，正式成立辦事處是1942年5月。1944年元月因營運處遷朱石灘辦公，朱石灘辦事處撤銷，後因交通安全問題，處部於12月遷回縣城內，又恢復朱石灘辦事處。

　　宜賓辦事處設立於1941年1月，地址在宜賓城區吊黃樓，1947年遷入城內上交通街18號內。礦處合併後，辦事處撤銷，保留煤棧。

　　瀘縣辦事處與宜賓辦事處同時設立，地址在瀘縣小市過江樓2號內。

　　重慶辦事處設立於1940年1月，1943年4月5日公司遷重慶機房街53號辦公，重慶辦事處撤銷，營運處即在重慶九龍坡34號成立辦事處。

　　1941年10月，營運處與成都一經銷商簽訂分銷合同，在成都外東伴仙街28號設分銷點。為銷售方便，商定該分銷處對外用嘉陽辦事處的名義推銷，該分

銷處於1944年10月因合同期滿而停止。

成都分銷處停止後，營運處即在次月正式成立成都辦事處，地址設在成都外東青蓮街45號，後因當時煤炭供不應求，再加上運煤困難，即於同年12月6日撤銷。

1940年上半年岷江區域煤炭產銷較為固定，主要產煤區為銅河石麟和石板溪、磨子場。主要用戶是犍、樂鹽廠。銅河石麟則以運輸便利成本低，以樂山為固定市場；石板溪、磨子場則以犍為市場為固定用戶。由於鹽廠存煤可用兩三個月以上，再加上金融不景氣，用煤量減少，張芭馬煤業合作社乘虛而入，暗中以9折向岷江下游地區謀求銷售出路，集中在瀘縣等地與嘉陽煤礦展開了一場競爭。

瀘縣是以兵工廠為中心的工業區，用煤大戶較多，月耗量達3,000餘噸，其中23兵工廠月用煤量達1,200餘噸，形成誰能奪得這家用戶，即能取得瀘縣煤炭市場的控制權。與張芭馬合作社的一場競爭就是以爭取23兵工廠用戶開始的。

1940年6月，張芭馬合作社派二位要員為代表赴瀘州，一方面用高薪聘請能說善辯的瀘縣通向23兵工廠洽談，保證張芭馬合作社的煤價低於嘉陽煤礦煤價5-6元售給；另一方面張芭馬合作社的代表還向該廠各有關實權者送包袱。活動結果，致使嘉陽煤礦與23兵工廠售煤合同談判擱淺。

嘉陽煤礦對外銷售以供給軍用煤著稱，若一旦失去23兵工廠用戶，必帶來種種不良影響。張芭馬合作社爭奪23兵工廠正擊中嘉陽煤礦銷售的要害，競爭結果決定著嘉陽煤礦煤炭銷售市場的前途。嘉陽煤礦對這次競爭，採取了針鋒相對的態度。公司總經理孫越崎不得不從甘肅飛回重慶指揮，並密電營運處「決定與張芭馬合作社全面競爭，奪取犍鹽場及瀘縣場，無限度跌價競爭，以報復該社向23兵工廠競銷，不必顧慮國營立場，在此原則下全權相機處理」。[33]

嘉陽煤礦公司充分利用資本雄厚和國營招牌的有利因素，抓住張芭馬合作社成本高，運力不足，難以按時大量供應的弱點，採取四個措施，一是充分發揮在23兵工廠內部的代理人作用，及時獲取張芭馬合作社在該廠活動的情況；

---

[33] 據《嘉陽集團（煤礦）志》，嘉陽集團志編輯委員會編印，2008年，第299頁。

二是接收所有商船承運嘉陽煤炭，控制河運；三是運用資源委員會頭銜和嘉陽煤礦董事等關係，向各方施加影響；四是運用價格手段。經過幾番周折，張芭馬合作社眼看23兵工廠供煤合同不能得手，只好放棄。嘉陽煤礦與23兵工廠供煤合同談判進入正常。經過幾番討價還價，8月底正式簽約，奪得了23兵工廠用煤市場。

　　在瀘縣與張芭馬合作社競爭的同時，在宜賓則進行逐戶爭取用戶的激烈競爭。宜賓有較大用戶10餘家，每月耗煤1,500多噸，除小部分由本地供應外，大部分都是由張芭馬合作社供應。嘉陽煤礦提出的目標是「把握宜賓全部市場，擠走張芭馬合作社」。營運處宜賓辦事處人員全部出動逐戶進行推銷，以優質煤讓其試用，然後簽訂合同，如電廠、紙廠、電瓷廠、輪船公司等用戶，就是經過多次上門推銷後成為以後的固定用戶。營運處採納宜賓辦事處推銷建議，對於親手用煤之人及親手收煤之人皆給予一定傭金。經過各種競爭努力，基本達到了「把握宜賓全部市場」的目的，嘉陽在宜賓市場月銷售煤炭達到1,550噸。

　　關於嘉陽煤礦與張芭馬合作社互相競爭之事，樂山地方文史資料上也有相關記載：

　　　　嘉陽至此，無論生產、運輸、銷售都打開了局面，受到省內各用煤單位好評，生意興旺，賺錢不少。張溝、芭蕉溝、馬廟的大小煤廠老闆，很是眼紅，便由楊丹墀、楊建中、竇執中等為主，集聚了各廠大小木船、駁子共100多隻，組成了一個「河運合作社」，同嘉陽展開競爭。

　　　　「河運合作社」組成後，為佔領岷江沿岸城鎮煤炭市場，特意挑選了一塊方桌大的煤炭，這塊大煤炭烏光閃閃，用紅綢結花加以裝飾打扮，置放在第一隻開路大木船頭，百餘隻木船裝滿優質精選之煤，緊跟其後，從犍為河口出發，至宜賓、瀘州、重慶。每到一地，上岸大肆宣傳張、芭、馬煤業公司的煤比嘉陽煤好。塊多、熬煉、化灰、起火快、價公道等等。

　　　　這樣轉遊宣傳一圈的結果，雖然也得到些好處，但是嘉陽煤仍占絕對優勢。同時儘管張、芭、馬煤業聯營公司有竇執中為領導，聘請了交通大學孫載樂任會計主任、大學生周鑫任運輸課長，武大礦冶系羅嘯

鳳、錢名宗任工程師，周子建任顧問，光華大學教授林樹湘為處長和其
他一些大學生為其管理生產。但是，有楊丹墀這樣的人從中私飽，又因
火災等原因，內部矛盾惡化。不久，張、芭、馬公司像曇花一現就垮了
台。這是嘉陽煤礦在歷史上遇到的唯一一次對手！[34]

　　嘉陽煤礦在經歷了這一場激烈競爭之後，奪取並鞏固了自己的銷售市場。
　　1941年，各行業出現不景氣，市場銀根奇緊，煤炭由賣方市場轉為買方市
場，各礦的炭壩、煤棧、煤坪堆積如山，無法推銷出去。營運處為了瞭解煤炭
銷售市場的確切情況，派出大批人員對岷江區域及宜賓、瀘州等地對煤炭產運
銷存和用戶耗煤量存煤量情況廣泛進行市場調查，對情況有了更清楚的瞭解。
重要情況之一是，1940年11月間，岷江區域犍、樂、屏三縣共有大小煤礦280
家，月產量45萬噸，銷售量42萬噸，至本年6月因受煤炭市場疲軟周轉失靈的
影響，先後停產或關閉201家煤礦，現僅存79家，且有半數處於半停產狀態，
月產量2.5萬噸，銷售2.5萬噸。各礦炭壩及出口地存煤10萬噸左右，各用戶煤
垣存煤2萬噸以上。其二是宜賓附近13家廠（公司）用煤戶月耗量為2160噸左
右，除165噸來自本地宜民煤礦和南廣小台煤礦外，其餘都是用外地煤。其
三、瀘州除23兵工廠外還有幾家較大用煤戶，光大瓷業公司、金川酒精廠及船
舶管理所等都是用外地煤。經過調查說明，岷江區為產煤區，宜、瀘等地為用
戶區。營運處向公司總經理報告呈述，「現在煤炭確實供過於求」，「在這非
常時期應以非常精神，做非常事業，救之圖存，今日如能殺開一條出路，則能
奠定以後之營運基礎」，建議以宜、瀘為用戶目標，採取「抓大銷場，適應慣
例，爭取市場」等辦法去奪取市場。[35]
　　嘉陽煤礦在經過1941年4月開始到1942年1月經濟不景氣，同張芭馬合作社
競爭銷售用戶之後，隨著經濟的復甦和銷售市場的佔領，以瀘州為中心的宜、
瀘、渝、蓉各地市場供煤局面打開，逐步形成了自己的固定售煤市場，在川銷
售用戶共達76家。
　　為取得社會聲譽，打開銷路，擴大銷售市場，營運處採取了多種方法，通

[34] 王宗正：《嘉陽煤礦簡史》，樂山市市中區政協文史委編：《樂山市文史資料》第九輯，1989
年12月。
[35] 據《嘉陽集團（煤礦）志》，嘉陽集團志編輯委員會編印，2008年，第300頁。

過各種形式向社會和用戶介紹嘉陽煤礦產品——「黃丹煤」。1941年7月，在煤炭市場滯銷，銷路狹窄時，公司在犍為、宜賓、瀘州、重慶等各地張貼嘉陽煤礦「黃丹煤」廣告。1942年12月至1948年3月先後在《新經濟半月刊社》、《資源委員會公報》、《資源委員會季刊》和《川南時報》上刊登廣告「今冬煤不俏，嘉陽有煤來」，就是當時一句廣告詞。還通過展覽形式宣傳嘉陽煤，1943年經過準備後，於12月5日至6日在礦區舉辦煤樣預展，11日至12日在犍為展出。這次展出的展品有煤樣、井下照明燈具、井下模型及圖表、照片、水彩畫等64件，總重量2噸餘，其中樣煤一塊重一噸。犍為縣展出後即運重慶，參加資源委員會於1944年2月在重慶求精中學舉辦的工礦產品展覽會。

1942年各業復甦，煤炭銷售市場開始活躍。營運處鑒於1941年滯銷之苦，寧肯丟掉小的新用戶，也不放棄宜瀘兩地的固定用戶，保證信譽。1943年春，煤炭市場轉俏。此時瀘漢公司遷建鋼鐵廠投入生產，需用煤量大增，大渡口鋼鐵廠願以預付款方式貸與嘉陽60萬元為條件，換取嘉陽在7個月內售3,600噸煤炭。中國興業公司也提出照瀘漢公聞的辦法要求買嘉陽煤。此時是愁產不愁銷。

20世紀3、40年代，嘉陽煤礦憑藉國民政府的政治、經濟、技術優勢，對芭蕉溝、張溝、馬廟等地的煤廠實施購買合併，爭得了礦區開採主權和產銷權。在戰火彌漫，物價暴漲，地方勢力阻擾，人生地疏的艱難困苦中，慘澹經營，從1939年建礦到1949年的十年中，累計生產優質黃丹煤近百萬噸，為抗戰軍需動力和民族工業的發展作出了貢獻。

1945年8月11日，嘉陽煤礦接總公司電令，日本正式投降，為慶祝抗戰勝利，決定放假1天。礦長黃志煊接到電令後，決定放假3天，舉辦遊藝慶祝活動。

1946年元旦，嘉陽煤礦公司正式與天府煤礦公司、全濟煤礦公司合併，定名為「資源委員會天府煤礦股份有限公司」（因為四川素有「天府之國」之稱，同時天府煤礦為當時四川最大煤礦，馳名已久，故新公司仍沿用「天府」名）。總公司下轄三礦兩處，即天府煤礦、嘉陽煤礦、全濟煤礦、天府煤礦營運處、嘉陽營運處。盧作孚為董事長，黃志煊任總經理，黃雲龍為協理。至於嘉陽煤礦礦長職務，則由王猷接任。同時，孫越崎因調任資源委員會要職而辭去總經理職務，奉命帶領嘉陽礦廠基層管理人員及技術人員遠赴東北接收。

第三章
實業報國家：李劼人與嘉樂紙廠

　　1943年8月底，重慶南開中學的女生齊邦媛考入武漢大學哲學系，前往樂山就讀。第一天上課，從文法學院所在的文廟出來，同學們都先去買筆記本。一個甲子之後，年過八旬的齊邦媛回憶道：

> 　　由文廟門前月珥塘石階左首上叮咚街，到府街、紫雲街，走許久才到嘉樂門大街找到嘉樂紙廠的門市部。進門第一眼所見，令我終生難忘，簡直就是樂園中的樂園景象！寬敞的平面櫃上、環繞四壁的木格架上，擺滿了各種雅潔封面的簿子，各種尺寸大小皆有，淺藍、湖綠、蝶粉、鵝黃……厚冊並列，呈現出人生夢中所見的色彩！
> 　　那著名於大後方的嘉樂紙有千百種面貌，從書法珍藏的宣紙，到學生用的筆記簿都是藝術品，是由精巧的手，將峨嵋山系的竹木浸泡在流經嘉定樂山大佛腳下的岷江水製成。一位博物館專家說，數百年後芳香仍在紙上。我何等幸運，由這樣一個起點記憶那住了三年的山城。[1]

一年後齊邦媛轉入外文系，受教於朱光潛教授。她說：

> 朱老師用當時全世界的標準選本，美國詩人帕爾格雷夫（Francis T.Palgrave）主編的《英詩金庫》（The Golden Treasury），但武大遷來的圖書館只有六本課本，分配三本給女生、三本給男生，輪流按課程進度先抄詩再上課。我去嘉樂紙廠買了三大本最好的嘉樂紙筆記本，從裡到外都是夢幻般的淺藍，在昏暗燈光下抄得滿滿的詩句和老師的指引。一年欣喜學習的筆跡仍在一觸即碎的紙上，隨我至今。[2]

　　令齊邦媛「終生難忘」的、「著名於大後方」的嘉樂紙的生產廠家究竟是怎樣一家企業？

---

[1]　齊邦媛：《巨流河》，三聯書店2010年版，第103頁。
[2]　齊邦媛：《巨流河》，第112頁。

第一節　關關停停，創業維艱

　　早在第一次世界大戰期間，帝國主義無暇東顧，機製紙張進口數量日減，給中國民族工業提供了發展機會。國內造紙業因此獲利甚巨，資本家紛紛投資機器造紙，增設新廠。據1919年統計，全國機器造紙廠凡7家，資本總額計176.5萬元，占全國所有工廠資本總額的1.73%。戰後，海外的洋紙複向中國大量傾銷，但上海、江浙等地新設紙廠仍不少，如上海之竟成、江南、天章，江浙的武林、華盛、禾豐諸廠。1925年前，四川尚無機器紙廠之開設，所需之機製紙全賴進口之洋紙或由沿海各廠供給。但是，四川盛產竹、麻、稻草，造紙原料甚豐。再者，地主劣紳和地方軍閥的長期敲詐勒索，農民流入城市者為數不少。這個現象，引起了李劫人的注意。

　　李劫人（1891-1962），原名李家祥。生於成都。其八世祖從湖北入川定居，既無田地又無房產。14歲，父親病死他鄉，家庭重擔頓時落到李劫人的頭上。除了曾祖母、祖母、病母三代寡婦外，就只有李劫人這一個獨丁，既無兄弟姊妹，又無伯叔諸姑。家裡生活來源依賴曾祖積存的五百兩銀子放在商號每月收息金五兩六錢，外加祖母製作銷售祖傳「硃砂保赤丸」，每月也有七八元淨收入。李劫人16歲時，在一個親戚幫助下，到四川高等學堂附屬中學堂去讀書。1912年21歲才中學畢業，卻無錢再上高等學堂，只好四處謀生寫稿。1918年下半年，出任《川報》社長兼總編輯。1919年參加少年中國學會，同年赴法國勤工儉學，入巴黎大學文學院、蒙柏烈大學文學院等校學習。

　　1924年暑假，李劫人從法國回國依然進入《川報》當編輯，寫評論。令他感歎不已的是，報社自從1916年因為進口洋紙缺乏漲價之後，暫時採用的夾江土紙，八年來還在採用。關鍵是四川只有手工製紙，質量很不好，又容易受紙商操縱，不按期交貨，偷工減料，隨時漲價。於是「有一點心血來潮」，忍不住向《川報》創始人宋師度談及：「四川有這麼多的造紙原料，而新聞紙的需要又如此其重要，何以自周孝懷先生開辦的進化紙廠失敗以後，再沒有人繼起來幹這種實業？我們雖然都是窮酸，何不張開口來喊一喊，或許喊得出幾位有力量的熱心人來，開上一個機器紙廠，也算積了一點陰功

了！」[3]

　　宋師度很熱心，馬上就問李劼人在法國留學的朋友中有沒有學造紙專業的。李劼人說：「怎麼沒有呢？與我同時去法國的王懷仲先生，就在格羅白城[4]造紙專門學校畢了業，並且在工廠裡實習了一年多，現正在回國途中。只不知他願不願意回來？」宋師度一面叫李劼人寫信請王懷仲回川，一面約同盧作孚、李澄波、鄭璧成、楊雲從、劉星垣和孫卓章等人來做發起人，提倡在百廢俱興的四川實現一個理想的機器造紙廠。

　　到1925年8月，雖然《川報》已被楊森查封歇業，但是王懷仲卻在江浙等地調查一番紙廠後回來了。各位發起人仍然抱著機器造紙的夢想，並且又增加了程宇春、陳子立、朱良輔、鍾繼豪和陳岳安等人。這些人當中，除了盧作孚、孫卓章兩位不曾認股外，其他人多者一千元，少則五百元，頂少的二百五十元。發起人共認股一萬零五百元，不過大家還不敢貿然行事。一面請王懷仲做了一個商業計畫書，按照最簡單的設置也要三萬元的資本；一面請王懷仲到夾江、洪雅、嘉定一帶去調查原料出產，及製造廠地。同時，把籌建之紙廠暫定名為「萬基造紙公司」。

　　一個多月後，王懷仲來信說，在樂山拜會四川白手起家的實業大家陳宛溪，老先生對於機器造紙十分贊成並願出大資本，請省裡同人不必再招零星小股，其詳情等回省面談。

　　這個陳宛溪老先生可是四川一個了不起的人物。先生原名開沚，四川三台人，出身貧苦農家。為清末秀才，學識淵博，望重鄉里。他輾轉執教縣境私塾，舌耕糊口。光緒二十九年（1903），陳宛溪於本縣萬家場創禆農絲廠，推行新法繅絲及科學管理，所產「雙鹿牌」生絲，榮獲「巴拿馬公賽」及「萊比錫博覽會」金獎。為謀發展，他於1913年派長子光玉赴滬集資，結識四川犍為人、川漢鐵路「會辦」汪曼卿。汪氏挪用路款，委其兄與陳光玉在樂山合辦「嘉祥絲廠」。該廠逐步擴大規模，產品運滬，由陳光玉經銷。陳宛溪不忘創業維艱，親製聯語於廠門：「抱病數十年，著醫書一篇，以活民眾；壓錢四百串，為實業起點，而富四川。」所謂「病」、「書」，喻「實業救國」也。嘉

---

[3]　李劼人：《說說嘉樂紙廠的來蹤》，《李劼人全集》第七卷，四川文藝出版社2011年版，第306-307頁。

[4]　格羅白城：即格勒諾布爾（Grenoble），法國東南部城市，伊澤爾省首府。

祥絲廠開辦的次年，「一戰」爆發，世界經濟衰退，日本絲佔據市場，中國絲嚴重受挫。投資方汪氏強要退股，陳宛溪只好接管嘉祥，更名華新絲廠，資本約十萬兩白銀。從此該廠越辦越活，生意越做越好。陳宛溪撰聯以記：「自桑以蠶以絲，風氣先開蜀北；由里而縣而省，工商普利全川。」20世紀20年代是華新廠黃金時期，陳氏父子不數年即獲利六七十萬元，加上流動資金及固定資產，被稱「陳百萬」。所以，陳宛溪有實力也願意出資支持造紙廠時，李劼人不由感歎：「他已六十多歲了，竟能把他的敏銳老眼，從當時還未顯現衰象的絲業環境中，轉移到機器造紙上來，這是何等可令人佩服的地方。」[5]消息傳來，自然讓一幫有志無力的窮酸朋友歡喜不已。

1926年3月，王懷仲從他老家眉山返回成都，邀約一幫股東大吃了一頓，順便商量，推薦何人同他到樂山去與陳宛溪接頭，好仰仗老先生的力量實現大家的夢想。那時眾人都有事不能分身，這趟好差事，就落在了李劼人身上。

實際上，李劼人是獨自一人帶著介紹信去樂山拜訪陳宛溪的，王懷仲因為家裡有事回眉山了，但這並不影響他們的會面。據李劼人十年之後的回憶說：

> 我初沒有料到這位猶然保存著書生面，毫無通商口岸一般大亨們應有的驕妄愚庸，而身材瘦小到比我這僅夠尺碼的身材還更矮的老資本家，老實業家，看了我第一面，彼此一揖之後，開口第一句，才是「啊！李先生，我等得好苦呀！」

> 我們兩個從年齡到一切什麼相去如此不侔的一老一少，居然談得那麼的投合，那麼的有味，至今整十年了，回思起來，尚覺詫異。

> 跟著就會見宛溪先生的第二位賢郎陳光玉先生，這是幫助宛溪先生成功的一位實驗事業家。跟著就偕同宛溪先生進城去會見有力量的張富安先生，以及當時的郵政局局長，為人極其幹練而通達的陳漸逵先生，以及任過旅長而毫無氣息的陳紫光先生，於是機器造紙一事，便漸漸轉為了一時的談資。

5　李劼人：《說說嘉樂紙廠的來蹤》，《李劼人全集》第七卷，四川文藝出版社2011年版，第309頁。

陳宛溪先生與我的意見頂一致的就是：鑒於進化紙廠的失敗，我們應該踏實做去，第一不要鋪張，第二須從小處著手，第三待工匠等的藝術練習熟了，工程師的學問踏實的加入了經驗，然後再擴張起來。複將王先生所擬的，計畫書一一的核實審定，計算頭一步試驗工作，連廠地連機器，至少要五萬元。陳老先生首先認股一萬元，張富安先生認股一萬元，外在嘉定募股一萬元，由陳老先生負責，省城與眉州方面共募股二萬元，由小可與王先生負責。公推陳老先生為籌備主任，並將萬基紙廠之名，由陳老先生改定為嘉樂紙廠。[6]

　　最終，陳宛溪投資一萬元，又約股二萬元，李劼人在成都的幾個朋友湊了一萬元。大家用這四萬元辦了一個實驗性的小廠。紙廠的場地，是一個停辦數年的蜀新鹼廠場地，連同房屋設備等，作股一萬元加入嘉樂。陳宛溪為首任董事長，陳光玉為第一任經理，王懷仲任廠長，梁彬文[7]任工程師。當時有工人70多人，其中粗工21人，學工32人，計件工（擇草工）20餘人。王懷仲以照顧同鄉為名，主要吸收眉山、井研等地農民入廠做工。

　　嘉樂紙廠的造紙機，是天津一個小鐵工廠承製的，粗糙簡單，作為試驗之用尚可，以它生產經營，則要吃大虧。還有上海購置的鍋爐，也是很陳舊的臥式圓筒鍋爐，極其費炭。1927年夏，全部機器運回，因為當時長江不安寧，運費吃了大虧，所幸還未受有意外損失。只是某種原因，未將造紙機上必要的銅絲布與氈子配夠，試了半月，粗糙的漂白新聞紙雖造出了一些，而銅絲布與氈子則壞，全廠停工等候新貨到來，把所剩的幾千元的活動資本損失乾淨，這是嘉樂紙廠開張遭受的第一個打擊。

　　到了1928年，第二次開工時，本應該增加萬元左右流動資金，才方便周轉。不料陳宛溪老先生病逝後，大股東張富安的熱情也冷淡下來，紙廠的重擔

---

[6]　李劼人：《說說嘉樂紙廠的來蹤》，《李劼人全集》第七卷，四川文藝出版社2011年版，第309-310頁。

[7]　梁彬文（1898-1948），四川長寧人。1915年考入成都濟川公學。1917年考入北京大學理科班。1919年10月，到法國勤工儉學，進入格雷諾爾大學造紙專科，立志「以堅韌之心，求得最高之學問，勤於工作，以實業救國」。1925年參與創建嘉樂造紙廠，出任工程師、廠長。1930年前後，任四川省建設廳技正，後又在上海江南造紙廠、昆明利昌造紙廠兼任工程師。抗戰期間，任嘉樂公司總經理兼工程師。

子壓在李劼人肩上。「這一年直把小可壓得骨斷筋拆，而紙廠則終日在鬧窮，終年在鬧子氈不夠使用」[8]，直到1929年暑假，受成都大學張瀾校長之托，李劼人出川到北京上海等地聘請教授，才將一副重擔強迫交與陳光玉先生。是年冬天，紙廠被迫停產。

到了1930年春，紙廠還處於停工狀態。要是開工吧，不但沒有錢，而且還有許多外債。別人賒欠的紙錢卻收不到。不開工吧，社會上已經有了市場需求，當時進口洋紙仍然很貴，土紙還是便宜。再說大家投資的5、6萬元已略有成績，如此放棄未免可惜，也有點對不住人。李劼人與好幾位發起人為這事直弄得食不甘味，寢不安席，心裡很難過。後來，大家相約到樂山開會商議，認為即使要破產也無產可破，不得已只好又湊出萬元資金來，並強求嘉裕鹼廠經理、樂山縣上會會長施步階出任經理一職，工廠技術及生產仍由王懷仲負責。

夏季重新開工的實際結果還是不理想，一方面資本太小，成本太高，機器太差，出品不佳；一方面受著苛捐雜稅的影響，以及跌價、倒帳種種的不景氣。此時的李劼人，因校長張瀾的離去而辭去了任職五年的成都大學教職。離開大學教書職務以後，生活費用都成了問題，更加無法兼顧紙廠。拖到1931年4月，嘉樂紙廠又不得不第二次關門大吉。這回不僅把老本虧的一乾二淨，還倒欠了上萬的外債。當時，劉文輝的24軍正在提倡實業，大家有意將紙廠出讓，但是接觸了幾次，沒有談攏。

1931年「九一八」事變以後，全國群情激奮，紛紛抵制洋貨，成都報界也表示堅決不用洋紙，這給嘉樂紙廠復工帶來了希望。嘉樂紙廠最先的發起人很多都是新聞界人士，另外還有一些也是在社會上相當影響力的人，在他們的努力，成都報界表示報紙全部採用嘉樂紙，當然售價也要優惠。當時報紙採用的是日本紙，每令8元；嘉樂紙以每令4元5角的價格搶佔了市場。就這樣，嘉樂紙廠於1932年又一次復工了。

1932年是嘉樂紙廠開辦七年以來最穩定的一年。一方面有了新聞界的大力支持，市場銷路不成問題；另一方面前工程師梁彬文當時正在上海江南造紙廠任工程師，他隨時將該廠的先進技術和最新資訊告訴王懷仲，王懷仲不斷改進

---

[8]　李劼人：《說說嘉樂紙廠的來蹤》，《李劼人全集》第七卷，四川文藝出版社2011年版，第311頁。

生產工藝，使得嘉樂紙廠的產品質量有了改善，產量有了很大提高，每天能夠生產35-40令紙，成本也降低了。

1933年，中央軍在四川圍堵紅軍，交通工具都忙於軍運，紙價上揚，嘉樂紙廠仍然以價廉取勝。在施步階經理和王懷仲廠長的主持下，紙廠情況日漸好轉。

至於李劼人，從1933年3月去重慶盧作孚的民生公司任機器修理廠廠長，直到1935年5月辭職回蓉。是年秋末，李劼人再次被約請到樂山開會，被任為紙廠的董事長。

1937年，嘉樂紙廠向四川省政府申請立案更名為「四川嘉樂紙業股份有限公司」。為此，專門做了歷年財務清算。從1925年創辦開始，直到第十年（即1934年）才有盈利，只是前些年虧損太多，盈利還不足以抵償虧損。截至1937年6月底，虧損還有一萬多需要填補。為求發展，嘉樂紙業股份有限公司[9]召開第三屆股東大會，向眾股東招募新股。

第二節　國家不幸廠家幸

正當董事長李劼人準備率領同人積極發展嘉樂紙廠時，盧溝橋事變爆發。盧作孚為實現民生公司船隊「由長江到海」的宏大計畫，辭去四川省建設廳長，改由何北衡繼任。之前盧作孚擬定的在四川建設大紙廠的計畫，也隨之擱淺。

1938年後，沿海及中南大部分地區被日軍佔領，進口洋紙大大減少，紙張供應只能靠內地。再加之國民政府遷都重慶，大批文化機構、高校及工礦企業也隨之遷到西南後方，紙張需求大大增加。這樣反而刺激了西南地區造紙業的發展，也給嘉樂紙廠的擴張發展帶來良機。是年底，經濟部工礦調整處業務組組長林繼庸各處參觀工廠，在樂山與嘉樂紙廠廠長王懷仲商談，提議嘉樂紙廠擴充工廠，政府可以援助借款十萬元。董事長李劼人親赴重慶，在經濟部借得四萬元貸款並馬上去永利鐵工廠定製一台造紙機，在順昌鐵工廠定製日本式單烘缸雙圓網造紙機一部，連同打漿機、動力機等共用去國幣七萬餘元。

9　1938年省政府立案後，嘉樂紙廠正式更名為「嘉樂制紙廠股份有限公司」。樂山的嘉樂紙廠成為嘉樂制紙廠股份有限公司的總公司，在成都設立了辦事處。1944年總公司移到成都，樂山的嘉樂紙廠成為分公司。

1939年4月1日，嘉樂紙廠召開股東大會分紅，這是建廠12年來第一次分紅。為謀求更好地發展，眾股東又商議把所有的分紅連同以前的副本一起轉為資本，嘉樂紙廠至此擁有資本十四萬元。同年又招收新股，資本在1939年底增加到二十七萬元。鄧錫侯、田頌堯、董長安這些國軍將領也紛紛投資入股。

嘉樂紙廠正在蒸蒸日上，大展宏圖之時，又遇到了一個重大損失——紙廠發起人、兢兢業業擔任廠長的王懷仲，5月4日在重慶監工趕造新機器時遇上日機轟炸，不幸罹難了。葉聖陶聞訊寫了首挽詩：「孟實坐中一面緣，渝州慘禍忽驚傳。人生自古誰無死，公而忘身君獨賢。」兩年前的1937年春，施步階經理已經因病去世（陳子光繼任經理）。

接連失去一個個重要角色，紙廠的重擔責無旁貸地落在李劫人肩上。作為董事長，他深深懂得工廠要生產，不能缺少懂工程技術的廠長，否則工作上難於指揮。年底，只得帶病（嚴重的風濕病，幾乎半癱瘓）去昆明，邀請前工程師梁彬文重回嘉樂紙廠當廠長。梁同意來，但提出了高薪、分紅的特別酬報等條件，李劫人為了紙廠前途，只好答應。回來後，向各位董事報告時，卻受到了責難。1940年暑假，梁彬文到嘉樂紙廠來不過一周，又匆匆離去。因他在利昌公司昆明分公司擔任經理一職無法分身，不過他推薦同學桂迺黃代事其職，在10月就任。桂迺黃，湖北蘄春人，與梁是法國格雷諾爾大學同學。他在嘉樂紙廠任職期間（1940.10-1941.10），同時執教於中央技藝專科學校。

1940年，李劫人被公推為連任董事長，陳子光、謝勛哉為常務董事。繼續增股擴張，資本增至60萬元。謝勛哉（1886-1961），又名謝勉，原名壽齡。祖籍江西吉安。出生於貴州習水農家。17歲時，族兄將他保送到廣西同盟會會員籌辦的龍州講武堂學習，此後開始走上從軍之路。1916年，他應陸軍第一師之邀到樂山籌辦軍士養成所和軍官傳習所。1918年，任該師二十九團團長，三年後升任步兵十五旅旅長，少將軍銜。同時，他組織成立嘉定城防司令部，任司令官。1926年退出軍界，一心興辦工業以實現救國理想。早在1921年時，便與友人合資創建嘉裕鹼廠。1929年前後，嘉裕又建成發電的電力公司，使樂山全城首次有了電燈。謝勛哉還獨資經營的五通橋福壽源鹽廠，後兼任嘉樂紙廠董事等職。

1941年4月1日，嘉樂製紙廠股份有限公司決定通過募股增加股本到150萬元。重慶的四川造紙廠因為日機轟炸無法生產，而決定與嘉樂製紙廠股份有限

公司合併。7月1日，合併協議簽訂。總公司仍在樂山，成都仍然設辦事處，在重慶設分公司。嘉樂公司格局、人事也重新做了調整：李劼人董事長，梁彬文總經理（因其長期未赴任，董事會決議總經理一職由董事長李劼人兼任，直到1943年8月才赴任），陳曉嵐為廠長兼總工程師。

　　新任廠長陳曉嵐（1900-1975），四川武勝人。少年時入重慶求精中學讀書，1920年夏畢業，隨後考入北京大學化學系。1929年底，前往德國留學。在德期間，陳曉嵐勤工儉學，獲德國高等工業學校聯合考試合格證書，並在德國郎格造紙廠、西門子電纜紙廠及高級印刷廠實習，後又到芬蘭科第卡化學木漿廠實習。1933年回國。1934年1月，浙江嘉興民豐造紙廠聘請陳曉嵐為造紙工程師，他與總工程師褚風章等引進設備，改革工藝，開發薄型板紙，設計改造一號造紙機成功。1935年設計研製出中國第一台捲煙紙機，於1936年投產。此後，民豐造紙廠的捲煙紙不斷改善，大量生產，盛極一時。1934-1937年，他還兼任華豐造紙公司工程師。1937年冬，日軍大舉進攻上海，民豐造紙廠被迫停產，後轉往四川到樂山嘉樂紙廠任職，並在中央技專任教，直至抗戰勝利。[10]

　　這一時期嘉樂紙廠紙張年產量2萬令，紙價每令100元，比別的紙便宜50元，銷售很好。紙張大量銷往重慶，主要是供應《新民報》《大公報》《新蜀報》《時事報》和《新報》等幾家報紙，李劼人奔走在成都、重慶和樂山三地。

　　1942年，嘉樂紙廠因為內憂外患而減產：三台機器只有3號機能夠正常生產，1、2號機都因為機器破舊而減產；因為太平洋戰爭爆發，外國毛毯貨源斷絕而改用本地毛巾，這也是減產原因。嘉樂紙也為大量囤積居奇的商戶所把持，導致了利潤極低並且資金周轉困難。貨幣貶值，嘉樂製紙廠的前途一片黯然。

　　1943年4月，李劼人由重慶趕回樂山開股東會，「一些股東說我生意作得不好，該賺的錢不賺，把股東應得的錢照顧了職工生活，種種責難劈頭蓋腦而來，還有人鼓動，要我辭去總經理職務，一氣之下，我當然辭職回到了成都。」[11]李劼人走後，新當選的吳照華[12]副董事長代任總經理管理公司事務。

---

[10] 何斌主編：《廣安史話》，中央文獻出版社2015年版，第177-178頁。

[11] 李劼人：《自傳》，《中國現代作家傳略》上，四川人民出版社1981年版，第316頁。

[12] 吳照華（1892-1978），名煒。祖籍浙江山陰。祖父冪游入川。1912年畢業於四川省高等學堂。曾任教于成都縣立中學、華陽縣立中學、石室中學。1922年，任成都聯中（後名石室中學）教務主任。1928年，接任成都縣立中學校長。1932年8月，受川軍將領孫德操委託創辦私

不過到了8月份，誤會消除，董事會又聯名請回了李劼人董事長。梁彬文也在8月8日到樂山就職。

即使不在樂山的日子裡，李劼人的心還在紙廠：

> 我雖然離開了樂山，但卻仍然擺脫不了嘉樂紙廠事務的糾纏。從紙廠內部來說，有人想吞掉紙廠，排擠廠長兼工程師陳曉嵐。這一點，全廠工人、職員，甚至股東都不同意。因為陳是技術骨幹，工廠若無技術骨幹，就有垮臺的可能。再從外部條件看，當時，重慶、宜賓都設立了機器造紙廠，都是官僚買辦資本，實力雄厚，設備也好，嘉樂紙廠是競爭不過的。但有一點卻是嘉樂紙廠的長處，就是稻草造紙成本低，經營多年，技術上有一些經驗，產量也比較多。在這種情況下，如把技術骨幹弄走，工廠也是立不住腳的。因此，一些股東派代表來找我，要我回去任總經理，把陳留下。此時，我對工廠內部紛爭已感到厭煩，但為了工廠能存在下去，只好答應。不過，我到底不是生意人，做起生意來感到很苦。[13]

苦盡甘來，好事連連。1943年6月，國民政府經濟部日用必需品管理處公佈《管理重慶市手工紙張辦法》《管理機制白報紙及米色報紙辦法》兩種，規定紙商必須向日用必需品管理處申請營業許可證，採購須憑准購證，貨物進境、出境均需登記，市場交易予以監督。對於機製紙，管理處明確規定：

> 本處對於紙張供應，以機關團體報社等直接用戶為對象，用途以抗戰有關宣傳品及小學教科書為先。所有國產機制白報紙及米色報紙等，均由本廠交本處統籌分配，以期合理，而資節約。[14]

紙張成為日用必需品而為經濟部統管，這對於生產廠家來說有利有弊：利在紙張銷售不再成為難題，弊在不能根據市場需求而爭取利益最大化。不過，

立樹德中學。與李劼人同為樹德中學校董。1935年又任四川省立女子中學校長。1943年4月當選嘉樂紙廠副董事長，代任過幾月總經理一職。1950年因李劼人離任又接任董事長。

[13] 李劼人：《自傳》，《中國現代作家傳略》上，四川人民出版社1981年版，第316-317頁。

[14] 中國第二歷史檔案館編：《中華民國史檔案資料彙編》第五輯第二編（財政經濟），檔案出版社1997年版，第12頁。

對於以實業救國、文化強國為己任的嘉樂紙廠來說，這無疑是踐行其實業理想的最好機會。[15]

6月12日，經濟部日用品必需品管理處訓令嘉樂製紙廠：

> 案查該廠每月應各生產白報紙及米色報紙之最低數量，曾於本處召集之第一次國產機製紙張議價會議中，即席認定為米色報紙一千五百令，業經記錄呈奉。經濟部三十二年六月四日（卅二）管字第五〇五二九號指令准予備案，並著分飭造紙工廠遵照等因，奉此除分令外合轉，令仰遵照為要！[16]

同年9月10日，經濟部日用品必需品管理處致函嘉樂紙廠重慶分公司：

> 案查關於貴公司前價售與處嘉樂紙二千四百令，差欠三十八令又七百五十張一案。
>
> 前承貴公司陳廠長曉嵐在渝面允補交，經本處於本年六月十二日以處業一字第四三八八號函請查照如數補足，去後迄未准復。茲因亟待結算，是項查照迅予惠補並見復為荷。[17]

這是日用品必需品管理處在六月份向嘉樂紙廠統購的2,400令。到了1944年，物價飛漲，紙張供應更加苦難。嘉樂紙這一時期表現突出，一方面作為小學教科書指定印刷紙張，一方面作為國民政府機關用紙。1944年2月3日，經濟部日用品必需品管理處訓令嘉樂製紙廠：

> 案查該公司近與國定中小學教科書七家聯合供應處訂立承制嘉樂改良紙八千令於本年三、四、五、六四個月內交貨合約，請由本處擔保一案，業於一月廿九日令准，保證在卷。茲以嘉樂紙用途甚廣，需要迫切，本處對申請各機關及用戶過去已允按月固定供應者均未可或缺。該公司梁

15　付金豔：《實業家李劼人檔案揭秘》，上海書店出版社2016年版，第153-154頁。

16　轉引自付金豔：《實業家李劼人檔案揭秘》，上海書店出版社2016年版，第154頁。

17　轉引自付金豔：《實業家李劼人檔案揭秘》，第154-155頁。文件藏四川省樂山市檔案館。

總經理前次參加小學教科書紙張供應問題座談會時，曾承諾除依約制供
七家聯合供應處嘉樂改良紙八千令及本處嘉樂改良紙二千令外，並自本
年三月至六月，每月在產供本處三百令。此種努力生產減輕後方用紙困
難之精神至堪嘉許，仍仰克速供應。在履行前項合約期內（本年三月至
六月），尤應按優先製造至少三百令供應本處，以作分配各機關及用戶
之用。合行令仰遵照辦理為要！[18]

　　函中所言「國定中小學教科書」，是國民政府教育部通令各省市統一採用
的教科書的通俗名稱。抗戰爆發後，因為紙張短缺，教科書印刷用紙由舶來品
為土紙所代替，使得「破頁爛篇，比比皆是，流轉愈遠，揉毀愈甚，不待批
閱，讀者見其模糊難辯，遂置一旁，不予省閱。又如學校教科書，關於文字部
分，多用三、四號字排印，尚不至於模糊，而風景、人像各種銅板，則一片
烏黑，莫辨誰何！動植物標本，理化作圖，也一樣的辨認不得」。[19]1943年4
月，國民政府指定商務印書館、正中書局、中華書局、世界書局、大東書局、
開明書店、文通書局七家出版機構，在重慶組織國定本教科書七家聯合供應
處，簡稱「七聯處」，承擔國定本教科書的印刷發行任務，教科書印刷用紙選
用嘉樂紙。

　　1944年全年產紙達三萬二千餘令，七聯處購去一萬八千多令，其餘大半為
經濟部日用品管理處購去作為配銷各機關之用紙，由此嘉樂紙出現了供不應求
的情景，股東會隨即決議向政府借款改造2號機，前後向工礦調整處借得240萬
元，向四聯總處共借得800萬元。陳曉嵐親自去重慶購買機器，年底機器多已
運達嘉樂紙廠。這一年是嘉樂紙廠自開辦以來的黃金時代，生產量、銷售量均
為史無前例。

　　這一年股東大會決議將總公司遷往成都，增設程雲集為總經理協理，重慶
分公司由梁伯雍負責，樂山改設分公司，由陳曉嵐廠長兼經理。

　　1945年，因購買美國舊造紙機沒有結果，於是公司決議照發1944年的股紅
息。第2號新機在4月17日試機。上半年供應七聯處國定本教科書用紙1萬5千令。

---

[18]　同上，第155-156頁。文件藏四川省樂山市檔案館。
[19]　謝澄宇：《談出版》，《出版通訊》，1943年第2期。

　　從1943年到1945年8月，嘉樂製紙廠股份有限公司紙張銷售額有十多萬令，供應區域除四川外，還遠達甘陝滇黔諸省。而紙張80%用於供應中小學教科書和後方各新聞紙的印製，真正實現了李劼人當年的「擬作中國西南部文化運動之踏實基礎」的初衷。

　　1945年，法幣貶值，嘉樂紙廠股份有限公司之資本升值為500萬元，共有股東373戶，其中主要股東為樹德中學校董會（61萬元）、醇化中學（15萬元）、田士好堂（13萬元）、孫靜山（126,000元）、張仲銘（108,000元）、鄧華明（93,000元）、孫德操（91,000元）、四川絲業公司（9萬元）、陳光玉（79,000元）、李劼人（6萬元）、陳曙光（52,600元）、宋師度（45,600元）、劉星垣（35,800元）。

　　這一年全公司共有職員30人，技師11人，男工女工共計185人。李劼人任董事長，吳照華任副董事長。常務董事為湯萬宇（國民黨22集團軍駐蓉辦事處處長）、孫靜山（樹德中學董事）、魏時珍（川康農工學院院長）、楊新泉（強華礦冶公司董事長）、張真如（武大教授）；董事有梁彬文（四川省建設廳技正）、李伯申（四川省政府秘書長）、黃肅方（最高國防委員會臨時參政會參政員）、陳曉嵐（前民豐紙廠總工程師）、謝勘哉（前少將旅長）、宋師度（民生公司董事）、陳子光（前旅長）、胡為豐（川鹽銀行協理）、程雲集（前博益煤礦公司董事）、陳蘊如（樂山中央銀行經理）；監察人為何北衡（四川省建設廳廳長）、廖偉成（會計師）、劉星垣（華西大學教授）。公司總經理梁彬文，協理程雲集，廠長陳曉嵐。重慶分公司經理為梁伯雍。[20]

　　從上面主要股東和董事會、監事會的組成上，我們可以看出，嘉樂紙廠這一時期之所以能有所發展，除市場的需要之外，更主要的是由於它得到官僚、地方軍閥、地主、商人、銀行等的支持。軍閥孫德操（成都私立樹德中學即為孫德操所辦，樹德中學董事會實際上也是代表孫德操）、鄧錫侯之子鄧華民、鄧亞民都是嘉樂的大股東，董事中有楊萬宇、謝勘哉、陳子光等國民黨的現役或退役軍官，有省府秘書長，參政員，而四川省建設廳長何北衡則親自出馬擔任監察。這些人的參與和支持，使嘉樂紙廠受到國民政府的保護，能夠獲得有利的原材料供應以及市場銷售份額。

20　《嘉樂紙廠的創辦和概況》，樂山市修史編志委員會編：《樂山市志資料》1983年第3期。

第三節　勉力維持到天亮

　　1945年是抗戰勝利年，也是嘉樂紙廠建廠二十周年。在10月10日嘉樂紙廠舉辦了開辦二十周年紀念大會，眾股東齊聚一堂，「檢討過去，籌劃將來」。然而，這也是嘉樂製紙廠股份有限公司走向頹勢的開始。李劼人在其《自傳》中曾有這樣一段描述：

> 一九四五年，抗日戰爭勝利，可是美援物資大量傾銷，許多工廠倒閉，影響之下，嘉樂紙廠也就根本動搖了。加之這時陳曉嵐又回到他原來所在的工廠，我不得不又挑起工廠這副擔子。當時國民黨腐敗透頂，經濟一片混亂，法幣日益貶值，為了不使工廠倒閉，我真不知傷了多少腦筋。[21]

　　事實確實如此。戰後上海及江浙等地各紙廠相繼復工，官僚資本接收了日本在華經營的各紙廠，上海等地新設的紙廠林立，僅1947年上海等地新辦中小紙廠就有8家。國民政府還都南京之後，四川政治經濟地位隨即下降，紙張市場銷售疲滯、資金短缺。在這種情形下，嘉樂造紙廠股份有限公司也每況愈下，僅處於維持狀態。紙廠年產量約300-400噸，生產過程仍舊是半手工半機械操作，廠房破舊，全廠只有兩台陳舊的「揚格式」圓網機，打漿、蒸煮、選料和其他生產過程，全用土法，靠手工操作，技術水準很低，紙機車速只能達到每分鐘5-6轉，所造出之本色嘉樂紙，質量也很低劣。

　　隨著戰事結束，洋紙又捲土重來佔據市場。嘉樂紙一直走薄利多銷路線，但此時用戶都對紙張有了色澤方面的要求，強烈要求生產白色紙。要生產白色紙，需要增加投入，擴充設備、改良技術。而物價飛漲，職工薪水都難於維持生活。工人多次要求漲薪，而嘉樂製紙廠股份有限公司疲於應對。為圖發展，民生公司盧作孚邀集永利公司范旭東、金城銀行戴自牧一道與嘉樂公司協商合作在四川建設一大規模的紙廠，曾經邀請李劼人前往重慶集議。可惜還來不及協商，范旭東就去世了。之後陳曉嵐代表嘉樂製紙廠股份有限公司多次與金城

---

[21] 李劼人：《自傳》，《中國現代作家傳略》上，四川人民出版社1981年版，第317頁。

銀行商談合作聯合購買上海江南紙廠出售的現成紙版機，但終因耗資過大而雙方利益條件不能認可而放棄。嘉樂紙廠也在進行白紙試驗，試驗效果不錯，但是投放市場因為成本過高而收益不大。梁彬文總經理還曾經嘗試著與法國工商界商談合作大量生產白紙。李劼人為了公司業務，經常在重慶分公司辦公，即便不在也與重慶方面保持密切聯繫。

1947年是嘉樂紙廠圖謀發展，屢戰屢敗的一年。合頂中央紙廠失敗，與嘉樂紙廠旁邊一戶人家黃用揆因為土地糾紛打官司，耗費了大量的人力、物力。以「價廉而物不美」的營銷策略佔領市場也不見起色。李劼人這一時期與重慶分公司的沈迪通信頻繁，談得最多的都是紙張的生產銷售問題。此時因為總經理梁彬文不在，李劼人身兼董事長和總經理的雙重職務，心力交瘁。

1948年4月17日，身心疲憊的李劼人給已經離職的原廠長兼經理陳曉嵐寫了封洋洋灑灑八千言的長信，訴說了總經理梁彬文的病況及其死亡，自我檢討過去的得失，還有紙廠的經營現況。茲節錄如下：

　　一月以來，辛勞過度，所受打擊亦太大，直至四月十五日始向董會請得短假數口，藉資休息。日來腰腿酸楚，起居不適，不知是疲勞之征歟，抑濕氣所致也？今日努力寫此一信，亦只略道梗概而已，當望看後轉寄北平中老胡同三十二號附十九號張真如兄處。因真如兄於公司事甚關心，屢有信來，弟實無氣力再寫一封長信複之也。茲先言彬文之病況及其死亡。彬文每年十二月廿五日前必返昆明度聖節，度新年，已成定規。而去年獨否，且於十二月廿八日遄赴樂山，監督將兩機第二烘缸上好，監督建築清水池，計畫自行造鹼（此事是我發動，彼初當反對，繼乃贊同者），計畫以第三號機專門造白色毛道林紙。不久，即聞其因患重感冒臥床不起，又不久得其信云：感冒已愈，而痔瘡大發，已請醫到廠割治。弟當時尚去函誡之，謂痔瘡不可亂割，即需割治，亦應來省為之，樂山未必有好醫生也。其後，即聞其因痔瘡割後不合口，仍臥床不起，樂山信來如此云，樂山人來亦如此云。至三月十二日接得其八日所發信，自云病已漸好，所列論仍是如何造白紙事，並要求股會定於四月十一日（星期日）開，彼赴會後必請假半月回昆明小住。但同日接得另一同事信，則云彼牙齦流血已二周不止，失血約數磅，已勸其到高西門

仁濟醫院住院醫治……三月十八日晨，一切準備齊楚，我方偕醫與青萍及梁太太、王小姐到醫院，一見之下，令我心傷，蓋形神皆非矣！彼與我只一言曰：你來了！似笑似哭之容，真難入目……然其白血球仍逐日減少，由一千一至九百至五百至三百，遂於三月十五日夜十點故世。其到省後經過，我不甚詳，然據病人告人言，自彼臥病以來，樂蓉兩地同人實實對得住他，而公司不惜醫藥之費尤可感云云，則其到省以後，同人對彼之情形，可想見矣！

我上來所言之囉囉嗦嗦者，蓋欲使同人知彬文之病，由於自取，其死，由於自誤，公司為其所花醫藥棺殮，達三億九千餘萬，在目前經濟萬分困難之際，亦真可謂對得住朋友。然而其太太，其女明嘉，其子明海，至今猶口口聲聲說公司不先使他們得知，為不周到，不急速使其上省就醫，為冷酷。而梁穎文來信，行行稱其積勞致死，要求公司既須按王懷仲之例，又須按照錢子寧君之對朱尊民之例，提出三個條件：其一，須撫恤美金五萬元；其二，月薪支至其子女成立有職業為止，每月仍須照眾調整；其三，其子女教育費，支至在外國大學畢業……但四月十二日經本屆董事會商議，決不接受穎文所提，只是從人情上著想，除按章撫恤作為一億元外，再由公司饋贈貳億元，共為三億元。此數以法幣價值言，誠不算大，然公司今日已負債達卅二億，每月付息在八億以上（月息每月為廿五分五），白紙未造出，黃紙銷路日減，收入少而支出多，正在困難關頭，籌措此數已為不易，即以三百七十餘戶股東言，今年以廿億之股本，所分紅息，只四億七千餘萬，職工二百餘人，辛苦終年，所分紅酬，不過三億餘萬，而彬文一人所費，連同撫恤，便是七億之譜，於情於理言之，公司並不負人也。

……

上來言彬文病死前後，及今情形頗似懷仲死後，所以不惜筆墨，蓋欲關心如兄者，恍然知其全面，今所言則為工廠情形矣。工廠第一大事為二機之後各加烘缸一隻，使所出之紙二面較平，今已全部完成。第二大事則為修建清水池，本月內亦可完成，將來治水之後，不只鍋爐少鏽，而一年四季皆可以造白紙矣。第三大事則為添打漿機一個，置於新廠房內，並將全廠漿缸內之刀片一齊換新，此工作已得一半。第四大事

為購添馬達若干部，以拖動所有打漿缸，並添置漂洗缸二隻（只在新廠內）以及方棚（皆100KVA者）二具，使全部電動化，此項工作不過三分之一，尤其漂洗缸一層，是我此次到廠後方決定作之者，尚未著手。第五大事而尤為重要者，則是自己造鹼，此事說來甚長，要為鹼價太貴，購買不易，自己造來成本既輕，而又不受欺，業於此事投資十五億，取得硝井一口（在丹棱），廠內正修造反射爐，五月廿日決可出鹼，每日有鹼貳噸半，自己用不完，尚可出售易漂粉，此事最為頭痛。第六大事為充實化驗室，以後用鹼用漂粉須化驗，打漿後亦須檢驗，總期所成之貨標準化，凡此種種，在彬文去年去樂時，全已商定，期在今年四月初，即有白紙樣本出世。乃彬文一病之後，精力不濟，所期完成者，不及大半……以此，弟乃念及不能不急切物色一位好廠長，以為之中樞。

當彬文病臥時，曾有二長信，推薦張華繼任廠長（裴鴻光自卅四年十一月任職以來，毫不管事，比羅濟清尤劣，彬文不耐久矣，至今年一月，教部任其為樂山技專校校長，彼大喜，告人曰，辦教育之興趣，實較辦工廠為濃，彬文乃趁此促其辭職，然遲至二月，待彬文面告知，始辭職）。但張華為強華公司之創辦人，而兼廠長，今年強華正在好轉之際，彼惡能舍去強華，弟深知其窘，故於三月內張君來省時，與之一談，張君推謝，弟便未之堅挽也……竊念嘉樂公司運氣太壞，當廿八年正在轉關之時，而懷仲殉職，中間耽擱二年，可惜之至（此則須彬文負責，彼既允繼任廠務，而只在廿八年八月回川，住一月即返昆明，我於廿八年底親去昆明詢究竟，彼允廿九年初必離昆回川，但直至廿九年七月始回住一周，即丁外艱，遄返長寧，隨即返昆明，不再回川，亦不言辭，屢屢去信，置之不答，使黃金時代，瞥眼而過，惜哉！惜哉！）懷仲所訂造之第三號機器，直至卅年六月兄來就任廠長，我出面兼任總經理，始於千辛萬苦中合併四川紙廠，完成之。試機在卅一年春季，鮑冠儒君樂極，因而壓壞右指，兄當憶之否？設當時若不完成第三號紙機，何能有新第二號機，更何能有今日？足見辛苦之年，並不在卅二年八月，彬文任總經理之後，實實在卅年六月起，至卅二年四月，在樂山開股東會，吾輩痛受黃遠謨、牟雲章、金存良排擠痛斥時也，我常言若彼時彬文存心事業，不想在生意上求發財，能於廿八年切實任職，則建國

紙廠可以不辦。而一部好機器花，一部壓光機早為嘉樂所得，即在卅二年八月至卅六年六月任職期間，苟能如卅六年八月以後之念念於嘉樂，念念於事業，則與兄偕行偕進，嘉樂亦不止此。九千美金之一部造紙機，三千美金之一部壓光機，亦已運回，而廿萬美金之積蓄，四十萬美金之官價都可到手，今日應用之，豈不綽綽有餘，第二次黃金時代又輕滑過，只好令人長歎，然此不能獨怪彬文，我之責任實大，以後再談。得兄乃漸進佳境，不料勝利突至，兄又非去不可，今彬文才有轉念，正在努力，偏又向誤時死。今日情形又頗似廿八年懷仲死後情勢，所不同者，只今已將幹部育成，略可閃折耳？不過長此下去終非辦法，何況我正另有一打算（以後再談），蓋與我廠相輔相成者，我將以全力赴之，則工廠之中，必須有一負責之人在也⋯⋯廠長或總工程師之人選，當望吾兄留心推薦，一則以兄繼任本屆董事，責有攸關；二則吾兄有四年半之經驗，廠中情形較熟，可以審度之也。⋯⋯今公司決策，以三號機造白色毛道林紙，純用草料，前已試之有成，大約四月底可先造出幾百令之樣品，五月、六月可共造出三千五、六百令，六月內漂洗缸完成，便可增產，希望每月可出二千四百令，成本決較西紙為低，省內銷不完，將銷省外。第二號機仍造黃色紙，現此機已用熟，每日平均可出六十餘令，每月決可出二千令，專以之銷省內，今則以正在絕續之交，故負債不資，然絕不致再售預貨，蹈三十年之覆轍。程雲集已升任為總經理，吳書濃已升任為協理，二君有事業野心，而又綿密細緻，合衷共濟，其情形必較去年為順適，今之所缺，獨少一合手之廠長耳。張述成以襄理兼任重慶分公司經理，曹青萍仍任樂山分公司經理兼副廠長，今年股會順利開成，董事十七人改選，任期三年，只梁彬文之缺由吳書濃填補，陳蘊崧易為陳光玉，其他無變動，監察三人亦照舊，弟仍蒙眾推舉忝長董會，所以未決然堅辭者，以目前正在亂流中，尚未容我引退，不能不與諸公共艱難，三年屆滿，我已六十，無論公司如何，我必退休也。今日積半日之力，嘵嘵寫此十三紙，腕弱而目眊，偶一為之，不可以再，希閱後轉寄真如兄為荷。[22]

---

[22] 《李劼人全集》第十卷書信，四川文藝出版社2011年版，第87-97頁。

梁彬文總經理病故之後，嘉樂紙廠生產、經營舉步維艱。國民政府下令「重估資產調整資本」，嘉樂公司資本升值為法幣20億元，分為10萬股，每股2萬元。決議招收新股，籌集資金購買制鹼與造紙器材。

1949年，用李劼人的話說，「這是一段天快亮以前的最黑暗的時間」[23]。金融市場混亂到了極點，嘉樂紙積壓無法脫銷。總經理程雲集辭職，董事會決議縮減管理機構，成都總公司廢除了總經理，只設經理，同時撤銷重慶、樂山的分公司，樂山專設工廠，重慶改設辦事處。董事長李劼人，副董事長吳照華，成都總公司經理吳書濃，廠長曹青萍。同年5月25日嘉樂紙廠因為缺乏資金周轉而停工達九個多月，全廠職工生活全靠借貸及賤價銷售存貨來維持。當年全廠共有職工350人，臨時工（擇草工）100人左右。

這一年的12月16日，樂山易幟；12月28日，成都易幟。嘉樂紙廠原來堆積如山，賣不出去的紙也被《川西日報》一口氣買光，工廠立刻復活了，1950年1月7日恢復生產。

1952年，嘉樂紙廠被批准公私合營，從此，李劼人才完全擺脫了這個工作。

第四節　資助文化事業文化人

早在留法時期，李劼人填寫過「少年中國學會」會員終身志業調查表，在「終身欲研究之學術」欄填「社會學」，在「終身欲研究之事業」欄填「公民教育、道路建築」；在「事業著手之時日及地點」欄填「二十年（1931）、四川」；在「將來終身維持生活之方法」欄填「勞工」。[24]這使得他1924年歸國後，即迫不及待籌辦嘉樂紙廠的行為有著一以貫之的邏輯聯繫。11月20日，即致信法國朋友何魯之：「關於四川的實業，我將來在社會上活動的初基。」提到擬集資創辦紙廠，要何魯之代找造紙專家王懷仲回國辦廠。1925年9月4日，在少年中國學會《改組委員會調查表》的「事業」一欄中，他再次明確表示「現在初入社會，尚無事業之可言。近正在成都方面集資組織造紙公司，擬作中國西南部文化運動之踏實之基礎」。[25]可見，回國之後李劼人是把辦實業作

[23] 李劼人：《自傳》，《中國現代作家傳略》上，四川人民出版社1981年版，第317頁。
[24] 參見李眉：《李劼人年譜》，《新文學史料》1992年第2期。
[25] 張起：《論李劼人的實業思想與民生公司》，曾智中主編：《李劼人研究：2011》，四川文藝

為首要，安身立命，為社會服務之基礎。從實業做起，已經濟支撐文化事業的發展，李劼人可謂是目光遠大、深謀遠慮。

十二年的執著和堅守，嘉樂紙廠才有了蓬勃的發展。1939年，嘉樂製紙廠股份有限公司股東才第一次開始分紅，1940年公司就設置了「文化補助金」。該項資金是嘉樂紙廠專撥一筆款項用來資助本廠子弟、幫助社會辦學和慈善事業、援助清貧教授、扶持文化團體等等項目，經費不固定，根據公司實際營業狀況和財政支出能力而定。實際上，直至1944年嘉樂製紙廠股份有限公司營業才有了盈餘。當公司走上正軌後，李劼人以實業來支助文化、打造西南文化事業基礎的抱負終於有了實現的可能。文化補助金的設置和實施，可以說就是李劼人不忘初心的最直接體現。

1938年春，國立武漢大學西遷樂山。當武大師生面臨困境的時候，嘉樂紙廠以多種方式給予了文化補助。首先是資助清貧教授。1944年9月13日，李劼人主持召開了第11次嘉樂製紙廠股份有限公司常務董事會議。在會上就援助武漢大學清貧教授做出了決議：派常務董事張真如[26]與武大當事人商酌進行補助，撥出5、6萬元資助數名教授，每人以3,000元為標準，每年致送四次。

張真如與武漢大學校方經過多次商洽，敲定了12名補助人選名單：兩名中文系教授（徐天閔、陳登恪），一名史學系教授（楊人楩），一名政治系教授（楊東蓴），三名數學系教授（曾昭安、李華宗、李國平），三名生物系教授（孫祥鐘、鍾心煊、章蘊胎），一名化學系教授（陳鼎銘），一名土木系教授（丁人鯤）。

11月11日，張真如在回復嘉樂紙廠股份有限公司樂山分公司的信中詳細陳述了此次事務辦理情況，並希望在樂董事盡快促成此事。很快，這筆款項就撥到了相關教授頭上，11月21日丁人鯤教授就寫信致謝：「上學期承蒙貴公司送交無息貸款三千元，本學期又承蒙送交鄙人無息貸款四千元。祗領之餘無任感謝。夫雪中送炭，古人就有難，況今日世風日下之時乎。貴公司嘉惠敝校清貧

出版社2011年版，第322頁。

[26] 張真如（1887-1969），名頤，又名唯識。四川敘永縣人。早年投身辛亥革命，1913年出洋留學，先後留學美、英、德國，獲牛津大學哲學博士。歷任北京大學哲學系主任，廈門大學文學院院長、副校長，四川大學代理校長。1939年任武漢大學哲學系教授。1945年返回北京大學。他對西方古典哲學尤其是黑格爾哲學有精深研究，是中國哲學界專門研究西洋古典哲學的先驅。

教授之情，更可銘感矣。」[27]

　　其次是給予體弱教授補助醫療費。1945年6月29日的第24次常務董事會議上，嘉樂紙廠股份有限公司決定給予武漢大學中文系陳登恪、哲學系萬卓恒、史學系汪詒蓀、生物系張珽4位教授貸予醫療費各10,000元，武大教授在嘉樂公司的顧問徐賢恭、葉嶠兩先生車馬費從7月份開始每月增為5,000元。另外，哲學系教授黃方剛病逝後，嘉樂紙廠撥出10,000元作為黃方剛先生獎金捐贈給武漢大學，一是紀念英年早逝的清貧教授，一是獎勵勤奮向學的貧困學生。1944年武漢大學設置獎學金獎勵學生，每人3,000元（法幣2,000元）。

　　對於一些貧困的社會名流文化人士，嘉樂紙廠也給予資助。比如經濟學家馬寅初，生活困苦，公司就聘為經濟顧問，以此名義每月致送車馬費5,000元。這是1945年3月份的事情。但隨著法幣的貶值和物價的飛漲，很快這5,000元的車馬費完全不夠敷出了。所以從同年6月份起，「每月贈送五千元，連前每月共致送一萬元。所增之數，列於本公司職工教育費下」。[28]這筆車馬費一直發放到了1946年10月。

　　1939年冬天，蔣介石請魏時珍教授去重慶會晤，本來想勸他回到四川大學繼續任教，後來商議請其主持川康建設學院的籌建工作。川康農工學院就是這次會面之後的結果——以私立名義成立，辦學經費由軍委會兵工署撥付，學院設置國防化學專業。聘請張群、鄧錫侯、劉文輝、魏時珍等13位川康軍政領導和社會名流為董事，組成董事會。張群任董事長，魏時珍任院長。1940年川康農工學院正式錄取新生開學。1944年，國內局勢發生很大變化，原先所撥經費受到影響，院長魏時珍發函請求嘉樂紙廠給予資助：

　　　　敬啟者查，本院成立以還，行將四載，幸蒙社會各界人士之援助提擢，
　　　　茲已規模粗具，奠立相當基礎。而全院師生亦皆兢兢業業，勤勉教學，
　　　　差堪告慰。惟以歷史過短，經費支絀，設備殊欠完善，尚不足以符社會
　　　　人士之殷望與時代之需要，欲求充實設備，閎其規模，猶有賴於自身之
　　　　努力與社會人士之繼續扶助。素仰貴廠倡導文化，不遺餘力，於每年盈

27　轉引自付金豔：《實業家李劼人檔案揭秘》，上海書店出版社2016年版，第192頁。
28　轉引自付金豔：《實業家李劼人檔案揭秘》，第221頁。

餘項下並有文化補助費之設用,敢不揣冒昧,擬懇就上年文化補助費項
下酌撥款項,以補本院添置設備之需,解囊助學。諒荷同意,如蒙慨
允,感且無既。[29]

對川康農工學院的資助請求,嘉樂紙廠很快做出了回復:「前奉貴院函稿
字第81號公函悉,查敝公司雖未扶助文化撥有專款,但為數有限,茲經本屆
董事會決議,謹撥國幣二萬元整以助貴院增益設備之需,務祈哂收,賜據為
禱。」[30]

除了高校,對於川內多所中小學也有補助,如樹德中學、醇化中學、敬業
中學和兌陽小學等。樂山私立兌陽小學是由樂山幾個社會賢達創辦的,縣參
議會參議員王資軍為董事長,後謝勖哉接任。1944年9月15日,該校致函嘉樂
紙廠:

敬啟者:敝校前次等募基金曾送上捐冊一份,請代勸募。茲值本期開學
伊始,基金數字急待統計用。特函達,即希將前項捐冊迅予擲還為荷![31]

1946年11月,該校董事會再次致函嘉樂紙廠:

徑啟者:案准貴廠惠函示知,承蒙慷概捐贈,准在文化補助費項下劃撥
法幣六萬元擲交敝會,以作補助兌陽小學經費。高誼隆情無任銘感,除
一面登報鳴謝外,謹備收據報陳。敬祈照撥,用成義舉為此。相應函達
貴廠。煩請查找為盼。[32]

前面說過,抗戰勝利之後,儘管經營狀況十分惡劣,嘉樂紙廠依然沒有
停止對文教機構的資助。比如,1947年補助私立成公中學120萬元,分兩期支
付。在1948年的文化補助金中,撥付給成公中學是150萬元。私立敬業中學是

29 轉引自付金豔:《實業家李劼人檔案揭秘》,上海書店出版社2016年版,第204頁。
30 轉引自付金豔:《實業家李劼人檔案揭秘》,第205頁。
31 轉引自付金豔:《實業家李劼人檔案揭秘》,第212頁。
32 轉引自付金豔:《實業家李劼人檔案揭秘》,第212-213頁。

嘉樂紙廠的股東學校，1947年補助了340萬元，1948年每月補助二令嘉樂紙。在1947、1948年度的文化補助金分配名單上，私立建本小學名下是每月80萬元，等等。

李劼人雖然曾經表示不再做官，但是對於民間團體的職務卻是非常熱心的，對文化團體也多有捐助。洪鐘就撰文記述了李劼人對於文協的熱心參與和積極資助：

> 1940年3月，反動派在成都製造了「國會縱火案」式的搶米事件，加強了法西斯統治，「文協」活動受到了很大的壓力。劼人先生不管那一套，反而積極支持「文協」的活動。在嘉樂紙廠對文化事業補助費內按月撥給「文協」紙張若干令，以作會刊《筆陣》的出版經費和其他活動費用。[33]

文協分會的會牌沒有地方掛，李劼人讓掛在嘉樂紙廠成都辦事處；文協的理事會也經常在嘉樂紙廠成都辦事處辦公室召開，葉聖陶在其日記中就記載：「（1945年2月6日）飯後至嘉樂公司，出席文協理事會，到者有劼人、翔鶴、開渠、白塵諸君。」[34]

文協會刊《筆陣》的發行量小，除付印刷費外，稿酬都無法開支。李劼人以嘉樂紙廠的名義經常捐贈紙張、現金。僅據《筆陣》零星報道，嘉樂紙廠1940年7月捐款現金500元，12月捐嘉樂紙6,000張。在嘉樂紙廠現存檔案中真實地呈現了當時的史實。1940年5月30日的董事會議事錄簿上也記載：「議決：自六月起，每月由駐省辦事處捐贈一百元，五個月截止。」陳翔鶴在《李劼人同志二三事》「過路財神」一節就是專講資助之事：

> 從成都文協的中期起一直到最後，會裡的開支（特別是在出會刊《筆陣》期間），幾乎可以說是全由劼老在嘉樂製紙公司的文化宣傳費內設法撥予。平時在開會員大會報告工作時，劼老總是根據我們的帳

---

[33] 洪鐘：《永恆的懷念》，《新文學史料》1992年第2期。
[34] 商金林編：《葉聖陶抗戰時期文集》第三卷，人民教育出版社2005年版，第209頁。

目,將數字報告得十分仔細,分毫不爽,而且還主張用紙張貼了出去。但對於我們是如何開支的,他卻從不過問。

記得有一次,因為歷次從他的手中領來的款子已經不少了,到年終,我交了一張賬單給他。他接在手中,並未去看數字,似乎只是對那張賬單的格式頗感興趣。他問:「是你搞的嗎?」我回答說:「不會搞,搞了半天還是不合規格。大約大的數字是不會錯的。」接著我又反問他一句:「你不是也要憑賬單去向你們公司董事會報帳嗎?」「哪裡,哪裡。我只向我自己報帳。以後你也不必再來向我報帳啦,用完了就完啦。只是向會員們報帳卻要十分嚴格。聽說你也是在替大肚子們(即商人)保管金櫃,作什麼銀行機要秘書,你該不會鳩他一下子吧?其實我們都是過路財神,我們只是向自己負責。」說完之後,依照著他平日的習慣,便不禁哈哈大笑起來。[35]

1944年底,在四川豐都適存女中任教的作家豐村與駱賓基等人一起被國民黨當局逮捕,不久獲釋。期間,李劼人與文協參與了積極的救助活動。據葉聖陶日記中記載:

1944年12月18日:午後至嘉樂紙廠,出席座談會,討論援助湘桂文友流亡來蓉者之辦法。到會者近二十人,即以此二十人為發起人,組一「文化人協濟委員會」,屬於文協,以免另立名目,有登記之煩。推出委員十三人,分為總務、財務、協濟三組。余被推為協濟組之召集人。其實各方接頭,設法募款募實物,以李劼人、楊雲慧所負責任為多,如余者,固無能為力也。

1945年2月6日:飯後至嘉樂公司,出席文協理事會,到者有劼人、翔鶴、開渠、白塵諸君。討論救援駱賓基、豐村二人之事,無切實有效辦法,僅能寫信致劉峙、馮煥章、邵力子三人,請代為設法而已。

2月20日:飯後至嘉樂紙廠,出席文化人協濟委員會。十三人缺其三,談二時許而散。

[35] 陳翔鶴:《李劼人同志二三事》,《陳翔鶴選集》,四川人民出版社1980年版,第410頁。

3月30日：接駱賓基豐村二君來電，言已離豐都抵渝，謝此間友人之援助。[36]

駱賓基豐村二人獲釋，到底是不是因為李劼人與文協的功勞已不重要，但正如葉聖陶所言「有此一舉，亦見文人互助之情，自是佳事」。

新世紀學會是周太玄、葉聖陶、黃藥眠等1945年在成都創辦的學會。周太玄是李劼人中學同學，同為少年中國學會成員，後又一同在法國勤工儉學，也是一直鼓勵李劼人進行文學創作的人。有著這樣的交情，嘉樂紙廠資助新世紀學會出叢書更是義不容辭了。比如，樂山檔案館就藏有新世紀學會秘書室致嘉樂公司一感謝信：「敝會辱承貴公司捐贈叢書基金國幣五萬元整，實深銘感，特此備函致謝。」[37]

謝勵哉、黃遠謨等人於1934年，在樂山興辦慈善事業而創立了所半工半讀的慈善學校——平民工讀社，地點在嘉樂門護國寺內，當年收養了貧寒子弟七十多人，上午讀書識字，下午學習制鞋、捲煙等工作技能，便於將來自謀職業。一年收養人數超過百人。

1941年李劼人主持的董監聯席會議上，議決每月捐助五令紙給平民工讀社；1945年5月24日李劼人主持召開的第22次常務董事會上，決議撥給平民工讀社5萬元的文化補助金；1947年8月11日李劼人主持的常務董事會上，又作出從1947年10月起，每年資助平民工讀社30萬元的決定。

除了物質金錢上資助，李劼人利用在嘉樂紙廠這個有利條件，掩護進步作家和中共地下黨員陳翔鶴一事也值得一記。據李劼人的秘書謝揚青在給陳開第（陳翔鶴之子）的信中所言：

一九四七年初秋，一個陰雨綿綿的上午。陳翔鶴同志到成都上中東大街崇德里內嘉樂紙廠董事會辦公室，找李劼人先生。但適逢劼人先生因公到重慶去了。我是劼人先生的秘書，又是成都文協的理事兼秘書，於是他告訴我，他得到通知，他上了黑名單，國民黨特務正要抓他，想

---

[36] 商金林編：《葉聖陶抗戰時期文集》第三卷，人民教育出版社2005年版，第194、209、214、225頁。

[37] 轉引自付金豔：《實業家李劼人檔案揭秘》，上海書店出版社2016年版，第229頁。

到樂山嘉樂紙廠躲避一下，可惜劫人先生不在。我說不要緊，我可以介紹你去找曹青萍廠長，並一面想法通知在重慶的劫人先生。他告訴我他改用「陳定波」的名字。接著我給曹青萍廠長寫了封由他面交的信，大意是說他是劫人先生的朋友，因慕樂山山水名勝準備在廠裡小住，望妥善接待。他走後，我即刻跟劫人先生寫了封隱秘的信，我記得大致寫了這樣的話：「前不久，那位送給你一盆文竹的叫定波的朋友，因急事到樂山，順便遊覽山水名勝，並打算在廠裡小住些時日⋯⋯我已給曹廠長去信，請他妥善接待⋯⋯」劫人先生得我去信後，立即從重慶拍去電報，要他們好好安頓他。以後，劫人先生回到成都，方才下條子任命翔鶴同志為駐廠秘書，並經董事會議通過。一直到一九四九年歲末，成都解放，翔鶴同志才離開樂山，回到成都。[38]

就這樣，陳翔鶴和李劫人患難與共，風雨同舟，結下了深厚的友誼。1962年冬李劫人逝世後，陳翔鶴和淚寫下《懷念與追悼》：

一九四七年三月前後，自從重慶新華日報撤退以後，成都的反動壓迫、白色恐怖，便愈加嚴重了。從那年的秋天起，為了避免國民黨的逮捕，我便更易姓名，隱蔽到劫老所主持的樂山嘉樂紙廠裡面去，一直到解放。在這二、三年中，他也時常以董事長身分，來廠住上個十天半月的時間。在他來廠期間，我們幾乎每天都在一起。尤其到了夜間，在他董事長住的那座小樓上，我們酒酣耳熱，各言其志，各述自己生活經歷的機會總是很多的。猶記得有一次，大約是在淮海戰役已經快到決戰階段的前夕，依舊這樣，我們在小樓上且飲且談，直到夜深。[39]

之後不到一個月，陳翔鶴又寫了《李劫人同志二三事》，再次提到在嘉樂紙廠隱蔽之事，情深意切，娓娓動人。

---

[38] 陳開第：《陳翔鶴與李劫人》，《新文學史料》1992年第2期。

[39] 陳翔鶴：《懷念與追悼》，《陳翔鶴選集》，四川人民出版社1980年版，第403-404頁。

第五節　戰時樂山的印刷業

在行業領域中，印刷業與造紙業著實為不可分割的「兄弟倆」，其實質是各產業相互之間的供給與需求。因為造紙行業的興衰，直接導致印刷業的原材料市場的起伏波動。所以，說了嘉樂紙廠，順帶說說民國時期樂山的印刷業。

樂山的印刷業肇始於清宣統二年（1910），企業名曰森源堂，用刻板承接業務。此後，又有一姓王的老闆在中土橋街開設石印印刷店，後數次搬遷店址，傳至第四代王學友，就不再繼承祖業了。

1914年，仁壽人向興發在興發街口開設興記書房（即向書鋪），雇有一名刻字工人，也請他人代刻一些《三字經》、《百家姓》、《千字文》和戲文之類的小書出售。同年，樂山人楊茂林在中土橋街開設文蔚山房，有工人七八名，除印一些兒童啟蒙讀物外，曾代峨眉山刻印經文，日機轟炸樂山時被毀。

1930年，千相權在東大街開辦相權齋刊刻社，開始用大彎刀割紙和用木刻活字印刷名片和票據。1933年，周維章在中河街開設義利石印社。冷源興在學道街開設源興紙號。兩家都以賣紙為主業，兼營木刻印刷、時間不長就倒閉了。

1935年，王建模在上土橋街開設川南建設日報社建模印書館，承印樂山歷史上較早的日報《川南建設日報》（1935年10月10日創辦）。該館是樂山歷史上第一家鉛印印刷廠，不久報紙停刊（1936年2月停辦，生命只有4個月），只開展印製名片、信封、信箋、票據等業務。1937年抗戰爆發後，由劉裕周、楊新泉出資，縣商會提供電訊稿，每天出版一張《快郵代電》，不到一個月就停刊。1938年，王建模侄子王述賢出面將財產設備全部賣給了別人。

林玉峰在學道街開設三五書店印刷廠，是樂山歷史上第二家鉛印廠。設備有四開機一台，圓盤機二台、石印機一台，工人20人及業務、會計等專職人員若干名。1939年上半年，為躲避日機轟炸，廠址遷到城北高墩子周祠堂。「八一九」日機轟炸樂山後將廠址遷府街口。時值抗戰內遷單位較多，業務頗好，還承印過《嘉陽日報》及永利公司《海王》《黃海》，中央技專《紡織》等期刊。1942年，開始承印《誠報》。1945年，抗戰勝利後，該廠遷城區陝西街25號，改名樂山印刷廠，交給兒子林喬根、林季根經營。該廠還承印過《岷江新聞》、《蜀南晚報》、《樂嘉半月刊》等報刊。

樂山印刷業的興旺時期是在抗日戰爭爆發以後，一下子由原來的幾家增至十幾家。現就主要的幾家略述於後。

武漢大學印刷所：1938年4月30日，武漢大學遷校委員會于文廟舉行了第十四次會議，會議討論了印刷所設在何處的問題。經討論，會議決定：向三清宮主持道人余理正租用三清宮正殿、後殿及西殿作為印刷所及其他用途，由郭霖委員接洽。[40]印刷所負責人朱濟川，員工20人，設備有圓盤機、對開機、鑄字機、石印機各一台。全印學校辦公用品、不對外營業。1941年，更名文化印書館，由蕭絜負責經營，開始對外服務。楊靜遠日記中有一則相關記載：「（1943年6月26日）爹爹告訴我們一個可怕的消息：蕭絜被打。文化印書館的一些工人偷了武大的大批鉛字工具等物，脫離印書館另開一個生產合作社。這事被發覺了，學校派蕭絜帶了校警、巡警去搜查，不提防被一個工人頭領用鐵棍從頭上打下來，打得滿身鮮血，現在躺在醫院裡，據說幸而沒有內傷，可憐他為武大無故受這麼大的災害。」[41]1946年，印書館隨著武大遷回武漢。

大業印刷廠（大業印鈔公司）：由李屑清先生于上世紀20年代在上海創辦，是當時上海印刷業的權威，後由其留美歸國的長子李祖永（1903-1959）負責。該廠設備全是引進德國機器，十分先進。由於李屑清的三女婿，即李祖永的三妹夫邵忻湖與中國農民銀行總經理郭外峰有親戚關係，大業公司接上專門替農民銀行印鈔票的任務。後來中央銀行也與該廠合作。抗戰爆發之後，中央銀行內遷，並希望有關的合作企業也內遷。大業印刷廠冒著戰爭危險，不顧傾家蕩產完成搬遷。先在緬甸開設分廠，由李祖永大妹夫張星聯負責。太平洋戰爭爆發後，日本侵入緬甸，大業印刷廠不得不再次冒著炮火搬至重慶。但當時重慶也頻頻遭到轟炸，而中央銀行不時有印刷任務，該廠疲於奔命，遷移一地又一地。[42]1942年遷到樂山岷江東岸女兒山（今樂山四中），利用山崖邊的隱蔽地形建設車間，以避日機轟炸。該公司在樂山印製的法幣10元、100元券，裝車運往成都。[43]1943年底，馮玉祥來此考察後寫道：「這裡有個印票子的地方，叫大業公司，我去參觀。那些辦事的人，有的是以前認識的老朋

40 涂上飆主編：《樂山時期的武漢大學》，長江文藝出版社2009年版，第21頁。
41 楊靜遠：《讓廬日記》，武漢大學出版社2003年版，第140頁。
42 王紅曼：《伏線千里：抗戰時期金融機構大遷移》，商務印書館2015年版，第227-228頁。
43 參見湯海秋：《樂山歷史上的四個造幣廠》，《樂山市中區文史資料選輯》第十一輯，1997年；《四川省志·金融志》，四川辭書出版社1996年版，第164頁。

友。他們報告我他們艱難困苦的情形，我對他們為國辛勞的奮鬥精神慰勉了一番。」[44]抗戰勝利後，該公司於1946年遷回上海。由於該廠對於戰時財政金融做出突出貢獻，中央銀行亦於1945年1月擬請國民政府財政部頒發勳章予以獎勵。

明明石印社：1940年，李樹清在龍頭山開辦，有工人十多名，石印機四台。

慶華印刷社：1940年，周紹榮在王浩兒開設，有石印機四台、工人十八名。

城鄉印刷合作社：始由武漢大學印刷廠從武漢來的幾名印刷工人合夥開辦、高芝軒負責，地址在王浩兒雙電杆大墳壩。有四開機一台、圓盤機五台、石印機二台、鑄字機一台、工人二十名。主要印刷銀行帳表單據、信箋信封等，是當時樂山較大的印刷廠之一，從技術、管理、價格、品質等多方面與同行開展競爭，該社還印製過《黃海》、《季生導報》等報刊。1948年停業。

上金石印刷社：1942年，李少成在縣街開辦。有石印機一台。1947年，增置石印機三台、鉛印機一台，工人五名。

誠報印刷廠：1942年，《誠報》由三五書店印刷廠承印。次年，由樂山專員劉仁庵、三十二補訓處處長韓文源、嘉定團管區司令趙惠加、國民黨樂山縣黨部書記林紫陽、三青團樂山縣幹事長李至剛等合議，購買四開機、圓盤機、石印機、鑄字機各一台，工人十多名。經營管理由有技術的楊永康、楊澄清等負責。廠址在白塔街昆山廟，稍後遷白塔街裕利絲廠，時隔約半年再遷道門口，最後遷公園的原文化館處。該廠除印刷《誠報》外，還代印《建國晚報》、《蜀南晚報》、《夫子報》和《曉風週刊》。1946年，因《夫子報》刊登樂嘉中學內部新聞被該校學生衝擊而停刊。誠報印刷廠因代印《夫子報》同時受到威脅。1948年，《誠報》停刊，將全部設備交林季根兄弟開設的樂山印刷廠。

抗戰勝利後，樂山共有印刷工人335名，競爭失敗倒閉的印刷廠社11家。此後，內戰時期又有商家相繼創辦十來家印刷企業，如前鋒印刷公司、立言報印刷廠、漢江印書館、淩文印書館、三江印刷社、興中日報印刷廠，等等。[45]

---

[44] 馮玉祥：《獻金瑣記（一）》，《馮玉祥自傳2：我的抗戰生活》，中國青年出版社2015年版，第155頁。

[45] 參見雪淩：《解放前後樂山印刷業概況》，樂山市市中區政協文史委編：《樂山市市中區文史資料選輯》第十八輯，2004年12月。

第四章
命運迥異的各類企業

第一節　戰時中國唯一的降落傘廠

　　樂山保險傘製造所，一個並不為人所熟知的軍工企業，然而在抗戰時期，中國空軍飛行員用的降落傘，全部或大部分由它提供，對中國空軍英勇作戰提供了安全保障。當時全國只有這一家降落傘廠。

　　這家保險傘製造所的前生，乃是杭州保險傘研究製造所（也叫杭州保險傘廠）。

　　早在上世紀30年初期，隨著中國航空軍事工業的發展，飛行員的安全問題也漸漸提上日程，於是國民政府開始研究並組織對航空保險傘的研製。1933年8月，航空署署長徐培根先批款2,000元[1]，交由第四處（技術處）第十二科（器材科）科長朱霖[2]（由技術處處長錢昌祚推薦）辦理。朱霖接受任務後，大膽革新，擬定仿製式樣，率領3、4名技工，利用浙江盛產的麻和絲綢，反覆研製。1934年1月，終於製造出中國第一具保險傘。

　　當時朱霖所使用的材料主要是上等白絲綢，還有絲繩、棉紗線帶和一些帆布等，這些材料都是國產貨，只有一些鋼鋁銅等金屬材料，及少量入水不濕不沉的木棉是進口貨。金屬零件在杭州一家鐵工廠裡定造，絲繩和線帶在織帶廠裡生產，而降落傘的主要材料白絲綢則是由上海某廠生產。為了保障質量，在浙江大學材料試驗室試驗了各種材料零件的強度。因為當時國內沒有製作保險傘的專業人才，只請了兩位專做西裝的裁縫師傅作為專職工人。1934年1月，試製完成了三具降落傘，每個降落傘的成本還不到1,000元，只有當時外國貨價錢的1/4到1/3。為了測定國產新傘的性能，消除飛機駕駛員對本國產品的輕視和疑慮，朱霖特在筧橋中央航空學校機場做空中放傘試驗。試驗結果是中國傘降落速度慢，穩定而不搖擺，比同時放下的美國同類傘還要好。後來在1940年，又將中國傘送到倫敦，給英國空軍去試驗，結果也證明中國傘的性能是極

---

[1]　中國航空工業史編修辦公室編：《中國近代航空工業史》，航空工業出版社2013年版，第86頁。

[2]　朱霖（1897-？），湖南人。早年留學美國。曾在北洋政府清河工廠和國民政府航空署任職，是中國航空建設協會的主持人之一。1936-1937年參加籌辦南昌中央飛機製造廠，任監理。1939年南昌中央飛機製造廠遷到重慶南川，改名為空軍第二飛機製造廠，朱霖任廠長，主持仿製蘇聯伊16等飛機的工作。1941-1942年任國民政府航空委員會參事、航空工業計劃室主任，後任航空工業局局長。1948年去臺灣。

其優良的。[3]這在一定程度上保障了飛行員，在遭遇飛行事故或其他緊急情況需要跳傘時的安全著陸。

降落傘試製成功並取得飛機駕駛人員的初步信任之後，1934年10月正式成立了「保險傘研究製造所」，地址設在杭州梅東高橋。選址杭州，是因為杭州具備較好的航空設施基礎，當時的航空署也在杭州。該所隸屬航空署第四處，規定編製設主任、技師、所員各一人，分別擔任事務及技術工作。許鴻儒為主任，劉樹楨為技師，並核定每月經常費234元，製傘費5,500元。該所在上海定織絲綢，增加製傘工人，每月能造傘12個。該所是中國近代諸多航空製造廠中為數不多的一所航空輔助設備廠所。

1934年夏，航空署從杭州搬往南昌，不久又擴大改組為軍事委員會航空委員會。但是保險傘研究製造所，因合作的鐵工廠、織帶廠等都不能走，負責製造所工作的十二科朱家仁和十一科（機械科）劉樹楨也不願去南昌，所以仍暫留在杭州。1935年，製造所的製傘能力已增加到每月35個。從1936年到1937年，生產能力又增加到每月100個。生產成本也隨著產量增大而減少，減少到只有外國傘價的1/10。這時候，在傘的設計和製造上已有不少改進，如拉環、銷針等都有改進，棉線帶也改為絲帶。

除了製造坐式傘、背式傘、胸式傘，還造了高射炮射擊用的靶傘、飛機座艙裡的安全帶和駕駛人員用飛行衣帽等。根據產品說明書，中國傘的主要性能：全重10公斤；引導傘直徑約1米；全長11.8米；主傘直徑7.6米。主傘分為24幅或16幅2種：24幅時，系傘繩拉力150公斤；16幅時，系傘繩拉力200公斤；絲綢拉力1,100公斤/米；套帶拉力1,600公斤以上；試驗重量100公斤時，降落傘速度5.6米/秒；試驗重量31公斤時，降落速度3.32米/秒；開傘的最低高度60米，但最好在200-300米以上。[4]

在設計製造過程中，中國技術人員對保險傘的生產工藝和降落傘的結構設計作了改良，提高了降落傘的實用性、可靠性及安全性。所生產的降落傘，按照不同的使用方式，可以分為坐式、背式、胸式以及高射炮射擊專用的靶傘。

杭州保險傘研究製造所在努力破除盲目迷信外國貨和自卑的惡習，提倡使

---

[3] 渠長根等編著：《民國杭州航空史》，杭州出版社2012年版，第114頁。
[4] 姜長英：《中國航空史》，西北工業大學出版社1987年版，第127頁。

用國貨的愛國精神方面起了很大作用。為了樹立國貨信譽、加強使用者的信心，他們做了公開的對比表演試驗，還請跳傘者拍照，填寫調查表和發表意見等來作宣傳。通過這些系列活動，中國降落傘逐漸被國內外各方面所信任、採用。它是中國民族軍工產業的一個成功典範。

抗戰爆發後，製造所任務日緊，每月生產出坐、背二式降落傘100具並趕製胸傘200具備用，增加製傘費、戰務經費每月各15,300元。[5]由於戰火的臨近，製造所先搬出杭州城到郊區。1937年9月3日，從杭州遷往武昌；11月又搬到長沙府後街，短期內即行復工，每月生產能力可達100具。在設計和製造上有不少改進。產品種類除座式傘、背式傘、胸式傘外，還有高射炮射擊用靶傘、飛機座艙安全帶和飛行衣帽等。1938年6月，存儲了大量材料，集中周轉資金，準備長期抗戰用。[6]

抗戰時期，日機頻繁深入中國大陸腹地，對人口稠密的城市狂轟濫炸。長沙是日機轟炸的重點地區，從1937年11月開始，就頻頻遭受空襲。1938年8月[7]，保險傘研究製造所再次從湖南遷到四川，選址樂山縣護國寺內（今樂山五中）。當時護國寺已無和尚，房屋空置，經地方政府同意，提供給保險傘製造所。此時，該所負責人叫張星煜。

張星煜（1904-1958），字炳奎，四川夾江縣甘霖鄉文溝人。清光緒三十年（1904），出生於當地一個知識分子家庭。其父張淮清為清廷「廢科舉，設學堂」後，夾江縣甘江鎮模範學堂的第一任校長。張星煜早年就讀於甘江模範學堂，後升入成都華西協合中學，畢業後考入浙江大學機電系本科。在浙大期間，學習刻苦，成績優異。他有感於國家積弱，軍事落後，因此兩年後，懷報國之志，毅然離開浙大，考入杭州筧橋空軍學校，學習飛行專業。後因高血壓症又改學航空機械製造。兩年後畢業，出任當時設在江西南昌的航空委員會飛機廠翼身股股長。約半年即被派赴義大利米蘭航空學校學習飛機製造。1937年盧溝橋事變爆發，張星煜奉召回國，行前曾與一批中國留意學生，受到當時義大利首相墨索里尼的接見，並接受墨氏所贈衣服、皮鞋、手錶、鋼筆以及像章

[5]　渠長根等編著：《民國杭州航空史》，杭州出版社2012年版，第115頁。

[6]　中國航空工業史編修辦公室編：《中國近代航空工業史》，航空工業出版社2013年版，第87頁。

[7]　保險傘製造所遷樂時間，源自《中國近代航空史》《民國杭州航空史》等書。另據廖寒非《嘉犍區工運報告》謂1938年底。

等物。[8]

1937年11月，國民政府主要辦事機構暫時遷至武漢辦公。張星煜回國便逕到武漢，投入抗日民族戰爭的洪流。在武漢，他被任命為航空委員會駐重慶辦事處主任，又根據他所學的專業任重慶真武山飛機修理所總技師。不久，國民政府遷都重慶，中央空軍亦選定以四川為基地，全部後移。首在四川境內廣建機場、興辦學校、設立工廠，一面抗戰，一面建軍，遷航空委員會於成都東門外沙河鋪，遷空軍機械學校於成都南門外武侯祠。

1938年，張星煜被任命為空軍機校總教官和生產部主任，並兼保險傘製造訓練班班主任等職。訓練班的學生畢業後，即由張星煜帶至由他負責的樂山保險傘製造所（通稱樂山保險傘廠）。該所編制上隸屬於航空委員會，業務上則由國民黨空軍第三路司令部領導。

樂山保險傘製造所由製傘部和織綢部兩大部分組成。製傘部下設鐵工所、剪樣房、縫紉房，主任姓劉，外號「劉三老闆」。剪樣房和縫紉房都在護國寺正殿。鐵工所則在護國寺左偏殿，負責製造降落傘上用的鎖和扣子，所長姓許，另有一名劉姓技師負責技術。剪樣房和縫紉房則設於護國寺正殿裡。1941年，我軍有一飛行員跳傘，因降落傘上的鎖失靈沒有張開而摔死，許所長和劉技師均被解職，由張星煜兼任所長，中央技專講師嚴寶仁[9]繼任技師。後來又招進江蘇省立蠶專畢業的蔣傑，專門負責產品的檢驗工作。

織綢部在護國寺後殿，下設織綢科和準備科。準備科包括繅絲和返絲，地址在兌陽灣（今樂山市絲綢公司）。織綢科包括織綢和織寬帶、織窄帶。織綢和織寬帶的地點在三聖橋璟瑠宮（原張公橋客運站），織窄帶的地址在里仁街。織出的綢子則由樂山新興染廠漂煉。織綢部其實是由上海遷到樂山來的普益經緯公司所承包，公司經理王士強[10]，廠長張樹人。1943年底，馮玉祥將軍

8　參見夾江縣編史維修志委員會：《夾江縣誌》，四川人民出版社1989年版，第693頁。
9　嚴寶仁（1912-1998），曾用名嚴叔平，江蘇常熟人。高中畢業後考入中國近代紡織工業先驅張謇創辦的南通學院紡織科。大學畢業後進入上海統益紗廠從事技術員工作。抗戰爆發後，在四川內江師範任數理教師。1939年初，任中央技術專科學校紡織專職講師，並參加創辦紡織科。1946年升為副教授，1948年任教授。1949年後，歷任天津大學教授、天津紡織工學院教授等。
10　王士強（1895-1970），又名榮吉，浙江杭縣人（今杭州）。1918年畢業於清華留美預備部，後於羅威爾紡織大學畢業。回國後任上海普益經緯股份有限公司董事、經理二十年，曾任大中華股份公司董事兼營業主任。1949年去臺灣，先後任中本紡織公司總經理、行政院經濟安定委員會工業委員會一般工業組專門委員、紡織小組執行秘書以及臺北紡織股份有限公司董事。臺

到樂山開展抗戰獻金活動時，為王經理作詩一首：「老闆王士強，愛國有思想。很能辦實業，開個大綢廠。綢作降落傘，絲也上戰場。一獻十萬金，愛國齊誇獎。實業界人多，人人當自強。效法王先生，定能勝東洋。」[11]

按相關規定，凡製傘部工人都必需加入國民黨，廠內設有國民黨區分部，每5個國民黨員建立一個黨小組。織綢部工人加入國民黨的則很少，主要原因是普益公司的歷史關係所致。因為是軍工企業，製造所實行軍事化管理，製傘部的所有職工都有國民革命軍軍銜。張星煜常著國民黨空軍上校戎裝，腰間佩帶左輪手槍。當時樂山駐軍有常在公共場所惹事生非的，如遇上張，他便不客氣地當面訓斥；情節惡劣的，便摘下他們的「胸章」，然後親自交給他們的長官，同時笑稱：「恕我代您警告貴部下，今後應嚴飭他們不得再滋擾社會……」[12]

整個製造所有職工200餘人，最多時接近300名，其中女職工50多人。這些職工，將近一半的來自上海、江浙一帶，約120人，也有少部分湖南人，其餘的則以樂山和夾江的居多。樂山籍世界著名半導體科學家張瑞夫[13]，少年時代就在普益公司準備科打過零工。外省職工的文化程度以小學居多，但他們的技術卻相當熟練，都是隨廠遷來樂山的。其中有少數人參加過中共地下黨領導的各種鬥爭，具有豐富的鬥爭經驗，有的還曾經參加過救國會，接受了不少新思想，傾向進步。製傘部職工比較團結，沒有司空見慣的派性之爭，織綢部則不然，裡面分了湯溪、東陽兩幫，又因兩幫職工相愛、通婚，破壞「幫規」而常鬧糾紛。後在中共地下黨組織的調解下，消除了兩幫的隔閡，彼此握手言歡。

製造所工人通常每天工作10小時，如果加班則達12小時，甚至更長。製傘部實行月薪制，據原中共樂山中心縣委書記廖寒非於1941年底寫的《嘉犍區工運報告》，1940年製傘部工人每月最高40元，最低25元，每3個月加發2元，大概是一種獎勵。織綢部是典工制，在供電正常的情況下，技術熟練者每月可

灣清華大學設「王士強先生紀念獎學金」。

[11] 周文華主編：《樂山歷代詩集》，樂山市市中區地方誌辦公室編印，1995年，第167頁。

[12] 參見夾江縣編史修志委員會：《夾江縣誌》，四川人民出版社1989年版，第694頁。

[13] 張瑞夫（1928-2004），樂山悅來人，世界著名半導體科學家。1947年考入重慶空軍通信學校，1949年隨校遷臺。1961年獲美國普度大學哲學博士學位。1964年8月，被聯合國教科文組織聘為物理和電子專家。1966年被IBM公司聘為顧問工程師，從事半導體研究。他在尖端科技方面獲得多項專利，曾多次主持或參與組織國際性半導體電子方面的科學會議。

掙40多元，一般的不超過35元。準備科工人每月工資最高只21元，平均只有16元。[14]平心而論，他們的收入在當時樂山來說，比其他企業的工人都高很多，而且福利也比較好。全廠職工的食宿由廠方免費供給。職工的醫療費由廠方全額支付，患病期間工資照發。外省職工家屬住房，亦由廠方提供。比如鐵工所的數十名工人，都住在嘉樂門外太和元旅館樓上。每到周日，他們雙雙對對出入烏尤寺、大佛寺，不時下下館子、搓搓麻將。1940年春正式成立職工俱樂部後，大家還可以讀書看報、學習文化知識。所以說，保險傘製造所職工生活還是比較舒適安定的。

後來，因貨幣貶值、物價飛漲，職工的生活水準才有所下降，並引發兩次罷工鬥爭。

第一次罷工鬥爭是1940年3月。普益經緯公司工人代表向經理王士強提出七條要求：「（一）增加工資一倍；（二）縮短工作時間，日工以十小時為一工（若需要延長時間者得另給工資），夜工不可超過八小時（並以八小時為一工）；（三）外省工人限二年返鄉一次，川資由廠供給，如逾二年仍不返鄉者，則將川資獎給（川資數額二百元）；（四）本廠員工眷屬得居住工人宿舍；（五）女工生產期間准予給假二月，工資照給；（六）廠方須聘教員授課並供給文具及書籍費，俾能給工人增高學識；（七）警報時間工資照給以生產給薪者酌量津貼。」[15]

王士強很快予以回復後，工人代表全體討論決定，將原提七條刪改成五條，要求三天內答覆，否則「皆願依照經理先生之尊意共返上海」。這五條要求是：

（一）增加工資十分之七；（二）減少夜工時間；（三）醫藥由廠方負擔；（四）要求聘教師教工友讀書；（五）孕婦不得解僱，做半工算一工，生產後四十天工資照給。

在這次會議上，還推選出職工代表18人，並組織糾察隊監視工賊。

職工代表將五項要求送交廠方後，廠方不理。一周後，職工代表再次向廠方送交五項要求。廠方痛斥工人無理取鬧，威脅職工代表說：「你們的這些條

[14] 廖寒非：《嘉犍區工運報告》，四川檔案館、四川省總工會編：《四川工人運動史料選編》，四川大學出版社1988年版，第331頁。

[15] 《樂山普益經緯公司工人罷工案》，《四川檔案史料》1983年第4期。

件是共產黨提的。這些條件廠方受不了，你們不願做工，廠只有關門，立刻把你們送回上海，每人發二百元解僱費、二百元車旅費。」當時職工群情激憤，各自收拾行李，準備散伙。廠方見工人意志堅決，宣稱從上海、長沙來的工人准予離廠，分期放行，待廠方在樂山請工人頂替工作後離開。

在職工和廠方各走極端的情況下，職工代表一方面將職工的要求和面臨的情況向航空委員會申述，要求秉公處理。一方面向樂山絲織業工會呼籲，要求援助，勸阻絲織業工會會員及全體工友不接受保險傘廠招僱。如此，保險傘製造所的生產陷入癱瘓狀態。

外省籍職工停工期間，職工大多待在宿舍裡，有時幾個人同出同進，禁止任何人單獨與廠方接觸，同時勸導川籍工人堅持上班，避免進一步擴大事態，給廠方留下罷工的口實。

罷工第9天後，廠方向國民黨樂山縣黨部、樂山縣政府和五區專署控告職工鬧事，職工代表聞訊亦前往上述黨政機關申訴，闡明生活窘況及罷工的責任問題。

國民政府經濟部以事關重大，電令五區專署徹查。專署派一名蔣姓科長會同縣政府社會科的陳代科長、縣黨部代書記趙文通一起到製造所查辦。趙文通擺出一副架勢，斥責工人的五項要求為無理取鬧，職工們立即騷動起來。有一位工人（中共地下黨員）臭罵趙文通「放屁」，趙文通見狀乃收斂言行，專署的那位蔣科長指責工人公然侮罵「黨國」工作人員。

職工代表意識到問題日趨嚴重，向職工疏導，要他們嚴格遵守紀律，接受專署「先行復工，靜待仲裁」的命令。

復工後的第8天勞資雙方在縣政府正式談判，織綢部經理王士強指斥專署出席談判的人不遵守時間，繼又不聽與會人員勸解，要無條件開除6名工人代表，說他們是共產黨，並出示《新華日報》為證據。當即遭到職工代表的喝斥。

經雙方談判，專署仲裁如下：

（一）停工責任不屬工方；

（二）廠方不得藉故開除工人，《新華日報》不是違法報紙，說工人是共產黨無理由；

（三）增加工資十分之四；

（四）夜班最多不得超過四小時；

（五）醫藥費全部由廠方負擔；

（六）不得解僱孕婦，半工算一工，產後四十天工資照發。

由是，保險傘製造所職工的第一次鬥爭取得基本勝利。

第二次罷工鬥爭是同年10月。廠方在對付第一次罷工鬥爭失利後，想配合政治逆流（7月武大學生被捕，川大學生在樂山被暗殺）給工人以沉重打擊。在一個星期天晚飯後，廠方突然宣布自即日起夜班工增至6小時，星期天不放假。職工們議論紛紛，認定這是廠方公然違背3月前政府仲裁的精神，故意挑起事端。因此當天晚上沒有一個人去工房上班。第二天早上工人去上班，見廠門緊閉，並掛牌開除工人，停止伙食供給。

工人們立馬折回俱樂部開會，決議由職工代表向航空委員會申訴，要求維護職工生存權利，秉公處理。同時分頭向總工會、絲織業工會通報情況，籲求聲援。並請求國民黨樂山縣黨部、樂山縣政府和五區專署派員到保險傘廠查明事態真相。政府在查明真相後，命令廠方不得礙難工人上班。星期二下午即恢復正常生產。其中，在上次鬥爭中表現積極的6名職工代表，廠方堅持不讓復工，政府也做出妥協，勸慰6名代表暫不復工，聽候解決。

廠方為達到開除6名職工代表的目的，收買一名工人作偽證，詭稱有人鼓動工潮。廠方據此揚言不惜代價，甚至寧願關廠，也要開除6名職工代表。工方則與廠方爭鋒相對，一方面鼓勵大家團結一致，據理力爭，一方面向政府鄭重表示，堅決反對廠方開除工人。並警告被收買的工人收回偽證，回到群眾中來。否則，將給以無情打擊，以工賊論處。

通過政府在廠方與工方的斡旋和艱苦的談判，達成如下共識：關於工潮問題、延長夜班工時問題由廠方負責，夜班工時恢復到原定時間。工方雖未鼓動工潮蓄意搗亂，而個別工人因言語不慎引發停工也是事實，決定扣發當月工資1元以示懲罰。廠方堅持要開除的六名職工代表雙方仍爭執不下，政府又提出折中方案：對因言語不慎造成廠方誤會的2名工人，由政府勸其接受解僱，廠方不得以開除措詞，還要替兩名解僱工人負責另行介紹工作，時間以3月為限。新工作未找到前，食宿由廠方供給，並酌付零星用費，待2名工人離廠時，廠方各付解僱費200元、旅差費400元。一場勞資鬥爭終告結束。[16]

---

[16] 毛學林：《樂山保險傘廠和該廠的兩次工人鬥爭》，政協樂山市市中區文史委編：《樂山市市

　　這兩起罷工事件的勝利，與中共地下黨人的參與是分不開的。普益公司遷川以前在長沙就有中共地下黨活動，遷來樂山後關係一度中斷。1939年他們經《新華日報》與上級黨組織聯繫，中共南方局在審查考核後通知樂山中心縣委才接上關係，並發展了組織，黨員由3人增至8人。因為製造所是一個國防軍工企業，所以不便公開做救亡運動、參加救亡工作，當然上級黨組織亦不允許他們嶄露頭角，他們只運用不定型的、非正式的方式進行群眾工作。至於國民黨、三青團在工人中的活動，除在製傘部有了整個的組織外，織綢部只有2個工人參加三青團，形不成氣候。[17]

　　抗戰勝利後，保險傘廠於1947年8月由張星煜帶領遷回杭州刀茅巷，1948年再遷至臺灣臺東縣。從建所到1948年，包括製造新傘和修理舊傘，總共完成各種型號降落傘19,000多個[18]。且將過剩的數千具保險傘和投物傘售予英美空軍，博得國際上的稱讚。[19]

第二節　打敗日本絲綢的美亞公司

　　位於五通橋老龍霸的美亞織綢廠，是抗戰期間從沿海遷入樂山的一家名企。

　　美亞是江南一帶較早採用電機織綢的大型企業，在傑出經理人蔡聲白的帶領下，成長為20世紀上半葉中國民營企業的翹楚和當時諸多國產面料生產廠商的代表，「是當時中國規模最大、出品最多、歷史最久的唯一綢廠」[20]，也是當時國貨絲綢時裝面料最主要的提供廠商。美亞的發展與民國時裝業的發展是同步和相互促進的，兩者皆是近代中國紡織服裝產業進化與發展的產物，皆成長於20世紀20年代、興盛於30年代、衰落於40年代。[21]

中區文史資料》第七輯，1993年。

[17]　廖寒非：《嘉犍區工運報告》，四川檔案館、四川省總工會編：《四川工人運動史料選編》，四川大學出版社1988年版，第331頁。

[18]　參見姜長英：《中國航空史》，西北工業大學出版社1987年版，第128頁。另有資料說，從建所到1948年，共製造各種型號傘10000餘具。（參見中國航空工業史編修辦公室編：《中國近代航空工業史》，航空工業出版社2013年版，第87頁。）

[19]　中國航空工業史編修辦公室編：《中國近代航空工業史》，航空工業出版社2013年版，第85頁。

[20]　陳大千：《工業調查美亞綢廠參觀記》，《文化建設月刊》1936年2期。

[21]　李昭慶、錢孟堯：《論美亞織綢廠對民國時裝業的促進》，《絲綢》2016年第10期。

一、美亞樹起中國絲綢的光輝形象

　　蔡聲白（1894-1977），名雄，以字行。出生於浙江吳興（今湖州南潯）一個書香世家。1911年，他考入清華學堂中學科，並通過考試獲得了赴美留學的機會。不料，辛亥革命爆發，清華學堂停辦，蔡聲白也無法成行。清華學校再次恢復派遣學生赴美是在1914年。這年8月8日，蔡聲白等一批幼年生終於成行，他進入美國菲力浦中學（Phillips Academy Andover）插班就讀。1915年7月，考入理海大學（Lehigh University），專攻礦冶工程。1918年，蔡聲白參與了中國工程學會的創建，為其創始會員之一。[22]他對美國發達的資本主義經濟印象深刻，對其先進的機器生產方式和現代企業管理制度頗為留意，曾主動深入企業之中考察。

　　1919年9月，蔡聲白學成歸國。他起先到山東勘探礦藏，打算與人合作開礦，惜未成功。後來，他被湖州商人周湘齡聘任到其投資的一家礦冶公司任工程師。一直到此時，蔡聲白走的仍是技術專家的發展道路，這一道路直至他結婚以後方發生轉變。

　　1920年5月，蔡聲白與莫懷珠在上海結婚。蔡的岳父莫觴清，也是浙江吳興人，在他控制下的絲廠達十餘家，年產絲5,000擔，是鼎鼎大名的「絲業大王」。1917年，莫曾與美商蘭樂壁合作開辦新式電機絲織廠——美亞織綢廠，但旋即解散。1920年5月，莫改以獨資仍開美亞織綢廠，製造新花樣綢品競爭市場。莫觴清決定請女婿蔡聲白主持美亞織綢廠。蔡聲白由此獲得了一片新的天地，得以完全展現其在企業管理方面的天資。

　　1921年4月，蔡聲白正式就任，迅即開始大刀闊斧的優化改革。他認為，在機械化時代，美亞如要成為國際一流的絲織廠，必須要有一流的機器，一流的產品、一流的人才。他投入重資，在美國訂購了當時最先進的機器，使生產效率及產品質量大為提高。為招徠人才，他不惜重金，高格禮遇。日本東京高等工業學校紡織科留學歸國的技術專家虞幼甫、張叔權，繪圖打樣高手莫濟之，還有機織、染煉等方面的能手，都被他一一招到麾下。如此組合，自然非同凡響，初一入市，即豔壓當場。[23]

---

[22] 馮筱才：《蔡聲白先生傳略》，楊敏德編：《雄難一聲天下白》，2015年，第16-38頁。
[23] 魏文享：《蔡聲白：盡現「美亞」絲綢之光》，《競爭力》2008年第4期。

在蔡聲白的努力經營下，美亞織綢廠氣象一新，產銷均見增長。莫觴清也決定加大投資額，繼續訂購新式織機。1923年末，美亞的織機增至116台，成為當時上海綢廠中的大廠。蔡聲白以自身的薪資積累參股，美亞廠改由莫蔡翁婿二人合夥經營的企業。1920年代初，上海等地的電機絲織業正面臨絲價飛漲、成本提高等困難，而蔡聲白擔任經理的美亞織綢廠由於在技術與管理上均有獨到之處，其產品銷路獨佳。蔡聲白也名聲大震，成為電機絲織業中的英雄式人物。

在中國近代國貨運動歷史上，蔡聲白有著重要地位。自1921年起，幾乎所有重要的國貨展覽會，美亞織綢廠均會參加。1928年中華國貨展覽會，美亞出口的各色綢緞獲得一等獎。1929年5月，上海五國貨團體春季國貨展覽會上，美亞織綢廠獲得國民政府工商部獎勵。1930年10月西湖博覽會上，美亞是最重要的絲織業參展商，美亞出品又獲得博覽會金獎。蔡聲白還積極參加國貨運動，推動各地國貨公司的建立，期待以此形成發展國貨、購買國貨的全國性風氣，扭轉存在於國人心目中的崇洋消費習俗。

國貨運動與美亞的國內市場戰略有著密切關係。美亞從1933年後便以國貨為口號，大力加強國內市場的宣傳，蔡聲白對國產綢緞的推廣不遺餘力。他曾作為國產綢緞救援會代表赴南京向政府請願。同時也倡導在綢緞營銷中運用承兌匯票，以擴大銷售，融通資金。1936年，經過數年的努力，蔡聲白也率先在上海為美亞第十廠爭取到「保稅工廠」待遇。在保稅廠建立之後，經營數額更加翻番。第一批絲綢運往南洋，售價低於日綢而質量超越之，訂單函電紛遝而至。美亞在南洋不僅獲得了巨額利潤，也重新樹立了中國絲綢的光輝形象。可惜，日軍進攻上海之時，十廠為炮火所毀。

1937年，抗戰全面爆發，中國的工商界也迎來了一個嚴峻的考驗期。「八·一三」事變後，美亞織綢廠在上海及以蘇州、杭州的工廠被迫停工，時在香港的蔡聲白就地成立美亞辦事處，作為未來華南營業基礎。8月30日，蔡聲白回到上海，決定把閘北、南市的工廠分別遷往漢口、廣州、香港、重慶等地。隨後改總部制為分區制，在上海、香港、漢口、重慶分設華東、華南、華西、華中等四個管理處，統一管理，分散經營，必要時可得「區自為政，各圖生存，以保存公司實力」。但是隨著戰事的推展，廣州、武漢工廠被迫停產。後將武漢分廠連同杭州、上海等地技術骨幹和熟練工人遷到四川，設廠於重慶香

國寺（今江北華新街），並成立美亞廠華西管理處。

1939年7月，蔡聲白決定將總處遷回相對安全的上海租界區。1940年初，總處遷霞飛路霞飛別墅36號，以隱蔽的方式繼續維持艱難的營業。這年年底，蔡聲白還親赴新加坡設立晉南行，推銷美亞綢定，從事中國與南洋間的貿易。太平洋戰爭爆發後，為了避免日軍將公司資產定性為「敵產」，美亞在上海的工廠掛上了義大利商行的名號，以「久安洋行綢業部」的名義繼續經營。武漢廠則向德商許士洋行轉租怡和洋行產業開設，掛德商招牌，以圖保護。香港美亞分廠改名為復興織綢廠繼續運營。發行方面，上海則以「粵記綢莊」名義進行，漢口以「漢記綢莊」名義。[24]

美亞重慶廠開工後，因日本戰機對重慶的連續轟炸，正常生產與營業受到影響，於是，經過再三考察後，蔡聲白決定將重慶廠部分機器運往犍為縣橋溝鎮老龍壩，開設美亞五通橋廠，以分散風險。

1940年10月，五通橋美亞綢廠正式建成開工。開始只有電動織綢機五十多台，後逐步發展到一百多台，職工二百餘人，月產花素綢兩千尺左右，成為當時樂山最大最先進的織綢廠。廠長程大松、副廠長程洪慶、技師程大模、織綢工場主任程天鐸、準備工場主任丁忠興、副主任吳智包、打花技師李平，這些人都是浙江東陽人。蓋因美亞早期負責全廠工藝技術的總管蔡品珊是東陽人，他生前立志大量招收東陽同鄉人到廠做工，以求改變家鄉貧困局面。可惜他在1922年不滿30歲就英年早逝。

美亞廠初遷五通橋時，所生產的綢緞均由樂山護國寺新興染廠染練，旋因新興染廠收價較高，影響利潤，乃於1940年將杭州美亞染練廠遷來樂山竹公溪畔（原樂山絲綢廠織綢車間址，今演武街錦星苑小區一帶）開設美亞染練廠，廠長謝浩明、技師姓王，有工人50餘人。該廠除練染美亞自己生產的綢緞外，還與新興染廠爭奪其他綢廠的染練業務。新興染廠氣憤不過，於1942年到樂山蘇稽開設蘇江染廠，截奪美亞廠在蘇稽、水口等地綢廠的生意。但因資金和技術不如美亞廠，蘇江染廠於1945年關閉。

1942年後，戰局雖然稍趨穩定，但物價浮動劇烈，通貨膨脹嚴重。為了達到公司資產保值的目的，蔡聲白要求各個管理處盡量將現鈔轉成物資存儲。同

---

[24] 馮筱才：《蔡聲白先生傳略》，楊敏德編：《雄雞一聲天下白》，2015年，第106-110頁。

時，他在上海創辦利亞實業股份有限公司，經營進出口貿易，以降低投資風險，蔡擔任總經理。並入股環球企業公司、南洋企業公司、中新企業公司、惠工銀行、新華銀行、中國工業銀行、科學化工廠、大陸制革廠、光華百貨公司、同益南北貨股份有限公司等等。1942年，美亞股票在上海證券交易所上市，由於資本雄厚，運營良好，美亞股票迅速成為股市「最為活躍」的紅股之一。1944年，美亞織綢廠又利用鴻禧葛（通稱美亞被面）在市場上的聲譽，開展棧單交易。

為瞭解決織綢廠原料問題，1943年3月，蔡聲白與金融界合作共同發起組織中國絲業公司，擔任該公司總經理。由於蔡聲白的放眼大局，平衡風險，美亞織綢廠在戰時的困難環境中，不但資產方面沒有出現大的虧損，而且有了新的發展。

1945年8月，抗戰勝利，美亞集團面臨新的機遇與挑戰。早在1944年，美亞便開始戰後發展規劃，欲在生產與營業範圍上有大的突破。戰爭結束後不久，美亞即宣布將5個管理處改為分公司，並恢復長沙、衡陽、昆明、福州等地辦事處，增設北京辦事處。但時勢變化卻往往不遂人願。抗日戰爭剛剛結束，國共內戰硝煙又起，正常生產秩序恢復仍屬無望。在此情形下，蔡聲白決定美亞公司的運營原則為「緊守範圍、步步為營」。正常的經營環境既然遭到破壞，金融界及企業界對政治局面好轉也沒有太大信心，蔡聲白乃寄希望於國外貿易業務的拓展，希望擴大產品在海外的直接銷售。

1946年1月，蔡聲白宣布即日啟程赴重慶，並順道考察成都、樂山、五通橋等處廠務。3月，蔡聲白由重慶飛抵香港，一方面考察港廠業務，一方面欲以香港為基地拓展國外貿易網絡。5月，蔡由香港啟程赴美國，籌備在美國成立辦事處及分公司事宜。1947初，蔡聲白又從美國到歐洲考察，回國後全力擴大美亞港廠的生產規模，以作為南洋與美洲區產品銷售之準備。但是由於當時的國際環境極其惡劣，對外貿易受到嚴重影響，蔡聲白的發展戰略也無從實施。

到1949年，新的政權在北京成立。但報告顯示，美亞上海分公司已經「虧損甚巨」，西南的工廠也停產。和此時中國其他民族企業一樣，美亞織綢廠面臨因秩序失寧而帶來的嚴重危機。1953年，蔡聲白因高血壓病日益嚴重起來，便向美亞公司請長假，請童莘伯代理總經理職務，自己赴香港養病。從此，他

對美亞業務基本上不加過問，美亞香港廠及海外一些營業機關雖然仍在他管理範圍，但已經沒有什麼發展跡象。美亞國內部分的資產，於1954年全部參加了公私合營，企業名字都全部更改。曾經在近代中國歷史上顯赫一時的美亞織綢廠漸漸為世人所淡忘。[25]1956年全行業公私合營後，美亞綢廠和美亞染廠一併遷往南充。到此，抗戰時期遷川的美亞織綢廠歷史，也就澈底畫上了句號。

二、美亞織綢廠與工人罷工鬥爭

隨著日本的瘋狂進攻，國軍節節敗退，失地日多，五通橋美亞廠的產品銷路也日益縮減，廠方保障其利潤，加強了內部管理手段：

1. 加快電機運轉，增加工人的勞動強度；
2. 倒拔時鐘，延長工人上班時間，每天工時長達十四五小時；
3. 克扣工人伙食：常給工人吃爛菜、黴米；
4. 壓低工資：美亞廠的工人自浙江、上海來的約占1/3，其餘2/3是四川人（以犍為、五通、樂山居多）；在工種工效相等的條件下，四川工人的工資比江浙、上海工人工資低20%到30%，女工又比男工低10%以上；至於童工則更為淒慘。當時農村經濟破產，廠方乘機在農村招收廉價勞力。除供給食宿外，只發一點理髮費和極少零花錢。

工人們由於工作時間長、睡眠不足，疲勞過度終日頭昏腦脹，怨聲載道。當時在工人中盛傳以下幾句順口溜：「慘然真慘然，工人太悲慘。吃的八寶飯，睡的硬木板。兩頭不見天，生活無改善。哪天時運轉，睡個香又甜。」[26]

工人們在飽受剝削壓迫的情況下，怨恨日增，背地裡議論：「如何出這口惡氣」，適逢織綢車間工人蔣玉龍在一次套馬達皮帶時被捲進飛輪，當場將右臂折斷，血流如注，幸被工友及時拉斷電流開關才未造成嚴重事件。事後，廠方非但不檢查安全設施的隱患，反而責備蔣玉龍「粗心大意，咎由自取」。不僅不送蔣到醫院治療，竟要將蔣趕出工廠。全廠工人群情激憤。關車停工，齊集廠長辦公室嚴正抗議，要求廠方立即送蔣到醫院治療，傷癒後由廠長酌情調整工作。廠長程大松見眾怒難犯，只好接受大家要求。

---

[25] 馮筱才：《蔡聲白先生傳略》，楊敏德編：《雄難一聲天下白》，2015年，第122-136頁。

[26] 毛學林：《美亞綢廠和該廠的兩次工人鬥爭》，政協樂山市市中區文史委編：《樂山市市中區文史》第七輯，1993年12月。

工人為了怠工，借上廁所之機多坐一下，以消除一下疲勞，時間久了，被廠方發現，將坐式馬桶改為蹲式，又將圍牆上部改為「梅花洞」以便監視。女工們都很氣憤，一天夜裡李健美、毛青、毛續長、李淑蘭、鄧國俊等人來到磚牆跟前，悄聲喊「一、二、三」，使勁用力，轟的一聲將牆推倒。第二天廠方查找不出是何人所幹，只好不了了之。

通過以上兩件事的教育，工人們從中領會到只有團結起來才有力量爭取自己的合法權利。於是醞釀著進一步的罷工鬥爭。

抗戰爭勝利之後，1946年4月，美亞公司打算解散四川工人，把五通橋分廠遷回上海。廠方又以產品銷路不好為由，拖欠工人三個月工資不發。加之後方法幣貶值，物價飛漲，工人生活困難。廠長程大松以探親名義回浙江老家三個多月不回廠，代理廠長程天鐸以廠長不在無權對工人提出的工資福利要求作決定，不予解決。

由於工人生產情緒低落，採取消極怠工形式進行鬥爭。在上海來的老工人朱文獻和張誠義的帶動下，祕密邀約了2、30人，在離廠二十多里的菩堤寺墳壩開會，討論如何聯合起來鬥爭的問題，選出工人代表向廠方談判，不達目的決不甘休。具體條件如下：

1. 工資每月增加為六萬元（法幣）；

2. 每天工作時間不得超過十小時；

3. 抗日戰爭勝利了，按上海先例，每人發給抗戰勝利獎金四萬元；

4. 每十天休假一天（原為15天）；

5. 改善工人伙食，不吃黴米、爛菜；

6. 不准打罵工人和無故開除工人；

7. 工人因工負傷、致殘或生病，均由廠方全額提供醫藥費，工資照發。[27]

以上條款由朱文獻、張誠儀二人代表全廠職工以書面形式送交廠方，並具文向五通橋區公所、警察局、區黨部、五通鎮公所呈報，以示鄭重。每個工人集資1,000元作為代表活動經費，全廠工人撤離工廠以免廠方分化挾持，以四望關石秀如家為聯絡地點，交換消息，研究措施。

---

27 毛學林：《美亞綢廠和該廠的兩次工人鬥爭》，政協樂山市市中區文史委編：《樂山市市中區文史》第七輯，1993年12月。

　　書面條款送交廠方後，代理廠長程天鐸、蔡泰源以廠長不在為由，說這樣大事無權作主，待廠長回廠後再說。並威脅工人代表：「誰敢聚眾鬧事，決不輕饒。」朱、張二人聽後也沒多說，就到四望關石秀如家通報情況。工人們得知消息後，決定照原計畫舉行罷工。

　　罷工後的第二天，廠方派人到宿舍叫工人上班，四川工人宿舍已空無一人，接著上海、浙江籍工人也相繼罷工。往日喧鬧的工廠一下子變得冷冷清清。廠方無計可施。到罷工第六天，才被迫通知工人派代表進行談判。經過兩天談判，廠方代表程天鐸、蔡泰源同意工方提出的第二條以下各條要求，對於第一條增加工資一項表示不能作主，答應向總公司和重慶西南管理處報告，限期答覆。

　　至此，工方同意暫時復工。半月後總公司和西南區管理處來文，同意增加工資為3萬元，與工人要求相差一半，工人不接受，再次罷工。廠方見勢不妙，答應立即派人專車到重慶請示，工方限期在7天內答覆。廠方代表5天就趕回五通橋，宣布同意增加工資為57,000元（按當時米價可買大米四市擔，約13,00市斤）還補發了一至三月份欠發的工資和每人4萬元抗戰勝利獎金、一丈三尺布、一條毛巾。鬥爭取得了完全勝利。

　　通過這次罷工鬥爭，工人們都感到團結才有力量，大家要求成立工會。經過一段時間籌備和報批，得到五通橋國民黨區黨部和犍為縣政府社會科立案許可，於1946年5月1日，在五通橋區黨部召開美亞綢廠工會成立大會。大會以無記名投票方式選出監理12人，監事5人，理事7人。理事長是吳明德（女）。浙江籍工人朱文獻、張誠儀二人說他們是外地人不便參加，因此未被選入工會領導班子。朱、張二人在二次罷工緊張階段悄然離廠。

　　隨著貨幣一再貶值，物價一日數變。工人拿到的月工資只能買三尺布縫內褲。終日為油、鹽、柴、米操勞歎息，生產情緒一落千丈。先是怠工，後是輪流關車，再後來是乾脆擱下工作向廠方提出要求改善生活的談判，揭開了第二次罷工鬥爭的序幕。工會於1947年11月22日召開會員大會臨時會議，討論並通過向廠方提出的改善工資待遇，改貨幣工資為折實工資。具體內容如下：

　　1. 全部要求，限廠方於本月25日答覆，否則於26日開始停工抗議；

　　2. 10月份，工資照市價折合，以四市石大米金額支付，補發時間不超過本月30日；

3. 由於物價飛漲，從11月份起，月工資照六市石大米計發；

4. 以上要求未獲圓滿答覆，誓不復工。[28]

工會仍按章呈文五通橋區黨部、區公所，犍為縣政府、樂山專員公署，要求轉飭美亞綢廠改過去貨幣工資為折實工資，並同時向廠方交涉。儘管工會要求改折實工資的理由充分，但廠方代理人程大松一口拒絕。並且分化瓦解工會幹部，嚇唬積極分子。

樂山專員劉仁庵派視察員聶榮生，於11月28日到美亞綢廠，會同當地有關機關和廠工會理事及工人代表座談，尋求問題的解決。由於聶榮生偏袒廠方，漠視工人的要求，工人無法接受，遂於11月29日上午6時起全體罷工。

程大松請各機關出面鎮壓，29日犍為縣鹽區警察局、保安一中隊，都派遣武裝人員進廠，各機關的大小頭目也彙集攏來，計有樂山專署視察員聶榮生、犍為縣府社會科長陳實興、五通橋區黨部鄧衍鳴、鹽區警察局長廖楚良、保安一總隊漆以生、五通區公所王卓然等，廠門口架起了機槍，廠內出現許多便衣特務，殺氣騰騰，如臨大敵。

廠方一面在會議室內對工會理監事施加壓力，一面把工人集合在廠內球場上，針對工人提出的要求說：「11月份照廠方辦法增加80%工資，10月份9月份增加40%工資，以後照煤、米、油、布上漲價格八折調整。」然後要工人在事先預備好的紙上寫明「滿意」或「不滿意」，並簽上自己的名字。結果在113個工人中，有101人答覆「不願意」。12月初，廠長程大松將柯玉能、吳明德、李淑蘭、高文傑四人騙到五通橋區公所，逮捕了柯玉能，工人們不得不復工。柯玉能被關押了20多天，才由工友們湊錢保出來，但他已被廠方開除。

1948年5月，廠工會改組，劉正國當選為理事長。一次工人與廠警發生糾紛，劉正國以通告形式公佈廠替欺壓工人的行徑，廠警不服，撕毀工會公告。工人群起阻擋，以致雙方發生扭打事件。事後劉正國將廠警拘留了一段時間，廠方竟將劉正國等五人開除。為此，工人曾醞釀第三次罷工，但其時工會已被壓垮，失去領導核心，第三次罷工沒有搞起來。

---

[28] 毛學林：《美亞綢廠和該廠的兩次工人鬥爭》，政協樂山市市中區文史委編：《樂山市市中區文史》第七輯，1993年12月。

第三節　資源委員會建設岷江電廠

　　樂山電力資源尤其是水能資源十分豐富，大渡河、青衣江和岷江三條大河貫穿全境。但是樂山最早的發電廠是好久開辦的？樂山的電業是怎樣發展起來的呢？

　　樂山地區有電始於五通橋。五通鹽務稽核所支所的洋人稽核助理不習慣夜間無電燈，1919年就安裝了一部3千瓦的小型柴油發電機，供辦公和居住地照明。1927年又有井研人熊克武從上海購回3千瓦汽電機一台，用於家庭照明。到了1928年，生產純鹼的樂山嘉裕實業股份有限公司在取得一定利潤後，董事們便商量創辦電廠，開闢新的生財之道。

　　當時鹼廠的經理是黃遠模，射洪縣仁和鎮人；工程師蒲濟川，蓬溪縣洋溪鎮人，成都高工校畢業，既懂得機械安裝，又懂得電學知識。他們看到成都、重慶等大城市已創辦電廠，興辦電燈公司，生意興隆，認為電必將在人們生產生活中廣泛應用，在樂山創辦電廠，一定有利可圖。加之，蒲有一個高工校的老師韓子揆，是留法學生，在成都辦機械廠，積極贊成黃、蒲的主張，並答應在技術上給予幫助。黃遠模、蒲濟川等便積極張羅籌辦，報經當時的經濟部建設科批准，名為嘉裕電燈公司，後更名為嘉裕電氣股份有限公司，附設在鹼廠之內。

　　1928年，黃遠模、蒲濟川到上海買回發電機全套設備，從水路運回樂山，安裝在鹼廠的後面。安裝機器和架設線路，由韓子揆、蒲濟川指揮，韓並帶了一批成都高工校的同學來幫助安裝、架線，廠裡也選派了一批精幹工人，邊幹邊學。發電機的功率為30千瓦，動力是一台及撥伯葛式水管鍋爐，由70匹馬力的立式雙缸蒸汽機推動，用皮帶傳動的。1929年上半年安裝就緒，正式發電，這是樂山發電之始，它開創了樂山用電的新紀元。

　　隨著用電量的增加，公司於1930年將發電機換成45千瓦的，初步滿足了樂山城區用電，生產正常，盈利不少，已呈欣欣向榮、供不應求的局勢，股東皆大歡喜。到了1934年，樂山民用、工業用電量越來越大，負荷過高，電力緊張，晚上的電燈呈紅絲，電燈下還得點燈或掛油壺，用戶反應很大。有人譏笑說：「嘉裕電燈公司是嘉裕螢火公司。」此時公司也想改變此種狀況，擴大營

業範圍，更新設備，增加發電量，並力圖改犍樂鹽場畜力汲鹵為電力汲鹵，經建設委員會批准，同意擴大生產，並貸款添購設備。[29]

　　1934年廠裡派施步階、蒲濟川二人到上海。通過上海電廠的工程師桂乃華（勤工儉學留法學生）介紹，到常熟買回三台發電機及變壓器、大批電錶和電器材料。設備運回後，一面安裝機器設備；一面鋪設樂山到牛華的3,300伏的高壓輸電線。高薪聘請上海華開電廠的工程師李玉書作技術指導。1937年舊曆除夕（2月10日），機器安裝就緒，三台機組發電投產，供城區、牛華溪照明和工廠用電。從此開始了全天24小時供電。

　　1938年嘉裕電氣公司以3,300伏電壓輸到牛華溪，吳鹿蘋開辦的誠信火柴廠，開始用電動刨木機，刨製火柴的梗片，效率大大提高。嘉裕公司的電工技師趁機宣傳電力的好處，說不僅能刨木，而且還能推車汲鹵呢，這就開闢了售電的新路子。

　　嘉裕電氣公司越辦越火紅，但好景不常，日本侵華戰爭，給工廠帶來了莫大的困難。1939年8月19日中午，日本侵略軍飛機轟炸樂山時，玉堂街、土橋街、半邊街、較場壩均被炸，供電杆線全部被破壞，不能供電。經修復後保留了一台50千瓦發電機發電，其餘兩台停運。樂山地區的供電水準又倒退到30年代初期的落後狀況。

　　1938年11月，浙江大學教授蔡昌年[30]奉國民政府經濟部資源委員會的派遣，帶了三名技術人員，風塵僕僕來到犍為縣五通橋籌建發電廠。籌備處辦公地點設在化鹽街川主廟旁邊的幾間民房內。瀕臨岷江的老龍壩靠近永利川廠的一塊土地（今東風電機廠所在地）被選作廠址。為什麼選老龍壩為廠址呢？國民政府認為，川西水利資源豐富，有能源供應，有適合建設國防工業區域的條件。初擬建在犍為縣清水溪上游何家灣，利用當地廉價煤源籌建2,000千瓦火電廠，但因抗戰期間種種阻礙，並且建廠時間需要數年，不敷當務之急，乃改

[29]　胡同如：《樂山最早的發電廠》，樂山市編史修志委員會編：《樂山市志資料》1983年第一期。
[30]　蔡昌年（1905-1991），電力系統專家。浙江德清人。1924年畢業於浙江省公立專門學校（浙江大學前身），獲學士學位。畢業後曾任國民政府建設委員會設計委員、資源委員會岷江電廠總工程師。1945年赴美國進修。1947年回國任冀北電力北平分公司工程協理兼石景山電廠廠長。1945-1948當選為美國電機工程學會（AIEE）會員。1950年後歷任東北電管局調度局副局長、局長兼總工程師，哈爾濱工業大學電機系主任等職。1980當選為中國科學院學部委員。

為先在五通橋建小型電廠。[31]再者，老龍壩較為隱蔽，煤炭由嘉陽煤礦供給，
犍樂鹽場多，工廠多，輸電困難不大，是個辦電廠的好地方。

　　1939年3月，五通橋電廠籌建處改為岷江電廠籌建處。國民政府經濟部又
特派資源委員會委員、簡任技正鮑國寶[32]來到五通橋，擔任岷江電廠籌備處主
任，同時兼任宜賓電廠籌建處主任，以及自流井電廠董事長。籌建處的吊牌此
時正式掛出，辦公地點仍設在川主廟旁邊民房內。岷江電廠籌建處包括五通橋
電廠及大渡河水力發電工程處。五通橋電廠（包括金粟橋發電廠、老龍壩發電
廠）向樂山及犍為供電，大渡河水力發電工程處是為開發大渡河做前期勘測工
作，也就是現在的龔咀水電站（70萬千瓦）銅街子水電站（60萬千瓦）的早期
工作。鮑國寶還組織擬定兩個水電站開發之後以大渡河水電為基礎，北向成都
輸電，南向宜賓聯網，把五通橋、宜賓、自流井連成一片，組成220千伏電網
的計畫。在當時這個計畫雖然受客觀條件限制，不能儘快實現，但卻做了不
少前期準備工作並且培養和鍛鍊了大批人才。[33]著名水利水電與防洪專家陸欽
侃[34]回憶說：

　　　　我是抗戰時期1940年經浙江大學學長屠達介紹到資源委員會岷江電
廠鮑先生麾下參加電力工作的。當時在岷江電廠下面成立了大渡河工程
籌備處，招了一批從事土建和水利的技術人員，想開發岷江支流大渡
河、馬邊河的水力資源，做了一些水文、地形測量等勘測工作，在當時
條件下沒有建成水電站，只建了一座清水溪電力灌溉工程作為鍛鍊。

[31] 魏奕雄：《岷江電廠一九三九年發電》，羅長安主編：《犍為抗戰記憶》，2015年，第247頁。
[32] 鮑國寶（1899-1978），中國電力工程專家。廣東香山（今珠海山場）人。1918年畢業於清華
大學留美預備班。1922年畢業于康奈爾大學機械工程動力系，獲機械工程師學位。1923年回
國。歷任浙江大學教員、上海交通大學教授、國民政府建設委員會電汽處處長，南京首都電廠
廠長，廣州電力管理處總經理兼總工程師，宜賓電廠、岷江電廠廠長等職。抗戰勝利後，任冀
北電力公司總經理。1949年後，歷任華北電力總局總經理、華北電業管理總局局長、燃料工業
部修建司、設計行政司司長，水利電力部科技委主任。
[33] 王平洋、徐博文等：《鮑老在抗日戰爭時期電力生產建設上的貢獻》，何初文主編：《懷念鮑
國寶——紀念鮑國寶同志誕辰一百周年》，1999年，第22-23頁。
[34] 陸欽侃（1913-2011），水利水電與防洪專家。出生蘇州豪門。1936年畢業於浙江大學土木
系，1947年獲美國科羅拉多大學水利碩士，曾供職國民政府資源委員會，參加1946年資源委員
會派遣赴美國墾務局的三峽工程研究工作。1949年後一直從事水利水電規劃，曾任水利電力部長
遠規劃處副處長、水利電力部規劃局副總工程師、水利部駐長江水利委員會特派員。1986年出
任三峽工程可行性論證防洪組顧問。

　　鮑先生曾在浙江大學和交通大學任教，我們這些浙大、交大和其他
學校出來的學生，雖然沒有聽過他授課，都願尊稱他為先生。（南方對
「老師」稱「先生」）。鮑先生也確實像對待學生那樣教導和培養我
們，使我們得益匪淺。

　　記得鮑先生曾指給我看一本書上談到水電有水庫調蓄而且啟動靈便，
可在電力系統中擔負峰荷，而由火電擔負基荷效率較高。我首次學到這
個水火電相輔相成的概念，印象深刻。抗戰時期我遠離父母隻身在外，
在五通橋時業餘時間常到鮑先生家聆聽教誨，他待人和藹親切。後來我
們在銅街子、黃丹、清水溪時，鮑先生又常下去指導工作看望我們。[35]

　　岷江電廠籌建處在老龍壩安裝發電機的同時，就開始架設電壓等級為6.6
千伏的橋灘線路（由老龍壩直達川主廟籌備處，並在青龍嘴山上架設支線過江
到鹽碼頭），這是五通橋地區架設最早的一條高壓輸電線路。

　　為解決建廠施工電源，先安裝了一台20千瓦柴油發電機（不久增加為40千
瓦）。基地建立後，一方面開始修建200千瓦火力發電廠廠房，一方面又著手
在金粟橋（現五通橋發電廠廠址）選擇新的廠址，準備增大裝機容量。

　　1939年7月1日，老龍壩200千瓦發電機安裝調試完畢，正式投入運行發
電。架有85公里的高壓線，以6,600伏電壓，每天供電6小時，限供1,080度。除
供永利川廠部分用電外，還供川主廟、鹽碼頭一帶居民夜間照明用電。從此，
五通橋結束了幾千年來用清油、煤油照明的歷史，開創了五通橋電燈照明的新
紀元。五通橋人將這些用木杆支木臂懸掛的白熾燈稱為「街燈」。翌年，「街
燈」就鋪設到了橋灘、牛華、金粟、金山等鎮的主要街道。

　　當老龍壩200千瓦發電機投運後，籌備處即著手在五通橋和樂山兩地選擇
岷江電廠廠部地址。開始選在沙灣，後經比較，選擇在五通橋梅子壩（今五通
供電分局所在地）。籌備處購買了灶商楊世祿的地皮，並雇用當地勞動力於
1939年10月開始挖方平整地基，先修了一棟一樓一底的木質結構辦公樓，繼而
修建職員宿舍。

同年10月，岷江電廠籌建處設立了五通橋分廠和金粟橋發電所，鮑國寶兼任五通橋分廠廠長，蔡昌年任金粟橋發電所主任。五通橋分廠除了負責五通橋鎮和竹根灘供電業務外，還要為永利川廠供電，發電時間就延長為每天12小時。而金粟橋發電所則向湖北宜昌的永躍公司，租了一台500千瓦的汽輪發電機組，1940年10月開始安裝，1941年8月發電，供電範圍逐漸擴展到西壩、犍為、牛華和樂山。

1940年7月19日，經濟部資源委員會決定嘉裕電氣公司的設備由岷江電廠接收，樂山城區用電由岷江電廠供給。嘉裕公司考慮到當時自己發電的苦楚以及只有兩個50千瓦的發電機在發電，滿足不了樂山城區、牛華溪用電之需，認為從岷江電廠中買電出售，還可撈到好處，便於1942年與岷江電廠簽訂了供電合同。由岷江電廠以6,600伏電壓電，同時嘉裕也相應改裝了內部的變電設備，改裝變電設備得到武大文鬥教授幫助並指導，逐步做到全由6,600伏供電。供電線路由岷江電廠到牛華溪是岷江的線路，牛華到樂山是暫時接收，利用嘉裕電氣公司的線路。牛華溪和樂山鐵牛門分別裝置電度錶，記錄供電度數。[36]

鑒於當時的發電量比原來增加了1.5倍，岷江電廠可供更多的用戶用電。於是，在1941年6月架設了一條6.6千伏線路由金粟橋發電所至磨子場，主要供川康毛紡織廠用電。為了開發利用馬邊河的水力資源，資源委員會決定由岷江電廠在犍為縣城內東街設立「犍為辦事處」。辦事處於1943年正式建立，並在清水溪設立了「壇罐窯工程處」。為此，岷江電廠於1942年由金粟橋發電所架設了一條6.6千伏線路經犍為縣城區至清水溪，以供修建水電站用電之需要和城區及清水溪部分居民夜間照明用電。這也是犍為縣城用電的肇始，比五通橋使用電力遲近三年。

1943年，永利川廠自辦一台600千瓦汽輪發電機投產，岷江電廠向該廠躉購其剩餘容量300千瓦，遂將本廠效率低的蒸汽發電機停止使用。同時，岷江電廠決定增大裝機容量，新安裝一台2000千瓦汽輪發電機。1944年以前，樂山城區和牛華溪的用電是由樂山嘉裕公司的兩台250千瓦柴油發電機直供的。後經嘉裕公司與岷江電廠協商達成協議，決定由岷江電廠35千伏輸電至釣魚

---

[36] 胡同如：《樂山最早的發電廠》，樂山市編史修志委員會編：《樂山市志資料》1983年第一期。

臺，躉售給嘉裕公司降壓為6.6千伏轉供樂山城區及牛華溪。於是，岷江電廠在1944年下半年，從金粟橋發電所至釣魚臺，架設了樂山地區第一條35千伏高壓輸電線路，正式向樂山城區和牛華溪送電。[37]

1944年11月，資源委員會岷江電廠正式成立，廠部辦公樓遷至梅子壩。電廠下設機構有發電課、供電課、業務課、會計課、總務課、犍為辦事處、材料庫、供應社、警衛隊、醫務室、電臺等部門，對電力用戶實行產供銷一條龍服務。首任廠長鮑國寶，工程協理蔡昌年。因鮑國寶兼任當時後方規模最大的火力發電廠宜賓電廠廠長，每年有一半時間在宜賓，凡鮑國寶離廠期間，均由蔡昌年代理廠長職務。鮑國寶之子、航天工程專家鮑百容回憶說：

> 時光倒流，五歲的我在逃難途中。我能看見母親、姐姐、哥哥和妙珍姨，唯獨看不見父親。
>
> 路途曲折，香港——海防——昆明——重慶，終於到達終點五通橋，這時，父親出現了。
>
> 後來聽母親說，日本進攻廣州前夕，父親將家眷安頓在香港，他自己與同事們堅持到炮聲迫近才含淚破壞發電設備告別廣州電廠，輾轉入川。
>
> 梅子壩——五通橋電廠的家屬區，在這裡我又看見了我的家人，其中多了初生的妹妹，也看見了我的玩伴。當然也能看見父親，但是，他的身影不太清晰，他不常在家。
>
> 提到父親的去向，從母親口中常可聽到一些地名：金粟橋、宜賓、自流井。其中最近的是金粟橋，那裡是五通橋電廠的工作區，妙珍姨一家就住在那裡，我還跟紀生叔（妙珍姨的丈夫）去過，一路步行，走累了有紀生叔背，大半天才到。
>
> 父親在家講故事，正式聽眾是姐姐和哥哥，我算是列席。故事是嶽傳，正講到嶽飛遇害風波亭，父親的嗓音梗塞了……[38]

[37] 易志隆：《岷江電廠》，政協樂山文史委員會編：《工業回眸》，天地出版社2013年版，第112頁。

[38] 鮑百容：《父親活在我心中》，何初文主編：《懷念鮑國寶——紀念鮑國寶同志誕辰一百周年》，1999年，第73-74頁。

作者的母親，即鮑國寶妻子陳斐君，在五通橋期間曾擔任民彝小學校長。那個「初生的妹妹」，也就是鮑國寶四女兒鮑蕙蕎，1940年7月於梅子壩出生。2008年11月，作為中外著名鋼琴家的鮑蕙蕎攜家人重回五通橋尋根；2010年5月，鮑蕙蕎在五通橋四望關碼頭舉辦「橋之戀・鮑蕙蕎家庭鋼琴音樂會」，開場表演她特意彈奏了請朋友將五通橋的《船工號子》改編而成的鋼琴曲。鏗鏘激越的琴聲，同樣演繹出抗戰內遷這部悲壯的民族史詩。

1945年2月17日，投資1,676,942元法幣的金粟橋2,000千瓦汽輪發電機成功發電。這台發電機是岷江電廠從廣西柳州運回來的；10噸／小時的鍋爐則是向美國訂購從緬甸仰光運回的，雖說當時在日機轟炸的情況下，運輸費用損失很大，但仍然方千百計地將設備運到了金粟橋。發電初具規模，但是當時供電設備簡陋。供電僅有老龍壩至五通橋一路線，全長8.5公里，電壓3,300伏，配電變壓器容量60千伏安。

此時，資源委員會令原來安裝在老龍壩的200千瓦蒸汽機和和柴油機，以及金粟橋500千瓦汽輪機停止發電，奉命拆遷他處。1945年春，國民政府成立了全國水利發電工程總處，岷江電廠所屬水力開發工程機構亦奉命歸併，專事火力發電。至此，岷江電廠僅有火電2,000千瓦汽輪發電機組一台，直至1949年後賣給宜賓電廠。其規模始終是一家中型發電廠，沒能按原擬計畫發展。

隨著樂山城區的用電負荷增大，岷江電廠在1945年完成金粟到樂山的35千伏的線路工程後，在樂山的釣魚臺建立了一個電壓等級為33千伏的變電站，主變容量500千伏安，1946年4月正式投運。這是岷江電廠在樂山地區建立的第一個變電站。變電站建成後，經與嘉裕公司協商決定，樂山城區和牛華溪的供電不再由嘉裕公司躉售轉供，而由岷江電廠直供。[39]1947年，岷江電廠又在牛華溪的雙石梯新建了一個33千伏、主變容量為500千伏安的變電站。1949年上半年，岷江電廠為了進一步改善五通橋、橋灘兩地的用電質量，在梅子壩廠部後山上新建了一個主變容量為2×250千伏安的變電站。

臨近抗戰勝利時，岷江電廠廠長鮑國寶奉命去美國考察，調來雲南開遠水

---

[39] 易志隆：《岷江電廠》，政協樂山文史委員會編：《工業回眸》，天地出版社2013年版，第113頁。另據胡同如：《樂山最早的發電廠》：「（變電站建成後）仍以6600伏供電給嘉裕公司，在樂山的電度錶改裝在徐家局。嘉裕電氣公司就只管售電。1950年，岷江電廠根據川南電業局的指示，正式接收了嘉裕公司的供電設備包括杆線、變壓器等，從此岷江電廠直接供電。」（載《樂山市志資料》1983年第一期）

電廠廠長葉家垣[40]代理廠長。1946年葉家垣擔任宜賓電廠廠長，取代他的是童舒培[41]。但因童舒培同時任都江、岷江兩廠廠長，實際上岷江電廠由工程協理吳增耆負責，直至1949年。

　　岷江電廠籌建時，只有蔡昌年等4人，後發展到11人。後根據籌建、安裝及發供電的需要，職工人數逐年增加，1949年底全廠職工424人。當時技工多從江蘇、浙江、武漢等地調來。職員中有人事關係的由上級委派。小職員就地招收或由廠職員推薦，並經考試合格方可錄取。招收工人，除本廠職員或工人介紹外，還需要有地方鋪保兩家擔保，並經現場考試，廠方同意方可入廠。

　　電業工人小工每月工資8元（法幣，下同），幫工12.54元，技工36元，課長廠長220元至600元。由於通貨膨脹，廠方補貼給員工的油、米、鹽、煤等物資的分配辦法是：職員以上按人頭供應；技工每戶，不論人口多少，供應兩份；幫工每戶一份；小工，無。廠長住甲級宿舍，有會客室、洗澡間、就餐室、臥室，共五間，家具齊全。其次是職員，最後一等是幫工和小工，住通鋪，上下床，人均1.8平方米。幫工需要一定年限經廠方同意，方可在廠房外自建草屋。[42]

　　1948年，由於物價飛漲，市場混亂，民不聊生。這時，五通橋地區幾個私營工廠（美亞綢廠、川康毛紡廠）的工人因生活所迫，要求廠方增加工資，舉行了罷工鬥爭。岷江電廠工人立即響應，全體工人聯名蓋章，並推派工人張香華、呂志陽、王昌發等人到五通橋梅子壩與廠方談判，要求增加工資，改變發薪時間，經過多次談判，廠方同意了工人要求。由於岷江電廠是國民政府資源委員會辦的，對私營工廠工人的罷工鬥爭起了促進作用。當時，各私營工廠都仿效岷江電廠辦法增加工人工資。1949年12月樂山易幟前夕，岷江電廠的工

40　葉家垣（1895-？），字少藩。廣東南海人。1918年畢業於上海工業專門學校電機科。後官費留學美國康乃爾大學，1921年獲電機工程碩士學位。歷任廣州市公用局、省建設廳技士，廣州電車公司總工程師，粵漢鐵路工務處處長，中山大學教授，任鐵道部、交通部科長等。抗戰時期，歷任雲南開遠水電廠、四川岷江電廠、宜賓電廠廠長。抗戰勝利後回粵，任廣州電廠廠長、廣州市政府公用局局長等職。
41　童舒培（1902-1985），四川南川（今屬重慶）人。1925年畢業於美國加州大學機械工程學院電機系。1927年在斯坦福大學研究生院水力發電系學習，獲碩士學位。1932年回國。曾任戚堰電廠工程師兼電務科長，萬縣電廠廠長兼總工程師，岷江電廠廠長，都江電廠總工程師兼廠長。1949年後，歷任川西水電公司經理、四川省工業廳綜合設計院、西昌建設委員會總工程師，四川省水利電力廳副總工程師等職。
42　胡同如：《樂山最早的發電廠》，樂山市編史修志委員會編：《樂山市志資料》1983年第一期。

人，為防止國軍散兵的搶劫、破壞，自發地組織了「護廠隊」，迎接新政權。

岷江電廠從1938年11月開始籌建到1949年12月，歷時11年，發電裝機容量由20千瓦增至2,000千瓦。在此期間，架設了8條高壓輸電線路，修建了釣魚臺、雙石梯、梅子壩三個變電站，初期主變總容量為2,000千伏安，形成了對樂山、犍為廣大地區的供電網絡，對上述地區的經濟發展和民眾生活用電作出了較大貢獻。

第四節　堪比景德鎮的清華瓷器廠

20世紀40年代，成都市場上出現一批龜邊滿花白玉細碗，不少顧客誤為江西景德鎮出產，紛紛上門選購，其中有一顧客把碗捧起，愛不釋手地連聲誇讚：「這是多年看不到的江西景德鎮瓷啊！」其實，這些細碗是樂山清華瓷廠出產的。

樂山的瓷器生產肇始於清朝末年。當時的四川境內，曾先後開辦有瀘州川瓷公司、威遠的新華瓷業公司，西昌的昌瓷公司。數年後，瀘州川瓷公司停辦，所有工人都自謀出路。其中遣散回樂山的瓷業技師張繼之，於1919年發現肖壩辜李壩一帶有石質酥鬆的土山，可做細瓷。當即由蘇稽鎮的陳樹齋、張國興等36人集資1,000多塊大洋，設廠於辜李壩靈台寺（現青衣小學內），並由陳樹齋任廠長，張國興任經理，僱工30餘人，取名雲華瓷廠。因製瓷技術太差，經數次試燒均未成功。次年，又聘請劉漢卿到廠指導，雖然成功，但土質過硬，不易燒透，造成廢品太多。1921年又由川瓷公司返鄉的鄧煥然，邀約同行中鍾光耀（簡陽人）到廠考查，發現附近有一種肉泥（粘土），其火度較低，可與瓷泥合拌拉坯。經過多次配方試燒，才真正試製成功了樂山普瓷。

這時，廠方為了賺取更多的利潤，並以重金聘請鍾光耀為技師，鍾只好辭去昌瓷公司職務，接手雲華業務。數年後，其弟鍾光明（製碗工）、鍾光華（模型工）亦從昌瓷公司遷來雲華。當時該廠設梯形柴窯二座，每月一窯生產碗類數千個，約值大洋350元，經營到抗戰爆發時，由於市場物價上漲，該廠的產品價格也隨著上升，因此購者甚少，造成了產品積壓，連工資都發不出，經理梁炳清只好將廠擱下不管。瓷廠群龍無首，大有散夥之勢。因鍾光耀已經

去世，在這關鍵時刻，技師鍾光華見狀深感痛心，就毅然挺身而出，以好言撫慰工友，鼓勵大家繼續安心辦廠，同時又將自己僅有的兩枚金戒指折賣現款，用來維持工友的暫時生活。數月後，正當瓷廠處於一籌莫展之際，恰逢暢銷樂山的湖南瓷因戰事受到阻滯，來樂的貨源十分短缺，鍾便乘機推銷本地產品，使搖搖欲墜的雲華廠轉危為安，獲得了生機。[43]

為了打開市場銷路，技師鍾光華苦心鑽研省外產品的種類，造型、美工和配料，並改單一產品（碗類）為多樣產品，增製酒杯、盤子、瓢羹等用品，銷路也很好。因此，該廠很快由年產幾萬件上升到二十萬件，利潤也很顯著。可是，該廠股東們眼見瓷廠逐漸興旺，大有油水可撈，就委派另一股東雷載恒為經理。雷載恒到廠後，用種種藉口把創業有功的鍾光華排擠下去，鍾鬱悶不已。

抗戰期間，由省外遷來樂山的機關、學校、銀行、商號較多。他們中很多都人手頭闊綽，生活奢華，尤其對家庭的擺設、餐具特別講究，因而樂山的外路細瓷便成了缺俏商品。當時，在城內東大街開設「元亨瓷莊」的老闆方大來（安徽人），也因瓷貨脫銷而發愁。於是，他便想到在樂山開辦瓷廠，但苦於沒有技術人才，願望很難實現。不久，雲華廠技師鍾光華來店閒談，無意間流露出了對雲華廠主不滿之意，方大來就乘機勸鍾甩開雲華，由他出資另辦瓷廠，而且待遇從優。鍾決心難下，請方容緩再議。由於辦廠心切，方又請在玉堂街開設均記瓷號的老闆陳子均（通江人）從中勸說，鍾才欣然同意。經過協商，選點樂山縣虎頭山，並由鍾光華負責現場施工，草建房舍、柴窯，於1938年冬正式投產，取名樂華瓷廠。

為了使瓷廠站穩腳跟，不受雲華的排擠和影響，方大來又聘請蘇稽頭面人物周汝清擔任該廠的名譽董事長（乾股），曾壽康（大亨學徒出身）任經理，鍾光華任工務主任。辦廠初期，僅有工人10人和梯形柴窯二座，年產瓷器不過十萬件。為了開闢樂華銷路，鍾又精心研製了一套「六件頭」產品，即小碗、大碗、酒杯、盤子、碟子、瓢羹六個品種，而且每樣都是由10個組成一件，故名「六件頭」。它的特點是以釉下青花為裝飾，同時還用草、行、隸書各體，

---

[43] 田英、王瑞清：《樂山清華瓷廠創辦簡史》，樂山市編史修志委員會編：《樂山市志資料》，1982年第1-2期。

以瀟灑秀麗的筆法，書寫「月落烏啼霜滿天，江楓漁火對愁眠。姑蘇城外寒山寺，夜半鐘聲到客船」等唐人詩句，並按不同詩意配以漁、樵、耕、讀的人物小畫，把產品點綴得詩畫並茂，十分得體，使人看了大有古色古香之感。為了迎合人們的心理，還把「福星高照」、「延年益壽」、「金玉滿堂」、「吉祥如意」等喜慶的語言，寫繪在各類產品上，深受娶媳嫁女、拜壽送禮者所喜愛。因此，首批產品上市，每套大洋6元，也被一購而空。從此，樂華廠的生產日盛一日，銷路極好。而雲華產品則處於相形見絀，難於推銷的局面，因此該廠一些技術工人紛紛離去，轉到福利條件較好的樂華工作。這樣樂華廠的工人就由10餘人猛增到40餘人，同時還僱用臨工近200人；年產量已提高到3、40萬件，而且銷路由樂山擴銷到雅安、成都一帶，名氣亦越來越大。[44]

　　1943年，雲華廠因產品滯銷而深感前途渺茫，如再繼續維持，又怕老本蝕光，股東們都有賣廠之意。這時，雲南省規模最大、資金最為雄厚的商號——茂恒商號駐川經理趙子藩聞訊後，認為樂山的瓷器發展潛力很大，如能獨家經營則前景可觀，便以百擔之米價買下了雲華瓷廠。

　　趙子藩（1899-1999），原名趙敬業，乳名潤芳。出生於雲南省騰沖縣洞山鄉吳邑村一個舊文人家庭。幼年時，由祖父和父親講授古詩文、歷史故事，半樵半讀，14歲進縣立高等小學校。後因家境所逼，被迫輟學從商。18歲進騰沖綢布業「永泰和」號為店員，後來又在當地兩個知名商號「春延記」、「茂延記」任職。

　　春延記是騰沖小西鄉董官村人董愛廷、董元廷弟兄開設的，人稱「西董」，經商歷史悠久，清末即經營滇緬進出口貿易。茂延記是在騰沖城關四街人金紹和、王慕岩兩家在原「順昌茂」商號的基礎上，於民國初年，春延記也投入一部分資本組織成立的。其業務主要從昆明、四川採購生絲，運來騰衝，交春延記再運往緬甸銷售。茂延記在因川采購生絲，先是托寶源號（昆明人施正倫在成都設立的商號）在成都的簸橋絲市，照緬甸市場需要的規格做成仿絲，進行收購。之後，在四川宜賓自行設絲廠生產。茂延記具有熟悉川、滇市場的特點，春延記具有熟悉緬甸市場的特點，加上兩家商號在經濟上又有密切

---

[44] 田英、王瑞清：《樂山清華瓷廠創辦簡史》，樂山市編史修志委員會編：《樂山市志資料》，1982年第1-2期。

的聯繫，為求進一步擴張業務，聚集資金、人力，從而於1928年聯合組成了茂恒商號。[45]總號最初設在騰沖，1938年初因業務需要遷設昆明。

茂恒建號初期，其業務悉沿春延記、茂延記老路全力開展川、滇、緬進出口貿易，即從緬甸購進棉花、棉紗運騰沖、保山、下關、昆明銷售。趙子藩任茂恒四川分號經理時，長期返於昆明、成都、重慶等地，出入於緬甸、騰沖之間。為出入之便，他於1940年在緬甸仰光，向中國領事館辦就「華僑居住證」和「出國護照」，取得了華僑的身份。

茂恒在四川全力興辦絲廠，除在宜賓、筠連、樂山三地自行設廠繅絲外，還在重慶、成都、綿陽、三台、閬中、射洪、南充等11個產絲地區設點收購。在四川省採購出口黃絲，除茂恒商號外，較大的還有永昌祥、複協和、永茂和、天增公、協豐五家商號。為了協調在採購中的產品規格質量，價格數量，從1939年起，茂恒聯合了以上五家組成了「滇緬生絲公司」。六家訂立合約，按照一年的出口數量，統一收購，按股撥貨。1940年繼續訂約，但只有茂恒、複協和、永昌祥三家，改組更名為「南洋生絲公司」。[46]趙子藩在這兩家生絲公司合組過程中，起到了相當大的作用。他自1925年作為春延記的店員奉派入川來樂山之後，1930年、1938年、1941年、1942年多次來樂山，為茂恒採購生絲，籌建「茂恒絲廠」（位於牟子場毛祠堂）。[47]後因生絲無銷路，改為織綢、織布的「川嘉織布廠」。[48]1942年，緬甸、騰沖淪陷時，茂恒商號的物資損失較大，其輸緬的進出口業務亦告停止。商業的投資範圍更加縮小。為此，經總號研究決定：將四川存絲就絲廠地址加工成絲綢銷售；並在樂山購置鹽灶及瓷廠各一個；等等。

隨著企業的發展，茂恒股東從原來的4人增加到40人。其來源是從在企業工作幾年後的職工中，有一定工作能力，則擇優選拔為高級職員，令其擔負一個分支機構的業務，高級職員享有人力股的分配，在年終結帳時，人力股不提現，即可轉化為資本，並成為股東。股東參加經營的管理的，按其所擔

---

[45] 黃槐榮：《茂恒商號簡介》，騰沖縣政協文史委編：《騰沖文史資料選輯》第3輯，1991年。

[46] 黃槐榮：《茂恒商號簡介》，騰沖縣政協文史委編：《騰沖文史資料選輯》第3輯，1991年。

[47] 趙子藩：《清華瓷廠的創辦與發展》，政協樂山市市中區文史委編：《樂山市市中區文史資料選輯》第三輯，1990年。

[48] 溫吉言：《趙子藩先生經營之道與貢獻》，政協樂山市文史委員會編：《樂山文史資料》第14輯。

任職務，每月發給工資和享有人力股；職工在職期間，遵守號規，勤奮上進者，除領取月工資外，每年年終還可分得一定數量的獎金，獎金如不提現，可轉化為資本。茂恒商號的利潤分配，從建立至1940年時，資本股占60%，人力股占40%；1942年後，作了重大調整，將資本股調整為40%，人力股調升為60%。[49]所以，每一人力股的金額是很可觀的。以後隨著營業的發展，逐年的人力股轉為股本股東增多了，資本股加大了，而分配人力股的人數只是少部分有突出貢獻的職工，主要是經理一級的人員為數有限，這樣就使得每一人力股的金額，超過了每一資本股的數字，加上每屆結帳的利潤都是大筆數字，人力股的金額更為可觀，因而成為吸引員工為企業拼搏的強大動力。發放獎金，採取「論功行賞」的辦法，凡有特殊重大貢獻的職工，必然得到特殊重大的獎勵，甚至可以得到超過總經理所得一年獎金的重獎。[50]

1943年，茂恒在資金投放問題上發生內部分歧，決定結束在樂山的業務。商號念趙子藩在川辦事有功，因而把在川經營的筠靈絲廠（宜賓境內）、聚源絲廠（牟子）、川嘉織布廠（護國寺）、川嘉制襪廠（聖水街）、恒裕鹽灶（牛華）、溝兒口鹼廠、清華瓷廠「作為賞賜，全部歸趙所有」。[51]趙子藩也就從茂恒退股，在樂山「自立門戶，棄商務工，獨資經營」[52]。

1944年3月，樂華瓷廠也因經營艱難而轉讓給趙子藩。趙子藩接手後，立即將雲華廠人員、設備遷到虎頭山與樂華合併。合併後究竟取何廠名？趙也頗費了一番腦筋。經他仔細琢磨，認為「清華」二字最為妥貼。據其《業餘瑣記》中寫道：「清華因建於青衣江之岸（距城區12里），取名曰『清華』，是標誌著瓷品的本質（釉下青花瓷是該廠的主要產品——引者注），亦標誌著產區的別致。樂山為三江（岷江、青衣江、大渡河——引者注）匯合處，廠設在青衣江岸，宛然『清』字。『華』與『花』同音又含中華民族之意。」[53]

---

[49] 黃槐榮：《茂恒商號簡介》，騰沖縣政協文史委編：《騰沖文史資料選輯》第3輯，1991年。

[50] 古高榮、楊潤蒼：《茂恒商號及其雲茂紡織廠始末》，政協雲南省文史委編：《雲南文史資料選輯》第四十二輯，1993年。

[51] 田英、王瑞清：《樂山清華瓷廠創辦簡史》，樂山市編史修志委員會編：《樂山市志資料》，1982年第1-2期。

[52] 趙子藩：《清華瓷廠的創辦與發展》，政協樂山市市中區文史委編：《樂山市市中區文史資料選輯》第三輯，1990年。

[53] 溫吉言：《清華——四川樂山瓷廠》，孔令仁、李德征主編：《中國老字號》肆·工業卷（下冊），高等教育出版社1998年版，第135頁。

　　趙子藩收購瓷廠正值抗戰最艱難的時期，有人勸他把資金轉向進出口貿易，他沒為之所動，堅持「實業救國」的思想，採取「工商並進，以商養工」的經營策略，大力興辦民族工業。兩廠合併後，尤其女婿錢遠容擔任經理，鍾光華主持生產。趙子藩說：「樂山瓷泥粘性強，色澤好，不僅可用於生產生活用品，而且可用於生產工業用品，如高壓、低壓瓷件等。按當時設計的生產能力計，至少可開採100多年。其他主要原料，如：松紫、鉛岩石、矽石、長石、方解石，以及燃料用煤炭等均產在附近，經大渡河、青衣江可運抵廠區。威遠滑石、彭山石膏，可沿成樂公路運到樂山。這在抗戰期間，頻遭日機襲擊的動盪歲月，能有此得天獨厚條件，確是難能可貴的。」[54]

　　瓷器生產全過程都是手工操作，勞動強度較大，職工頗為艱苦。試舉製胚為例，由此可以窺見一斑：

　　　　先將泥放入泥池，用清水浸泡一二天後，用人工腳踩數十次（酷暑嚴寒均如此），直到泥質緊密，無眼孔時，才送到製胚車間分割成小塊，再用人工搓揉百餘次，以泥質細軟為止，方能用於製胚。

　　　　製胚有三道工序：水胚、印胚、利胚。

　　　　水胚。將搓揉好的瓷泥放在車盤上，試好中心，用木棍轉動車盤。車盤轉動後，用手將瓷泥提按數次，使瓷泥結實，再用大拇指頭做窩形（窩形的大小以品種的規格為准）。然後，用木刮子試好中心線刮內圓，成型各類、各規格品種；

　　　　印胚。待水胚的水份稍乾後，先在胚子內邊撒上少許釉砂或豆粉之類的粉末（便於脫模），再把胚子放在模子上，用手拍擊，把胚子箍圓。然後，用一塊木板將碗底（或杯底、盤底、盅底……）拍平，用嘴沿碗口（或杯口、盤口、盅口……）吹一口氣，便於脫模；

　　　　利胚。將印好的胚子放在車盤校正後，轉動車盤，用車刀先從底子的外圍開始車至碗口（或杯口、盤口、盅口……），然後，再車底子內圓。碗（或杯、或盤、或盅……）內圓如模，毋須再車。

---

[54] 趙子藩：《清華瓷廠的創辦與發展》，政協樂山市市中區文史委編：《樂山市市中區文史資料選輯》第三輯，1990年。

　　　　製胚車間由軚轆、圓器、模型三個組組成。上述水胚、印胚、利胚，
　　　即由軚轆、圓器二組完成。軚轆是日本及湖南技術，圓器是江西技術，
　　　兩者的操作大同小異。惟軚轆印胚，工序一道；圓器印胚，工序二道。[55]

　　為了振興企業，趙子藩又抽出部分資金充實清華廠，建梯形柴窯二座，擴
大了生產規模，年產量高達40餘萬件。產品種類也有了增加，除生產普瓷（假
細瓷）釉下青花小三、大三、頂二及釉上貼花碗外，還增添了細瓷小三、大
三、金邊、白玉、宮碗和盤、瓶、壺等長條雜件。同時，又在樂山城區玉堂
街、雅安、成都等地開設了瓷器門市部，很受顧客歡迎。趙子藩回憶說：「清
華瓷廠建廠初期（1944-1945）只生產普通陶瓷，月產量5-6窯。產品主要銷往
樂山城鄉和洪雅、峨嵋、夾江、犍為等地。自1946年起增產美術陶瓷，月產量
8-10窯，產品遠銷成都、雅安、宜賓，部分產品出口緬甸。」[56]1946年，又收
購了「雅華瓷廠」。

　　清華產品質量的逐步提高，可以說與該廠技師鍾光華的刻苦鑽研有著密切
的關係。1945年他因事外出，路經徐浩河邊時，偶然發現從竹簍內漏出的小石
頭，他判斷可能是做細瓷的長石。當時，他就找人詢問，才知此石產於峨嵋
黃貓埂。鍾把小石頭帶回廠後，立即配方試燒，經過反覆試驗才提高了細瓷質
量，故有「假江西」之稱。1947年間，成都城守東大街門市新到一批清華出產
的龜邊滿花白玉細碗，不少顧客誤為江西細碗，紛紛上門選購，其中有一顧客
把碗捧起，愛不釋手地連聲誇讚：「這是多年看不到的江西瓷啊！」[57]鍾光華
根據雲南市場瓷器脫銷的情況，仿製了一套為少數民族所喜聞樂見的「內方外
圓」和「外圓內方」的豔麗、別致的大、小碗及細瓷雜件，並以木箱（每箱8
件）包裝打捆，用馬馱到雲南、緬甸一帶出售，其價格雖高達數倍，但銷路頗
好。為此，趙子藩把內銷（省內）產品壓縮到20萬件，卻集中力量生產雲、緬
產品（工藝難度大），因而獲利甚豐。到了1948年，因受國內整體政治經濟環
境的影響，該廠已經到了時產時停，舉步為艱。

---

[55] 趙子藩：《清華瓷廠的創辦與發展》，政協樂山市市中區文史委編：《樂山市市中區文史資料
　　選輯》第三輯，1990年。
[56] 趙子藩：《清華瓷廠的創辦與發展》，《樂山市市中區文史資料選輯》第三輯，1990年。
[57] 田英、王瑞清：《樂山清華瓷廠創辦簡史》，樂山市編史修志委員會編：《樂山市志資料》，
　　1982年第1-2期。

　　1955年4、5月，趙子藩順應時勢，兩次向地方政府遞交《申請公私合營》的報告，主動接受對私營企業的社會主義改造。當年6月1日，清華瓷廠職工敲鑼打鼓歡慶公私合營，趙子藩被任命為廠長，直到1964年。

　　據清華瓷廠老員工溫吉言先生所言，趙子藩先生性格內向，不善言辭，也不嗜煙酒，生活節儉，為發展樂山的工商業，也為支持樂山的慈善事業、教育事業，可謂竭盡全力。早在1943年12月，馮玉祥將軍在樂山宣傳抗日和募集經費時，作為工商界知名人士的趙先生，有幸在樂山中央銀行（樂山城區土橋街）受到接見，並當場認捐了10萬元。1944年，時任樂山仁濟醫院院長的楊枝高，因趙先生捐助無錢求醫者，特書贈趙先生，以資褒揚：「念抗戰艱辛中，貧苦疾痛而不得救治者，為數甚眾。乃為認住院費一年，計法幣十二萬餘。亦仁者之用心也。謹書此語，以志其義舉云。」[58]

第五節　中國第一家天然金剛砂廠

　　出樂山城沿大渡河西行約里許，有個依山傍水的地方名叫斑竹灣。它西接峨嵋仙山，隔江與樂山大佛相望。在這水碧山青所在處，曾經有過一家中國規模最大的天然石榴石磨料生產企業——樂山金剛砂廠，也是中國第一家天然金剛砂廠。

　　金剛砂（diamantine），《珠寶玉石識別辭典》解釋為：「原指用剛玉製成的研磨砂。後此詞的含義擴大（尤其在中國），把凡是用於研磨的高硬度粉砂統稱為金剛砂。其中包括碳化矽粉砂、剛玉粉砂、鑽石粉，甚至石榴砂等。」[59]通俗地說，它是廣泛應用於光學鏡片、棱鏡、集成電路半導體晶片、精密機械、儀器儀錶零件、地質、礦冶等部門的生產與科研中，起研磨作用的顆粒狀材料。它是一種對粗、精磨加工均適用的研磨材料。研磨材料工業的發展水準，從一個側面反映著國家工業現代化的程度和輕、重工業的發展狀況。

　　20世紀30年代，中國軍隊雖然開始把光學儀器運用於戰爭，但是光學儀器工業在中國還沒有。1936年才開始籌設軍事光學器材工廠，1939年正式生產。

---

[58] 溫吉言：《趙子藩與清華瓷廠》，政協樂山文史委員會編：《工業回眸》，天地出版社2013年版，第123頁。

[59] 張慶麟編：《珠寶玉石識別辭典》，上海科學技術出版社2013版，第555頁。

但是生產需要的研磨材料國際上只有美國、德國、日本等國能夠生產，中國在
研磨材料方面是一片空白，工業所需金剛砂，完全依賴於國外進口。

抗日戰爭時期，由於日本帝國主義的封鎖，大後方一些軍工企業所需金剛
砂，要從美國經印度空運來華，不僅價格昂貴，且供應經常脫節。1943年的一
天，在成都堅信工業器材廠工作的樂山籍青年楊成垣，在灌縣（今都江堰市）
街頭偶然發現有手工業者，用一種俗稱「玉砂」（學名石榴子石）的礦石砂琢
磨玉石。不僅磨出的玉器既光潔可愛，礦砂的硬度也極佳。這個從事過光學技
術工作的年輕人不禁驚喜交加，一個「要製造國產金剛砂來取代進口砂，為抗
日救國貢獻力量」的念頭迅速在心中升起。

楊成垣（1908-1989），又名楊懷鈞，樂山縣冠英場（今屬五通橋區）
人。幼年在家鄉上初小。1919年夏，原成都高等師範幾位學生，於暑假期中經
樂山乘船返家，船過冠英場時遇難落水，被楊父救起。這些學生甚為感激，在
楊家小住時，力勸主人將其子弟送成都求學，並表示盡力代為照管。於是，少
年楊成垣便於當年8月離開家鄉，先後在成都高師附小、聯合縣中（今石室中
學）就讀。[60]時值「五四」運動影響傳到四川，不久又相繼發生「五卅慘案」
和「萬縣慘案」，舉國上下掀起反帝怒潮。這在楊成垣內心深處，逐漸萌發
「學好科技，振興實業，強國禦侮」的思想，決心努力學習，報考大學工科。
1928年春赴上海入浦東中學，次年考入上海勞動大學工學院。1932年「一·二
八」事變，該校毀於戰火，旋轉入北平大學電機系，於1933年畢業。這時，日
本侵略軍在華北正加緊進攻長城各重要據點，如火如荼的抗日救亡運動，更加
堅定了他「實業救國」的信念。踏入社會後，先後在上海浦東中學和江蘇等地
任教和從事技術、會計等工作。沿海地區淪陷後，於1937年11月回家待業。

1939年初，經同學介紹，楊成垣在內遷昆明的當時國內唯一的軍用光學儀
器廠——第二十二兵工廠（後與五十一廠合併改稱第五十三廠，1949年後改為
雲南光學儀器廠）從事技術兼教學工作，開始接觸光學元件研磨工藝。

第二十二兵工廠是國民政府軍政部兵工署所屬的一個製造和修理軍事光學
器材的工廠。1933年，軍政部兵工署長俞大維博士委託在德國蔡司廠實習的留

---

[60] 盧德操：《國產天然金剛砂的創制人——楊成垣》，政協樂山市市中區文史委編：《樂山市中
區文史資料選輯》第十八輯，2004年。

學生周自新就近考察，為中國修理光學儀器和籌建光學儀器製造廠作準備。
1934年12月，從德國柏林工業大學精密測量儀器專業學成歸來，任職於兵工署
技術司的周自新上書兵工署：「若不設廠集中整理，使光學軍器能保持戰時應
有狀態，恐數年之後將成廢物。」[61]1936年7月15日，經兵工署呈報軍政部批
准，成立軍用光學器材廠籌備處，周自新任籌備處處長。1937年2月，工廠籌
備處派出技術員金廣路赴德國、瑞士等國進行考察，先後與奧地利美特克廠及
瑞士威特廠洽談成功，訂購了機器設備和光學材料。1937年8月13日，鑒於局
勢緊張，籌備處有關人員及設備材料全部遷往重慶，在張家溪建廠。由於重
慶氣候濕熱，不適宜光學器材的生產和保存，加之為縮短運輸路程，籌備處又
於1938年4月遷到昆明。當年底，位於昆明市南門外柳壩村的光學器材工廠竣
工。1939年1月1日，中國第一個軍用光學儀器廠在昆明正式建成投產。軍政部
兵工署將其命名為第二十二兵工廠，周自新被任命為廠長。光學方面由在柏林
工業大學畢業的龔祖同負責，金工方面由工程師金廣路負責，裝配專家許慈先
生擔任全面指導，並從瑞士聘請了光學專家哈爾特。

　　1939年4月22日，第一架中國自製零件生產的6×30望遠鏡在昆明誕生，性
能達到設計要求，5-6月進行了小批量生產，7月以後開始大批量生產。這架望
遠鏡的成功試製，標誌著中國第一代軍用光學儀器在昆明問世，從而結束了歐
美壟斷光學儀器製造的歷史，開創了中國軍用光學工業的新紀元。1940年，
周自新等人又設計試造出法國勃朗特式迫擊炮瞄準鏡，奧地利美特克式迫擊炮
瞄準鏡。出品望遠鏡600餘架，試造成奧式樣迫擊炮瞄準鏡25架，五角測遠鏡
100具，修理光學器材630餘件。1941年元旦，又成功自製了第一架80釐米測遠
鏡，並在當年生產出70架，極大地支援了中國的抗戰。[62]

　　遺憾的是，工廠全部機器設備、工具、原材料都是從外國進口的，就連研
磨光學玻璃的磨料——金剛砂也是舶來品。從美國進口，經印度空運而來，不
僅價格昂貴，而且由於日軍封鎖，供應不時脫節。這促使技術員楊成垣產生了
試製金剛砂的設想。

　　1942年初，楊成垣為照顧家庭，請假返川。不久，進入由幾個原在光學廠

[61] 和麗琨：《雲南產出中國首架望遠鏡》，《金色時光》2017年第9期。
[62] 和麗琨：《雲南產出中國首架望遠鏡》，《金色時光》2017年第9期。

工作過的同事所辦的成都堅信器材廠任工程師。一個偶然的機會,他和同事發現了金剛砂原料:

> 1943年我和原昆明光學廠的兩個同事在成都工作,偶然發現有一種礦石砂叫做「玉砂」,手工業者作粗磨玉料之用,硬度相當好。由於我們原來在昆明光學廠工作過,對金剛砂的性能要求、用途型號有一些實際知識,認為可能適合做光學金剛砂的原料,很感興趣也很興奮。聯想到中國沿海地區被日本帝國主義侵佔封鎖,到滇越鐵路切斷後,昆明光學廠所用的金剛砂竟付出很高代價從印度航空轉運來昆明。而我們國家有豐富的資源,不會利用反而要依賴外援,深為憤慨。我們認為把現成資源經過技術加工是可以造出代替外國進口金剛砂的,對抗日救國也可盡到一點力量。因此我們就加以研究、進行實驗,作出相當於100號的中號金剛砂。從樣品的外表觀察其形狀、色澤、棱角狀都比較好,試驗其物理性能,有關強度、硬度、磨削力均不差。為了得到生產上的實際使用效果,將初試金剛砂樣品郵寄昆明光學廠作鑒定。該廠檢驗結果認為與外國進口的同號砂比較磨效相近。這一鑒定使我們很高興,增強了我們用本國資源製造國貨金剛砂的信心。中國正處在被日本帝國主義侵略壓迫、欺侮的困難時期,就更加激發了我們的民族自尊心,因此對金剛砂的前途抱有很大希望。
>
> 我們一方面熱情地調查原料來源情況,研究各種簡單易行的分選砂號方法,同時在產品出路與經濟上的困難方面同昆明光學廠接洽,希望該廠預購部分金剛砂來支援,使我們能從事試造研究工作,逐步達到滿足該廠對金剛砂的全部需要。我們原以為我們的設想和要求是近情合理的,會得到昆明光學廠的同意和支持,不料聯繫結果,該廠以尚有足夠的金剛砂使用暫不需要為理由,給我們大潑其冷水,使我們大失所望。[63]

---

63 楊成垣:《回憶樂山金剛砂的誕生成長》,政協樂山文史委員會編:《樂山文史資料》第十一輯,1991年。

進口砂庫存趨於飽和，讓楊成垣準備進行批量生產的設想只好暫時「擱淺」。國產金剛砂這個本可以出世的嬰兒，也就無法獲得生命了！

時間進入到1945年，抗日戰爭勝利了，堅信工業器材廠卻因經營困難而關閉。楊成垣又於1946年初回到昆明原來的第53廠任工程師。不久，由該廠派往天津出差時，廠方「來信談到廠裡缺少幾種細金剛砂，一時進口困難，現在生產上急需」。由於楊成垣過去在成都有過一段研究試驗金剛砂的關係，該廠於6月通知，調他到四川解決細金剛砂的補充問題。據他後來回憶說：

　　　　當時自己在接受這項工作時，存在著既樂意又擔心的矛盾心情，認為對研究試驗金剛砂有些基礎，如能在質量上改進使產品能站得住腳，金剛砂是有前途的，這次是個創造條件的好機會；另一方面考慮到細金剛砂是光學工廠細磨鏡頭之用，細微性很細，質量要求高，此類金剛砂無法篩分，只能用沉澱分級分選。但如何分選，自己既沒有見到過，也沒有實驗過，又沒有相關書籍雜誌可供參考，因此產生不少顧慮。怕花掉費用試造不出無法交代，有失自己的面子；又怕試造出的金剛砂質量不好，造成質量事故，要負一定的責任。在這種矛盾複雜心情下，作為光學廠的工程技術人員，又不得不接受這項試製金剛砂的工作任務。

1. 昆明光學廠此次要補充的幾種細金剛砂的數量是2,000斤，時間上要求半年之內分期供應，細微性和顆粒均勻度照寄來的美國光學公司樣品試造，試造費用全部由光學廠負擔。從整個性質來講是一種臨時訂貨方式，從實際出發研究，只能以最簡單的設備，最簡便的形式進行試造。在房屋、工具、用具等方面力求租用或借用，考慮後就選在樂山冠英鄉本人老家作為臨時試造地點，開始進行工作。

2. 首先將原在成都試造粗金剛砂剩餘的細微粉末腳砂運來，用瓦缸、皮管、時鐘作主要生產試驗工具，按沉澱分級原理，用水試選各號細金剛砂，用100倍顯微鏡與昆明光學廠寄來的美國金剛砂樣品對比檢查，多次試驗，調整時間，初步作出各號金剛砂沉澱記錄，開始掌握細金剛砂的分級規律。隨即購進「玉砂」原料，添置必要用具，正式進行試造工作。

3. 試造人員連同家屬共有7-8人，大家對試造金剛砂都很陌生，由於分

工明確，操作技術簡單，在理解工作目的要求後，相互研究，一面摸索，一面改進，就比較順利地進行試造細金剛砂工作。

4. 試造程式：先將原料淘洗，用鐵器搗碎，搗碎後的粗細混合原料裝在大水缸內，滲水攪拌，按不同沉澱時間進行多次分選，細微性、均勻度不斷檢驗，合乎要求的各號細砂分別取出加以乾燥，再用細篩提雜質，就成各號細金剛砂。分選細砂後的腳子砂，烤乾後篩，分出各號粗、中砂。[64]

　　楊成垣把初次試造出的各號細金剛砂贗即郵寄昆明第五十三廠鑒定，廠方認為質量接近美國產品，符合生產需要。這個結果讓大家十分振奮，既解除了楊成垣個人思想上的顧慮和精神上的負擔，對所有參加試造的人員也是個很大的激勵。簡單方式、簡陋設備，用土產資源，造出相當於美國的所謂「名牌產品」、「現代工業材料」的各號細金剛砂，大大提高了大家的民族自豪感，鼓舞了大家的試造熱情。於是進一步加快了試製進程，每產出一批金剛砂即運去昆明，到1947年初基本上完成廠方需要補充的數量。

　　試造工作結束後，楊成垣於1947年3月回到第五十三廠工作。同年11月兩次請假返川探親，回家不久該廠通知就近在四川辦理廠中需要的各號金剛砂。因上次試造的金剛砂陸續投產後效果較好，第五十三廠對用國產金剛砂的觀感略有改變，因此這批要砂數量較多，約計4000斤。從這個情況設想，今後長期採用國產金剛砂的可能性增大。為了適應新的情況，考慮生產、運輸的有利條件，楊成垣決定生產地點就在樂山城內白塔街自家私宅內，以堅信工業材料所的名稱正式經營金剛砂。[65]仍以簡單方式進行，在1948年4月份開始小量生產。參加人員包括他自己家屬在內，共有4-5人。

　　由於國共內戰，法幣貶值，物價暴漲，百業凋敝，從事金剛砂小量生產也不能倖免。在極短時期實際製造費用大大超過原報的預計數，以致購買原料發生問題，金剛砂無法進行生產。第五十三廠後來雖增加了費用，仍遇到不少困

[64] 楊成垣：《回憶樂山金剛砂的誕生成長》，政協樂山市文史委員會編：《樂山文史資料》第十一輯，1991年。

[65] 盧德操：《國產天然金剛砂的創制人──楊成垣》，政協樂山市市中區文史委編：《市中區文史資料選輯》第十八輯，2004年。

難，以致交貨時間不得不拖延到1949年，才勉強地完成。前後兩批產量總計僅約6,000公斤[66]。

在1948年初，估計到第五十三廠有長期採用國產金剛砂的可能，產品已具備生存的條件，而楊成垣以薪水生活受物價影響，極不安定，且遠離家鄉，因此急想擺脫昆明廠的職務，專業來搞金剛砂生產，便向廠裡提出辭職，到1948年第三季度才批准辦了離職手續。個人的願望是實現了，但是昆明光學廠長期採用金剛砂的設想還是落空了。國民政府正面臨總崩潰，百業均陷於癱瘓狀態，從此第五十三廠也就未繼續要貨，金剛砂的生產在完成這批之後就完全停頓。

1950年9月，西南軍政委員會工業部，即批復楊親自撰寫的有關金剛砂生產問題的報告，勉勵他「儘快恢復生產，注意提高質量，逐步取代外砂」，並批示雲南省機械工業管理局收購樂山部分庫存產品，使他的經營資金問題很快得到解決。各級政府又在產品、銷售、稅收等方面予以扶持，堅信工業材料所的金剛砂生產得以迅速恢復、發展。1956年企業公私合營後，楊成垣擔任樂山金剛砂廠主管生產技術的副廠長，直至1972年底榮休。

---

[66] 代德普、盧德操：《樂山金剛砂廠簡史》，政協樂山市市中區文史委編：《市中區文史資料選輯》第十八輯，2004年。

第五章
功侔魯壁：故宮國寶在安谷

　　2010年6月15日，北京故宮博物院、臺北故宮「溫故知新——兩岸故宮重
走文物南遷路」考察團來到四川樂山市安谷鎮存放點遺址，尋訪當年故宮文物
南遷樂山的遺存物和當事人，再現樂山民眾守護故宮國寶近八年的珍貴歷史。

　　「建立史料館來陳列故宮文物南遷的相關史料，這個想法很好，作為普通
農民的想法，這就更了不起了。」二十餘位專家及護寶人後代組成的考察團一
到安谷鎮，就被青山綠水中的一座仿古建築所吸引，聽聞此建築是專為陳列紀
念故宮文物南遷在樂山的歷史時，考察團人員豎起了大拇指，對農民企業家王
聯春的做法讚賞不已。

　　走進故宮國寶南遷史料陳列館，兩岸故宮人共同為珍貴的「功侔魯壁[1]」
牌匾殘片揭開了神祕的面紗。「這是三塊共同構成的？」看著殘片，考察團有
人好奇地發問，隨行的講解人員立即將有關此牌匾的由來以及殘片的收集作了
介紹，聽聞當地人王德才花了二十多年時間來搜集牌匾的殘片，考察團一行高
度稱讚這一舉動。

　　史料館內，當年守寶人所用的實物、文物南遷過程中的資料圖片、運送文
物的工具仿造模型以及當年的撥款票據等等，一一向前來考察的人員訴說著故
宮文物南遷樂山的那段往事……

第一節　「九一八」改變故宮命運

　　1931年「九一八」事變爆發後，故宮博物院的專家們認為這是一件大事，
日本人的野心，絕不會以得到中國東北為滿足，平津難免有戰事發生，文物的
安全，是大可顧慮的事。大家一致的意見是，早做準備，必要時搬離這危險之
區，找個安全地帶保存。馬衡[2]在抗戰勝利後的一篇廣播演講中說：「日本人

---

[1]　魯壁：特指漢代初年山東曲阜孔子故宅的牆壁。史載，西漢景帝三年（前154年），皇帝劉啟
　　將其子劉餘從淮南遷到曲阜，封為魯王，史稱恭王。魯恭王好治宮室，在擴建王宮拆除孔子故
　　宅時，從牆壁中發現了《尚書》、《禮》、《論語》、《孝經》等重要文獻。據說這是秦始皇
　　焚書坑儒的時候，孔子第九代孫孔鮒私藏的。這正是「魯壁」的功績所在，也是肯定了樂山安
　　谷人為保護故宮國寶做出了與「魯壁」相同的貢獻。
[2]　馬衡（1881-1955），字叔平，別署無咎、凡將齋。浙江鄞縣人。早年在南洋公學讀書，曾學
　　習經史、金石諸學。1922年被聘為北京大學研究所國學門考古研究室主任兼導師。1925年10月
　　故宮博物院成立後，曾兼任臨時理事會理事、古物館副館長。1929年後，任故宮博物院理事會
　　理事，1934年任故宮博物院院長。抗戰期間，他主持故宮博物院西遷與復員工作。1949年後繼

佔領我東北以後，北平的屏障完全失掉，中央對於華北的防務，積極準備，同時令故宮博物院，選擇文物精品，裝箱準備南遷。經過一年多的籌備，挑選了一萬九千箱。」[3]

其實，文物南遷並非萬眾一心。北平各階層及普通市民大多反對南遷，他們怕失去政府，從而失去家園，於是這幫人召集大家上街遊行。遊行隊伍打出橫幅「堅決反對政府放棄北平古都」「文物南遷就是逃跑」。北京大學文學院院長胡適也不贊成南遷，理由有三：「第一，因在國際人士監視之下，未必有人敢於破壞文化古物；第二，因故宮古物數量極巨，遷移並非易事，萬一發生意外則責任誰負；第三，因余深知，在南京上海均無適當地方存儲，非萬不得已時，絕不應輕易遷移……」[4]

時任故宮博物院理事會理事兼古物館副館長馬衡，是極力主張南遷的骨幹之一，但是其子馬彥祥和乃父的觀點截然不同，他在天津《益事報》自己主編的「語林」副刊上，載文《舊事重提說古物》這樣說：「因古物之值錢，結果弄得舉國上下，人心惶惶，束手無策，這種現象，想起來實在有點好笑。我們國難一來的時候，不是大家都眾口一詞地說『寧為玉碎，勿為瓦全』麼？現在為了一點古物，便這樣手忙腳亂，還說什麼犧牲一切，決心抵抗？要抵抗麼？先從具有犧牲古物的決心做起！」[5]言辭十分激烈。

在各種聲音下，故宮博物院抵住巨大的壓力，基本上形成一個意見：故宮先有一個分院到另一區域，一則先多一個機關，二則將來萬一北平淪陷，博物院仍在，院務不致落空。

1933年2月5日深夜，十餘輛武裝押運的卡車自神武門運至前門火車站，於次日運往南京。時南京無適處存放，裝載文物的火車竟停在浦口近一個月，被人稱之為抬著棺材找墳地。後幾經交涉，由水路運抵上海，放在法國租界的天主教堂暫時保存起來。

1933年7月，故宮博物院院長易培基因遭誣陷盜賣故宮文物，被迫辭職。理事會決定，由馬衡代理院長一職。9月21日，國民政府任命馬衡為國立北平

　續留任故宮博物院院長。

[3]　馬衡：《抗戰期間故宮文物之保管》，《馬衡日記——1949年前後的故宮》，紫禁城出版社2006年版，第270頁。

[4]　轉引自談古編著：《故宮國寶受難記》，經濟科學出版社2012年版，第6頁。

[5]　馬思猛：《馬衡父子與故宮文物南遷》，《中國文化報》2010年5月5日。

故宮博物院代理院長，仍兼古物館館長。為什麼選擇馬衡呢？可能與其博學多藝、精於金石考古和超脫於政治之外的處世態度有關。當時國民黨元老吳稚暉、于右任等一致推舉他擔任院長，但馬衡還是覺得做學問比做官重要，聽到這個消息並不高興，而是不斷推辭，大家再三勸說，後來蔣介石說話了：「我看大家一致推舉，馬先生就不必過謙了吧。」在如此情況下，馬衡只好勉為其難，於危為難之時挑起重擔，擔任代理院長。

1934年4月7日，故宮博物院理事長蔡元培到故宮召開全體人員大會，宣布故宮博物院新的領導人員，任命馬衡為故宮博物院院長。此後，故宮文物遷徙便是在馬衡的主持下進行。馬衡一幹就是19年，可以說是全面經歷了故宮文物南遷和日後回歸北平的全過程。馬衡在院長任上，幹了兩件了不起的大事：一是主持國寶遷徙避難，二是1948年反對國寶遷台，回絕了寧波老鄉蔣介石的邀請，堅持留在大陸。

1935年，博物院理事會議議決，在南京建築保存庫。經過勘定，選擇朝天宮冶山為庫址，於1936年春動工興建，至8月份完成。朝天宮庫房為三層結構，對於防空防濕防火等設備都設計得很周密。同年12月，將存放於上海的文物經京滬鐵路分批轉運過來，設立故宮博物院南京分院。半年後盧溝橋事變爆發，繼而又爆發「八一三」淞滬會戰，日軍直逼南京。鑒於時局劇變，國民政府決定將朝天宮的南遷文物向西南地區遷移，這就是所謂的「西遷」。最後一箱文物從南京運走僅10天，這座城市就被日本佔領。西遷分三批實施，其簡略線路情況是：第一批80箱，1937年8月，南京－漢口－長沙－貴陽－安順－巴縣，存放在南鄉飛仙巖，俗稱南線。第二批9,361箱，[6]1937年11月，南京－漢口－宜昌－重慶－宜賓－樂山，存放在安谷鄉，俗稱中線。第三批7,286箱，1937年11月，南京－徐州－寶雞－漢中－成都－峨嵋，存放大佛寺和武廟內，俗稱北線。

先說南線的文物運輸。南線的文物數量最少，而且起運較早，相對來說順利一些。1937年8月14日由南京水路運至漢口，再用火車運到長沙，存放在嶽麓山下湖南大學圖書館。因日軍對華中地區空襲，於是決定文物轉移到貴陽。

6　故宮西遷文物，尤其是第二批中線文物數量，各家記載並不一致，那志良《故宮四十年》等書中為「9369箱」，杭立武《中華文物播遷記》與此同，劉北汜《故宮滄桑》為「9331箱」，而歐陽道達《故宮文物避寇記》則為「9361箱」，本書為求前後數據統一，以歐陽先生為准。

從平原間雜丘陵的地方進入雲貴高原，一路上山勢日漸陡峭，地形越發複雜，最關鍵的是，這一帶各色人等雜居，土匪經常出沒，危機四伏。因此，政府密令湘、桂、黔三省派軍護送，分兩批搭乘卡車，從長沙繞道經廣西桂林進入貴州。1938年舊曆除夕，第一批文物歷盡千辛萬苦終於達到貴陽，存放在貴陽城北門內一個僻靜的花園。存放不到一年，戰局又發生了很大變化，日軍步步進逼，一些重要城市先後失守，於是馬衡院長等人商量後覺得文物放在貴陽城內不甚安全，需要移至偏僻野外找一安全地點存放。結果在安順朝南門外五里找到一個華嚴洞，於1939年1月移存其中。其後正式成立了故宮博物院安順辦事處，莊尚嚴任主任，並派朱家濟、李光第等人到這裡工作。不料1944年底，日軍攻入貴州邊境，貴陽告急。一旦貴陽淪陷，則貯藏在安順的文物將被切斷合適的退路。因此，國民政府急令文物緊急轉移。是年12月5日，藏存在華嚴洞的所有國寶奉命馳離安順，經貴陽轉往四川巴縣，在那裡一直待到抗戰勝利。

再看中線的文物運輸。中線運輸文物數量最多，負責人是歐陽道達[7]，馬衡隨行。南京淪陷後，武漢成為日軍向內地推進的重點目標，存放在漢口的文物，必然要再次向後方轉移。1938年1月，政府決定將存放於漢口的文物全部西遷陪都重慶。中路第二批文物駛抵漢口，因形勢緊迫，貨未下船就繼續向西行，暫時先到宜昌。藉著初春的溫和氣息，先期運出的文物也從漢口順利地運到宜昌。準備等待梅雨季節的到來，長江汛期漲水，大船才能航行。不久雨季來臨，長江水上漲，輪船溯水西行。很快，這批文物分為19批比較順利地從宜昌全部運到重慶，分別存入南北兩岸的7座倉庫中。當最後一批文物運抵重慶時，已是1938年5月22日了，費時五個多月。中路文物到渝後，馬衡及一部分院部行政人員也遷到重慶，在南岸海棠溪柏子橋設立故宮博物院臨時院部，又稱駐渝總辦事處。

北線的文物運輸一路上也充滿了艱辛和磨難，是最為艱苦的一條轉運線。文物運輸是通過火車裝運的，最初定的目的地是陝西。這批文物數量雖然沒有中路多，但所運的大多是比較大的、重的文物。分三個批次專列先後從浦口

---

[7] 歐陽道達（1893-1976），原名歐陽邦華。安徽黟縣人。19歲入蘇州東吳大學預科學習，後考入北京大學，畢業後任北大預科講師和研究所助教。1924年至1927年以北大工作人員名義參加「清室善後委員會」點查故宮存留文物工作，1932年任故宮博物院文獻館科長。1949年後，任故宮博物院南京分院辦事處主任。1954年調回北京，任故宮博物院檔案館主任。

開出後，沿津浦線向北進發，先到徐州，一路上還算順利。此前，馬衡已經派梁廷煒、曾湛瑤到陝西籌備陸路運輸收箱工作，又派那志良[8]去陝西找地方存放，後來聯繫到寶雞的關帝廟和城隍廟可以存放。不久以後潼關形勢突然緊張，1938年2月，行政院為文物安全考慮，命令將存放於寶雞的文物遷往位於陝西南部的漢中南鄭。從寶雞到南鄭，要經過雄渾的秦嶺山脈。這一段險峻的山路連綿起伏600公里，路途險惡，無法通火車，只能靠卡車翻山越嶺。從1938年2月22日到4月10日，歷時48天，分28批次將這批國寶轉運完成。

　　文物運到漢中南鄭後，分別存在城中的文廟和褒城縣宗營鎮的馬家祠堂、范家祠堂等處。3月13日、14日，日機連續兩天對漢中進行狂轟亂炸。行政院覺得漢中也不是安全之地，要求立刻轉運成都。在成都的貯藏地點，是馬衡親自找的，他與四川省主席王瓚緒接洽，找到了位於成都東門內的大慈寺暫時作為庫房。

　　1938年5月26日，文物抵達南鄭約一個半月之後，又一次裝上汽車駛上川陝公路，開始艱難的轉運。從漢中到成都的公路約有560餘公里，中途要穿越7條河，但河道上沒有橋樑，只有日久天長形成的古老渡口。文物運到渡口時，只能將載運文物的汽車開上木船，再用人力將木船逆水而上拉一段，再順流而下，借水勢靠近到對岸。所以，這一段路也是非常艱難危險的，費時很長，從漢中到成都，最少也須走3天，如果遇到颱風下雨，路上泥濘不堪，有時要走上十天半個月。因此，歷時將近一年時間，直到1939年3月才將漢中南鄭的文物全部運抵成都，並在那裡成立辦事處，由那志良為辦事處主任。

　　1938年春，中線文物已經存放在重慶，並成立了故宮博物院駐渝總辦事處。馬衡對北線運輸很不放心，很想瞭解陸路運往陝西的這批文物的情況。當時這批文物正由漢中向成都轉運。是年9月，理事會推定馬衡和理事李濟赴成都及漢中去視察一番，並由北線運輸負責人那志良陪同。剛到漢中，便接到重慶發來的電報說：重慶被敵機轟炸了，趕快回渝。馬衡擔心文物安全，於是趕忙裝了三卡車文物，馬衡、李濟、那志良各押運一輛，晝夜兼程走了三天三夜，終於趕回成都，看到運達成都的文物完好無損，才鬆了口氣。馬衡稍事休

---

[8] 那志良（1908-1998），字心如，北京宛平人。祖上是滿族正黃旗，因清朝衰亡而家道中落。後得到教育家陳垣資助，得以上學。1925年，由陳垣推薦進故宮當職員，直到1998年在臺北去世，那志良在北京和臺北的故宮博物院工作了七十多年，堪稱故宮的「元老」之一。

息後，就與李濟一起坐火車趕回重慶。11月30日，馬衡等人呈報故宮博物院第一次常務理事會，建議疏散重慶、成都兩地文物，地點可選在四川雅安、新津縣文廟及玉清道院，華西協和大學圖書館與博物館，並請理事會定奪。

1939年春天，重慶已受到敵機嚴重威脅，西南大後方開始遭到數年之久的「疲勞轟炸」。3月16日，故宮博物院理事會代理事長孔祥熙主持召開的第二次常務理事會議決，文物「不必移往雅安，應就嘉定一帶覓洞存放，限一個半月後辦竣，新津修理工程停止進行」[9]。5月3日中午，日機分兩批各18架侵入重慶上空，沿長江北岸轟炸，死傷六千餘人。翌日，日機27架再度轟炸重慶，整個市區精華毀於一旦。此時，行政院也命令故宮博物院，限三周之內，即5月23日以前，將存渝所有文物全部運離重慶40里以外，覓合適之地貯存；運到成都的所有文物（北線文物）也限在5月底之前全部運離，選合適地方保存。

接到命令後，馬衡偕幾位同仁飛往樂山並轉赴峨嵋各處勘察。3月31日，馬衡報告：「樂山洞窟雖多，但每洞僅可存60、70箱至130、140箱之譜，容量甚微，並不適用，且又散處荒郊，保管不易，後經多方調查，在距城20里之安谷鄉，覓得宗祠廟宇十餘所，可供應用，約計容積足敷儲藏在渝全部文物而有餘，地點偏僻，無慮空襲，春季江水上漲，舟楫便可直達，惟聞上游流急灘險，無遜夔門，且由渝運樂必經瀘敘，聞盜風尚熾，不無可慮，一切運輸保護自須事先充分準備，妥加布置」，「峨嵋原為佛家勝[聖]地，叢林密集，選擇較易，所惜山徑崎嶇，艱於轉運，山麓各寺則房屋稠密，陰濕特甚。比較結果，當以峨嵋縣城之外大佛寺及武廟為最合用，預計在蓉文物亦可全數移存……成峨轉運水陸均可通達，陸路僅一百五十餘公里。」[10]

第二節　北線文物轉運到樂山

經通盤考慮，馬衡最終決定將存重慶所有文物移運樂山縣的安谷鄉，北路由陝入川暫儲成都的文物轉藏峨嵋，並派科長歐陽道達籌備一切工作。從重慶

9　《北平故宮博物院第二次常務理事會記錄》，藏中國第二歷史檔案館。轉引自孟國祥：《烽火薪傳——抗戰時期文化機構大遷移》，商務印書館2015年版，第64頁。
10　《馬衡為疏散存渝文物致故宮博物院理事會函》，藏中國第二歷史檔案館。轉引自孟國祥：《烽火薪傳——抗戰時期文化機構大遷移》，商務印書館2015年版，第64頁。

到樂山，路途遙遠，所有文物的轉運工作無法在5月23日前完全完成。怎麼辦呢？馬衡決定利用宜賓作為一個中轉站，先把所有文物全部運至重慶四十公里以外的宜賓，正好完成行政院的命令。存放在成都的所有文物，全部遷運峨嵋，限在5月底以前運完，交由駐蓉辦事處主任那志良負責辦理，並派科員牛德明先到峨嵋，籌備接箱工作。安排好轉運工作以後，立即與中國聯運社接洽、訂約，落實具體的運輸事宜，確保所有存放在重慶、成都兩地的文物在5月底前能全部有序地運到指定地點。

　　從成都到峨嵋，彎彎繞繞的崎嶇山路有300多公里，用汽車運輸，還需要渡河四次。中國聯運社派出十幾輛新車擔任運輸，但由於期限太短，就選定了距離成都約140公里的彭山作為中轉站，先把箱件運到彭山，以符合5月底前將文物運離成都的要求。當時在彭山縣城找了一座廟宇和一所學校作為貯藏國寶的臨時場所，並在那裡設了一個臨時辦事處。那時在褒城的一批文物還沒有完全運到成都，於是就直接運往峨嵋。從陝西褒城到四川峨嵋，距離一千四百公里，駐蓉辦事處當時管轄漢中、褒城、廣元、成都、彭山、峨嵋等處的有關事務，於是那志良就實行責任分工制，每處指定一位職員負責，全權管理一切事務：褒城是梁廷煒、漢中是薛希倫、廣元是曾湛瑤、成都是吳玉璋、彭山是鄭世文、峨嵋是牛德明。到了6月，存放在成都的文物全部順利運抵彭山縣，以城內禹王宮、萬壽宮及縣立初級中學為臨時移存倉庫。彭山至峨嵋，從6月5日到17日，計運20批，用車130輛，接運完畢。而陝西直接運達的文物，到7月11日全部運抵峨嵋。文物分別存放在峨嵋縣城東門外的大佛寺和西門外的武廟兩處，並在那裡成立了故宮博物院峨嵋辦事處，那志良任主任。從1937年11月文物從南京搶運開始到運抵峨嵋時，前後已經顛沛流離了18個月，全線運程約2,400公里。在這路運輸過程中，所運文物一箱未少、一件未損。

　　從重慶到樂山，主要是用輪船運輸。這一繁重的運輸工作大多由中國聯運社完成，剛開始他們表現出了良好的敬業精神，故宮博物院的職工也付出了艱辛的勞動，終於按期（於3月28日開始至4月23日運完，歷時27日）將全部文物由重慶運抵宜賓，暫存於真武山下的山洞裡。然而，在此期間發生了一起人命慘事。故宮職員朱學侃，辦事歷來兢兢業業、一絲不苟，他為了確保文物的安全，有一次在昏暗無光的夜晚，爬上船艙檢查，沒留意艙中沒有蓋上鐵蓋，一失足摔下船艙，腦部受創而亡。真是令人唏噓。

　　文物從宜賓運往樂山的過程中，負責承運的中國聯運社工作人員突然變得散漫起來，彷彿換了一班人馬，工作情形完全變了，拖拖拉拉，令人擔憂。從5月至7月初，才裝運出一船文物至樂山。而長江中輪船的運輸，水位是至關重要的，4月到8月是最佳的運輸時期，所以必須在趕在9月前搶運完，否則到了枯水季節輪船基本無法行駛了。那志良辦完北線運輸工作以後，立即被派到樂山，後來又到宜賓，協助辦理轉運事宜。馬衡得知了宜賓當時的困境後，就將那裡的負責人劉官諤調到樂山負責接箱工作，由那志良接受宜賓的轉運工作。8月中旬，那志良到了那裡，發現真是困難重重：長江水位開始下降，到9月中旬就要停駛，但到此時才搶出三千多箱，在短短一個月內還需要搶運六千多箱；這裡時常有警報，所有文物箱件又都在城內倉庫裡，萬一敵機轟炸就後悔莫及；服務團（行政院的臨時組織，派人協助各機關辦理臨時工作）派來幫忙的人員不認真合作，天天鬧著要回重慶；負責承運的中國聯運社與民生輪船公司又不負責。那志良於是誠懇地邀請中國聯運社與民生輪船公司負責人一道座談，共商辦法。民生輪船公司答應：在8月30日以前完全運清所有的存放文物，安全運抵樂山。那志良不敢鬆懈，當即議定了裝運時間表的協議書。協議書簽訂了以後，民生輪船公司就派了幾艘船裝運，但卻沒有根本改觀，到了8月30日，不過運了一千箱不到，還有大批箱件未運。那志良眼見兩公司無法按時履約，便斷然採取了一項嚴厲措施：鄭重通知中國聯運社並轉告民生輪船公司，凡是該公司的所有船隻，開到宜賓的全部將派兵封船扣押，用於裝運文物。兩公司自知理虧，於是派人找那志良交涉，最後達成協議：凡是民生輪船公司到宜賓的船，三艘中有兩艘用於裝運文物，一艘用於疏散旅客。這樣從9月1日起，經過十多天的緊張搶運，終於在9月12日前將所有存放宜賓的文物全部運出。兩天後，河水開始下落，很快輪船便無法通行了。

　　那志良在最後一批文物裝船後，立即給馬衡發了一封電報，告知從宜賓到樂山的文物轉運工作全部完成。然後，坐著最後一批裝運文物的船隻離開宜賓。一到樂山，那志良就接到馬衡的回電，他也感到如釋負重，開心之情躍然紙。電文說：

　　　　自瀘州被炸，憂心如焚，數夜不眠。得來電，知兄大功告成，急囑廚房

備酒，痛飲數杯。[11]

　　文物運到樂山，還要再次轉駁到庫房所在地安谷鄉。那志良說：「民選輪開到距樂山數里外的觀音場[12]停下來，許多小木船停在那裡等候接運，艙門開後，一隻一隻的箱件運上木船。木船由觀音場到安谷鄉，都是逆水行舟，靠工人用纖繩拉曳，相當費力。我也想坐一坐小船，就便到安谷鄉看看。安谷鄉中的幾個祠堂，每個相隔，都有一段距離，有時還要走田埂，交通並不便利。」[13]樂山辦事處主任歐陽道達對轉駁過程有詳盡的回憶：

　　　　岷江、銅河，灘多流急，而銅河又複支流紛繁。且經選定一寺、六祠，非集中一處，東西迤邐，約十華里。是以運程決擇不易，而轉駁起訖河埠，亦難遽定。幾經洄游察勘，始以避去險灘、湍流為原則，按一寺、六祠處所而分別決定其起卸河埠及運程所應經由某一支流：一經銅河正流，達順河場，卸運古佛寺、由順河場肩運入古佛寺，三里許）；一經銅河南支流，達黎渡，卸運三氏祠（朱、潘、劉三氏）；達中渡，卸運宋祠；達王渡，卸運易祠；達王魏兩渡間，卸運陳祠；達魏渡，卸運梁祠（分由各渡肩運入各祠，均半里許）。至於轉駁起程，須視岷江水位而決定輪船舶所為轉移。因是起程有三處：一為杜家場，樂山縣屬，距城五里許；一為冠英場，犍為縣屬，距樂城廿里許；一為楊卡渡，亦犍為縣屬，距樂城廿三里。

　　　　轉駁時應用船筏，其徵僱辦法，先後不同。概括舉之，可分四期：初期，由木船職業工會承辦，以能載文物五十箱至八十箱為徵僱船隻容率，載運費按船隻計；次期，由民船商業同業公會承辦，載運費如初期；三期，未易承辦者，惟載運費按樂山縣政府准酌供求現狀評價，易以箱計，由冠英場載運與由杜家場載運者不同價；末期，因樂城經敵機於8月19日轟炸後，城區半毀，江上無船，日中停市，勞動工人傷亡居多，文物轉駁幾瀕停頓，乃商由縣政府派員協助，逕向牛華鎮鹽、炭兩

[11]　轉引自俞建偉等：《馬衡傳》，上海教育出版社2007年版，第136頁。
[12]　觀音場，即冠英場。今屬樂山市五通橋區。
[13]　那志良：《我與故宮五十年》，黃山書社2008年版，第130頁。

業應用船隻按日徵僱,載運費如三期。是期以由勞資直接協議而免承包中飽克扣,故收效較前三期均佳。

力夫徵僱,分輪埠提艙、由渡口肩運入庫及庫內堆置三項。提艙費按箱積大小,箱件多寡而分計。由渡口肩運入庫,將箱積大小與運程近遠定以平均數而按箱計。庫內堆置,不論工作時間久暫,應用名額多寡,概以箱計。以上三項力夫,除提艙有專業者外,餘均由搬運業職工會承辦徵僱。以安谷乃一鄉鎮,故應徵者純屬力田鄉農。肩運箱件,非所素習,初次嘗試,多以為苦,時作時輟,不願終事,致工作進行遲緩。時值秋令農忙,收穫工資較優,而樂西公路(樂山至西昌)正在徵工興築,壯丁多往應役。是以每次轉駁預計應行徵僱名額,往往不足。

宜樂程轉運,計分27批而完成,樂安程轉駁亦如之。[14]

日本學者野島剛在其著述中提到轉駁,「走水路的九千三百三十一箱文物運抵樂山郊外的安谷鄉,但因為河川的寬度很窄,必須從岸邊牽引小木船逆流而上。那志良等搭乘的小船遇到急流,與船相連的竹製繩索斷裂,船被捲入急流中,所幸船沒有翻覆而擱在淺灘上,人命和文物都沒有損失」。[15]其實,那志良並不在那條小船上,而是另有他人。據那先生回憶:

> 輪船由宜賓開到樂山,卸船的地點,視水的大小而定,水大時,可以開到縣城外面卸下輪船,裝入木船;水小時便要在觀音場起卸,有一次,水大,是在縣城外面卸的,卸時一切平安,裝到第末一隻木船後,在那裡工作的人,也都上了這只船,同回安谷。工人正拉著纖繩向前拉曳的時候,纖繩斷了,船被逆流沖向後方急馳,掌舵的人也掌不住舵了,船順流而下,急馳如飛,大家知道,如果這只船,被沖到岷江與府河[16]相交處的大佛腳下,便會把船撞沉,這裡,每年都有沉船的紀錄。嚇得大家大喊救命。船在江心跑,岸上的人怎樣去救命呢?有人說,古物是有靈的,船漂流一段路程之後,它竟斜向岸邊沖去,遇到沙灘,船

---

[14] 歐陽道達:《記西遷》,《故宮文物避寇記》,紫禁城出版社2010年版,第70-71頁。

[15] 野島剛著、張惠君譯:《兩個故宮的離合》,(臺北)聯經出版公司2012年版,第114頁。

[16] 應為「銅河」之誤。府河,乃岷江流經成都市區之河。

就停了下來，大家得救了。梁廷煒先生就在這個船上，他述說這個故事，還有餘悸猶存的樣子。[17]

主持文物遷運的杭立武後來在《中華文物播遷記》一書中提到這個驚險的故事，「可說是一個奇跡」[18]。

再說轉運期間另一個驚險。那是1939年8月19日，日本出動36架戰機轟炸樂山。緊急警報發出之後，歐陽道達正在樂山城內府街樂安旅社18號房間（故宮博物院臨時辦事處）。「工友們勸他到防空洞去躲避，他不聽，認為敵機未必來，何必先去受悶氣？到了飛機臨空，他無處可躲，進得屋去，鑽到方桌下面，蹲到那裡。他聽到外面的炸彈聲，機槍聲，真是不寒而慄。等到飛機過去，從桌下爬出來時，已是滿頭滿身的灰塵，原來在辦事處前面不遠的馬路上，落下一顆炸彈，把地面炸得一個大洞，塵土飛揚，歐陽先生雖在桌下，也免不了弄一身塵土了。」[19]轟炸之後，樂山城區半毀，人員傷亡數千，所幸文物無恙。用馬衡的話說，「這一類的奇跡，簡直沒有法子解釋，只有歸功於國家的福命了」。[20]

一個月後的9月19日，中線文物全部安全運抵樂山安谷鄉，存放在一寺六祠中：古佛寺和宋氏祠堂、三氏祠堂、趙氏祠堂、易氏祠堂、陳氏祠堂、梁氏祠堂，並隨之成立了故宮博物院樂山辦事處，歐陽道達任主任。這批文物，從南京到樂山，歷時近兩年，行程約2,500公里。至此，三批文物都算找到了歸宿。

第三節　安谷鄉村的一寺六祠

抗戰時期，故宮博物院固有的組織法失去了效用，原有的機構、體制不復存在，一切改成戰時臨時體制。院長馬衡駐重慶，故宮博物院總辦事處也設在重慶，戰前的庶務科科長乃驥升任總務主任。另外，存放文物的安順、樂山、峨嵋三處分別設立辦事處，合稱三辦事處。三辦事處由向後方疏散時指定

---

[17] 那志良：《我與故宮五十年》，黃山書社2008年版，第131頁。

[18] 杭立武編著：《中華文物播遷記》，（臺北）臺灣商務印書館1983年版，第24頁。

[19] 那志良：《故宮文物疏散後方（二）》，《我與故宮五十年》，黃山書社2008年版，第131頁。

[20] 馬衡：《抗戰期間故宮文物之保管》，《馬衡日記——1949年前後的故宮》，紫禁城出版社2006年版，第275頁。

的各路負責人任各處主任。三辦事處成立之初，職員如下：貴州安順辦事處，主任莊尚嚴，員工朱家濟、李光第、鄭世文；四川樂山辦事處，主任歐陽道達，員工劉官諤、梁廷煒、歐陽南華、曾湛瑤、牛德明、張德恒、李鴻文；四川峨嵋辦事處，主任那志良，員工吳玉璋、薛希倫。

　　中線文物既定安谷，首先要開展的工作便是編定庫別、分庫統計。「按一寺、六祠，由西而東，順序編定庫別；其一祠宇中再有分庫者，則於原庫別下另編子目。古佛寺編第一庫，內分子目五；三氏祠編第二庫，亦分子目五；宋祠編第三庫，分子目三：此三庫附近安谷鎮。趙祠編第四庫，分子目五；易祠編第五庫，分子目二；陳祠編第六庫，分子目二；梁祠編第七庫，分子目三：此四庫均鄰近迴龍場。場、鎮中隔河道（銅河南支流），舟渡無時間斷，往來尚稱便利。」[21]樂山辦事處設在第三庫，取其地處適中，容易與各庫聯繫。

　　樂山安谷七庫文物「共九三二〇箱，是為基本箱件」「共一一四箱，是為附運箱件」[22]。此外，尚有寄存箱件二種：一為安徽省立圖書館託管箱件，一為國立中央博物院籌備處寄存箱件。前者即編安字號之壽縣出土文物27箱，後者共90箱。

　　文物卸運入庫，限於客觀條件，未能按品類區別累積。除了在可能範圍特選瓷、銅器等不畏潮濕的箱件累置每架下層外，其餘均以重者、大者居下，輕者、小者居上。祠堂戲臺、後臺、左右廂看臺，離地高，不畏潮，故將書畫、書籍、檔案集中儲存其上；且在樓板下增加橫直支木，更加牢固安全。

　　文物遷定後，應會同當地最高文化機關清點造冊。當時樂山地區最高文化機關，為國立武漢大學，校長王星拱。「王校長以本院南遷文物品件曾由本院在上海、南京相繼開箱，逐一點查，歷時一年有半，並有教育部派員蒞場監點，編造清冊，有案可稽，西遷會點，應無庸再行開箱，只須按照遷儲各庫文物會點箱件數目，隨加抽對箱件字號。循是進行，三日點清（一九四〇年一月八日至十日）。造具清冊，有遷儲四川樂山安谷文物箱件分編字號清冊一冊，按箱編字號分庫統計表、分類統計表、各庫箱件方位簡圖，合訂一冊，陷留京庫文物箱件分編字號清冊一冊，南遷文物箱件遷儲各地及陷留京庫分別計數對

[21] 歐陽道達：《記西遷》，《故宮文物避寇記》，紫禁城出版社2010年版，第72頁。
[22] 歐陽道達：《記西遷》，《故宮文物避寇記》，第74頁。

照表、陷留京庫文物箱件分類統計表，合訂一冊。」[23]

至於文物的視察抽查工作，先有故宮理事會派員，繼有行政院派員，先後蒞庫視察，開箱抽查文物。「前者，自一九四一年九月廿二日至廿四日，所開箱有滬字號一一箱，上字號一箱，寓字號三箱，頤字號三箱，所字號四箱。後者，於同年十月七日、八日，所開箱有滬字號民三箱，上字號一箱，所字號三箱。」[24]

文物箱件經會點後，典守業務隨即開展。然而為工作進行有所遵循，故於1939年12月18日，故宮博物院公布各項章則：附屬辦事處辦事細則、庫房管理暫行規則、開箱工作暫行辦法、庫房警衛暫行規則、接受委託保管及寄存公私文物暫行辦法、庫房招待參觀暫行規則等等。

文物有了安身之所，博物院職工最主要的工作就是妥善保管這些文物。馬衡更是時刻注意，以求萬無一失。這裡僅以他在1944年向故宮博物院理事會的報告為例，可見當時的工作狀況。他說：「本院戰時業務首在保持文物之完整，舉凡庫防戒備、庋藏保管、翻檢整理諸端，經逐年規劃，時加改善，已臻周密，無虞疏失。對於工作之進度，尤無時不在講求效績。蓋自七七事變以後，本院留用員額僅及戰前之半，而事務之繁雜轉重於昔，已非通力合作人盡其用，無以竟其事功。故一般從業人員擔負工作已頗相當繁重，絕鮮冗散不力之病。近年又經設置專理人事機構考核課功，益加嚴密認真，同時屬行獎懲，鼓勵自奮，競求進步，效績頗彰。」[25]

文物無論在哪裡，防盜、防火、防潮、防蟲總是至關重要的。存放在三辦事處的故宮文物都是國寶，所以特別重視這「四防」。馬衡在後來的講演中專門予以說明：

要談到後方的保存問題，這是一件最傷腦筋的事。我們為的是避免敵機的空襲，不得不疏散到比較偏遠的地方，而且都在郊外，或是鄉下，這就要顧慮到治安問題了。四川的房子，多半是竹木的建築，一遇火警，往往延燒數百家，這就要顧慮到火警問題了。關於前一點，

---

[23] 歐陽道達：《記西遷》，《故宮文物避寇記》，第74-75頁。

[24] 歐陽道達：《記西遷》，《故宮文物避寇記》，第75頁。

[25] 轉引自俞建偉等：《馬衡傳》，上海教育出版社2007年版，第139頁。

我們請求軍隊駐紮各庫附近，一方面聯絡地方上的感情，所以都能相安無事。關於後一點，我們選擇四面凌空，不和民居毗連的大廟或是祠堂，作為倉庫。裡頭絕對禁止煙火，購置消防工具及滅火器，並且按時演習。所以有一次峨嵋大火，燒去半個城，我們不但不遭波及，並且調齊員工士兵，幫助他們救火。所以這兩種困難，都還不難克服。比較嚴重的，是西南的氣候問題。四川在一年裡頭，有幾個月是雨季，幾個月是霧季，空氣含著水分，到處感到潮濕，晴朗有日光的時候，平均不過半年。我們把怕潮濕的東西，終年檢查，或是曬晾。周而復始，從不間斷。還有四川老鼠特別的多而且大，老鼠本是畫伏夜動的，獨有四川的老鼠，是晝夜公開活動。並且四川的貓能力薄弱，有時還會受老鼠之窘，壽命也比較短。有人說老鼠有毒，貓吃了就會生病，恐怕也有道理。還有白螞蟻，是到處都有，尤其是重慶特別多。其害甚於老鼠百倍。常有箱櫃裡面的東西被吃光，而外面看不出來的。所以更是防不勝防。我們對這兩種禍害，只有勤加檢查，每一庫每星期至少查兩次。[26]

　　其實防蟻最艱難，特別是在樂山辦事處，庫房多為濕土，白蟻瘋長，令博物院職工非常頭疼。「各庫向院落一方，均安設格窗，以利通風。箱件累積於木架，架高離地尺許。架下若為泥地，則鋪設木炭、石灰，以減潮、殺蟲；其為板地或舊式三合土者，則從省，因木炭、石灰價昂，全庫通用，所費不貲也。各庫消防，除安設震旦滅火機於庫內適中處，並備有射水器二具，蓄水缸四具至六具；拉鉤、警鑼、沙簍，一一齊備。且於辦事處裝有電話機，架線接通樂山縣城鄉長途電話，與縣府取得聯繫。遇有警報，立可得到消息，而加緊警衛焉。」[27]

　　文物的檢潮曬晾，晴朗之日，未曾間斷。「滬字號箱書畫、上字號箱書籍、寓字號箱檔案，均經啟曬周遍；二次輪曬，且已及半。西遷文物較未受潮損者：一因箱內樟腦丸存置數量充足，牛皮紙襯墊覆蓋周密；一因勤施檢曬，不使有積潮縕蒸機會。之二者，即在今日，猶足取法。至於法字號箱書畫，乃

[26] 馬衡：《抗戰期間故宮文物之保管》，《馬衡日記——1949年前後的故宮》，紫禁城出版社2006年版，第274頁。

[27] 歐陽道達：《記西遷》，《故宮文物避寇記》，紫禁城出版社2010年版，第73頁。

江寧地方法院所簽封，爰於一九四一年四月間，由司法行政部指派樂山地方法院檢察官，會同本院駐樂辦事處商定施曬日期。當經商定於五月廿七日開始，以第三庫為檢曬場所；且先期將原分存於第一、第四、第五、第六各庫之法字號箱書畫，匯遷於第三庫，以利集中檢曬。檢曬工作，如期進行，歷時四日（自五月廿七日訖卅日）而竣事。計檢曬法字號箱書畫九箱，逐一由蒞場檢察官簽封，並繕成油印清冊二份，經雙方簽署，分別存查。」[28]青少年時期經常與故宮職工及守軍交往的楊正甫回憶，在文物晾曬時發生過這麼一則「真實的故事」：「1944年春天某日，趙祠翻曬文物，回龍場保長趙樹斌夥同幾個人去看稀奇，守衛士兵因與其熟悉未加阻攔，他看到翻曬的文物中有清世宗胤禛（即雍正皇帝）的黃金甲戰袍、披肩、頭盔和金鑲玉的腰帶，徵得守衛士兵和職工的同意後，叫人給他穿戴起來，大搖大擺，在草壩上來回走了幾趟，逗得大家哈哈大笑。」[29]

　　古佛寺第一庫位置比較偏遠，在1942年春發現樑柱蛀朽。為預防倒塌損壞文物，於是決定遷並儲存計畫：廢棄第一庫，而將其原存文物箱件分配遷儲於其餘六庫。立即著手修繕六庫，以擴充庫藏容量而備並儲，同時籌備遷並事宜。當年11月4日至26日，遷並儲存完畢。原有庫別，重新改編，以三氏祠為第一庫，其餘按順序編至梁氏祠為第六庫。各庫箱數，也曾重新統計一遍。

　　樂山辦事處特意聘請安谷鄉鄉長劉釗為文物管理的顧問，協助搞好文物所在地安谷各庫的安全保衛、文物管理工作。劉釗對文物在安谷安全存放近八年無一毀損，起到重要作用。為了加強文物管理的安全保護，辦事處制定了嚴格的保密制度，本單位職工未經允許，嚴禁擅自開鎖進庫房開箱清點文物，職員家屬亦不准進入庫房或進祠堂。故宮職員家屬、僱請工友、駐軍士兵在與外界人員接觸交往中，嚴禁談論故宮事宜，對外簡稱博物院。當地村民趙元清老人講述，她與趙祠駐軍排長魯大炬結婚後，也從未進趙祠看過文物；婚後的魯大炬排長因職責所在，也長期堅持駐守庫房，極少回家。

　　保衛故宮文物的部隊，據在樂山辦事處工作8年的回龍村六組村民易泰安回憶，「依次是：國民革命軍第五師、新五師、二十九師、中央軍事委員會

---

[28] 歐陽道達：《記西遷》，《故宮文物避寇記》，紫禁城出版社2010年版，第76頁。

[29] 楊正甫：《故宮博物院安谷見聞錄》，《故宮文物南遷》，天地出版社2012年版，第107頁。

特務團。」[30]駐守安谷庫房的國民軍別動隊改編二十九師某營,營長陶堅民。1940年陶奉調抗戰前線,繼任營長劉建國。1941年春,該營調走,接任部隊為中央軍委特別工作服務團第五連(第六連駐峨嵋)。當時安谷鄉政府和地方士紳還為第五連的到來舉辦接風酒宴,「宴席設在小學校操場上(今安谷中學內)。軍方出席的有連長馮昌運(字達人),馮連長是中央軍校十四期畢業生,浙江嵊縣人。四個排長及十餘名班長坐滿兩圓桌。下午主客雙方進行了一場籃球友誼賽(地方聯隊對特務連)。特種工作服務團通稱特務團,不同於一般軍隊,團長是蔣介石(蔣其實任名譽團長——引者注),士兵多數是浙江奉化一帶人(蔣的家鄉人)。他們的裝備、享受比憲兵還高一籌:夏秋,上衣是白大綢或白土布襯衫,足穿紅色或綠色的絲耳涼草鞋;冬春,是黃色呢子軍裝,黃呢軍帽黃呢綁腿,足穿黃色翻皮大頭鞋,肩章藍底白字,有一個醒目的『特』字。武器全是美式裝備,每個班有兩挺機槍,班長和副班長都是長短兩支槍,士兵背的全是五十響快機槍或卡賓槍,每排還有若干擲彈筒、小鋼炮、迫擊炮、重機槍等各式武器」。[31]

　　護衛部隊軍紀嚴明,換防時派員在駐地周圍住戶、鋪店調查有無士兵借東西未還、賒欠債務情況,受當時民眾擁戴。駐軍部隊在各庫守護,連部設在宋祠。駐古佛寺、三氏祠一個排,由董排長帶領。一個排駐回龍、趙祠、易祠,排長為魯大炬。一個排駐陳、梁兩祠。各庫祠堂門口白天一至兩名崗,下午6時後至第二天上午8時前各設雙崗。文物來安谷期間,一切行人禁止通行,祠堂附近村民趕場必須繞道通過,雙方人員熟悉後,白天可自由通行,但一到天黑,一律禁止通行。附近村民外出種田回家都要自報姓名,說明幹活回家,經持槍士兵當面認清,查明身分後方可放行。祠堂內各庫房門口亦由士兵持槍守衛,輪流換崗日夜守護。庫房翻曬文物時,開箱關箱除由故宮專管庫房鑰匙負責人專司其職外,也必須在守衛部隊排長的監督下進行,平時任何人不得接近庫房門,就連故宮職員在外居住的家屬也不准隨便進入祠堂觀看文物。文物運走時從庫房到河邊竹筏碼頭,沿途兩邊由士兵持槍守護。搬運所到之處,所有行人禁止通行。[32]

30　易泰安:《我的回憶》,《故宮文物南遷》,天地出版社2012年版,第96頁。
31　楊正甫:《故宮博物院安谷見聞錄》,《故宮文物南遷》,天地出版社2012年版,第106頁。
32　據劉文龍:《故宮文物在樂山》,陳德忠主編:《故宮文物南遷史學刊》創刊號,故宮文物南

　　文物藏樂山期間，以適應當地人士要求與業務上研究需要，校鈔書籍，也為當時工作之一。比如樂山地方人士，以刊刻鄉賢專集，搜求善本校鈔，曾派人到辦事處就鈔。自1944年11月14日至19日，計鈔成四庫子部《武編》，集部《眉庵集》、《頤山詩話》、《荊川集》、《李文公集》五種。又如，馬一浮在樂山烏尤寺所辦復性書院，有感於寇亂經籍缺乏，學者苦於無處求書，經與樂山辦事處協商，派人自1945年7月2日到翌年1月28日，歷時半年多，計鈔成文淵閣四庫經部易類、史部政書類、子部儒家類、術數類等書共22種。

　　文物存放樂山期間，安谷小學擴建校舍，辦事處在經費十分緊張的情況下捐白銀200兩，以資助學。故宮職員還參與打掃街道衛生，參與地方學校師生文體聯歡活動，在安谷場、回龍場上出了多期板報，宣傳抗日救亡和科學文化知識。每逢春節，與民同樂，舉辦田徑運動會或燈會等。守衛部隊駐防期間參與地方修路（各庫房至安谷街上），這樣既暢通了辦事處到各庫檢查工作的道路，又為當地民眾生產、生活改善了交通條件，起到了聯絡地方民眾感情的作用。平時則幫助地方維持治安，懲辦罪犯。故宮職員在這裡與當地民眾和諧相處，相安無事，這不能不歸功於馬衡院長辦事的深謀遠慮。

第四節　尹煥章成了樂山女婿

　　和故宮國寶一起存放樂山安谷的，還有中央博物院籌備處的一批文物。

　　中央博物院籌備處於盧溝橋事變後，開始選擇其中一部分文物密存南京朝天宮故宮倉庫和上海興業銀行，分藏品1937年7月後陸續遷離南京，先到漢口，然後進入四川，在重慶南岸沙坪壩建倉庫貯藏。1939年5月，日本飛機轟炸重慶。6月中旬，首批53箱古物從重慶車運啟程，轉移昆明。籌備處主任李濟經與故宮博物院馬衡院長洽商，擬將剩餘的78箱文物運往樂山，共同保存。8月初，文物由「民裕輪」載運樂山。因故宮博物院人員缺乏，馬衡希望中央博物院籌備處自派專人看護。8月19日，李濟即電馬長壽赴樂山照料。8月22日，馬長壽前往成都，押運中博院「川康民族考察團」採集的12箱民族文化標本去樂山存藏，並擔負文物的看守工作。歐陽道達《故宮文物避寇記》載：

「（國立中央博物院籌備處寄存箱件）由南京運渝後，原借沙坪壩重慶大學餘地建庫保存。一九三九年七月，以感於敵機肆虐，情勢遷變，文物有分地庋藏必要，乃選其較珍貴者八十餘箱及原存成都者若干箱：共九〇箱，謀遷樂、峨，深密庋藏。以同為國家重器，經與本院商洽讓地置放，乃寄存於本院遷儲安谷文物庫房之第一庫。典守責任，尤其派員駐庫自負之。」[33]

　　1939年11月，年方三十的尹煥章從重慶趕往樂山替換馬長壽。尹煥章（1909-1969），字子文。河南南陽雙橋鋪虎廟村人。1924年在南陽省立五中念書，1928年進入河南大學預科，一年後，經由董作賓先生介紹到了北平，在中研院史語所史學組工作。從到達史語所至1932年期間，他在徐中舒先生的指導下參與明清內閣大庫檔案的整理工作，同時在北京大學旁聽明清史的課程。「九一八」事變後，他隨史語所來到上海，爾後又隨所遷至南京。1933年始，他從史學組調到考古組，是年，他就被派往河南安陽參加殷墟第八次發掘，開始了他畢生喜愛的考古工作。他先後在河南小屯、後岡、侯家莊及浚縣辛村等地，參加了多次的考古發掘。抗戰開始後，考古工作進入停頓狀態。尹煥章輾轉遷移，後來到重慶中央博物院籌備處工作，他被派駐樂山管理中央博物院的文物工作，達七年之久。孟國祥先生查詢現存重慶市檔案館的故宮博物院樂山辦事處、峨嵋辦事處職員歷年薪資名冊，發現均無尹煥章的名錄，可見中央博物院籌備處的古物是單獨管理的。

　　尹煥章之女鄧嘉嵋回憶：「父親是1939年11月隨同中博文物，從重慶到達樂山安谷鄉的。先在古佛寺，後在朱氏祠堂，一待就是七年多。當時，中央博物院派駐樂山安谷鄉看守文物的一開始還有馬長壽、李開澤，此二人兩月後離開樂山赴李莊，於是中博只有我父親一人留在樂山，而故宮博物院在安谷鄉，看守文物的人卻比較多，如歐陽邦華、歐陽南華、梁廷煒、黎仲華、孫家畔、凌紹夔等人，所以，父親當時與故宮的人比較熟悉，與中博的人反而不熟，因為中博的本部在四川李莊，人員也在李莊。」「父親在樂山安谷鄉七年，他的主要任務就是確保中博文物的完好無缺，定期晾曬，清點核查，此外就是在樂山城郊調查漢墓，做些拓片等瑣事。抗戰中的生活是艱苦的，中博的收入是微薄的，為了生活，父親還利用空餘時間養雞、養羊、種菜，有段時間，父親還

[33] 歐陽道達：《記西遷》，《故宮文物避寇記》，紫禁城出版社2010年版，第74頁。

在樂山縣中兼教歷史，每週三節。1944年春，父親得了嚴重的關節炎，臥病在床半年。李莊中博本部得知父親病重，身在李莊的中央博物院代理總幹事曾昭燏先生還特地致信問疾，並致信在重慶的李濟先生，致李濟的信中說：『今日趙香山（即趙青芳）接樂山尹子文（父親字子文）之友來信，云尹患病，周身發腫，臥床不起……已去快信問其病嚴重否，如嚴重，恐須派人往樂山一行。』那時，父親還未與曾昭燏見過面，但曾先生的關心之情，一直讓父親感念。父親生病的半年中，多蒙房東李大娘及其兒女們照料，才漸漸得以康復，後來經李大娘介紹，父親認識了我母親，1946年春，他們便結婚了。」[34]

楊正甫在回憶武漢大學楊東蓴教授的文章中，有不少涉及尹煥章的內容：

民國三十二年（1943年）寒假中，我和同窗摯友劉季雲在恩師尹子文先生家學習英語和古文。……庫員和工人均住在祠內，尹先生則租佃任榮德[35]家老屋居住。平日裡我們早上自習，上午聽尹子文先生講英語散文或文法知識。來聽課的還有保衛博物院的駐軍連長馮昌運、同學王益志（又名震華）、任榮德等人。有時也請博物院秘書長常惠先生來擇講《詩經》中《國風》的一些古詩。下午做作業、體育活動或幫助尹先生修理出土文物，抄寫文物筆錄、整理資料等。尹先生從來到樂山安谷後，即請了部分工人，由他帶領把樂山附近的崖穴洞子踏遍了。洞門口用石灰水編上號碼，並拓印了許多漢墓浮雕和影照，發掘出土文物很多，急待整理修復。重要的、有價值的古文物都併入中央博物館箱藏（其中尤以安谷、車子、麻灝[浩]、肖壩、虎頭山漢墓出土文物居多）。師生三人儘管生活清苦，但充滿樂趣。

……

民國三十三年（1944年）暑假中的一天清晨，我們師生三人正進早餐，忽聽溝邊路上有人呼叫尹先生的名諱，我與劉季雲趕到門外迎接，只見楊東蓴先生手持手杖，後面跟著邱琨、朱家駒（二人均系武大講

[34] 鄧嘉媚：《我為父筆而自豪》，陳德忠主編：《故宮文物南遷史學刊》創刊號，故宮文物南遷樂山學術研究會編印，2010年，第80頁。
[35] 另據劉文龍《故宮人在安谷的五樁姻緣》云：「（尹煥章先生）居住在離文物庫房朱潘劉三氏宗祠不足五百米的袁少榮家，一住就是七年多。」（載《故宮文物南遷》，天地出版社2012年版）

師,在武大附中高中部教英語、物理課,我們早已相識)。另有幾位陌生長者正向我們走來。這時尹先生也迎出門外。待楊先生進屋入座後,客人要求觀賞尹先生出土文物的拓片、影照時,楊先生則與我和劉季雲暢談,再次詢問我倆的學習情況,關懷備至、情景感人。原來楊先生與同行的幾位先生是專程到安谷觀看中央博物院箱藏文物的。其時,尹先生已派工人到宋祠通知歐陽邦華科長(故宮博物院安谷辦事處主任)和常惠秘書長,說明當天要開放中央博物館部分箱子,請他們在記錄簿上簽字(中央博物館的開箱大權在尹先生手裡,與故宮博物院的開箱制度不同)。

十時左右,一行來到朱、潘、劉三氏祠,庫員梁××和兩個工人已在那裡待命開箱。尹先生親開庫門後即按冊號將事先指定的幾箱文物撕封開箱。第一箱是絹帛字畫。其中最引人的唐寅的《八駿圖》(此《八駿圖》畫的是北宋名將楊業的八個兒子,並非周穆王的「八駿」),只見畫面上的八兄弟個個英姿威武,手握兵器如臨敵陣,呼之欲出,眾口稱讚。……另一箱是玉板、玉雕,玉雕中有浮雕、鏤雕,其中描繪西湖風光的「三潭印月」「雷峰夕照」「靈隱煙霞」……玉雕最為人喜愛。另有幾箱是「金文絹書」和「篆字絹書」。

民國三十四年(1945年)的春假(清明假)和暑假中,楊先生同葉聖陶先生、朱光潛先生,以及邱琨、朱家駒,還有復性書院的馬浮(一名馬一浮,是故宮博物院院長馬衡、秘書長常惠的好友),曾多次來安谷觀看翻曬文物,並抄錄有關資料。因為人多,我與尹先生等人只能作一般的陪同和接待。[36]

1946年9月,在宜賓的李濟通知尹煥章,由他一人護送存放在安谷鄉的中博文物(計古物787件,民族標本245件[37]),並和故宮文物一道至重慶,擇日由長江水運回南京。家眷到宜賓指定地點等候,乘飛機抵寧。當時尹煥章剛結婚不久,一人護送文物要走這麼遠的路,新婚妻子鄧文均很不放心,就向李

[36] 楊正甫:《回憶良師楊東蓴先生》,政協樂山市市中區文史委編:《樂山市中區文史資料選輯》第七輯,1993年,第78-82頁。

[37] 據孟國祥:《烽火薪傳──抗戰時期文化機構大遷移》,商務印書館2015年版,第75頁。

濟提出同行的要求，相互也有個照應。就這樣夫妻倆個踏上護送文物的漫漫之
路。他們護送的文物，由安谷鄉用木船運到五通橋附近，再用汽車運到重慶南
岸向家坡，暫存在故宮臨時庫房裡。12月5日，文物裝運上「民萬輪」，從重
慶出發東下，16日終於安全抵達南京中山碼頭。國民政府來接文物的卡車早已
等候在碼頭，尹煥章隨車直抵南京朝天宮庫房，其妻則乘坐中博的吉普車到中
山門中博本部。

第五節　完璧歸寧又分離

1945年8月，日本投降，馬衡高興之餘賦詩道：

> 千鈞威力震扶桑，驚破癡人夢一場。懲暴豈容存顧忌，乞降猶自逞頑強。
>
> 盱衡禹甸欣無恙，洗盡佳兵被不祥。從此大同休戚共，八年苦戰願毋忘。

抗戰終於勝利了，故宮博物院重慶總辦事處隨即規劃復員南京事宜，並擬
定四項原則：

一、所有疏散後方之文物，仍遷回南京。

二、文物復員按巴縣、峨嵋、樂山次序，先在重慶集中，再循水路直運南
　　京；國子監石鼓十箱及石鼓文音訓碑一箱，因體積龐大，重逾噸餘，
　　則由陸路回京。

三、商請經濟部同意，撥交重慶南岸海棠溪向家坡貿易委員會舊址，作為
　　臨時集中庫房。

四、臨時集中庫房之接收整理事宜，由巴縣辦事處莊尚嚴主任率同仁辦理。

1946年1月，存在四川巴縣的80箱文物，就是最早運出的第一批，最先運
到了重慶向家坡。巴縣辦事處主任莊尚嚴及眾職員就在這裡負責接收房屋、修
理庫房，並辦理其他辦事處運來箱件的收箱工作。同時，故宮博物院派那志良
作為總隊長，負責將峨嵋、樂山兩辦事處的文物也運來此地，並決定峨嵋辦事
處的箱件先運。抗戰之後，輪船較少，宜賓又須換船轉駁，人力物力都不濟，
萬一在漲水時期不能運完，又須待到明年。所以決定對於樂山峨嵋的運輸，改
用車運。

歐陽道達在回憶中說：「西遷巴縣文物集中重慶，越三月，峨嵋文物繼以集中，初以青衣江草鞋渡水勢險惡，謀避免車輛渡江艱危，曾有寧迂迴繞道，經夾江、循成（成都）樂公路而入樂山之計畫。是以車運途程，遲遲未決。旋於五月十五日，以一輕車編特號先發，沿途實地履勘；履勘所得，且經一月商討，始定車運全程為由峨嵋，循樂西（西昌）公路，迨達樂山，轉由樂內（內江）、成（成都）渝兩公路而直抵重慶。應用車輛，初由新綏汽車公司承包。是時，新綏已無自備車輛，勢不得不轉僱商車。於是車運利鈍之樞機，不操於協約雙方，而係於『大包』『小包』間利潤分配比率之多寡矣。如是運及五批，新綏公司終以無力踐約，幾使文物集中陷於停頓。本院為顧全事實而謀解決運輸困難，乃同意其與交通部公路總局第二運輸處訂約撥車代運，是為川湘車輛，占車運總額十之八，誠峨嵋文物集中之運輸主力也。其後，在八、九月間，又加入廣州區車與元通公司所轉包之中美汽車隊十輪大卡車，於促進運輸，亦有力焉。」[38]

峨嵋文物移運順序，「先許祠，次土主祠，而以武廟終。許祠與土主祠，距樂西公路一華里許，田埂狹隘，難以通車，爰於公路旁設臨時站，以備裝載。裝成之車，次第集於新南門外縣立圖書館門前廣場，結隊待發」。[39]自1946年5月15日到9月10日，峨嵋文物計運33批，用車256輛，載運文物7286箱，如原遷存數。

樂山辦事處於峨嵋文物集中結束之日，即展開啟運工作。「惟運輸車輛，只能達到樂山縣城，而樂山、安谷間，猶須賴水運。故運輸全程，因客觀條件所決定，自成為兩階段：安樂間水程轉駁與樂渝間陸程車運。且事先為謀水運安全，得以避免險灘、湍流，乃勘定樂城東郊馬鞍山之樂山聚點糧倉為臨時轉運站。蓋山之西，為銅河、岷江之匯流下游，水勢平靜，山麓原有渡口，可作船筏起卸埠頭；山之東，為樂內公路所必經，且有支路直達山坡平處原有足以暫儲文物四千箱之糧倉門前。是以聯繫兩程運輸，此站誠最合理想之卸船裝車一貫通關鍵。循是分程記述，當先水程轉駁。」[40]

[38] 歐陽道達：《記東歸》，《故宮文物避寇記》，第104頁。
[39] 歐陽道達：《記東歸》，《故宮文物避寇記》，第104-105頁。
[40] 歐陽道達：《記東歸》，《故宮文物避寇記》，第106-107頁。

岷江、銅河，灘多流急；銅河且支流繁多。故宮在安谷儲藏文物有六庫，而非集中一處。「為解除諸凡類似艱困，乃於轉駁之先，由各庫附近渡口出發，沿途實地履勘，而至馬鞍山臨時轉運站渡口。後依履勘結果而決定船筏運程：一庫自寶渡啟運；二庫中渡，四庫王渡，五庫、六庫魏渡，均由銅河南支流；三庫新開渡，由銅河之支流：同經鷹嘴岩，入銅河正流，東經樂山城下蕭公嘴，沿南岸折入岷江，藉避去安瀾門前湍流（以名安瀾，可知瀾實難安）及岷江、銅河匯水凌雲山麓大佛（唐時，依岩石鑿成佛像）前之險惡九龍灘。」[41]

文物轉駁，分兩期進行。初期自1946年9月10日至30日，中間因天雨停止工作5日，計轉駁16日。當時因陸程車輛稀少，轉運不及銜接，導致臨時轉運站倉庫存箱壅塞，難再儲入，所以不得不暫停水程轉駁。第二期，自同年11月22日至29日，中間亦因天雨暫停3日，計轉駁5日。所有故宮遷儲安谷鄉六庫文物，全部轉駁完畢。今安谷鎮泊灘村十組的任宗才、任宗武兩兄弟，少年時曾目睹運走國寶時的情景，據說當時內河裡，碼滿箱子的竹筏依次排了半里路長。安谷村民任鳳祥婆婆，當年18歲，參加了從三氏祠堂往河灣兒渡口竹筏搬運文物箱件。她說：「看到我們村很多人都去搬，我跟好朋友張桂英也一起去了。從祠堂到渡口，隔兩三丈遠就有一個背槍警戒的士兵，河中竹筏一個接一個，排出一里多長。我們背一次，就發一個簽，回去後交簽領工錢。」[42]

文物轉駁起初以木船為主，竹筏為輔，「旋經試運，覺木船容量太小，能載箱件不及竹筏之半；且因不如竹筏平穩，力夫裝卸不便，致減低工作速度。故自四批以後，竟舍船而全用竹筏載運。先後合計，轉駁二十一批，徵僱木船四，竹筏一三八，載運文物九四四七箱」；「按一九三九年遷儲安谷文物箱件，計有九三六一箱，內除處字號應用表冊檔卷箱件三，實有文物九三五八箱。旋加國立中央博物院籌備處寄存文物箱件九〇，故安谷庫存文物箱件，共計九四四八箱。又選提蓉展書畫，由各箱檢提，匯裝於公字第五三七六號箱，先日隨裝於本院峨嵋文物移運車輛運渝決選。因是，在未轉駁期前，安谷存庫文物箱件，實為九四四七；而此次轉駁文物箱件，綜計數字，適與符合。」[43]

---

[41] 歐陽道達：《記東歸》，《故宮文物避寇記》，第107頁。

[42] 魏奕雄：《安谷人與故宮博物院》，陳德忠主編：《故宮文物南遷史學刊》第2期，故宮文物南遷樂山學術研究會編印，2010年，第55頁。

[43] 歐陽道達：《記東歸》，《故宮文物避寇記》，第107-109頁。

首次轉駁,在馬鞍山臨時轉運站卸運,因工作遲緩,至天黑尚未卸完,尚有540箱,分載六筏,泊在河岸。「是日,適值中秋佳節,月已東升。各筏均經覆蓋竹簟、油布,不虞露濕。時過午夜,天氣驟變,狂風暴雨,達旦方霽。駐站員工,初聞風雨,即互相喚起,率同筏工,冒雨在各筏加蓋油布,以期不致滲濕箱件。天明復查,見因雨急不及流泄,致各筏覆蓋竹簟、油布有積水滲漏,而濕及裝載上層與旁側箱件。當即分別卸運入庫,隨按滲濕情形輕重緩急而開箱檢視。自九月十一日迄十七日,歷時七日,檢視、曬晾、裝置諸凡工作,悉告完竣。計檢視滲漏箱件六三箱,內有文物部分受濕即施曬晾待乾重裝者,一二箱;文物無恙,僅襯草、棉花、紙張受潮,隨經更換重裝者,五一箱。旋抽查原未滲濕箱件,經查知文物無恙,襯件亦未受潮,而照舊重裝者,六〇箱。按文物受濕比率,占滲濕箱件百分之十九,占存泊河岸箱件總數百分之二強,誠不幸之大幸。其受濕比率能有如是幾微者,蓋賴箱內襯墊、蒙蓋之牛皮紙阻水力大也。」[44]這算是一個嚴重的教訓吧。

樂渝間陸路移運所用車輛,先為交通部直轄第二運輸處運輸車,繼為元通公司所轉僱中美汽車隊十輪大卡車。「車運全程,始於樂城東郊馬鞍山臨時轉運站,中經樂內及內渝兩段公路,而訖於重慶南岸向家坡本院文物集中保存庫。車運時期,自一九四六年九月十五日啟運,至明年三月十日止,五閱月而運畢。計編三十三隊,共應用運頓車三〇一輛,合移運文物箱件九四四七(與先日運渝公字第五三七六號蓉展書畫一箱並計,應為九四四八),適與安樂間水程轉駁箱件數字相符。」[45]

順便說說蓉城書畫展一事。「故宮為順應川省人士要求,曾於一九四四年九月間,就遷儲樂山之滬字號書畫箱中選提百件,籌備蓉展,以為文物遷川八年之臨別紀念。但以展品內容與數量諸凡問題,幾經往復磋商,從長計議,是以遲遲未見實行。迨一九四六年冬,文物東歸期迫,始決定在成都少城公園兒童圖書館展覽書畫一月。且以石鼓極易剝落,不敢輕啟包裝,陳列展覽,特將原經選定書畫加以損益,儘量精選,以少勝多。數量雖仍百件,內容已較充實。決選書畫,以時代分,晉至五代凡六件,宋十六件,元二十二件,明三十

[44] 歐陽道達:《記東歸》,《故宮文物避寇記》,第109頁。
[45] 歐陽道達:《記東歸》,《故宮文物避寇記》,第110頁。

八件，清十八件。」[46]書畫展覽日期，從11月12日到12月5日，「乃文物集中
百忙中一穿插劇也」。[47]

　　復員的高潮過去，便輪到故宮博物院了。首先，把石鼓裝上汽車，擬循川
湘公路，經長沙、南昌運回南京。可是一路上凹凸不平，砂石遍地，到了南昌
才知道，前面的斷橋都還沒有修復，只好臨時改由水運，1947年6月30日到達
了九江，7月24日轉載執信輪，25日到達南京朝天宮。於是，其餘的文物都用
輪船水運，從1947年6月19日開始，到12月9日全部運完。

　　到了1948年秋季，徐蚌戰況緊急，南京漸受威脅，國民政府急命所藏文物
遷往臺灣。於1948年12月22日、1949年1月6日、1949年1月29日分三批起運，
共2972箱，另有大宗圖書、文獻、檔案。文物在原有的基礎上，挑選而成，數
量雖減，只占南遷文物的1/4，但均是國之孤品、極品。運抵臺灣後先存放台
中市一家糖廠倉庫，嗣後搬至近處的小村——北溝，達15年之久，直到臺北故
宮博物院落成，這是後話。

　　卻說故宮國寶在樂山近8年，沒有丟失一件文物，也沒有發生一起損毀事
故。1946年4月，故宮博物院特呈報國民政府批准，以國民政府名義頒贈安谷
鄉各個宗祠金漆大匾一塊，以示嘉獎。匾額上款為：「國民政府題頒樂山縣安
谷鄉×氏宗祠」，正文為馬衡題寫的「功侔魯壁」四個楷體大字，下款為：
「中華民國三十五年四月立」，每匾正中上方均刻有篆字方印「中華民國國民
政府印」。

　　各匾大小相同，長8市尺，高3市尺。其中，唯朱、潘、劉三氏宗祠是全金
面，黑體字，餘皆為全黑面金體字，各祠都將金匾懸掛在醒目位置，以示殊
榮。[48]為何頒給三氏宗祠的金匾與其他宗祠的金匾著色不同？這是基於以下兩
個原因：其一，朱、潘、劉三氏宗祠是故宮文物在安谷設庫存放的總庫，存放
文物總量占各庫總量的三成；其二，劉釗是安谷鄉鄉長，是朱、潘、劉三姓後
裔，作為地方勢力代表，他被故宮博物院樂山辦事處聘請為顧問。劉釗對故宮

---

[46] 歐陽道達：《記東歸》，《故宮文物避寇記》，第113頁。
[47] 歐陽道達：《記東歸》，《故宮文物避寇記》，第113頁。
[48] 據劉文龍：《故宮文物在樂山》，陳德忠主編：《故宮文物南遷史學刊》創刊號（故宮文物南
　　遷樂山學術研究會編印，2010年版，第36頁。另據毛西旁《安谷金匾記》載：「這6塊金匾中，
　　趙、易、陳、梁4座宗祠為黑底金字，其餘2座宗祠為金底黑字。」（據《樂山歷代文集》）

文物在安谷安全存放8年起了重大作用。[49]

當時歐陽道達委託劉釧請工匠製匾，並支付製匾工料費國幣36,750元。劉釧讓安谷場小菜市匾對鋪寧君甫製作，他的妻子李桂元也是他的助手，在王德才採訪她時，她對當年製作六塊金匾的往事記得清清楚楚，「侃侃而談，事如昨日」。[50]

1946年12月28日，安谷鄉鄉長劉釧致故宮博物院兩件公函如下：

> 敬啟者：自日本肆虐文物播遷，貯藏敝鄉已八年矣，茲幸抗戰勝利天地重光，文物遷返故都，其原貯文物庫房，業已派員隨同各該祠執事，分別接收，相應函達，即希查照為荷。
>
> 敬覆者：前奉貴辦事處大函，附送國民政府題匾「功侔魯壁」七份，也已分送文物各祠廟，榮典輝煌。故拜嘉貺，謹代表各祠廟鳴謝。[51]

1947年2月5日，故宮博物院樂山辦事處致函樂山縣政府，表示感謝：

> 敬啟者：本院遷貯貴縣轄境安谷鄉文物，感荷貴縣政府始終愛護，並於典守事宜隨時惠予指導，八載於茲，文物賴以安然無恙，而先後移運工作，複存熱心協助，藉已利便進行。茲值奉令集中重慶，所有文物水陸轉運業已完成，用特備函申謝公宜。
>
> 又查由貴政府派駐馬鞍山臨時站外圍警衛，自三十五年九月十日至三十六年二月六日止，服務勤勞，實紉公感。除已由本院按日齎送犒勞費五千元外，現因任務完畢，應請即飭撤回。相應一併函達，即希查照為荷。[52]

---

[49] 據劉文龍：《故宮文物在樂山》，陳德忠主編：《故宮文物南遷史學刊》創刊號，故宮文物南遷樂山學術研究會編印，2010年，第36頁。

[50] 王德才：《故宮文物存放安谷始末》，政協樂山市市中區委文史委編：《樂山市中區文史資料選輯》第十五輯，2001年，第47頁。

[51] 魏奕雄：《故宮文物樂山始末》，政協樂山市文史委編：《文史資料選輯》第26輯，2012年，第113頁。

[52] 劉文龍：《故宮文物在樂山》，陳德忠主編：《故宮文物南遷史學刊》創刊號，故宮文物南遷樂山學術研究會編印2010年，第36頁。此函件現由樂山市檔案館收藏。

　　作為典守故宮文物的樂山辦事處主任歐陽道達、峨嵋辦事處主任那志良，也因功勳卓著，於1946年5月雙雙獲得國民政府頒發的抗日勝利勳章各一枚。值得一提的是，那志良於1949年1月奉命押運一批故宮文物從南京遷往臺灣，從此長居寶島；而歐陽道達則留守南京庫房，當第三批文物剛出庫後立即將庫門用鋼筋混凝土封閉，保證了一萬多箱文物的安全。南京易幟後，《新華日報》專題表彰他保護國家文物的功績。

第六章
弦歌不輟：武漢大學在樂山

　　2018年4月21日，樂山師範學院40周年校慶暨武漢大學西遷80周年紀念活動在四川樂山舉行。紀念大會上，中共武漢大學黨委書記韓進向樂山師院全體師生及海內外校友致以誠摯祝福。他說，「80年前，在民族危難，山河破碎之際，為了賡續文化命脈，為國家培養人才，1200多名武大師生冒著日軍的炮火逆江而上，幾經輾轉，終於抵達樂山。樂山人民以寬廣的胸懷，無私的接納了武大師生，讓武漢大學在戰亂中得以延續、得以發展。樂山8年，武漢大學在危厄中弦歌不輟，以學術至上、教育救國、自由民主、相容並包、自強不息、勵精圖治、造福鄉邦、服務社會的樂山精神，在中國高等教育史上留下了光輝的篇章……今天，站在歷史、現實與未來的交匯處，我們深深的感受到，武漢大學與樂山師範學院之間源遠流長血脈相連，珞珈山與樂山之間，守望相助和諧共鳴。在這片土地上積澱出來的樂山精神，就是來自於我們對國家、對民族最深的感情！」[1]

第一節　文廟裡響起琅琅讀書聲

　　1938年初，在飽受空襲警報聲的驚恐之際，國立武漢大學委派法學院院長楊端六和工學院院長邵逸周兩位先期前往四川考察遷校地址。

　　卻說當時高校搬遷的方向主要有三個，一是四川，二是雲南，三是廣西。這些地區都是當時中國的大後方，有利於學校的穩定和發展。但是從後來戰爭的進程來看，各地有所不同，廣西在豫湘桂戰役中部分淪陷，雲南在日軍佔領緬甸後也是飽受戰爭的壓力，相對而言四川安全一些。四川之大，選在何處最適宜呢？楊端六和邵逸周兩位認為最好是在江邊，如果從長江坐船可以通達，這樣搬遷最為方便。由於武大到了1938年才考慮搬遷，是大學中搬遷較晚的，選址十分困難，沿江的重鎮如重慶、瀘州、宜賓等地已沒法落腳。他們兩位只得從岷江北上走得更遠，最後選定岷江邊的小縣城樂山作為校址。不過，在經濟學者劉滌源（武大經濟系1939年畢業）的回憶裡是這麼說的：「他們溯江西上到達重慶，然後兵分兩路：一走水路，繼續沿長江西行，再由瀘州、敘府向北行，到達樂山，沿途對每一較大城鎮都實地考察。另一走陸路，由重慶乘汽

1　《紀念武漢大學西遷樂山80周年》，武漢大學西南研究院微信公眾號，2018年4月28日。

車到成都，又向南行，乘汽車到樂山也是沿途實地考察，兩路勝利會師。他們
經過對沿途城鎮認真對比分析，最後選定樂山為遷建校址。」[2]

選址樂山的理由，武大校長王星拱在《本校遷校經過及遷校以後處理校務
大概情形》中歸納了六點：

（一）該處尚無專科以上學校之設立。

（二）地處成都之南，敘府之西偏北。水陸交通，均稱便利。

（三）生物礦物，產蓄豐富，可資研究，以備開發。

（四）民情風俗，頗為樸素，而文化程度亦不低於其他大城市。

（五）公私建築物頗多，其破舊者加以修理，即能通用。

（六）地方深入內地，不易受敵機之威脅，學生可以安心讀書。[3]

後來文學院教授蘇雪林在一篇文章裡讚譽樂山，「以商業隆盛，交通便利
著稱，而風景之優美，尤其膾炙人口。宋范石湖嘗言『天下山水窟二：曰嘉
定，曰桂林。』這話也許有點溢美；但這個三角形的小城，兩面臨江，一面倚
山，出門一步，則如畫的江光，青蒼的嶺色，輪囷的老樹，縹緲的雲煙，到處
與你心目相招挑，步履相追逐，城市山林之美，合而為一，在國內一切郡縣中
確也少見。試問南方炮火喧天，我們還能在這樣環境裡自自在在的讀書求學，
難道不是幸福？」[4]

1938年2月3日，武大致函四川省政府，請求將樂山文廟等處撥為校舍。3
月31日，四川省政府回復武大，已電商四川省第五區專員公署遵照執行，該署
也表示努力照辦並予以協助。這樣，武漢大學的去向問題得以解決。

2月21日，武大召開第322次校務會議，議決遷校問題，「呈商教育部：四
年級學生留校上課，一、二、三年級學生暫遷嘉定，並於暑假後酌量情形，再
行商遷貴陽。」[5]

26日，教育部批准武大遷校方案。同日，經第323次校務會決議：成立遷
校委員會，「推楊端六、方壯猷（史學系教授）、劉迺誠（政治系教授兼系主
任）、曾珹益（數學系教授兼系主任）、郭霖（機械系教授兼系主任）、葉雅

2　劉滌源：《欣憶樂嘉年華》，臺北武大校友會編：《珞珈》第118期，1994年1月。

3　轉引自駱鬱廷主編：《樂山的迴響》，武漢大學出版社2008年版，第3-4頁。

4　蘇雪林：《樂山慘炸身歷記》，《屠龍集》，上海商務印書館1947年版，第81頁。

5　駱鬱廷主編：《烽火西遷路》，武漢大學出版社2008年版，第16頁。

各（農學院院長）諸先生組織遷校委員會，並請楊端六先生為委員長。」[6]

鮮為人知的是，當時在四川大學任教的陳光泰也被武大聘為遷校委員。這是怎麼回事呢？據陳光泰晚年在臺灣的回憶：「我在川大文學院、法學院任教兩年後（1935-1937），適武漢大學因戰局關係，奉命遷川。派法學院長楊端六、工學院長邵逸周兩先生來川勘察校址。勘察結果，以嘉定（今樂山）山清水秀，文風素甚，兼以水陸運輸兩便諸特點，決定選樂山為校址。彼等到成都時，川大代理校長張頤先生知我對嘉定地方情形熟悉（我家在犍為，與嘉定為鄰縣）。乃介紹楊端六、邵逸周兩院長與我一談，要我從中幫助。當時嘉定行政督察專員兼縣長唐步瀛是我舊相識，適因公來成都，我乃設宴約楊、邵兩院長與唐專員見面，洽談武大遷嘉計畫，獲得唐專員支持，因而遷校進行非常順利。武大遷校委員會聘我任委員，我因常在成都故僅能略盡人事交涉之勞，使武大遷川計畫，得以迅速完成，促進樂山文化發展，利鄉利國，我固樂於為之而不辭也。」[7]

1938年3月10日，武大第一批辦理遷校工作的教職員10餘人，從武漢啟程前往樂山。部分教職員和一、二、三年級學生共600多人（其中武大學生446名，部派借讀生到樂山的83人，學校所收借讀生134名），採取自由組合方式，各自買船票西上。對於經濟困難者，由學校發給15元旅費。這個數目是不算低的。當時長沙臨時大學（西南聯大前身）遷往昆明時，學校發給學生路費津貼是每人20元，教職員每人65元。

西遷途中，武大於宜昌南正街36號，重慶西三街16號、永齡巷3號、段牌坊8號等地分設辦事處，讓師生們在換船的時候，有歇腳打地鋪的地方。其中，西三街辦事處住男生及教職員，永齡巷住女生及女教職員，段牌坊住男生。

武漢到樂山，經宜昌、巴東、萬縣、重慶、宜賓，全程水路兩千多公里，交通工具緊張，分漢－宜、宜－渝、渝－敘、敘－嘉四段進行，漢宜段大部分由武大租拖輪駁船起運，其餘由民生公司輪船包運，宜渝段大部分由民生公司輪運，小部分由武大租木船運輸。大水期間，渝嘉段由華懋公司及四川旅行社輪運，枯水季節，在宜賓換成木船再行續運，直至樂山。這一趟行程大概有二

---

[6] 駱鬱廷主編：《烽火西遷路》，武漢大學出版社2008年版，第18頁。

[7] 陳光泰：《憶川大教友與武大遷樂山》，政協犍為縣文史委編：《犍為縣文史資料》第三輯，第88頁。

十來天。

蘇雪林教授晚年回憶：「二十七年（1938）四月間學校人員器材分作十餘批，乘小輪前往。我們在途十餘日，漸近三峽。那三峽是瞿塘峽、巫峽、西陵峽，以瞿塘最險，西陵最長，連綿七百里。三峽形勢之雄奇壯麗，筆難描繪，兩壁之岩石，刀斬斧劈，有如人工所為。」[8]「記得有一夜，同舟某職員的小孩忽然墜水，只是聽見做母親的人號哭而已，誰也不理。聽說四川水道之所以危險，因水下都是巉岏錯雜的大亂石，水皆繞亂石而轉。有時會湧出水面丈許高，東起西滅不定。船碎人死旋入江底，再也不會浮上來。江水是這樣的可怕，小孩墜水，當然不能停船援救了。」[9]

土木系（1937級）學生黃宗幹回憶：「我是1938年初乘民生公司輪船從武漢出發，經宜昌過三峽，經萬縣、豐都等地先到重慶。再由重慶西上。因江寬水淺改乘小型輪船經瀘州、宜賓、犍為、五通橋直抵樂山。那時川江水流湍急，又多暗礁，輪船入川後都是畫行夜止。每當夜晚停靠一個碼頭時，我們都上岸觀光。當時四川是抗戰的大後方，戰爭初期敵機尚未入川騷擾，因而社會穩定，人民安居樂業。我們途徑各地雖都是些小縣城，但夜市十分熱鬧，尤其是各種川味小吃攤點特多。四川各地物產豐富，物價也很低。」[10]

這一入川行程是何等的曲折艱辛！他們從武漢乘輪船出發，何曾想到在敘嘉段淺水期間還要換乘木船。漢宜段購買船票較易，船體寬大，師生染病者不多；宜渝段，船少客多，購買船票委實不易，甚至有些師生在宜昌等候輪船達兩月之久，加上船小行客擁擠，染病者較多。難怪蘇雪林說「一路上經過了唐三藏上西天取經的苦難與波折」，才到達「理想中避難的聖地」——樂山。[11]

1938年4月2日，首批入川的遷校委員楊端六等人到達樂山。4日，遷校委員會第二次會議議決：接洽校舍事由邵逸周、楊端六辦理；修理房屋事由郭霖、劉迺誠辦理；購置器具事由曾昭安、方壯猷辦理；管理工人及器具事在三育學校方面由李人達負責，在文廟方面由石琢負責。隨後，委員們開始積極籌備工作，各負其責。8日，武漢大學第327次校務會議議決，遷川臨時校名暫定

---

[8]　蘇雪林：《浮生九四——雪林回憶錄》，（臺北）三民書局1993年版，第120頁。

[9]　蘇雪林：《浮生九四——雪林回憶錄》，第144頁。

[10]　黃宗幹：《難忘的往事》，徐正榜主編：《武大逸事：武大英華》，遼海出版社1999年版，第294-295頁。

[11]　蘇雪林：《煉獄》，蔡清富編：《蘇雪林散文選集》，百花文藝出版社1991年版，第230頁。

為「國立武漢大學嘉定分部」。校牌由機械系主任郭霖書寫，懸掛在文廟校本部門前。

關於學校布局問題，16日的遷校委員會第六次會議議決：文廟定為國立武漢大學嘉定分部第一校舍，三育學校定為第二校舍，財務委員會定為第一男生宿舍，龍神祠定為第二男生宿舍，李家祠定為第三男生宿舍，觀斗山定為第四男生宿舍，進德女校為女生住所。20日，各院校舍則採用抓鬮的方法來解決：文、法兩院設在文廟，理、工、農[12]三院設在三育學校，城內文廟為總辦公處，文廟正殿為圖書館，三清宮為印刷所，李公祠為理工教室、實驗室，西址怂為電工實驗室等。租借的所有校舍破舊不堪，經遷校委員會20多天的努力，修葺完畢。

楊端六作為一位著名學者，又具有組織領導紛繁複雜事務的卓越才能和高度責任感，令武大師生萬分敬佩。經濟系學生向定回憶說，「曾記得1938年4月份，我們由漢口初到樂山時，親眼看到他與郭霖老師在文廟指揮修建工作，真是晝夜繁忙，全力以赴，事無巨細，都親自過問，親自檢查驗收，竟把一個破爛的舊式廟宇，在短期內改建成大學課堂和圖書館，使學生們能很快繼續上課。與此同時，還在龍神祠、觀斗山等處改建成了許多學生宿舍和教室。這期間，端師真是廢寢忘食，費盡了心血。文廟大成殿改建成為圖書館後，很快就將從武昌運來的圖書，開箱裝架，端師時兼圖書館館長，他親自和圖書館的同事們把一捆捆圖書分類整理，裝上書架。他雖然自己不辭辛苦，整日忙碌，卻對同他一起工作的同事，體貼入微，要他們注意休息。圖書管理員整天坐在木板硬椅上，忙於辦理借書還書手續，實在很累，為此，端師特為他們配備籐椅，讓他們坐著舒適一些，端師對同事們如此關懷備至，使他們深受感動。」[13]

在樂山這樣一個小縣城全面而又迅速地展開修繕、製造等工程，肯定需要大量的木工、泥工、油漆工等，這又非要取得當地人士的合作與幫助不可。有一位同盟會會員黃成璋，為武大助過一臂之力，使選址等工作很快圓滿完成。

武大內遷樂山時，黃成璋協助遷校委員會楊端六、邵逸周尋覓校址，做了

---

[12] 武大農藝系於1938年8月併入中央大學，農學院停辦。
[13] 向定：《追憶先師楊端六先生》，臺北武大校友會編：《珞珈》第129期，1986年10月。

不少工作。那時,樂山是四川省第五行政督察區專員公署所在地,專員唐步瀛是黃成璋昔年學生,對他十分尊重。因此,武大在選址時,得到官方大力支持。據黃成璋之子、武大電機系畢業的黃模回憶道:

> 文廟,坐落在樂山城內西北角,該處環境幽靜,無塵世干擾。廟內地勢廣闊,除供奉孔子的大成殿外,兩側廂房空屋甚多,略加修繕,足供文法兩院上課之用。……文廟大成殿建築牢固,確是存放圖書的實地,故作為圖書館。兩旁還有殿房可供學校領導辦公和各職能部門使用,故作為校本部也很恰當。隨後,家父又不辭辛勞同武大教授和有關管理人員奔走於李公祠(現樂山市醫院職工宿舍)、三育中學(現樂山師院校址)等處,凡校方看中的,有些地點雖然當時還在使用,但仍全給武大。花了兩個月左右時間,在學校開學前,學校各重要場所,如物理實驗室、化學實驗室、材料實驗室、實習工廠……都在城內外得到很好的安置。這為武大在樂山成功辦學奠定了堅實基礎。校方為表達對家父在選址工作中所付出辛勞的感激之情,在當年家父生日時,特送魚翅席兩桌為他祝壽。一桌擺在堂屋,為王星拱校長和各位參加選址老師座席。未入席前,武大老師用紅紙條寫上就座席次的姓名放置桌上。王校長簡致祝詞後,即按已定席位入席。就座的除王校長外,還有楊端六、工學院院長邵逸周和參加選址的委員及文法學院領導陳源、劉炳[秉]麟等人。另一桌擺在堂屋後面房內,是家母和兄弟姊妹的席位。[14]

當時四川各地普遍存在幫會組織,樂山當然也不例外,這裡哥老會頭子蔣煥廷,很有勢力,原是湖南人,後來落戶樂山。而負責遷校委員會的楊端六也是湖南人,他便以同鄉之誼登門拜訪蔣某,爭取他大力幫助。這一著棋十分有效,這位蔣大哥號召力強,動員樂山及附近鄉鎮的所有工匠大力支援武大,各項工程進展神速。劉滌源回憶說,「我4月16日抵樂山時,文廟劃作教室用的左廂、右廂,尚在安裝板壁、門窗和粉刷牆壁,不到幾天就成了煥然一新的系列大小教室,室內課桌,坐凳安排得井然有序,作好了上課的物質準備工

---

[14] 黃模:《家父在樂山選址中與武大的一段深情》,《武大校友通訊》2008第1輯。

作。」[15]效率之高，實屬罕見。原來定於5月1日開學，但實際上在4月29日，先頭到達樂山的師生，在那些破陋的校舍裡，恢復了弦歌之聲。

7月間，珞珈山本部的教職員工在四年級學生畢業離校後，除留8人看管校產外，其餘均在王星拱校長的率領下到達樂山。此後，樂山的「國立武漢大學嘉定分部」正式改名為「國立武漢大學」，遷校委員會解散。

第二節　一代完人，功蓋珞嘉

文廟大成殿背後有一處建築叫崇聖祠。這裡就是武大校長、教務長等「長官」們辦公的地方。王星拱、周鯁生、曾昭安、朱光潛、楊端六等人都曾在此工作。不過在此時間最長的當數校長王星拱，長達七八年。畢業後曾在教務長室做過三個月代理秘書的殷正慈回憶，「那時所謂『校長辦公室』，只是文廟最後進的一排平房。總共三間小室，右首為校長室，左端為教務長室，中間隔著一間廳堂，美其名曰『會議室』。客人出進，都必須先經過中堂，再揭簾而入左右小室。堂後是一系列更形狹暗的廚、廁、工友室及儲藏室等。以如此規模簡陋、湊合而成的辦公廳，與珞珈山當年富麗堂皇、美輪美奐的建築物，自不能相提並論。」雖是陋室，但「往來均為碩學，議論全屬鴻儒」。[16]

王星拱是國立武漢大學創始人之一，是武大西遷樂山到抗戰勝利時期的流亡校長。

王星拱，字撫五（原名芳辰，字盛時）。安徽懷寧人。1908年以優異的成績考取安徽省第一批官費留英名額，被選送倫敦理工大學研習化學。1916年獲碩士學位後回國，先後在北京大學、中央大學和安徽大學任教。1928年7月，國民政府大學院正式決定籌設國立武漢大學。大學院院長蔡元培指派王星拱為武大籌委會委員；8月，又指派他為武大建築設備委員會委員，與王世杰、李四光等一起負責籌建國立武漢大學，並任化學系教授、理學院院長；1929年3月，教育部任命王世杰為武大校長，在其到任前由王星拱代理；5月，王世杰校長到任，6月，校務會議聘王星拱任副校長；1933年6月，王世杰轉任教育部

[15] 劉滌源：《欣憶樂嘉年華》，臺北武大校友會編：《珞珈》第118期，1994年1月。
[16] 殷正慈：《我所知道的王撫五先生》，《學府紀聞：國立武漢大學》，（臺北）南京出版公司1981年版，第64頁。

部長，王星拱為武大代理校長，一年後任校長。從1934年5月到1945年7月，王星拱正式擔任武大校長11年有餘，其任職時間之長，在武大的歷史上僅次於後來的李達校長（近14年）；如果算上此前實際主持校務的幾年時間，那麼王星拱在武大工作並主政前後長達17年之久，堪稱空前絕後。

早在擔任代校長和副校長之初，王星拱便已提出了「秉承學術獨立的精神」、「抱持不管政治的態度」、「努力使武漢大學不愧為全國知識的中心」、「讓武昌變成文昌」的希冀；在教務長任上，他更提出：「大學的任務，在道德方面要樹立國民的表率，在知識方面要探求高深的理論，在技能方面要研究推進社會進步的事業。」在長期的教學與教育管理工作中，王星拱逐漸形成了一些頗有見地的辦學主張，其中主要包括：辦教育要有深遠的眼光，學校教育要適應健全社會的需要；學校要養成「研究實學」的風紀，在教學與科研中擺正理論與應用的關係；學校要注重基礎課的教學，傳授給學生探求知識的方法等。在他的不懈努力下，武大有了更進一步的長足發展。

1937年，日本發動全面侵華戰爭，中國高等教育事業的正常發展進程被打斷。此時，王星拱高瞻遠矚，及時而穩妥地做好了遷校的準備工作並有力地貫徹執行。1938年初，通過先期派人前往四川考察校址，最後選定岷江邊的小縣城樂山。學校將一至三年級的學生先送去，四年級學生留校畢業。當時是在民生公司的大力支持下，武大辦學物品基本完整到達樂山，成為大後方儀器設備最好的大學之一（武大當時擁有一台先進的示波器，這是大後方高校中惟一的一台），能正常開出實驗實習課程。

王星拱將師生全部送走後，才與工學院院長邵逸周兩人乘一輛福特1936型小轎車及一輛裝載汽油的卡車離開珞珈山。他們一路顛簸，經湖南、貴州奔赴四川。這條路線山高水險，經常出車禍，還有土匪出沒。當時王星拱夫人和子女們在重慶等候他們，心情十分焦急，因為前不久王星拱的秘書王煥然先行赴川，不幸在湘西翻車身亡。後來王星拱他們總算平安到達樂山。

當時很多武大學生都認為，「在民族危亡的極端苦難中，能在四川樂山這個山清水秀的小縣城讀大學極為難得。一所著名大學在一個幾萬人的縣城，充分利用了當地的文廟作為校本部及文學院、法學院的教學地址，利用城郊一片建築作為理學院、工學院的教學地址，利用教會的一些設施作為女生宿舍，利用龍神祠等作為男生宿舍，還修建了一些簡易的教室和宿舍。教師們則分散租

用民房，共度戰爭歲月。對比小說《圍城》描述的抗戰時期某大學學生及教授們逃難的狼狽情景，武大的師生就太幸運了。」[17]葉聖陶當初來到武大任教也讚歎文廟的教學設施，「以視重慶之中大與復旦，寬舒多矣。」[18]

王星拱全家起初住在樂山半邊街，與朱光潛教授為鄰。1939年「八一九」的轟炸之後，搬遷到城郊一個叫石烏龜的地方。據其當年的傭人秦積富（1924-？）回憶：「我1943年時，曾在武漢大學遷樂山的校長王星拱家做過『旱工』（即傭人），專門負責煮飯、洗衣，管吃管住，工錢是三升米。當時王校長住高墩子石烏龜，與樂山名中醫朱伯龍為鄰。他家住的是茅屋，不過上有望板，下有地板，一共五間。他的夫人個子不高，微胖。王校長家是趙媽管家。這個趙媽是他夫人從娘家帶過來的。他家平時就是他夫人，趙媽、車夫（殷吉祥，井研人）和我四個人吃飯。王校長早出晚歸。他的早飯是兩個有心子的烤麵包，一杯牛奶。麵包皮就餵他的『白皮』『黃皮』狗。飯後由殷師傅拉車送他去月咡塘上班。王校長有兩兒兩女，個子都跟他一樣高。都在城裡讀寄宿學校，要星期六才回家。我們喊他們是少爺、小姐。王校長早出晚歸，很少和我們說過話。但他待我們很和氣。他每次回家不是叫門，而是輕敲房門，一聽到『篤篤』的敲門聲，我們就曉得是王校長回來了。王校長下班回來，喜歡在花園裡散步，或是給花修枝剪葉，鬆土施肥。」[19]

1941年夏天，西南聯大校長梅貽琦和教授羅常培、鄭毅生遊歷蜀地，路過樂山。7月10日上午9點，他們到文廟看望了王星拱、朱光潛等人。當時，王星拱「穿著一件灰色羅衫，頭髮全白了，臉下還有好些黑痣」。羅常培不由感歎，「回想二十年前，我在北平漢花園的紅樓裡聽他講科學方法論的時候，他正在革履西裝，精神飽滿，那是何等少壯英俊！幾年沒見就變成這樣，可見在學校裡管行政事務也會讓人老的快。」[20]作家劉盛亞（哲學系教授）曾用白描的筆法勾勒出一個活靈活現的王星拱：

[17] 萬典武：《緬懷恩師楊端六教授》，武漢大學北京老校友會編：《珞嘉歲月》，2003年，第157頁。

[18] 葉聖陶：《嘉滬通信》第一號，《我與四川》，四川人民出版社2004年版，第80頁。

[19] 溫吉言採訪，2008年12月29日，未刊稿。另據溫吉言云：「2008年12月29日採訪保姆時，她住現在的牌坊街舊房裡（樂山師院的老宿舍），舊房現已拆除，不知她住在那裡。2008年的時候，保姆年齡是84歲。民國時期，她是樂山縣斑竹灣茶房組的組長。王星拱離開樂山後，她又給樂嘉中學的葉老師當保姆，民國時期住在觀斗山廟子裡。」（2018年4月20日）

[20] 羅常培：《蜀道難》，河南人民出版社2008年版，第28頁。

那個大學校長年紀已有六十，生得很高大，可是後來的營養情形很壞，所以更顯得衰邁。他住在城外，由學校供給一部人力車。每天早上九點鐘他到學校去，下午兩點半或是三點回去。但是這裡所說的，只是通常情形，以星期一而論，他就到學校得早些，因為八點起有紀念周。如果遇見開校務會議或者別的事情，他的到校與回家的時間就會改變，總之，來去都在白天則是一定了的。

街上的人都認識他，只要他的舊包車叮叮噹當地從街上拉過時，人們就會看見那精神萎頓的大學校長。他頭上無論冬夏都是呢帽，同人打招呼時總是取下它來。就在這時候人們可以望見他灰白的頭髮向後梳得整整齊齊。除了冬天，他的腳上總是穿著黑色尖頭皮鞋，而且總是擦得很光亮的。在冬天，大約是因為年紀太大了，怕冷，才換上氈靴子。成年他都是穿長衫的，秋冬季加上馬褂。他唯一的隨從用品是一個黑色的大皮包。他是老留英學生，所以他的臉每天都是刮過的。[21]

北大校長蔣夢麟目睹長沙臨大窘境後，說過一句大實話：「在苦難時期，執掌一所大學是件令人頭痛的事。」[22]武大在西遷樂山之後，經濟條件落後，物質匱乏，經費極度困難，但王星拱殫精竭慮，克服重重困難，堅持教學與科研工作的正常開展，使武大得以繼續存在和發展，顯示出了卓越的領導才能。他不顧疾病折磨，四處奔波，廣攬學者名流，充實教學力量，不問出身、派別，一律相容並包，從而延聘了不少出類拔萃的教授。為此，他跑遍了大後方的大中城市，而且往往是親自登門相邀。他繼承了蔡元培「自由講學」、「學術無禁區」的辦學思想，禮聘各類知名教授。如外文系既有教英詩的朱光潛，也有教俄語的繆朗山；哲學系既有弘揚儒家中庸之道的胡稼胎，也有講康德、黑格爾的張頤；中文系既有主講新文學的蘇雪林、葉聖陶，也有傳授古典文學的劉永濟、劉賾；化學系有留英的徐賢恭、留美的鄔保良、留法的黃叔寅、留德的鍾興厚等等，可謂人才濟濟，盛極一時，就連清華大學著名教授曾秉鈞也不由感歎道：就教師質量而言，清華不如武大。武大繼30年代躋身「民國

---

[21] 劉盛亞：《一個大學校長》，《劉盛亞選集》，四川人民出版社1983年版，第530-531頁。
[22] 轉引自易社強著、饒佳榮譯：《戰爭與革命中的西南聯大》，（臺北）傳記文學出版社2010年版，第20頁。

五大名校」之後，再次與西南聯大、中央大學和浙江大學一道，被譽為「四大名校」，還贏得了著名科學史家、英國劍橋大學李約瑟博士的高度讚賞。武大「樂山時期」的輝煌，王星拱當居首功。

王星拱赤誠愛國，關心學生，對進步師生的革命活動不加任何干涉，而且不畏權勢，對於國民黨當局對武大校務的干涉非常憤慨。早在抗戰初期，當國民黨武漢警備司令部把抓人的布告貼到珞珈山校內時，王星拱就憤而指出：「學校是學術天地，我的學生出了問題由我負責，你們不得擅自進校抓人。」武大西遷樂山後，國民黨要在校內建立區分部，被王星拱嚴詞拒絕。1940年7月，樂山國民黨軍警特務突然進校逮捕了一批進步學生，王星拱極為震怒，上書教育部要求辭職，以示抗議，在得到「不再發生類似事件」的保證後方才打消辭職念頭。在進步學生潘乃斌被特務跟蹤時，王星拱主動找他談話，資助路費，讓他趕快離校。當一名學生與軍訓教官發生衝突，教官以辭職相威脅，要求將該學生開除學籍時，王星拱卻表示：「我寧願更動一個教官！」1941年5月，教育部為了加緊「黨化教育」，突然下令要對應屆畢業生實行總考，特別是第一要考黨義。王星拱同情學生，決定將畢業考試與總考分開進行，前者先考，後者則一再延期。後來實在拖不下去了，學校向學生表示，總考不影響畢業，只要參加考試交卷，不管答得如何，都算及格。

面對校內特務學生監視進步師生的活動，王星拱多次以校長名義呈文駁斥國民黨特務分子及其情報工作，為進步師生極力辯護，或是公開保釋被捕學生，甚至冒著丟官殺頭的危險，保護和營救進步師生。當時繆朗山在武大教授俄語，並宣傳馬克思主義，深受廣大學生的歡迎。但特務對此卻大為驚恐，欲以赤化之罪逮捕繆朗山。王星拱隨即針鋒相對地駁斥：「教俄語是赤化，教日語豈不成了漢奸?!」特務遂無言反駁，鎩羽而歸。不久教育部訓令其解聘宣揚先進思想的楊東蓴，王星拱也以「上課雖有過激之語，但無越軌行動」加以推託。據趙學田回憶，「我從《武漢大學校史》中看到，王星拱校長與朱光潛、趙師梅教授曾多次營救進步學生，以及教育部指責王星拱校長對導師制採取陽奉陰違，敷衍塞責的態度。看了這些材料，使我回想起當年王星拱校長懇請趙師梅教授出任訓導長的良苦用心。才明白教育部在抗戰勝利後，不讓王星拱校長回到武大繼續主持校政的原因。所有這些，當時的武大師生都是不瞭解

的。」[23]

抗戰勝利前夕，教育部議定調王星拱到部裡做研究工作以便於控制，但他決辭不就。最後在廣州中山大學最困難的時期，臨危受命，出任校長。

1949年10月8日，王星拱因積勞成疾、貧病交加，在滬病逝，終年61歲。時任上海市長陳毅親書「一代完人」挽聯致哀。

第三節　四大學院：文法理工

從欞星門邁進文廟向前望去，大成殿左邊靠西廡的崇文閣即是文學院所在地。文學院成立於1928年8月，是武大成立較早的三大學院之一，下設中國文學、外國文學、哲學（一度改稱哲學教育）和史學四系，1942年設立文科研究所。

武大首任校長王世杰，對於辦好文學院非常重視。他認為：「一個大學能否臻於第一流，端賴其文學院是否第一流。有了第一流的人文社會科學諸系，校風自然活潑，學生也會對本校校風有自豪的感情；有了好的文學院，理工學生也會發展對於人文的高度興趣，可以擴大精神視野及胸襟。」[24]在他的這種指導思想下，武大文學院在建校初期就奠定了良好的基礎。

文學院的力量很強，很多教授都是國內外著名的學者。著名文學家、詩人聞一多是文學院的首任院長，在校時間只有一年多。第二任院長是多次受到魯迅批評的陳源（字通伯，筆名西瀅）。他在院長位置上一直幹了近十年，直到1939年10月才辭職。朱東潤在自傳中說：「文學院長陳通伯辭職了，王星拱看到劉、方[25]這兩位系主任反對陳通伯的活動太露骨了，決定由教育系主任高先生[26]擔任。高先生興匆匆地到差了，看到我的時候，他說：『一切照舊，一切照舊，朱先生可以安心工作。』他的好話我領情了，但是事情出乎他的意外，方主任的夫人是位說得出做得出的幹將，她揚言道：『反對陳通伯是中文、外文兩系的功勞，高某只不過是在旁邊湊湊熱鬧，現在文學院長給了他，那不

[23] 趙學田：《珞珈瑣憶》，《武大校友通訊》1998年2輯。

[24] 轉引自許倬雲：《追念王雪艇先生》，臺灣《傳記文學》第39卷第4期，1981年。

[25] 劉，指中文系主任劉賾。方，指外文系主任方重。

[26] 高先生，指哲學教育系主任高翰。

行。」這一位大嫂能說能行，高先生是聰明的，好在他的路道多，不久就辭職了。」[27]高翰在文學院長任上幹了兩年多，就於1942年初辭職了。接著劉永濟教授任文學院院長，直到武大復員。

文學院可以說是武大最複雜的一個學院。當時武大內部存在湘軍、淮軍兩派爭鬥，淮軍的領袖是校長王星拱，湘軍的領袖是教務長周鯁生。中文系教授朱東潤在後來的自傳中寫道：「當時大學師資隊伍中，校長是一級，教務長、院長是二級，系主任是三級，教授、講師是四級。助教是由系主任指揮的，不成為單獨的一級。王撫五的策略是盡量拉攏系主任，周鯁生的策略是鞏固院長級，但是經常處於劣勢，特別是在文學院這方面。陳通伯由於平時把持文學院，得罪了中文、外文、教育這三系的主任劉、方、高三位。高翰這位福建人比較策略些，儘管對通伯很不滿，但是沒有表面化，劉、方兩位就把浩然巾揭開了。在武漢的時候還不顯眼，現在就完全不同，教授、講師們平時的怨氣經過系主任的挑撥，一齊向陳通伯撲來。」[28]所以後來陳源不當院長專做教授，繼而離開武大，遠走英倫。

1940年4月21日，陳源致信正任駐美大使的胡適，言及：「抗戰時期後方生活稍苦，一般人們的脾氣也較大，許多學校都有摩擦或風潮，武大也不例外。」對於武大的「摩擦」，程千帆晚年口述自傳裡也有所提及：「武漢大學才辦的時候，文學院是聞一多當院長，後來他走了，就是陳源當院長。但中文系主任是劉博平先生，一來他是湖北人，二來他是黃季剛先生的大弟子，有學術地位。所以陳源儘管當院長，也不能動他。陳源是胡適他們一派的，中文系像劉永濟先生、譚戒甫先生、徐天閔先生、劉異先生（他是王闓運的弟子，講經學的），都是舊學一派。還有朱東潤先生，和陳源是同學，他們一起到英國去留學。陳源大概有錢，就一直讀完，朱先生比較窮，沒有讀完就回來了。後來還是陳源介紹他到武漢大學教書，他和劉博平先生、劉永濟先生搞不好，並不是兩位劉先生對朱東潤先生有意見，主要是他們對陳源有意見。」[29]

文廟大成殿右邊靠東廡的尊經閣是法學院所在地，與文學院相對而視。

[27] 朱東潤：《朱東潤自傳》，《朱東潤傳記作品全集》第四卷，東方出版中心1999年版，第259頁。
[28] 朱東潤：《朱東潤自傳》，《朱東潤傳記作品全集》第四卷，第233-234頁。
[29] 程千帆口述、張伯偉整理：《勞生志略》，程千帆：《桑榆憶往》，上海古籍出版社2000版，第29頁。

武大首任校長王世杰1929年到任伊始，即聘請原北京大學法學院的知名教授周鯁生、燕樹棠、皮宗石等為法學院教授。有了這幾位知名教授，法學院的陣容一下子就強大起來。法學院名氣最大的教授當數周鯁生。著名法學家韓德培教授曾說：「周鯁生先生從1922年就開始在北大教國際法。從那時起，在中國凡是有些成就的國際法學者，就我所知，幾乎很少不是在他的直接或間接影響下成長起來的。」

相對文學院來說，法學院「簡單」多了，所以朱東潤說，「法學院方面，由於這裡是湘軍的老營，一時還沒有動。」[30]抗戰前的法學院長皮宗石是湖南長沙人，樂山時期，也是長沙人的劉秉麟擔任法學院長長達八年之久。此外，法律系周鯁生、劉經旺、王名揚，經濟系楊端六、向定，政治系楊東蓴等人都是湖南人。

姚舜《八十五自述》云：「我讀的是法律系，武大的法律系不算馳名，系主任李浩培留英，是國際私法的權威。其他教授多屬留日派，只有教刑法的吳學義稍有名氣，當時司法界有北朝陽南東吳的傳言，所以來武漢大學投身法律系的青年並不多，我所進的這班一共只有十人，多半是四川紳糧子弟，其他都是東南各淪陷區（被日本佔領的地區）的流亡青年。」「我1943年進武大，已廿四歲，讀法律系，系裡的教授大都為留日派的老教授，教書都是照本宣科，稍談學理亦講實務，都引不起追求深究的興趣，只有李浩培（系主任）的課最引我入神，受益亦最多，如像法理學，國際私法，這方面的參考書亦看得較多。」[31]

法學院經濟系的學生隊伍特別龐大。1942級的樂山籍李道倫老人回憶說，當時武大的經濟系在全國都是很有名的，有很多很有名的老師。像經濟系的系主任叫陶因，當時有種說法叫做「南陶北馬」，南方就是陶因，北方是馬寅初，陶因當時教他們經濟系一年級。武大西遷樂山時的遷校委員會主任楊端六教他們貨幣銀行學，當時大學很少有統一的教材，大多數老師講課都是自己寫的講義，而楊端六寫的《貨幣銀行學》就由商務印書館出版了，成為很多高校的教材。當時經濟系在武大是最多人的了，一個年級有七八十人。[32]

---

[30] 朱東潤：《朱東潤自傳》，《朱東潤傳記作品全集》第四卷，東方出版中心1999年版，第248頁。
[31] 姚舜：《八十五自述》，臺北武大校友會編：《珞珈》第161期，2005年1月。
[32] 董圖林：《李道倫：見證武大樂山時期的生活實況》，珞珈新聞網。

　　名師出高徒，武大經濟系畢業學生中，出了很多著名經濟學家、著名教授
學者。例如國際上公認的發展經濟學創始人之一張培剛，被英國劍橋「國際傳
記中心」列入《國際知識分子名人錄》；潛心研究凱恩斯主義達半個多世紀，
鍥而不捨的劉滌源，已成為中國研究凱恩斯的權威。此外還有北大經濟學院名
譽院長胡代光，武大經濟學院名譽院長譚崇台等等。

　　除法律系、政治系和經濟系外，法學院還有法科研究所。經濟系1941年級
的顧煥敏說：「在文廟大成殿（圖書館）正門的右側，從前為法學院辦公室的
『尊經閣』前石階進入殿側小門，左手便是一排四、五間泥土地、竹笆壁、篾
蓆頂、亮瓦採光的小平房，便是當時的法科究所。三十年代末，四十年代中的
八年中，培養出上百的法科碩士，如今都已年逾古稀，大都對經濟、法律、政
治造詣精深，學識淵博。」[33]

　　1943年的春夏之交，赫赫有名的世界科學鉅子、英國科學家李約瑟博士
（Joseph Needham）一行到樂山武漢大學進行了短暫的訪問。後來他在當年9
月25日和10月2日出版的世界著名學術期刊《自然》連續發表《川西的科學》
一文，他寫道：

　　　　理化兩系都位於高西門李公祠內，祠堂的城牆頂上有個可愛的涼
　　廊，俯瞰著大江，遠處是佛教徒的朝聖之地——峨嵋山。胡乾善博士
　　（布萊克特教授最優秀的學生之一）就在這裡從事研究與教學，他剛完
　　成了一本用漢語寫的論述中國宇宙射線研究的專著。化學系的系主任
　　是鄔保良博士，一個物理化學家，就近發表了一篇有關全程電力與靜
　　核的有趣論文。他需要收集核物質研究的最新資料，這個身處偏僻之
　　地的科學家對其與世隔絕的處境身懷感觸。理論物理學家江仁壽博士
　　【E‧N‧da　C‧安特雷德（Andrsde）教授的學生】在指導劉立本有
　　關氧化銅整流器以及羅微光關於金屬彈性變形的溫度效應的研究工作。
　　在化學方面，葉嶠博士研究的是當地藥物的作用機理。在武漢大學時，
　　我很高興看到一架縮微膠捲閱讀機以及從重慶的國際文化服務處送來的
　　許多縮微膠捲（該處本身值得寫一篇文章）。我們啟動閱讀機，所讀

---

[33]　顧煥敏：《樂山拾景》，臺北武大校友會編：《珞珈》第124期，1995年7月。

到的第一份縮微膠捲是1943年2月號的《科學與營養》雜誌（Journal of Nutrition）。這些與世隔絕的人們的歡悦之情是不言而喻的。[34]

最後，李約瑟不吝讚美說，「毫無疑問，武漢大學的學術水準很高，即使與昆明的國立西南聯大相比也毫不遜色。」他還在《川西的科學（二）——生物學與社會科學》之「嘉定和李莊的生物學」一節寫道：

> 嘉定武漢大學生物系在離城不遠的北斗山上，在該系附近，有一座很厚石牆的石望樓，該系現已將其作為一個很好的實驗室。湯佩松博士（現在昆明）在武漢大學建立起生物學系，他應該為此受到稱頌。如今，在耶魯大學受過訓練的高尚蔭博士及其同事們，在這裡建起了自由中國唯一的一個致力於非醫學細菌學研究的實驗室。在望樓下面，機敏的石聲漢博士在教植物生理學和病理學；而其上面，林春猷則在設計測量血液PH值的新電極，並研究紅血球的滲透性。這裡擁有中國少數的幾套瓦貝格氣壓錶之一。這座望樓面臨大渡河，風景秀麗，使人形象地想起約翰・多納（John Donne）的詩句「但是走上了瞭望塔就……」，雖然寓意相去甚遠。實驗室下面有一座水池，但絕非普通水池，這兒每年都培育出一群水母（此處離海有2千英里），這種水母被高博士和公立華稱之為Crapedacusta Kiatingi。兩位博士還對這種水母進行過生理研究。所有的生物學家系由資深的植物學家張珽博士領導。[35]

李約瑟對武大的讚譽與宣傳，讓國外學術界加深了對武大的瞭解，大大提升了武大在國際上的知名度。1944年下半年，李約瑟赴西北考察，途經樂山時，再次來到武大參觀訪問，受到師生的熱誠歡迎，與武大師生結下了深厚情誼和不解之緣。當年底，李約瑟回國述職，在倫敦廣播電臺發表題為《戰時中國的科學與生活》的講話，以武漢大學為例說明戰時中國科學和科學家之艱難處境，告知世人「在四川嘉定有人在可以遙望西藏山峰的一座宗祠（按，指理

---

[34] 李約瑟、李大斐編著：《李約瑟遊記》，貴州人民出版社1999年版，第111頁。
[35] 李約瑟、李大斐編著：《李約瑟遊記》，第120頁。

學院所在地李公祠）裡討論原子核子物理……」武大學者追求科學的精神深深
感染了這位援華使者，他對武大學者倍加賞識。1944年冬，他邀請聘任物理系
教授胡乾善到其領導的重慶中英科學合作館工作，擔任物理學及機械學技術顧
問，並同英國物理學教授班威廉共同主持中英科學合作館的日常工作。

　　高西門外的西湖塘[36]三育學校是武大工學院所在地。工學院下設土木系、
機械系、電機系、礦冶系，以及工科研究所、機械專修科和實習工廠。除礦冶
系是1938年設立，機械專修科1939年設立，其他單位遷校前就有。這是師生人
數最多的一個學院。其中土木系、機械系人數較多，蓋因這兩系在戰時實用價
值較高之故。

　　三育學校是由加拿大多倫多基督教會傳教士孔鏡明、白思仁經教會批准並
撥款，於1916年創辦的，占地約30餘畝，建有傳教士住宿樓兩幢，教學樓一
幢，學生宿舍、食堂、運動場等設施。校內林木繁茂，風景秀麗。1925年，三
育因經費問題而停辦。武大西遷來樂後，工學院租用三育舊址辦學。樂山地方
文史學者溫吉言先生說，「武大工學院不僅為樂山培養了不少機械業人才，還
幫助樂山創辦了川南、亞西、北大、公工等機械工廠，為樂山鹽場研製出第一
台吸鹵機，改寫了樂山鹽場人畜推車吸鹵的歷史。為鹽場和煤礦生產捲揚機、
運煤車，為嘉樂、嘉華、嘉裕等廠製作機械配件，不僅減輕了工人的勞動強
度，也提高了生產效益。尤其是工學院還培養出了如張效祥、俞大光、歐陽予
等著名科學家。」[37]

第四節　實習工廠，讓馮玉祥長見識

　　在抗日戰爭困難時期，國民政府軍事委員會副委員長馮玉祥將軍，曾經為
募集抗日經費而奔走呼號。1943年12月7日，馮玉祥來到樂山武大實習工廠參
觀，工學院長譚聲乙捐款10萬元。後來馮玉祥在口述自傳裡說，「工學院的設
備還算不錯，他（按，指譚聲乙）製造了很多機器，賣給旁的機關。一個學校

---

[36] 西湖塘：現樂山師範學院足球場。清同治《嘉定府志》載：「大西湖，城西瞻峨門外，合負郭
　　山溪水匯為池，與大江隔一堤，大二十畝，水平如鏡，可以泛舟；又有小西湖，相距二百余
　　步，大僅前湖三分之一。」大西湖在南，小西湖在北，狀如葫蘆，故又稱「姊妹湖」，樂山人
　　俗稱「西湖塘」。
[37] 溫吉言：《樂山斑竹灣尋古》，《歲月留痕》，2010年，第241-242頁。

能製造鋼鐵的東西賣給別的機關，我還是第一次看見過。」[38]

　　隸屬於工學院的武大實習工廠，設在高西門外先農壇（今賽公橋街樂山師範附小校址）。它是全國各大學內遷較早得到恢復的一個工廠，也是川西一帶少有的機械廠。工廠包括機工廠、模工廠一大棟，鑄工廠一棟，鍛工廠一棟。三棟工廠共計有各類車、銑、刨、鑽、鏇、磨床30餘座，動力機2座，熔鐵爐等機器5座。上述各工廠於1939年初裝置完畢，開始工作。各工廠除同時容納學生20人實習外，並雇工人多名逐日工作。據14歲進廠做學徒的樂山人何國清晚年回憶，「（實習工廠）擁有車工、鉗工、鍛工、翻砂鑄造、木模製作等各個車間。車間內，各式大小車床、旋床、銑床、鑽床、刨床等大型精工設備應有盡有。還有設計製圖、財會、業務、廠長等各科室及一個器材倉庫，有一間陳列飛機、輪船、汽車發動機、組織機械部件的大型實習室。職員的食堂設在廠部，工廠的食堂和宿舍在露濟寺（六中校址旁現存石牌坊處）。車間裡有工程師、領班技工、學徒工、粗工等各級人員……車工車間有個領班叫吳微，翻砂鑄造車間的領班姓李，可能由於他說話嗓門粗大、為人直爽，平時喜歡哼幾句京劇，綽號『大炮』。這樣規模大、設備好的工廠，就是現在已大為發展繁榮的樂山也不多見。五十多年前樂山的工業水準，還十分低下，還沒有鑄造加工能力。那時牛華溪（今五通橋區牛華鎮）一帶鹽廠用的立式和臥式推鹵機，大多是武大工廠的產品。有趣的是，當年在工廠門枋懸吊了一塊『謝絕參觀』的木牌（後來才在節假日向社會開放，歡迎參觀），給人一種神祕莫測之感。加之當時樂山有些人對機械工業的生產陌生，見裡面煉鐵高爐火焰沖天，大鼓風機轟鳴，伴著氣錘撞擊聲，機械碰擊聲，摩擦聲日夜不停，加上那砂輪加工刀具時的火花及高爐出鐵水時的鋼花，又值抗戰歲月，不明究竟的人們自然想到戰場需要軍火，就叫它是『兵工廠』。其實它與『兵工』毫不沾邊，偶爾有部隊拿壞了的槍械要求修理倒是有的。」[39]不過在珞珈山時，武大實習工廠就接受漢陽兵工廠的委託，加工製造手榴彈，還設計製造防毒面具，為抗日戰爭做出了重大貢獻。

　　實習工廠自1939年初開工主要為學生實習服務，但是後來由於戰時物價飛

---

[38] 馮玉祥：《獻金瑣記（一）》，《我的抗戰生活》，黑龍江人民出版社1987年版，第166頁。

[39] 何國清：《西遷樂山的武大機械實驗工廠》，政協樂山市市中區文史委編：《樂山市中區文史資料選輯》第七輯，1993年12月。

漲，財政困難，不得不對外承接一部分訂單，以增加收入。它也成為武大開拓財源的最大機構，得到校方的重視。有檔案資料表明，1942年工廠為各單位生產了漏紙銅板、單輪滑車、齒板、馬達軋、拉杆、皮帶輪、汽缸蓋、車軸、車汽缸等，還為航空委員會製造了一台機密設備——拉力機。工廠也修理一些設備，如汽車等。再以1942年為例，全年共有訂單38件，訂單金額為316,852.7元。[40]這些生產任務完成後，即可帶來可觀的收入。

高載壽是機械系1943級的學生，據他回憶：「我們機械系的實習工廠非常簡陋，但鑄、鍛、車、鉗、鉋門類並全，實習老師教學很認真，手把手教，這讓我後來在工廠和工人師傅有很好的共同語言。趙學田先生辦學條件十分艱苦的情況下，在實習工廠還進行生產經營。我親眼見工廠為自流井製作大齒輪，直徑約有4米，木模分段找平。鑄成後在輪轂內還要切削加工到要求的光度和尺度。老師想出了辦法：把小機床的進給機構改裝到一個轉盤上，固定在大輪中心；一位師傅坐在轉盤上操縱刀具；另一位師傅把著固定到轉盤的長杆而『推磨』，以供動力。這一新奇的製作方法留給我深刻印象。」[41]

工廠開工後，為了加強其管理，在管理人員的聘用和規章的制定上作了不少工作。工廠主要分為兩部分，即工務部和業務部。1941年，聘請工學院教師趙學田為工廠廠務主任，兼工務部主任，婁道信為業務部主任。1943年，工學院院長譚聲乙兼任實習工廠廠長。

被推崇為「中國第一代力學家」的譚聲乙，字蜀青，安徽合肥人。自幼聰穎好學，青年時代在天津讀書，參加過「五四運動」，廣交進步人士。1925年以優異成績考取公費，留學英國格拉斯哥大學。在英國歷時九年，譚聲乙先後攻讀機械、電機、造船三個專業，獲機械、電氣與造船等工學學士學位，取得英國皇家工程師學會會員資格。1934年秋，譚聲乙放棄上海慎昌洋行優厚的待遇，應武漢大學機械系主任郭霖之邀前往任教。一到校便教機械系二年級的「熱力工程」，後來還講授「熱力學」和「內燃機」二課。他認真負責，教學有方，在學生中享有崇高的教學威信。

譚聲乙在武大，是兩進兩出的，他首次離開武大，是在1940年左右，他離

40　涂上飆主編：《樂山時期的武漢大學》，長江文藝出版社2009年版，第67-69頁。
41　高載壽：《樂山聆聞》，《武大校友通訊》2008年第1輯。

開樂山前去重慶，但是一兩年後，他又再回武大工作。他這次由渝回樂，是接
下邵逸周離校留下的工學院長的職務。在校長王星拱的努力下，武大工學院實
習工廠從當時財政部四廳總處獲得了二百萬元法幣的生產貸款。譚聲乙再度到
武大，重臨樂山，他的興致是極好的，彼時他已年逾不惑，偕同一家人走上返
樂之路。譚聲乙努力治理工學院的同時，還親自抓機械實習工廠的管理，親任
廠長。他把工廠建設得頗具規模，管理得井井有條，既能夠培養實習人才，又
能夠出產品，為振興當時的樂山經濟和工學院的建設，起了很大的作用。

　　得知在外文系讀書的合肥同鄉章振邦生活困難時，譚聲乙便主動托人帶口
信要章去見他。章振邦便在1943年暑假的一個早晨到觀斗山工廠的廠長室會見
了譚聲乙。「他帶著長輩的慈祥，詢問我在武大的學習和生活情況，問我是
否願意利用暑假做點臨時工作，搞點收入，補助生活，我當然非常樂意接受他
的幫助。」[42]第二天一早，章振邦便到武大工廠總務科去「上班」了。1943年
夏，機械系王世封畢業後離校，正在成都找工作的時候，忽奉譚聲乙電報，召
他回校任工學院助教。「此時，實習工廠正在進行改革，除仍安排在校學生進
行實習外，還面向社會，接受加工任務，並建立了工廠設計室。這樣，既可為
社會提供服務，增強抗戰後方經濟實力，又可增加經濟收入，補貼需要，而且
還可以為剛畢業任助教的學生提供工廠實習的基地和機會。因此，我回校任工
學院助教的同時，還是武大工廠的實習員，為以後去企業工作打下基礎。當時
武大實習工廠的改革，是一舉數得的措施，並不是所有人都理解的，這說明
譚先生思維敏捷，辦企業不囿於成規，能走在時代的前面。」[43]尤其值得一提
的是，當時國家正在修築樂西（樂山到西昌）公路解決抗日軍運問題，可是大
後方工業落後，就連修建公路橋樑的螺絲釘都要依賴進口。在這關鍵時刻，是
譚聲乙出於一片愛國心，慨然承擔了公路建設的某些生產加工任務，解了燃眉
之急。

　　實習工廠的創建人趙學田很值得一提。趙學田（1900-1999），字稼生，
生於湖北巴東。1924年畢業於北京工業大學機械科。1932年，到武大任機械製

---

[42] 章振邦：《紀念譚聲乙教授百年冥誕》，《無邊往事──紀念譚聲乙教授百年誕辰文集》，中
　　國紡織大學出版社2000年版，第35頁。
[43] 王世封：《愛國之心老而彌堅　報國之志始終不渝》，《無邊往事──紀念譚聲乙教授百年誕
　　辰文集》，中國紡織大學出版社2000年版，第33頁。

圖教師，並籌建實習工廠。武大西遷樂山，趙學田帶著實習工廠較為完整的隨校搬遷。周少溪回憶說，1938年末他入學武大機專不久，「首先認識的就是趙學田老師，他教我們機械製圖和工廠實習課。當時，老師在課堂上的認真勁頭和在工廠裡的實幹精神，都給我留下極為深刻的印象。他不僅善於教書，而且善於育人。不但講理論，而且重實際。他既關心我們的學業，也關心我們的生活，更關心我們的思想品德，而且做到身教勝於言教，這為我一生從事科技工作樹立了榜樣。」[44]1941年春，學生周少溪「畢業即失業」，正當他生活無著落時，趙學田伸出了溫暖的手，把他留在實習工廠當助理。半個多世紀後，他回憶說，「當時，老師是一廠之長，他和工人們同甘共苦，也和同學們打成一片。他以誠待人，對人充分信任，嚴格要求。把師生之間、勞技之間，特別是領導與被領導之間的關係處理得非常之好，因此全廠教職員工包括講師林漢藩，助教孫光耀、柯潤華等，心情都非常舒暢，工作也特別積極。共同把工廠建設得頗具規模，管理得也井井有條，而且能夠既出人才又出產品，為振興當時的樂山經濟起到一定的作用。我們佩戴著武大工廠廠徽，也和佩戴武漢大學校徽一樣，感到十分自豪。」[45]

朱開誠畢業後不久回到武大當助教，經常在實習工廠幫趙學田指導金工實習，包括銑、鑽、刨、磨等工種。朱開誠回憶，「他帶領我們共同渡過教學難關，齊心努力，親密無間，使工廠規模日益壯大。在他的指導下，我們還制訂了一些規章制度。林漢藩同學去世後，趙老師把林漢藩親手寫的《工廠實習應行注意事項》寄給我留念，在今天看來，還是很完善合用的。我曾參考永利公司的美國資料，寫了《機械製圖規範》，規定標題標準格式，全用中文，第一次使用『孔』、『鑽孔』代替英文，及『眼子』『鑽眼』等叫法。得到趙老師的讚賞，我至今還保留原稿。可見他是放手發揮後進之長的領導。武漢大學的實習工廠，幾經搬遷，都是趙老師在艱難環境中，克服種種困難，一手策劃經營起來的。」[46]

實習工廠培養出來的各種學徒工眾多，1945年抗戰勝利後，工廠隨武大遷回武漢，大多被遣散了。有的轉到樂山保險傘廠，有的轉到四川亞西機械廠。

[44] 周少溪：《痛悼趙學田老師》，臺北武大校友會編：《珞珈》第141期，1999年10月。
[45] 同上。
[46] 朱開誠：《記趙學田教授》，《武大校友通訊》1991年第1輯。

曾在四川省農機廠任過技術員的彭仲衡，就在武大實習工廠當過鉗工學徒。武大實習工廠在抗戰期間為樂山培養了不少技術人才，功不可沒。

第五節　十萬青年十萬軍

1943年春天，一張東南亞盟軍中緬印戰區（China-Burma-India Theater，CBI）史迪威總部招收英語翻譯的布告貼進了武大校園。消息傳開，年輕學子們熱血沸騰，一時間學校裡掀起了從軍的熱潮，上前線當翻譯打鬼子去！

從成都中央大學醫學院牙科轉入武大哲學系不久的常州青年李曉聲格外高興，他終於有了「作萬千人、萬萬人的事」的機會。他在學醫期間的日記中曾經這樣寫道：

> 在目前的中國，還只有資產階級享有治療牙病的權利，我要是當了牙醫，盡最大的力量，不過是我個人能接觸者，一律沒有階級的限制，但這也不是容易的事。正因為我處在極不平的階級裡，所以我要把我從作百人之事之地位上，移向作萬千人、萬萬人的事，從根本的方面，去解除人間的不平。這思想上的大轉變，當然影響了我對現實的動搖，換言之，就形成了我對所學的不滿。[47]

機會就在眼前，李曉聲決定投筆從戎。他立即找同學陳方華、陳文林等人報了名。

武大校方當時非常重視此項工作，指派教務處長朱光潛教授直接負責。經過初步篩選，校方在眾多的報名學生中，選定了英語考試成績80分以上的10人。他們是：顏志人（外語系三年級，23歲，廣東南海）、李曉聲（哲學系一年級，23歲，江蘇常州）、陳文林（史學系三年級，22歲，江蘇常州）、許澤未（礦冶系二年級，22歲，江蘇常州）、薛佩瑜（法律系三年級，23歲，江蘇漣水）、周明權（電機系三年級，22歲，江蘇泰縣）、陳方華（史學系三年級，22歲，湖北武昌）、劉復前（經濟系三年級，22歲，四川南川）、常崇實

---

[47] 李英援：《每逢佳節倍思親——緬懷父親李曉聲》，未刊稿。李曉聲之子李英援提供。

（物理系一年級，20歲，山西榆次）、董伯英（機械系二年級，21歲，浙江鄞縣）。

選出的10名學生，馬不停蹄地趕到重慶。面對著嘉陵江畔滿街的醒目標語：「中華民族已到存亡關頭，誓死保衛祖國！」、「拿起槍來，向鬼子殺呀！」面對著山城所呈現的相當濃烈的全民抗戰氣氛，武大的十個年輕人此時的情緒也已高漲至極，他們來不及在街頭停留和思考，徑直朝駐渝美軍史迪威總部奔去。經過幾個主考官輪流一陣嘰哩呱啦的英語面試，隨著一聲「OK，boys！」這十名武大學生全部被錄取。

學生「通譯官」們，首先來到位於昆明的美軍步兵訓練中心（ITC）。有人分配去了醫院，有人去了訓練場，每人對應各自的美軍軍官做翻譯助手。

李曉聲等人一到昆明ITC，就開始沒日沒夜地緊張工作。後來，ITC又在大理開辦了一遠征軍牙醫訓練班，考慮到李曉聲有在中大學醫的經歷，昆明華生納美軍少校又要李曉聲和另外三名美軍醫官去大理服務。接著，李曉聲作為翻譯又去了大理，一直到密支那戰役前夕，因赴印緬參戰才離開服務了一年多時間的ITC。

1944年3、4月間，盟軍醞釀已久的密支那戰役在即，前方英語翻譯人員奇缺，上級通知當時仍在ITC的李曉聲和陳文林倆即赴印緬前線戰場。

來到印度列多國軍兵營待命，沒過多久，李曉聲就奉命全副武裝隨一些美軍官兵去密支那前線戰場。那天登上飛赴密支那的戰機後，李曉聲百感交集，知道這將是去經受血與火的磨練。飛機在崇山峻嶺上空飛行，開始平平穩穩的，同行的幾個美國軍官也說說笑笑。李曉聲這時的心情是快樂與好奇相互交織，特別是有些激動的發抖。

密支那為緬北重鎮，是兵家必爭之地。當時密支那戰役已拉開序幕，這一仗關係重大，拿下密支那，就只剩下八莫一個大戰略據點，那就算勝利在望，反攻緬甸震驚世界的大戰就可告終。這樣一個舉世矚目的戰役，李曉聲能親自參加，實在幸運和難得。

密支那戰役持續了80多天，李曉聲一直生活在刀光劍影中。日本最後被迫退入城裡，國軍立即乘勝追擊，攻打進城。這時，發生了歷經數日的艱苦的阻擊戰。然而雖然日本開始憑藉守軍的優勢，隨時向國軍放冷槍，但畢竟無法抵擋國軍的強大攻勢，不可能再撐下去。最後他們正企圖渡過伊洛瓦底江逃竄

時，國軍萬槍齊發，敵人全部擊斃於江中。

密支那攻陷後，八莫也攻下了。緊接著南坎之戰，勝利在望。1945年1月15日，李曉聲日記裡寫道：「上午十一時我軍正式將南坎攻陷，消息傳到無人不歡喜，於是立刻就有人乘車往城內巡視，我因有事不能隨行，心中有一種說不出的感觸，好像已近國內。」[48]

中國遠征軍駐印軍新一軍拿下南坎了，中國遠征軍勝利了！！！

陳方華配合一名美軍軍官訓練中國士官，人員主要來自「新一軍」和「新六軍」，每個月為一期，每期訓練一百人。美軍軍官不僅教戰術，還教如何使用美式武器。陳方華勤奮工作，雖然是文職，他仍努力學習各種戰鬥術語和武器的使用。

在昆明的三個月很快過去，陳方華已經是一名「老」通譯官了。這位有血性的學生兵，很對中國軍官的胃口，很多大字不識的士官都和陳方華成為朋友。

陳方華發現，他的這些朋友離開訓練場後，有的會以傷員的身份出現在基地醫院，有些永遠沒再回來，這讓他很難過。接下來，陳方華跟隨一萬多名中國遠征軍戰士乘飛機由著名的「駝峰航線」赴印度。在印度近一年，之後去了緬甸。在那裡，陳方華經歷了人生中第一次也是唯一一次戰鬥。

中國遠征軍入緬時，日軍處於有利形勢，遠征軍甚至沒有一塊安全的指揮基地。為儘快扭轉局勢，中國遠征軍發起了二戰史上極其慘烈的密支那攻堅戰。

「在外線作戰，兵員無法得到及時補充。」陳方華說，一次，遠征軍突遇大雨，指揮官認為，這是利用緬甸叢林地形發動偷襲的好時機，要求建制內所有有戰鬥能力的人都拿起槍。陳方華和其他「通譯官」們分到了武器。在野外，按照指揮官要求，朝有火光的地方射擊。直到戰鬥結束，才知道對面是一股數百人的日軍。[49]

正當李曉聲、陳方華他們正在緬甸戰場出身入死之際，日本大舉進攻四川周邊省份，湖南、貴州、廣西等省的大城市相繼失守，國家危在旦夕。這時報上刊載動員青年學生志願從軍的號召，街上貼出大標語：「一寸山河一寸血，十萬青年十萬軍」。青年學子的血沸騰了，小孩子們的血也沸騰了！武大附中

[48] 李英援：《每逢佳節倍思親——緬懷父親李曉聲》，未刊稿。李曉聲之子李英援提供。

[49] 李佳：《拿槍戰鬥的「通譯官」》，《長江日報》2012年4月4日。

初中部的三個十四歲的女生「破指寫下血書，棄學報名從軍，終因年齡太小未被批准」。[50]據武大外文系女生楊靜遠日記記載：

> 1944年12月1日：晚飯前郭麼姑來告訴我們一個消息：陳小瀅、郭玉瑛、楊衍枝報名從軍了。真想不到這三個熱烈的孩子居然這樣做，太可愛了，也太可憐了。他們是真正為國事憂心，單純的熱情衝動使他們有所行動。但她們都只有14歲，夠不上兵役年齡。當然小瀅的事我們家非負責不可。晚上爹媽勸她：年齡太小，去從軍是白犧牲。她難過極了，懇求媽媽不要阻止她。

> 1944年12月2日：小瀅一夜沒睡好，這孩子簡直把心完全獻給國家了。我慚愧，我就不能為國家把自己忘得乾乾淨淨。她比我氣得還早，在燈下讀《正氣歌》……戰事真是步步吃緊，今天廣播說已打到六寨，是貴州邊境，惟一可守的南丹險要早丟了，眼看就到貴陽了，大家心亂如麻。女同學討論著，覺得惟一出路是去從軍。可是我們仍舊照常行事……小瀅這一回可憐極了。一個14歲的孩子，懷著滿腔熱忱要獻身給國家，不料這樣純潔的行動卻給她招來人間最醜惡的反應，她的同學們（尤其是女同學）都譏刺她們三個出風頭。她心碎地說：「中國人的心死了，哀莫大於心死。」對於一個有著美麗幻想的孩子，這該是多大的幻滅啊！我也不能安慰她。我的心像鉛一般沉重。[51]

日記中的郭麼姑是郭霖教授（原武大機械系主任，1942年病逝）的妹妹，郭玉瑛則是郭霖的女兒。楊衍枝是樂山仁濟醫院院長楊枝高的長女，楊院長是武大師生的健康保衛者。陳小瀅是陳源凌叔華夫婦的女兒，當時陳源在英國工作，凌叔華在重慶出差，就把其女託付給楊端六、袁昌英夫婦照管。這3個小女孩，當年都在武大附中讀初中。據陳小瀅兒時玩伴吳令華回憶，「小瀅愛出花點子」，又「有點男孩子氣」，「我至今搞不懂，她怎麼會使玉瑛、衍枝兩位文靜秀氣的姑娘著迷，跟著她搞起了桃園三結義，劉備、關公俯首小張

50 郭玉瑛：《小瀅同學抗戰時期的兩封家書》，陳小瀅、高豔華編著：《樂山紀念冊：1939──1946》，商務印書館2012年版，第27頁。
51 楊靜遠：《讓廬日記》，武漢大學出版社2003年版，第293-294頁。

飛。」[52]

　　以筆者對陳小瀅性格的瞭解，「從軍事件」的「始作俑者」一定是她，於是在微信上詢問這位年近九旬的老人：「這個從軍的點子是您想出來，並帶頭的麼？」「是的。她們都很內向。我當時就是要抗日，打日本」，老人毫不猶豫地回答：「我那時剛從北京回來，因此更愛國，恨日本侵略祖國。」[53]

　　卻說陳小瀅從軍的夢想破滅之後，在一個夜晚給遠在英倫的父親寫信傾訴苦悶。她的信於1945年1月才到達英國。陳源接到信後為女兒的愛國行動而自豪，當即將此信交給在英國出版的《中華週報》編輯看，編輯看後頗為激動，深有感觸地說：「我們國家有如此傑出的青年，絕不會滅亡。」當即決定將此信加編者按刊發在報上，原報摘錄如下：

　　　　中華民國三十四年一月十八日，一封十四歲女孩子的信。
　　　　編者按：陳源教授十四歲女公子從樂山來信給她爹爹，要求從軍。編者捧讀再三，實在愛不忍釋，我們中國將來必然有燦爛的前途，因為有這樣愛國的女孩子。我們中國的教育不曾失敗。編者征得陳源教授的同意，發表原信，一字不改，以饗讀者。想我們每一個留英同胞讀後，都將感到慚愧和奮勉。下面是陳小瀅小姐的信：

　　　　最親愛的爹爹：
　　　　這幾天你和姆媽都沒有來信，你可以想到我的不安與焦慮的。本月一日，我和玉瑛、衍枝都報名從軍了，我想你一定很驚駭的。但是我們為了多種理由終於決定從軍，一方面敵人已經攻至六寨，昨天聽說已到獨山，我們的軍隊步步退卻沒有一點力量反抗，國家的危亡就在旦夕之間。我覺得時至今日，只要有血有肉的人，都不能忍受下去，都要與敵人去拼。國家給予我生命，培育了我，我要把生命還給國家。將血肉之軀供置在祭壇上，以生命的代價爭取國家的生存。雖然多我一個人不會有多大的效果，但是多一個人就多一份力量。我相信國家亡了，戰爭失

---

[52] 吳令華：《陳小瀅和我以及當年的小夥伴們》，《回首蕭瑟處》，百花文藝出版社2016年版，第207頁。

[53] 張在軍微信採訪陳小瀅，2018年6月3日。

敗了，我的學習及事業都會完全廢了。何況上前線並不一定死，即使是死了也是光榮的。另一方面就是我們受不了、看不慣這些後方官吏們的淫靡生活，這無恥及黑暗的社會，若是這樣下去，我會瘋狂毀滅。他們那些沒有國家觀念的人是什麼東西呀！

但是，我痛苦的是想到你們，若是我死了你們會多麼的悲痛，我不敢設想。雖然我用「忠孝不能兩全」來安慰自己，但是她不能安慰我的心。我想到陳家除了我，只有貽春（堂弟）一人，我去了，陳家又少了一個後代。

前夜我一夜未睡著，乾媽等勸我說：「犯不著從軍，長大後致力於更大的事業，對國家的貢獻更大……」（以下報紙殘缺）[54]

陳小瀅和女生搞桃園三結義還嫌不過癮，「又和男生李永直、方克強（史學系教授方壯猷之子）拜把兄弟，整天鐵哥鐵弟的瘋個不停，引得克強老實巴交的弟弟克定也跟在後面，成了她的鐵杆朋友。」[55]當年陳小瀅她給自己起個名字叫陳鐵雲，說自己是女孩身男兒心；說「鐵」，意堅如鐵，「雲」，柔情萬丈，以致小夥伴們跟在她屁股後叫「鐵哥」長「鐵哥」短的。筆者在她的紀念冊上看到有方克強的題詞：「鐵哥：我不出力誰出力。」李永直題詞：「鐵雲弟：我不流血，誰來流血。」

用不著他們去流血，很快形勢發生根本性轉變，抗戰勝利了。李曉聲、陳方華從印緬回國，繼續在武大讀書。雖然他們是從抗敵前線回來的，按理也應算是功臣了，但還是在學校當「窮學生」，也沒有什麼特殊待遇。那年他們十名從軍學生中，勝利後回樂山校園的有6人，其餘幾位要麼留外事部門工作，要麼去軍調組工作。

據考，樂山時期，國立武大學生從軍、抗戰、應徵譯員總共154人。其中，志願從軍90人、保留學籍31人、應徵譯員33人（為史迪威做譯員的13人、為空軍做譯員的17人）；文學院41人（外文系22人）、法學院50人（經濟系26人）、工學院52人、理學院11人；一年級39人、二年級45人、三年級43人、四

54　陳小瀅、高豔華編著：《樂山紀念冊：1939──1946》，商務印書館2012年版，第27-29頁。
55　吳令華：《陳小瀅和我以及當年的小夥伴們》，《回首蕭瑟處》，百花文藝出版社2016年版，第208頁。

年級27人；應徵年齡在22歲的學生高達34人，23歲的28人、24歲的19人。

從籍貫上說，四川、湖北、湖南、江西、廣西、廣東、山東、山西、河北、福建、安徽、湖南、浙江⋯⋯天南海北都有。其中，川籍學生兵最多，達30人；江蘇其次，18人；湖北第三，16人。這些全國各地的精英，隨時都在聽候國家的召喚，隨時準備為國為家奉獻自己的生命。

第七章
劬勞吐絲：江蘇蠶校在川南

著名社會學家費孝通在其經典名著《江村經濟》的「致謝」中寫道：「我的姐姐把我介紹給這個村莊並資助我的工作；她那為改善農民生計的熱忱，確實激勵了我從事這項調查研究工作。」[1]由鄭辟疆發起和組織的、費達生等人積極實踐的蘇州吳江開弦弓村蠶絲業改革示範點，是中國農民辦的第一個近代絲廠，也是中國合作事業的先聲，對費孝通的學術研究產生了很大的影響。江村的調查對費孝通後來的學術之路和學術地位影響深遠。

上世紀20年代開始，江蘇女子蠶業學校從開弦弓村指導養蠶為肇始，將指導工作著眼於舊蠶種的改良和新蠶種的推廣，使得蠶農得以從根本上生產出優質的蠶繭，為蠶絲業其他環節的發展提供穩定而優良的原料，形成一整套的蠶絲業養殖、生產和加工體系。從而在根本上改變了中國蠶絲業發達的蠶校周邊地區生產狀況，使得中國近代的蠶絲生產在真正意義上實現了近代化，並取得了可以和日本蠶絲業相競爭的自信和實力。但是到了30年代後期，受日本侵華的影響，蠶校的蠶絲改進活動被迫停止，許多剛剛取得的改良成果都被無情的戰火所毀滅。但即使這樣，蠶校人進行蠶絲改進事業的決心並沒有任何的動搖，在他們輾轉遷移的路途中，將新的改進事業推進到中國的大西南——四川樂山一帶。

時宋美齡領導的新生活運動下屬婦女指導委員會生產事業組在樂山辦蠶絲實驗區，蠶校校長鄭辟疆先生被聘為生產事業組顧問，教員費達生被聘為實驗區主任，為抗戰時期後方蠶桑、絲綢業的發展作了大量工作。1950年，鄭辟疆與費達生喜結良緣。是時鄭70歲，費49歲。黃炎培聞訊賦詩祝賀：「真是白頭偕老，同宮繭是同心；早三十年結合，今朝已近金婚。」1990年11月，費孝通在《紀念鄭辟疆先生並贈家姊達生》一詩中寫道：「絲結同工繭，劬勞近百年。蠶桑為興國，育才志不遷。事屬千秋業，功在萬民間。恩澤遍鄉里，立像崇先賢。」[2]

[1]　費孝通：《江村經濟》，上海人民出版社2007年版，第6頁。
[2]　蘇州蠶桑專科學校：《近代中國蠶絲業的先驅：鄭辟疆》，1993年，第117頁。

第一節　兩枚炸彈落在蠶校

　　江蘇省立蠶絲專科學校的前身，源於報業大王史量才所創辦的私立上海
女子蠶業學堂。該校創建於1903年，校址設在上海高昌廟桂墅（現上海市南
郊）。1911年，私立上海女子蠶業學堂改歸公立，稱江蘇省女子蠶業學堂，勘
址於吳縣滸墅關。1912年由江蘇省政府批准，成立江蘇省立女子蠶業學校（簡
稱女蠶校）。女蠶校創辦初期，係初級職業學校性質。設養蠶科，修業四年。
1918年，史量才向江蘇省教育司司長黃炎培推薦，請鄭辟疆出任校長。

　　鄭辟疆（1880-1969），字紫卿。被日本蠶業專家譽為「蠶業界的聖
人」。吳江縣盛澤鎮人。父親名雍，儒生兼行醫，家境清貧。母親張儀貞，織
綢能手，以賣綢收入貼補家用。幼年受母親影響較深。鄭辟疆少年時代，目睹
蠶絲業日益萎縮，社會和家庭處於困境。他16歲在家鄉當塾師，18歲去杭州應
科舉考試落第。在往返途中，他所見所聞，對蠶絲業的盛衰變遷和國家、民族
的危機，感慨尤深。從此振興中國蠶絲業的宏願，開始在他的心裡萌芽、滋
長。19世紀末，受康梁維新變法影響，有識之士在各地興辦新校。杭州知府林
迪啟於1897年在杭州西湖創辦蠶學館，改進栽桑、養蠶、繅絲技術，為中國近
代第一所培養蠶絲業科技人才的學校。1900年鄭辟疆考入該館。他勤奮學習，
立志以新的科學技術來振興中國歷史悠久的蠶絲業。

　　1902年蠶學館畢業後，鄭辟疆留館工作，次年東渡日本，考察了愛知縣、
群馬縣、長野縣、靜岡縣等主要蠶區，訪問了當時的日本蠶學專家，瞭解到日
本蠶絲業在明治維新後，應用先進科學技術，獲得迅速發展。當時日本生絲年
出口額達8萬公擔，中國年出口額5萬公擔，日本成為與中國競爭的強手。他深
感必須急起直追，改變中國蠶絲業的落後狀態。在赴日考察前後，鄭辟疆與中
國知識界進步人士黃炎培、史量才、王堯欽、費邁樞、費璞安等交往甚密，受
到「實業救國」、「職業教育」等思想影響。鄭辟疆認為必須振興實業，才能
富國強民；蠶絲業在國民經濟中占重要地位，是與列強競爭的重要陣地；振興
蠶絲業必先提倡蠶絲教育，培養實幹人才。從此，他決心以挽回權利與榮譽為
己任，孜孜不倦地培養人才和推廣科學技術，為振興中國蠶絲業而奮鬥。

　　1905年至1917年，鄭辟疆先後在山東青州蠶絲學堂、山東省立農業專門學

校任教。他到山東不久，曾擬就《提倡蠶桑十二條陳》送呈山東巡撫。條陳送出後，由於當局的昏庸，杳無音訊。但他獻身振興蠶絲業的決心已定，遂以全部精力投身於蠶絲教育事業。他在教學過程中，不斷吸收日本蠶絲科學技術的新成就，結合中國實際情況，編纂了《桑樹栽培》、《蠶體生理》、《養蠶法》、《蠶體解剖》、《蠶體病理》、《製絲學》、《蠶絲概論》和《土壤肥料論》等教科書，因立意新穎，內容精邃，圖文並茂，深得各蠶校、農校的歡迎，至1928年重版達十餘次之多，是中國蠶絲教育最早的有系統的教科書。

　　自從出任江蘇省女子蠶業學校校長後，鄭辟疆一直擔任該校校長凡五十餘年，直到生命終結，真正驗證了「春蠶到死絲方盡」的古語。親友整理他手稿時，發現了他在臨終前寫下的一首光照後人的遺詩：「生存到止境，好比燈油盡；油盡燈自滅，永別無需惜。遺體付火化，灰燼一掃光；壽喪是喜事，大家要歡欣。一生無貢獻，未盡人民責；徒餐三百石，無以報農人。」[3]

　　鄭辟疆擔任校長後，為了振奮學生的事業精神，邀請費邁樞為女蠶校作校歌歌詞，季鏡西譜曲。歌詞如下：

> 寧滬蘇常，淮海徐揚，膏腴壤，地利辟蠶桑。女紅無害，農事無傷，實業教育此提倡。陽山之陽，我校恢張，濟濟兮樂育一堂。英才蔚起，成績昭彰，振振兮，名播四方。
>
> 經綸天下，衣被蒼生，古文明，功業創西陵。意法日本，繼起競爭，挽回利權誰之任？勤則能進，誠則能成，勉矣哉，校訓服膺。愈研而精，愈振而興，盛矣哉，日上蒸蒸。[4]

　　同時提出校訓，「誠、謹、勤、樸」四字，寓意深刻，使學生銘記在心，逐步形成優良的學風。

　　1922年全國學制變更，中等學校施行三、三制後，女子蠶業學校改設高級養蠶科（招收初中畢業生）修業三年，中級養蠶科（招收小學畢業生）修業二年（自1927年起延長一年），1924年校名更改為江蘇省高級蠶絲科職業學校。

---

[3]　黃孟弟：《春蠶到死絲方盡——憶蠶絲專家鄭辟疆先生》，《群眾》1981年第3期。
[4]　蘇州蠶專校史編寫組：《蘇州蠶桑專科學校校史（1903-1989）》，1989年，第3-4頁。

1927年7月江蘇試行大學區制，屢易校名，先稱第四中山大學蘇州女子蠶業學校，旋改名江蘇大學女子蠶業學校及中央大學區立女子蠶業學校。至1929年秋大學區制取消，仍用江蘇省高級蠶絲科職業學校原校名。1930年學校開始增設了高級製絲科（中專），起初二年制，從1931年起改為三年制。同時中級養蠶科改為中級蠶絲科，各科每年招生一個班，每班30人。在鄭辟疆的主持下，蠶業學校奠定了在江蘇省乃至全國職業教育發展史上的重要地位。日本蠶絲業同業工會中央會於昭和四年（1929）4月發行的《支那蠶絲業大觀》中稱讚道：「最近蠶絲界放異彩的要數江蘇省立女子蠶業學校了……作為甲種[5]程度的蠶業學校，在其設備、內容方面，與杭州蠶業學校一起，被稱為中國的雙璧。特別是近年來對該校的好評可能已名列榜首，而這是該校校長鄭紫卿先生所作的巨大努力。」[6]

蠶業學校的組織機構，除與普通中學相同外，最初多一個實驗蠶桑場，辦理養蠶、栽桑實習的有關事宜。1921年設立原種部與試驗部，至1923年增設推廣部，專司蠶絲業的改良推廣工作。到1930年增設實驗製絲工廠。至此，學校比普通中學在機構上增加了實驗蠶桑場、實驗製絲工廠、試驗部、推廣部四個主要部門。

由於蠶絲事業的改進範圍日廣，蠶絲業的理論與技術亟需提高，蠶絲界人士深感缺乏高級蠶絲技術人才，舉辦高等蠶絲教育為當務之急。遂於1934年向江蘇省政府提出申請，利用女蠶校現有製絲、蠶桑的專業師資與製絲設備，兼辦高級製絲專修科（大專程度），並請省教育廳在1935年的經費預算中列入專修科的項目；同時，得到全國經濟委員會蠶絲改良委員會的補助，乃於滸墅關下塘建築校舍，於1935年8月，招收製絲專修科學生一個班，初訂學制二年。同年12月，得省教育廳2907號訓令稱：「為奉部令，專修科應改為專科學校」。1936年教育廳566號訓令：「派鄭辟疆為江蘇省立製絲專科學校主任兼代校長」。1937年增設養蠶專科，並於當年招生一個班，改校名為江蘇省立蠶絲專科學校。學生的修業年限，均為三年。鄭辟疆任江蘇省高級蠶絲科職業學

[5] 1912年，北京政府頒佈了農業專門學校設置的章程，規定農業學校分甲、乙兩種，甲種相當於高中程度，乙種相當於初中程度。
[6] 日本蠶絲業同業工會中央會：《支那蠶絲業大觀》，1929年4月5日。轉引自朱躍：《鄭辟疆教育思想與實踐研究》，蘇州大學出版社2013年版，第2頁。

校（女蠶校）與江蘇省立蠶絲專科學校校長。

　　1938年「八一三」事變之後，戰火燒到了長江下游地區。很快，日本開始了對蘇州、無錫等地的轟炸。9月上旬，敵機襲擾吳江平望鎮，兩枚炸彈落在女蠶校的製絲所內，炸毀了烘繭機房和煮繭車間，幸未造成人員傷亡。11月12日，日軍攻佔上海後，便沿長江西進，開始進攻蘇州。校長鄭辟疆帶領留校的部分職工，攜帶幾十箱蠶種和貴重教學儀器坐船進入太湖的馬跡山避難，同時組織部分學生先後在光福和馬跡山等地設立臨時學校，盡力維持教學。震澤製絲所經理費達生在處理完所裡事務後，與家人躲避到浙江天目山，後又隨難民撤退到皖南屯溪。11月19日，日軍攻陷蘇州，女蠶校的校舍和實習絲廠全部被炸毀，震澤的製絲所被燒毀，留下看守廠房的老工人被殺害了，而所有臨時學校也全部停辦，學生遣散回家，教學工作完全癱瘓。

　　1938年春，經過幾個月的避難，鄭辟疆始終擔憂學校的工作，便祕密潛回滸墅關處理學校的許多善後事宜。費達生得知消息後，也前來會合。他們與當時女蠶校留守的教職員商議後，決定首先解決三件事：「（一）為便利於處理一切應辦事宜，立即在滬設辦事處；（二）為保護青年技術人員，應即設法打通後方服務的路線；（三）為照顧蠶農的生活和生產，對指導下之合作社未了事項，不論如何困難，必須予以結束；代為預定之蠶種，要負責領到發清，劫餘之共乾繭，宜協助其出售，聊以減少損失。」[7]其中，第一件事由鄭辟疆負責辦理，帶領部分教職員前往上海，籌設辦事處，通知部分學生到滬復課，並繼續處理女蠶校及推廣部的未盡事宜，同時負責組織和幫助部分師生向後方轉移。第二件事由費達生負責。費達生通過原江蘇省農業銀行王志莘[8]的幫助先行入川，並在沿途設法幫助女蠶的學生進入四川。入川後，隨即著手為女蠶校在後方的復校進行準備工作。至此，女蠶校暫時分為上海和四川兩個部分，各自發展，以期共同度過戰爭中的危險歲月。

7　鄭辟疆：《滸墅關蠶校對蠶絲業改進的經過》，政協蘇州市文史委編：《蘇州文史資料》（一--五合輯），1990年，第291頁。

8　王志莘（1896-1957），原名允令。中國證券市場建設的先行者。上海人。1921年考入國立東南大學附設上海商科大學，修讀銀行理財。後赴美留學，1925年獲哥倫比亞大學銀行學碩士。1928年任江蘇省農民銀行總經理。1931年任新華信託儲蓄銀行總經理，並創辦中國國貨公司、中國棉麻公司等企業。1946年發起成立上海證券交易所，出任首任總經理。1949年後，曾任上海市金融業同業公會副主任等職。

　　1938年夏，女蠶校在上海設立辦事處，借用南京西路大夏大學的教室作為上課的地點，召集高年級學生回校復課，以便補完課程畢業。同時，學校在上海當時租界內愛文義路（現北京西路）覺園五號設蠶絲專科學校滬分校。滬分校利用上海租界相對便利的條件，積極採購教學所必需的圖書和儀器，以盡可能地在戰爭期間保證教學質量。1941年12月7日，日本偷襲珍珠港後，太平洋戰爭爆發。12月8日，日軍進入上海租界，滬分校被迫停辦，所有教職員輾轉前往四川。

　　滬分校招收的第一批養蠶和製絲兩班隨即結束學業，進入上海、江蘇等地各絲廠和種場作畢業實習，定於1942年7月畢業。第二批招收的兩班學生合併為養蠶科一個班，轉移到滸墅關大有蠶種場實習並繼續補習課程到1943年7月。該班的學生大多在各地蠶場和絲廠從事技術工作，只有少部分人入川。

第二節　俞慶棠請費達生「出力」

　　費達生（1903-2005），江蘇吳江縣同里人。父親費璞安，曾留學日本，長期從事教育工作；母親楊紉蘭，早年從事幼兒教育。他們夫婦有子女五個，長子費振東，次女費達生，三子費青，四子費霍，五子費孝通。個個學有專長，卓有成就。幼年的費達生先後在同里麗則女校、吳江愛德女校就讀。1916年入江蘇女子蠶業學校學習，受到蠶絲教育家鄭辟疆的薰陶，在「五四」運動的影響下，她立志獻身國家蠶絲事業。

　　費達生畢業後不久，校長鄭辟疆（早年曾與費達生父親同在山東青州蠶桑學堂任教）來到費家，給她帶來省裡給了學校兩個赴日留學名額的好消息。除費達生外，女蠶校派遣的另一名留學生是費達生的同班同學、校長鄭辟疆的妹妹鄭蓉鏡。1920年8月，費達生赴日東京高等蠶絲學校製絲科（東京農工大學前身）學習。留學期間，她看到日本自明治維新後，以蠶絲興國，成為中國的強勁對手；又因經常受到一些日本人的歧視，更激起了她發憤圖強，挽回利權，重振祖國蠶絲事業的決心。

　　1923夏，費達生從日本回到母校。校長鄭辟疆擬把培育的改良蠶種及科學養蠶技術向農村推廣，女蠶校成立了蠶業推廣部，請她參加推廣部工作。經過三、四個月的籌備，由校長帶領推廣人員，攜帶桑苗、蠶種、蠶具、蠶繭、絲車等實物、模型、圖表，到吳江縣各鄉鎮巡迴宣傳科學養蠶，每到一處都受到

各界人士和蠶農的歡迎。

　　1924年春，推廣部胡詠絮帶領費達生、張兆珍、許杲等人，到瀕臨太湖的吳江縣廟港鄉開弦弓村，設立養蠶改進社。當地農民生活貧困，養蠶使用土種、土辦法，蠶病不斷發生，她們看到有的農戶因蠶繭歉收而家破人亡等悲慘情景，激起了她們做好農村養蠶指導工作的決心。但是由於農民受封建思想的束縛，對接受科學技術存在種種阻力。她們遵照校長關於「唯有虛心、踏實，才能穩步前進；改革先要有實際證明，以達蠶農自動為目的，不能強求接受；對蠶農原有技術上的優點，要予以尊重」的教導，克服了種種困難，組織起21戶人家參加的蠶業合作社，使用女蠶校培育的改良蠶種，用科學方法飼養。當年，社裡的春繭豐收，各戶收入成倍增加，從此得到農民的信任，推開了農村養蠶改革的大門。第二年，費達生接替胡詠絮出任女蠶校推廣部主任，繼續帶領人員到開弦弓村指導養蠶，合作社擴大到120戶，組成五個小組，實行共同消毒、共同催青、稚蠶共育、共同售繭。合作社蠶繭的產量和質量，大大優於普通農戶，群眾紛紛要求入社。有些貧苦農民，蠶本不足，推廣部為他們作保，向銀行貸款，售繭後償還本利，農民都恪守信用。

　　開弦弓村蠶業合作社科學養蠶的資訊，迅速傳遍了太湖周圍的鄉鎮。幾年時間女蠶校推廣部在吳江縣的七都、八都、嚴墓，吳縣的光福、西山，無錫縣的洛社、玉祁，武進縣的橫林、戚墅堰等地設立了蠶業指導所，幫助周圍農民組織蠶業合作社，實行科學養蠶。吳縣光福除蠶業合作社外，還設立了機器烘繭灶，指導蠶農烘繭技術，乾繭直接售與無錫、上海等地的絲廠，減少了中間剝削，農民得益更多，絲廠也大有裨益。中國農村過去只養一季春蠶，1926年蠶校在日本專家協助下，試驗成功了一代雜交春蠶種和秋蠶種。費達生等在各地宣傳、推廣雜交春、秋蠶種，開始飼養秋蠶，使桑葉得到充分利用，農民的收益更有提高。農民讚美她們為「蠶花娘娘」。費達生發表文章，歸納她們的經驗是：「農村運動最重要的條件，是從事此種運動的人能有服務的熱忱和技術的訓練。沒有服務熱忱，不以事業的成功為人生最大安慰者，很不容易到農村去身受種種生活上的困苦。沒有技術訓練，即使到農村中去，也不容易獲得農民的信仰，也不會產生重大的效果。」[9]

---

[9]　費達生：《我們在農村建設中的經驗》，（北平）《獨立評論》，1933年10月22日。

費達生在日本學的是製絲技術，回國後看到國內的絲廠設備陳舊，管理落後，生絲品質低劣。她下定決心，要改革中國的製絲工業。隨著養蠶科學技術的推廣，製絲改革提到了議事日程，1926年女蠶校蠶業推廣部改為蠶絲推廣部，仍由費達生任主任。

有一年春天，費達生去開弦弓村時帶去了一部木制腳踏繅絲車，在幾個蠶娘面前作了一次繅絲表演，只見她腳踩踏板，手撚絲縷，動作靈巧、嫻熟，隨著機聲，一縷縷又細又白的絲上了框架。改良絲車受到蠶農的歡迎，很快發展到90多部。震澤街上有個「蠶皇殿」，原是蠶農春天燒香許願的地方，費達生在那裡辦了個「土絲改良傳習所」，向蠶農傳授繅絲技術。然而，改良絲雖優於土絲，卻無法與機械絲匹敵，銷售時遇到了困難。費達生意識到，改良要徹底，必須引進新的機械，開辦絲廠。幾經周折，銀行貸款批下來了。蠶農們利用冬季農閒蓋廠房、搬機器。廠房設計是費達生一手完成的，剝繭、煮繭、繅絲、複搖各道工序均指導蠶農操作。生絲機制合作社共429名成員，基本包括本村所有住戶和鄰村50餘戶，第一年社員共入股700餘股。絲廠收購的繭子先評等級，付七成現款，等加工後生絲出售了，再按售價高低和股份分紅，激發了農民的養蠶熱情。1929年8月，開弦弓絲廠──中國第一個農民自辦的合作絲廠的汽笛發出了第一聲長鳴。[10]該社立足農村，以蠶業合作社為後盾，擁有先進的技術和設備，又得到蠶校的技術指導和社會人士的支持，具有眾多優越性。1930年西方發生經濟危機，絲價暴跌，國內不少絲廠紛紛停工或倒閉。而該社卻在大風浪中站住了腳，且因成本低、質量好，生產蒸蒸日上，表現出頑強的生命力。

開弦弓村生絲精製運銷合作社，是中國農民最早經營的製絲工業企業。費達生在《復興絲業的先聲》一文中提出了復興絲業，「要使絲業安定在農村中，使其成為維持農民生計的一項副業，成為大眾謀生活增進的工具。」[11]她在此文中，還總結了鄉村製絲合作社的長處：一是原料統一，有利於提高繭絲質量；二是費用較輕，有利於降低成本；三是經濟伸縮力較大，工人亦工亦農。社會學家費孝通為生絲精製運銷合作社所吸引，1935年接受其姊費達生的

---

[10] 邵群：《「催青樓」裡的蠶絲人生》，《姑蘇晚報》2009年9月26日。
[11] 費達生：《復興絲業的先聲》，天津《大公報》，1934年5月10日。

建議，到開弦弓村進行了一個多月的調查，其名著《江村經濟》就是此次調查後寫成的。費孝通由此提出發展鄉土工業的主張，在國內外產生了很大影響。

1930年8月，蠶校設立製絲科，費達生兼任主任；後增設製絲實習工廠，她又任廠長。當時日本已對製絲技術作重大改進，所使用的立繅車禁止出口。費達生同製絲教師張複升（也曾在日本留學）研製成功「女蠶」式立繅車，在實習工廠安裝了32部，提高了生絲的產量和品質。在資本主義經濟危機、國際市場絲價暴跌的情況下，一些較開明的絲廠業主對女蠶校在絲業改革中的作用引起了重視。無錫瑞綸絲廠業主吳申伯同意將設在無錫玉祁鎮的絲廠租給女蠶校推廣部管理，進行技術改造。女蠶校將廠名改為玉祁製絲所，由費達生任經理，帶領一批技術骨幹進廠工作。引進了日本豐田式立繅車，由上海環球鐵工廠協助安裝。然後由國內機械業自力更生製造，將玉祁製絲所全部改為立繅車，對煮繭機、剝繭機、複搖車等各道工序的機械和工藝也進行了系列的改革。同時，對工人重新組織和訓練，實行文明管理，建立了教室、醫務室、哺乳室、浴室等，改善了職工福利，提高了職工的積極性。因而生產持續上升，該廠「金錨牌」生絲在國際市場上獲得暢銷。玉祁製絲所改革的成功，在江浙一帶製絲業中產生了很大影響，推動了製絲技術的改進。此後，女蠶校推廣部並在吳江平望創辦了平望製絲所，又租借吳江震豐絲廠改為震澤製絲所，費達生身兼三廠經理。這三個製絲所還與周圍蠶業合作社建立了代烘、代繅業務聯繫，使綢廠獲得優質的原料，也提高了蠶農的經濟收入。這種經營方式，是以農村勞動力為基礎，不僅有利於農村經濟，且於國家經濟、地方經濟大有裨益，是振興蠶絲業的道路之一。1935年秋，柳亞子、何香凝曾慕名來玉祁製絲所參觀。柳亞子即席寫了「本有蠶桑利田野，行看衣被遍寰瀛」的對聯。何香凝寫了「農業救國」四字送給廠裡。

1936年，平望制絲所和震澤制絲所同時成立，費達生身兼兩廠經理。兩廠和周圍養蠶合作社建立代烘、代繅的關系。但開工不久，兩廠均被日軍燒毀。

卻說1938年5月，費達生抵達重慶。因有王志莘先生的舉薦信及其在蠶絲業的聲譽，第二天，四川絲業公司副經理親臨旅館來看她，拿出紅帖子聘書，聘請她擔任公司的製絲總技師。還給她預備了一套房子。一向在農村、工廠奔跑的費達生突然受到這樣優厚的待遇，真有點受寵若驚哩！

四川絲業公司下面有10個絲廠，費達生看過6個，設備都比較落後。磁器

口的一絲廠購進幾十部她參加研製的女蠶式立繅車，尚放在庫房裡。費達生指導工人進行安裝，試車投產。絲業公司決定在閬中建絲廠，她參與了勘察設計。她感觸很深的是這裡各工廠使用的原料還是土繭，說明蠶絲業改進也要從養蠶抓起。

費達生在重慶街上不斷遇到從下江逃難來的蠶校教師、學生，為他們在絲業公司和下屬工廠安排了工作。但蠶校搬遷到四川來，絲業公司卻不願接收。她又到昆明去看從英國留學歸來的弟弟費孝通，順便瞭解一下蠶校遷到雲南的可能性。從弟弟口中得知，清華大學、北京大學搬到大後方尚未安定下來，小小的蠶校當然更難安排了。

正在這時，新生活運動婦女生產指導委員會設立了個生產事業組，組長是女教育家俞慶棠。她計畫建立一個蠶絲實驗區，推薦費達生去負責，又囑咐費的同學出面做動員工作。

俞慶棠（1897-1949），字鳳岐，出身於江蘇太倉名門，是著名教育家唐文治先生長媳，畢業於美國哥倫比亞大學。她看到中國廣大勞苦大眾和他們的子女為生活所迫，享受不到教育，因而提出大力推行民眾教育的主張。

關於民眾教育，她認為：「鑒於喚起民眾之重要，於是有民眾教育的提倡。」「民眾教育是失學者的基礎教育，是受教育者的繼續教育和進修。」她主張：「教育要從現實生活出發，要以改造社會，拯救民族危機為目的。」[12]

1928年3月，俞慶棠在蘇州創辦中央大學區民眾教育學校，兼任校長。下半年，該校遷至無錫，改名為江蘇省立民眾教育學院，並增設勞農學院。後兩院合併，改名為江蘇省立教育學院，俞慶棠改任教授兼研究實驗部主任。她堅持學做結合、走向社會、結合工農的辦學方針，在無錫城郊黃巷、麗新路、江陰巷、南門、惠北等地區創設民眾教育館和實驗區，並校訂《民眾讀本》，主編《教育與民眾》月刊以及《申報》「農村生活叢談」專欄。

1932年12月，俞慶棠發起成立中國社會教育社，被選為常務理事兼總幹事，創設河南洛陽、廣東花縣兩個實驗區。翌年赴丹麥等歐洲七國考察成人補習教育。回國後，以更大的熱情致力於民眾教育，被譽為「民眾教育的保

[12] 轉引自秦柳方：《紀念人民教育家俞慶棠誕辰一百周年》，政協江蘇省太倉市文史委編：《俞慶棠紀念文集》，1997年8月。

姆」。七七事變以後，她認為：「戰時民眾教育的施教對象，應是一般勞苦大眾，要掃除文盲，增進職業智慧，提高政治意識，教育是為政治服務的，要教育民眾堅持抗戰，成為不妥協、不屈服、不投降的硬漢。」[13]

1938年，俞慶棠在武漢參加戰時教育工作和社會活動，是年5月她應邀參加宋美齡以個人名義主持召開的廬山戰時婦女工作座談談會，她在會上發表了《開展戰時後方婦女生產教育的意見》（載《廬山婦女談話會季刊》）。會議期間，代表中共出席會議的鄧穎超會見了她，並向她介紹陝甘寧邊區生產工作的經驗，鼓勵她努力開展戰時後方婦女生產教育工作。會後她毅然擔任婦女生產指導委員會生產組組長，並在四川永川縣松溉鎮（今屬重慶市永川區）創辦了紡織實驗區，還有創辦一個蠶絲實驗區。

當費達生在蘇南城鄉開展蠶絲改革時，俞慶棠的民眾教育也正搞得熱火朝天。她從黃炎培和王志莘那里瞭解到，鄭辟疆在上海拒絕日偽的封官許願，已派費達生到重慶，準備在內地復校，興辦蠶絲教育事業。於是即約費達生到她在重慶的臨時住所，兩人初次見面，都由衷高興，緊握著雙手久久不放。俞慶棠開門見山地說：「現在正處於抗戰時期，男女同胞都要為抗日出力，前線兄弟流血殺敵，後方姐妹要揮汗做工，我不懂生產，你是專家，歡迎你參加我們的工作。」費達生說：「我到大後方來，就是想為抗日出力，幹些實實在在的事。」俞慶棠接著說：「我們想建立一個蠶絲實驗區，能否請你先到川南農村去看看，可先去樂山。」俞慶棠和鄭辟疆同是中華職業教育社的理事，她問起鄭先生的近況，費達生說他還在上海，也準備到大後方來。俞慶棠爽快地說：「鄭校長來後請他擔任我們生產事業組的顧問。」[14]

爾後，費達生由四川蠶業改進社一位同學陪同赴川南樂山一帶實地考察。

第三節　樂山的桑蠶絲綢業

樂山栽桑養蠶，歷史悠久。清人彭遵泗《蜀故》云：「古蠶叢氏、青衣教民蠶桑，嘉定州治南，有青衣神廟焉。」故址在今烏尤山西麓，惟廟圮年代不

---

[13]　同上。
[14]　唐孝純：《人民教育家俞慶棠》，江蘇文史資料編輯部編印，1988年，第132-133頁。

可考。蠶叢氏即嫘祖，相傳是軒轅黃帝之妻，被後世人尊為蠶神或青衣神。晉人常璩《華陽國志》又云：「（南安）邑中養蠶三眠以前皆飼柘葉，故絲質柔韌而耐久，較川北燥劣之品，誠故過之無不及也。境內，氣候清嘉宜蠶，土脈膏腴宜桑。」《嘉定府志》引《寰宇記》說：「水波綾、烏頭綾、絹綿俱嘉州土產。」可見，樂山實屬中國最古老栽桑養蠶區之一，距今約有兩千年以上歷史。到了清代，樂山絲綢業十分興旺，顧印愚《府江棹歌》云：「映江十萬女桑枝，桑女蠶筐正及時。日對澄江剪江練，嘉州爭市鄧陽絲。」[15]可見生產場面是何等的紅火！詩中的鄧陽絲即鄧陽綢，是土綢上品的俗稱，因蘇稽是其生產地，又名「鄧陽蘇綢」、「嘉定上方綢」。[16]

樂山有宜桑宜蠶的自然條件。它位於四川盆地之西緣地帶，東經103°45，北緯29°30；屬北溫帶地域，境內大小河流，縱橫交錯，沿河兩岸和河溪交匯的三角洲，為沖積的肥沃平壩，是適合於桑樹生長、發育的優良環境；其他境內所屬丘陵、山區大多數地區較多，亦宜栽桑養蠶。全年氣候溫和，年平均氣溫17.3°C；全年無霜期332.7天；光照充足，每年晴天160.77天，陰天155.9天，全年光照1174.4小時。雨量充沛，年降雨量1397.11毫米。如此優越的自然條件，對發展蠶桑事業實屬得天獨厚。據1947年樂山縣政府編寫的《四川省樂山概覽》：「全縣栽桑48萬株，年產桑葉240萬擔，年產蠶繭1,500市擔。」[17]

樂山蠶農在長期的生產實踐中，培育出四海馳名的良桑品種——「嘉定桑」。經過相關部門鑒定確認了四大品類：

（一）黑油桑。又名黑花桑、黑桑等，因葉色暗綠而得名。由於葉片為擴卵圓形，色濃綠、葉肉質厚實，產葉量高。此桑飼蠶，蠶體發育快，蠶繭品種優良。

（二）樂山花桑。又名火花桑、花桑，因植株只開花不結果而得名。屬大型葉片品種。桑葉營養成分豐富，蛋白質含量高。用它飼蠶，蠶兒生長發育快，蠶體健壯，抗病力強。

（三）大紅皮，又簡稱紅皮，因冬季枝條呈赤褐色而得名。屬大型葉片品

[15] 丘良任等編：《中華竹枝詞全編》六，北京出版社2007年版，第684頁。

[16] 汪興林、程川：《「嘉定大綢」的興衰》，政協樂山市市中區文史委編：《樂山市中區文史資料選輯》第二十一輯，2007年。

[17] 參見李又林：《「嘉定桑」栽培史》，樂山市編史修志委員會編：《樂山市志資料》第1期，1982年2月。

種，產葉量高。

（四）砣桑，因枝條細長下垂而得名，故得「砣桑」之名；又因桑苗定枝
後，終生只摘桑葉，不進行伐條，也稱「抒桑」。本品種屬中小型
葉，葉色淡綠，葉質薄而充實。由於樹勢衰退緩慢，為飼養晚秋蠶
採葉的好品種。10年以上樹齡，每枝每年可摘葉200斤以上。因其
適應性較強，耐隱蔽、貧瘠和乾旱，故為丘陵地區良種桑。

民國時期特別是抗戰之前，樂山養蠶栽種桑樹，主要是利用田邊地角零
星土地栽培。在平壩地區，桑樹都採用「高幹稀植」法栽培，地裡仍可栽種
玉米、油菜、小麥和蔬菜等作物，因此栽種的桑樹數量有限。境內的蘇稽、
水口、通江、牟子、關廟和沿岷江、大渡河、青衣江兩岸為桑樹栽培的集中
區域。

「高幹稀填」的栽培法，為插條一年生幼苗，於冬末春初定植，行株距為
1.5-3丈。幼苗定植後，次年秋末進行整枝，留強去弱，每株僅留主枝3-5枝不
等，以後每年夏季後伐條一次，每年春、秋二季各施肥一次。有些農家甚至全
年不施肥料，任其生長，管理比較粗放，樹幹多為桑天牛蛀食，因此有「十桑
九空」之說。

當時由於桑樹栽培零星，農戶有栽桑不養蠶者，也有養蠶而桑葉飼料不足
者，故城區關帝廟在莽蠶期間，有桑葉市場出現，其他鄉區如蘇稽、牟子等地
也有桑葉市場。桑葉以斤計價，價格隨著供需的不平衡，漲、跌甚大。[18]

樂山絲綢，因蠶桑之盛應運而興。《川南蠶絲概述》云：「川南蠶絲業，
以樂山為中心……往昔生產年約五千關擔左右（估計數），可分內銷、外銷兩
種。外銷絲運往上海出口者，在民國二十（1931）年以前，年約一千餘關擔之
多，運銷緬甸者，亦在千擔左右。」[19]《樂山縣誌》又載：從民國3年至16年
（1914-1927）間，僅樂山城內三家主要繅絲工廠，每年生產生絲近千擔左右
（當時分散於城鄉的手工業操作，未計入內）。自1914年樂山始建新型絲廠繅
小車絲至1949年，城區及其附近，共有絲廠20餘家。其中較大者有：

---

18 參見李又林：《「嘉定桑」栽培史》，樂山市編史修志委員會編：《樂山市志資料》第1期，
1982年2月。

19 陳曙光：《川南蠶絲概述》，樂山市政協文史委、樂山市檔案館編：《工業回眸》，天地出版
社2013年版，第72頁。

1914年，井研人汪曼卿挪用川漢鐵路公司資金（汪曾在川漢鐵路公司工作），延請三台人陳宛溪創辦嘉祥絲廠，廠址演武街，後廠門抵竹公溪。有繅絲機360台，職工600餘人，年產生絲500擔。1918年，劉湘督辦四川，邀請汪曼卿赴重慶任秘書長。汪便將廠務全權委託陳宛溪。未幾，汪、陳達成協議，陳以白銀二萬兩付汪贖廠。陳宛溪乃改廠名為「華新絲廠」。爾後幾年間，陳宛溪迅速崛起，成為樂山遠近聞名的百萬富翁。

1919年，全蜀甫、劉元舫投資創辦鳳翔絲廠，廠址與華新絲廠毗鄰。有繅絲機200台，職工約500人，年產生絲300擔。

1929年，蕭國璋等投資創辦裕利絲廠，廠址白塔街。有繅絲機74台，職工約600人，年產生絲500擔。

1936年，陳曙光、吳宗茂投資創辦德記絲廠，廠址王浩兒。有繅絲機40台，職工145人，年產生絲180擔。

1937年，趙子藩、毛澤施投資創辦茂恒絲廠（後更名聚源絲廠），廠址牟子場毛祠堂。有繅絲機48台，職工125人，年產生絲150擔。

1941年，朱穆群投資創辦川南絲廠，廠址兌陽灣。有繅絲機54台，職工134人，年產生絲150擔。

樂山大批優質生絲經雲南銷往緬甸、印度。次品，則就地織成皺綢（皺帕）出售。生絲產量之多，織綢利潤之厚，刺激了一些有遠見的投資者創辦綢廠。

樂山生產的嘉定大綢，是以蘇稽為中心產地，沿用三百多年前的民間傳統操作方法織造而成。最初的嘉定大綢，幅寬只有1.8市尺，用甩梭織造。自1932年起，才逐步改用拉梭，幅寬增至2.2市尺。絡絲、並絲、撚絲、整經、卷緯、織造，全部生產流程都是手工操作。這樣生產出來的綢子光澤玉潤，經久耐磨，緊密綿軟，具有「圍起來當瓜瓢，立起來當籬笆，穿起來冬天像棉衣，夏天像襯衫，汗水浸衣無汗斑」的特點而享譽四方。

抗戰之前，以蘇稽為中心，包括雙江、嚴龍、水口、羅李壩、柏楊壩一帶，相繼形成了一批具有一定經營生產規模的綢廠。[20]其中，較具代表性的有：

---

[20] 參見《嘉定大綢與嘉定綢廠》，政協樂山市市中區文史委編：《文史資料選輯》第二輯，1989年12月。

張世興綢廠，創辦於1916年，始生產素綢。1930年，從上海購回提花織機20餘台，職工約100人。月產素綢、花綢1,200匹。

1925年，謙秦恒綢廠創辦，廠址桂花樓。該廠雇用南充技術工人，首織寬幅花綢，職工60人。月產花綢100匹。1944年遷蘇稽，更名蜀嘉綢廠。增設提花織機20餘台，職工增至100多人。月產素綢、花綢200匹。

1936年，隆興綢廠創辦，廠址叮咚街。有織機50台，之後又從上海購回電織機8台，聘請上海技師傳授技術。職工約200人，月產素綢、花綢600匹。1939年8月19日，日機轟炸樂山後，該廠雖然倖免於難，但也不無憂慮。因此決定一分為二，疏散出城。部分遷蘇稽，沿用隆興廠名，廠主易華宣。有織機30台，後增至60台。職工最多時達140多人，月產花綢近300匹。部分遷岷江東岸柿子灣，新名天孫綢廠，廠主淡成章。有織機28台，其中電織機8台。職工約100人，月產素綢200多匹。

1940年，由蘇稽商會會長梁九高、楊萬洪、周汝清、宋承興等人合資創辦四川綢廠，廠址蘇稽。有織機35台，職工約100人。月產素綢150匹。

1941年，新倫綢廠創辦，廠址柏楊壩。有織機10餘台，職工60人。月產素綢100匹。

1942年，茂恒綢廠創辦，廠址牟子場毛祠堂。有織機10餘台，職工約70人，月產素綢120匹。繼之，白鶴林綢廠面市，廠址蘇稽白鶴林。有織機10餘台，職工約60人。月產素綢100匹。

1943年，新亞綢廠創辦，廠址蘇稽。有織機30餘台，職工200多人。月產素綢350匹。[21]

1944年，羅修武、羅修銀兄弟創辦兄弟綢廠。廠址雙江羅祠堂（今青峨村）。最初僅有織機兩三台，爾後發展到35台。10台織造素綢，25台織造花綢，職工約50人，每台織機日產素綢或花綢半匹，月產400匹。

此外，還有群大綢廠、益群綢廠，以及若干小綢廠和星羅棋佈的家庭作坊。

蘇稽是樂山的首場，這一帶是有名的魚米之鄉，有栽桑養蠶的悠久歷史。每逢春秋季節，幾乎家家養蠶，戶戶繰絲，機杼聲聲相聞，大綢源源應市。

21　參見《解放前樂山蠶桑絲綢簡況》，政協樂山市市中區文史委編：《文史資料選輯》第三十輯，2016年。

蘇稽場上還有大大小小的綢莊、匹頭鋪、練染房10餘家,如隆盛祥、天福染房等。外地客商可通過這些綢莊或練染房收購大綢,再經樂山、成都、重慶的綢莊或商行,如永昌行、茂恒行、興盛泰等銷往國內和海外。[22]1939年3月27日,黃炎培參觀蘇稽農村合作社,之後寫道:「蘇稽為絲綢中心,小小三鎮單是綢每年可出二萬幾千匹。去年(指1940年)政府試行統制,由絲業公司發種收繭。結果,收到繭很少。據說繭每斤市價九角多,而官價僅六角多,故民間不願。今年地方又在愁慮到政府定價偏低。他們說:如利歸國家,決無怨言;如歸商家,或助大商抑小商,是絕對不願意的。告以政府此時尚未定價,定價時自然採取公平的原則。但統制有外匯關係,凡是愛國的民眾,不該不贊成的。欲知蘇稽地方的一切,請讀吾四首詩。」其中之四云:「黃絲經,白絲經,蘇稽市上如雲。當街坐著,收稅先生。問繭兒一斤,值幾角幾分,舶來利器換多金。敢怨國權統制,生愁惡霸豪吞。」[23]

抗戰時期,國民黨空軍保險傘廠遷來樂山,原因之一就是這裡有優質的嘉定大綢。1943年底,馮玉祥到樂山考察後寫道:「這裡有個織綢廠,織了綢子就做降落傘。降落傘一做好,就用卡車運到飛機場去。到了飛機場,空軍的將士就馬上背上它飛將起來,同我們全民族的仇人日本鬼子打仗去了。一棵桑樹,一條蠶,乍然一看那有什麼關係,可不知道都與打仗有關係,這就知道平素不注意的一點小植物和一點小動物,都有很大的價值。」[24]

嘉定大綢主要經上海銷往日本、東南亞、西歐和北美地區。民諺云:「嘉定大綢,譽滿全球」,或曰:「嘉定大綢,走俏全球」。

第四節　鄭辟疆入川復校

卻說費達生一行來到樂山緊鄰的青神縣漢陽壩。路旁田坎上,山坡上,一行行,一排排綠蔥蔥的桑樹吸引住了她的目光。她走到桑樹下細細看,這裡的桑樹和湖桑不同,不但樹幹高,而且桑葉比湖桑大得多,簡直如同葵花葉子

[22] 參見《嘉定大綢與嘉定綢廠》,政協樂山市市中區文史委編:《文史資料選輯》第二輯,1989年。
[23] 黃炎培:《蜀南攝真》,《蜀南三種》,(重慶)國訊旬刊社1941年版,第16-19頁。
[24] 馮玉祥:《獻金瑣記(一)》,《馮玉祥自傳2:我的抗戰生活》,中國青年出版社2015年版,第155頁。

一般。

她問當地蠶農：「這是什麼桑樹，長得這麼好？」

「這裡叫『砣桑』。」

「有這麼好的桑樹，只要蠶種好，一定能養好蠶！」費達生興奮地說。

她在桑樹下，越看越喜愛，攀住樹枝，採摘下一束鮮嫩的桑葉。她覺得樂山是繼續從事蠶絲工作的好地方，雖然比在絲業公司當「官」艱苦，但是可以大有作為，意義更大。她把桑葉帶回重慶，像鮮花一樣插在玻璃瓶裡，放在桌子上。她拿起筆給遠在上海的鄭辟疆校長寫信，忽然，李白的詩句「燕山雪花大如席」湧到腦海中來，於是，紙上落下這樣一行字：「……樂山桑葉大如席，請我師速來！」[25]

1939年春天，鄭辟疆一行人從上海繞道香港，輾轉萬里，到達重慶。費達生一見他們，就談在樂山設立蠶絲實驗區的事，並且拿出了那一束「砣桑」。那桑葉已經乾枯了，失去了鮮嫩的顏色。鄭辟疆拿在手裡仔細看看，也很喜愛，笑著說：「唔，樂山桑葉大如席呀！」費達生會心地笑了。

一束「砣桑」從這個人手裡傳到那個人手中，像什麼稀罕物件似的。是的，哪有一個從事蠶絲工作的人不喜愛桑葉的呢？大家看了看費達生，都從內心深處感激她給大家找到了一個國難期間可以落腳的地方。

但是，他們面前又出現了一道難題。一批畢業生已經散開了，就剩下幾個教職員，要掛出蠶校的牌子，必須教育部承認，撥給經費。因為教育部掌握在國民黨CC派的手裡，鄭辟疆不是一個道上的人，所以他們藉口這個學校原是江蘇省的，拒絕給經費補助。大家商議後，只好先去兩人到樂山打前站，鄭辟疆、費達生等留在重慶繼續與教育部辦理交涉。

經過一段時間的軟磨硬泡，教育部終於答應每年給5,000元經費。於是他們動身向樂山進發。

費達生剛到樂山時，從四川絲業公司討來了一批繭殼。她和程瑜、楊志超等技術人員帶領工人做絲棉出售。費達生把她在日本學的做絲棉技術傳授給工人。用兩口大鐵鍋煮繭，然後抽出絲緒均勻地纏繞在木架上。因為做成的絲棉被套質量好，很暢銷，從中賺了一筆錢，補充了開辦經費。

[25] 余廣彤：《蠶魂——費達生傳》，蘇州大學出版社2002年版，第115頁。

蠶校與蠶絲實驗區是兩個牌子，一套班子。學校為實驗區培訓機關，實驗區是學校的實驗推廣區。鄭辟疆和費達生住在樂山嘉樂門外半邊街武聖祠（今嘉定南路煙草專賣局所在地）的實驗區機關內，領導著兩個單位的工作。抗戰期中，國民政府經濟會議專門委員朱偰參加的康昌旅行團，自樂山向峨嵋行，「出嘉樂門，折而西駛，雲山在望。沿途多植桑樹，江蘇省立女子蠶桑學校在焉。睹見水稻桑園，令人頓憶起江南風光，東望家園，不禁感慨繫之，有詩一首：流亡輾轉走天涯，東望雲封不見家。今日嘉州城外路，桑田似海淚如麻。」[26]

1939年7月，蠶校初到樂山便租下平江門內富新綢廠作為臨時校舍，蠶絲專科學校的養蠶學科及特設四川絲業公司製絲技術人員養成班，和女蠶校的高級蠶絲科均先後於8月15日、16日，8月25日，9月5日、6日分別招收一年級新生。在武漢大學任教的葉聖陶日記載：「（1939年7月30日）前日見報載吾蘇省立蠶桑學校遷來續辦，地址即在紅十字會相近。因與二官偕往索章程，明日再往報名。二官欲循序入大學，此校非其所喜也。」[27]

蠶校正式復校上課了，但是，當時四川全境已經進入日本的轟炸範圍，樂山自然不能倖免，在8月19日這天被36架日機炸得面目全非。樂山城內已經無法安全授課，學校被迫組織學生疏散到城外牛咡橋樂山蠶種場繼續上課。在這種艱險的環境中，蠶校為了能夠在樂山儘快復校，並開展蠶絲業的改進活動，進行了卓有成效的復校準備工作，使得蠶校在入川之後能夠繼續保證教學工作的順利開展。其主要工作包括以下兩個方面：首先建築校舍。蠶校在進入川南之後，很快便在位於樂山城外不到三華里的「白岩鎮購買了地基45畝」[28]，作為建築校舍用地。此地處於樂西公路東端，地勢平坦，土地肥沃，氣候溫和，水源充足，交通條件方便，距樂山城僅一箭之遙，非常利於今後教學和實習工

26　朱偰：《康昌考察記》，大時代書局1942年版，第20頁。

27　商金林編：《葉聖陶抗戰時期文集》第二卷，人民教育出版社2005年版，第22頁。

28　據李喆等著：《蘇州蠶桑專科學校簡史》，蘇州大學出版社2009年版，第87頁。另據李又林《解放前在樂山的大專院校簡述》記載：「江蘇省立蠶絲專科學校……選擇樂山城北白岩壩（今樂山市城郊公社五一大隊）為校址，購買良田二百餘畝修建校舍。」（《樂山市志資料》1982年2期）按，城郊公社五一大隊現屬通江街道辦牛咡橋社區。再據楊蜀洲《江蘇蠶專在樂山》載：「江蘇蠶專遷來樂山後，在柏楊壩普賢寺附近征地十多畝建校舍。」（《樂山市中區文史資料選輯》1995年第九輯）按，柏楊壩「原名白崖壩，後訛為柏楊壩」。（據《樂山地區樂山市地名錄》）

作的開展。1941年7月初，校舍建築次第完工，全校在8月遷入新校舍。「校舍全是簡陋的平房，四周圍以竹牆。教室、寢室、辦公室、操場……等一應俱全。校門懸有一塊白底黑字：『江蘇蠶絲專科學校』的校牌。」[29]1942年春，學校在與樂山蠶絲試驗區合辦嘉陽蠶種製造廠的過程中，得到中國農民銀行的貸款100萬元，從而繼續擴建學校教學建築，分別修建了蠶室、上簇室、貯桑室、雌雄鑒別室各一幢。這樣，既保證了蠶絲的生產，也為學生實習提供了必要環境。綜合學校入川以來的建設成果，到1943年，蠶校在四川可使用的校舍計為：「教室四、辦公室六、食堂一、男女宿舍十三、廚房二、門房一、會客室二、工人宿舍三、貯繭庫一、製絲工廠一、煮繭工廠一、烘繭灶一（樂山蠶絲試驗區設置）、蠶室七、上簇室九、貯桑室七、貯藏室二，合計七十餘間。此外尚有樂山蠶絲試驗區所備白岩鎮辦公室一幢，必要時亦可商借使用。」[30]另外，學校種植桑園三所，共有36畝，還利用校的空地植桑大約10餘畝。桑園除栽種白皮湖桑，紅皮湖桑供學生養蠶、製種實習用外，另闢桑樹標本園。

　　其次，添置教學設備與圖書。關於蠶校的儀器設備，「機械製絲方面有鐵製多條繰絲車兩部（樂山蠶絲實驗區設置）、木製多條繰絲及座繰車各一部、煮繭灶一副、復搖車十部、黑板檢查一副、梭尺器四具；養蠶方面有足供製造蠶種一萬張之設備，並有顯微鏡四架、解剖器□□□三十餘組、比重計、溫度計各一；桑蠶標本、栽桑方面有實驗用具三十餘副，足覆學生研習之用；體育方面有排球場一、籃球場一、檯球臺一，可供給各級學生運動之用」[31]。至於蠶校的圖書，經過戰亂遷徙幾乎散失殆盡，只從上海帶來了滬校復課後所購買的部分圖書。但是，由於當時日本的蠶絲業非常發達，所以蠶校原本使用的蠶絲方面教學參考書大多為日文書籍，而在抗戰的背景下，在後方是根本無法購得這方面的新書籍的。因此，蠶校入川之後購置的圖書大多為中文或者西文圖書，還有一部分是盟國相關人士捐贈的圖書，總數大約2,000餘冊，雜誌大

29　楊蜀洲：《江蘇蠶專在樂山》，政協樂山市市中區文史委編：《樂山市市中區文史資料選輯》第九輯，1995年12月，第94頁。

30　轉引自李喆等著：《蘇州蠶桑專科學校簡史》，蘇州大學出版社2009年版，第87頁。另據李又林《解放前在樂山的大專院校簡述》記載：「江蘇省立蠶絲專科學校……合計建有蠶房二幢（磚木結構一樓一底），辦公樓一座，繰絲車間一棟，繭庫一個（為圓錐型碉堡式，消毒灶一處，還有教室，師生宿舍和辦公室等都包括在內，四周圍以竹籬。」（載《樂山市志資料》1982年2期總第3期）

31　轉引自李喆等著：《蘇州蠶桑專科學校簡史》，蘇州大學出版社2009年版，第87頁。

概有30餘種。又據四川省教育廳約在1940-1941年中視察該校後的報告顯示：
「該校書籍均毀於太湖，現除利用樂山蠶種場設備外，現有水田八畝，烘繭機模型一台，煮繭機模型一台，絲秤一隻，砝碼一副，檢品器一副，標準黑板照相一副，顯微鏡四架。新添製絲器械在湖南，尚未運到，另有第二種模型，在滬購買，亦尚未到，款由實驗區及生產費中支付。體育衛生設施：體育場暫借十七師政治部操場，課外運動，有虎賁籃球隊、女子排球隊、乒乓隊等。」[32]

在基礎建設和教學設備得以保證之後，蠶校復校最重要的條件就是經費問題。當時，蠶校在遷入四川之後，原本所有的經費來源都已經斷絕，要想繼續辦學，就必須依靠當地各方相關單位、團體和人士的支援。但是僅有各方的支援並不能從根本上解決學校的經費問題，學校的復校工作一直受到經費支出的困擾。根據四川省教育廳《視察江蘇省立蠶絲專科學校報告六月八號》：「該校原系省立，但江蘇省政府除在上海，每月給予五十元之房租外，並未發給分文，目下在川，全靠教育部補助一萬二千元，四川絲業公司補助一萬六千二百五十元，合共二萬八千二百五十元，原定增添級數，經常支出，四萬八千元，今以不添級計，亦需三萬二千五百元，以二萬八千二百五十元之收入，不敷之數有四千餘元。該校經費即維持現狀，亦頗為困難，該校遷川後，蘇省並無款項供給，經費殊甚困難，設備多借用於蠶種場，縱非長久之計，且無固定校舍，校長雖甚熱心，因經費支絀，維持原狀，殊不甚易，擴充更難，樂山國立中央技藝專校設有蠶絲科，彼此似有利用經費設備等切實合作之必要。」[33]

1940年底，為擴充蘇稽蠶種場、冷藏庫的建築費，費達生到重慶求援，這時俞慶棠已經離開。生產事業組新的負責人講經費困難，要他們自籌解決。費達生再三說明理由。這位負責人越聽越不耐煩，板著臉質問道：「你們在江蘇能向銀行借款，為什麼現在常來要錢？」費達生聽了真是哭笑不得，現在是抗戰期間，怎能和在江蘇的情況相比呢？她想到自己是為了抗戰勝利，為了樂山蠶絲實驗區事業的發展，仍堅持要求，而那位負責人硬是不肯批。相持不下，就一同去見婦指委會指導長宋美齡。宋美齡聽費達生說明瞭情況，同意給一部分經費，但又說：「只這一次，以後要你們自己解決，不能再靠會裡經費了。

---

[32] 蘇州大學檔案館藏：四川省教育廳《視察江蘇省立蠶絲專科學校報告6月8號》。轉引自朱躍：《鄭辟疆教育思想與實踐研究》，蘇州大學出版社2013年版，第82頁。
[33] 轉引自朱躍：《鄭辟疆教育思想與實踐研究》，蘇州大學出版社2013年版，第79頁。

會裡經費都是國外捐來的，不是容易使用的。」[34]

　　1943年，蠶校因為後方物價飛漲，致使學校各項經費超支30餘萬元，所幸學校利用自身優勢與樂山蠶絲實驗區合辦嘉陽蠶種場，學校的教職員工均在蠶種場內擔任各項工作，因此可以解決教師職員們的部分薪金問題，而學校其他的一些雜支消耗以及工役工食也均由蠶種場開支。憑藉著此種方式，學校暫時渡過了難關。

　　女蠶校和蠶專在樂山復校時，其中，蠶專暫設三年制養蠶科專科班一級，學生入學資格為高中畢業生，男女兼收，第一班錄取50人。至於製絲科，因限於師資與設備暫未開設，而受四川蠶業公司委託，開設了一個蠶絲製絲技術人員訓練班。女蠶校則設高級養蠶科一年級，共有三級。1940年秋，兩校因各科級校舍尚未建成，所以沒有招收新生。1941年夏，專科三年級生派赴各農蠶機關進行校外實習；製絲技術人員訓練班畢業後，全部派赴四川絲業公司服務。同時，招收專科一年級新生一班。1942年秋，女蠶校和蠶專校招收新生各一班。1943年秋，僅招專科一年級新生一班。9月，以兩校已設班級而言，蠶專校有製絲專科一、二、三年級三班，女蠶校有二年級一班。據相關資料統計，到1945年止，共培養蠶桑專業三年制專科學生264人，中專三年製蠶絲科學生113人，為川南培養了第一批蠶絲技術人才，對促進樂山地區蠶桑事業的發展起了積極的作用。

　　女蠶校和蠶專恢復教學後，儘量按照教學的原有要求開設課程。先後任教的老師有陸輝儉、管守孟、王天予、董達四、張書紳、俞筠瓙、胡元愷、陽含熙、李國材、林心佛、顧佛影、王寶琳、鄭桂媞等。學校利用大量高校內遷四川的條件，邀請國立武漢大學的徐哲東、陳堯成、鍾兆璿、公立華，國立中央技術專科學校的陸鍾祜、何魁森、張廼卿等教師前來教授基礎課，彌補任課教師不足的缺陷。葉聖陶日記中就有這麼一條：「（1940年1月10日，星期三）：夜，去蠶桑學校，為文藝組之同學講一小時。大意謂且不言文藝而言文字，文字既有造詣，即漸至於文藝矣。八時半歸。」[35]

　　1942至1945年就讀蠶專的勝雲鶴、王景田古稀之年雙雙回憶往事，深情地

[34] 余廣彤：《蠶魂——費達生傳》，蘇州大學出版社2002年版，第132頁。
[35] 商金林編：《葉聖陶抗戰時期文集》第二卷，人民教育出版社2005年版，第57頁。

寫道：

　　老校長鄭辟疆先生率全校師生艱苦辦學，凡學雜、膳宿諸費全包，學生還每月領取若干貸金，以為購買肥皂之類零物之用。雖歲月崢嶸，但師生如同親人，相親相愛，融融陶陶，親密無間。當時無課本，教材由各位教師自編。專職教師還自刻臘紙，一字一句均由老師親手刻寫。如王幹治、管守孟、陸輝儉等諸位老師都是白天授課，晚上刻印臘板，每每深夜不息，學生們都深受感動，故都勤學不倦，以報師恩。兼課老師，不發講義，課堂口授，學生自記筆記，以備考試複習之用，故都靜心聽講，課堂秩序井然。學校為了節約開支，基本不設助教，實習、試驗均由課堂老師親自操作、帶領學生實驗。養蠶實習，教授充當技術員，帶領學生養蠶。教我養蠶的是王幹治老師，從切桑葉到架火缸，都是手把手的教。如疊桑葉，用刀切葉，都有定章，細說細講，葉片務必切成正方形，多大的蠶要切多大的葉塊，不容絲毫差錯。火缸加炭要看當時室溫，升溫和穩溫有不同的加炭法，不得有誤。加炭後還需一小時內複查室溫，觀察溫度變化情況，如有不當，及時措施。給桑也有一套程式，給桑前先要觀察蠶座殘桑程度，總結上回給桑適度與否，逐一評判指導，提出當回給桑要求。給桑前先用蠶筷勻整蠶座，撒桑葉要從四指間指縫中漏下，不准從拇指縫中撒出。撒桑手的距蠶座高度，也有定章，蠶大蠶座大宜高，反之要低，不得隨便。撒桑先撒四邊，再及中央，葉片不准成堆，偶有成堆的，必用鵝毛剔勻平整，蠶座外的葉片，用鵝毛挑進去，不讓平推，蠶座邊不准堆積厚葉。用鵝毛是給桑的最後一道工序，不准再使用蠶筷了，否則會挨說。蠶的疏毛期、少食期、盛食期、將眠期，各有明顯的特徵，不厭其煩地實地詳解指明。給桑量務必要按蠶的發育程度，用桑厚薄各有分寸，不得含糊。以上只略述一、二例。整個實習期事事處處都有成章，都有一絲不苟的要求。其他老師都是如此。如陸輝儉先生教授育苗、嫁按、栽桑等，從播種、削穗、插穗到定植、定株、用刀、使剪都有一套嚴密細緻的操作手法，不得亂套。這麼嚴格的要求，老師們付出了極大的精力，學生們受到了極大的

收益，一生用之不盡，一生銘記不忘。[36]

　　非常時期的蠶校，雖然教職工變動頻繁，但憑藉他們對教育事業和蠶絲改進事業的執著追求，只要身在教師崗位上，他們就堅持用知識和行動教育每一個學生，這成為蠶校在全國享有盛譽的重要因素。為此，江蘇省教育廳在1942年的視察報告中對蠶校給予了高度評價：「該校教職員均已服務多年，愛護學校有如家庭，且深富事業心，均能以身作則，實幹苦幹，校長鄭辟疆、教務長王幹治等認蠶絲教育之性質並非僅屬技藝教育或職業教育，並且實為發展國家產業之實際教育。按蠶絲為中國固有特產，而又與日本人爭取世界市場之唯一產業，故中國宜就經濟地理之條件，分設若干完備之獨立蠶絲專科，使之發展各該區之蠶絲產業云云。該員等所稱頗有見地。」[37]

　　樂山期間，蠶專還編輯出版了大後方唯一的蠶絲學術刊物《蠶絲月報》，內容分論著、研究、譯述及蠶絲情報四部分。辦刊宗旨，希望藉刊物的傳播，引起金融界、企業界的注意與合作，共同拓展蠶絲事業；希望引起科學家對蠶絲科學研究的興趣，加入蠶絲隊伍，共同推進蠶絲科學的進展；希望能發展成為一種完善的蠶絲刊物。從1939年9月創刊至1941年5月，共出版21期（1卷1期至3卷5期）。刊物印刷費用全靠鄭辟疆、費達生等人捐獻出來的部分工資。

第五節　宋美齡認可的蠶絲實驗區

　　1939年春，蠶校在四川省絲業公司的幫助下，在樂山地區重新復校。與此同時，蠶校在新的地區繼續開始推進蠶絲業的改進事業。憑藉著在蘇南地區蠶絲改進事業的豐富經驗，蠶校在四川的蠶絲改進事業很快就運轉起來。

　　四川地區氣候溫和，土質肥沃，是栽桑養蠶的天然寶地，自古以來就與蘇浙和珠江三角洲地區並稱為三大產絲區域。四川蠶業在「民國十五、六年間，極為發達。二十年後，受世界經濟不景氣之影響，頹敗衰退，狀極淒慘」

[36] 勝雲鶴、王景田：《憶昔當年受業時》，蘇州蠶桑專科學校校友會籌委會編：《蘇州蠶桑專科學校建校88周年紀念冊》，1990年，第17-18頁。

[37] 蘇州大學檔案館藏：《江蘇省立蠶科專業學校視察報告》，1942年2月5日。轉引自《鄭辟疆教育思想與實踐研究》。

（《四川蠶業改進史》）。而蠶校所在的樂山蠶絲實驗區設於川南樂山縣，由全國新生活運動促進總會婦女指導委員會與四川省政府商洽決定，以樂山、青神、眉山、犍為、井研、峨嵋、夾江七縣為指導區。四川省的蠶絲業在四川絲業公司統一掌握以後，由於地方勢力的矛盾，對川南只能放棄，不能納入蠶絲改進的範圍。因此，在川南地區養蠶還是依靠土種，而當地絲廠大都已經關閉，個別企業也只是一年之中開工幾天而已。此時，女蠶校於樂山地區復校，正好可以將樂山當地優越的自然條件和蠶校先進的蠶絲技術相結合，加之蠶校師生均具備豐富的蠶絲改進推廣事業的經驗，因此樂山蠶絲實驗區的設立，極大地有助於川南地區蠶絲業。1939年3月上旬，在重慶婦指委舉行的慶祝「三八」婦女節大會場，舉辦了松溉紡織實驗區和樂山蠶絲實驗區展覽會，展出了兩個實驗區的圖表、照片和師生們生產勞動的成果。宋美齡去看過兩次，極表滿意。國際友人及社會各界人士也有許多人去參觀。實驗區的工作贏得了各界的讚譽，也吸引了新聞界的來訪與報道而轟動一時。

蠶校根據在蘇南地區進行蠶絲改進推廣事業所積累的經驗，為樂山蠶絲實驗區製訂了詳細的蠶絲改進計畫。其主要包括以下幾個步驟：

首先，利用川南地區豐富的桑樹資源，蠶校在樂山等七縣設蠶業指導所，並在樂山、青神、夾江三縣設大小桑苗圃7所，栽培優良桑樹，計畫五年內產苗660餘萬株，以保證改良蠶種所需要的桑葉供應量。在蠶業指導的過程中，蠶校瞭解到川南地區養蠶一直存在兩大障礙。一個是白僵病，另一個是緝私隊。所謂白僵病，是指在幼蠶成長到快吐絲的時候，由於川南地區氣候潮濕，蠶會突然發病，蠶體僵化，並且迅速傳染。蠶業指導所從消毒上入手，根據不同蠶室的密閉情況，利用福爾馬林或硫磺進行消毒，並且嚴格隔離染病的蠶體，從而基本上消滅了白僵病。而所謂緝私隊，是指四十年代四川地區實行蠶絲統制，改良的蠶繭不准私自販賣和繅絲，必須由地方政府派出的緝私隊統一徵收，而緝私隊便利用此種機會敲詐蠶農，致使蠶農怨聲載道，有時甚至激化為武裝反抗，造成蠶絲的大量損失。費達生將此種情況多次反映到婦女指導委員會，並巧妙地利用國民黨各派系之間的矛盾，最終在四川廢除了阻礙蠶絲業發展的蠶絲統制政策。

蠶種改良得以順利開展後，蠶校便在樂山設立嘉陽和蘇稽兩個蠶種製造場，其中嘉陽種場由蠶校全面負責辦理。蘇稽蠶種場「位於樂山城西11公里處

新橋（蘇稽）鎮峨嵋河畔」，並「在蘇稽南郊，購買南華宮，禹王宮房產為基地，並在附近購置土地130餘畝種植桑林，建立簡易蠶室」，「由孫君有任場長，負責製造改良蠶種，從根本上提高蠶種質量，民國二十八年（1939）春，開始養蠶，當年製成『蠶蛾牌』改良蠶種幾百張。民國二十九年（1940）猛增到三四萬張，推動了土種蠶向良種蠶的轉變，這是蠶種變革的一次飛躍，很快為蠶農接受。」[38]

　　樂山蠶絲實驗區在得到女蠶校技術上的全力支持後，改良蠶種的生產工作進展迅速。起初，「在樂山、青神、漢陽壩設立指導所，向蠶農傳授科學養蠶技術，宣傳推廣應用改良蠶種。推廣範圍包括：配發改良種，指導消毒，共同催青，稚蠶共育，巡迴指導，養蠶示範，養蠶訓練。指導員每日不停地風裡雨裡巡迴指導，囑咐各個時期的注意事項，直到上簇採繭為止。結果蠶繭豐收，蠶農高興，養蠶技術得到順利推廣，在川南七縣相繼建立了蠶桑指導所。配備的指導員有：沈長達、李殿梅、周榮椿、劉寶琛、孫靜華、陸素行等。除指導養蠶外，對育苗、栽桑、配發實生苗，嫁接苗等都進行了指導，這對提高川南蠶桑技術，起到了巨大的推進作用。」[39]

　　蠶校根據蘇南地區推廣秋蠶縮短蠶絲生產週期的辦法，決定也在樂山地區實行秋蠶培育計畫，但礙於有限的資金，僅能在蘇稽蠶種場修建一所冷藏庫，不能滿足整個川南地區的秋蠶使用需要。有年夏天，費達生在青神縣漢陽壩指導春蠶結束的時候，有位姓帥的中年農民聽她常講在江蘇飼養秋蠶，便指著茂密的桑葉說：「費先生，你不能幫助我們也養秋蠶嗎？」費達生搖搖頭說：「沒得辦法，你們這裡沒有冰雪，沒法修建冷庫呀！」這位對科學養蠶十分熱心的農民卻不以為然，說：「費先生，我們到峨嵋山上去修，山上有雪！」飼養秋蠶的關鍵是蠶種必須經過冷藏。那時的冷庫沒有用阿莫尼亞的製冷機，就靠冬天把水塘裡結的冰塊搬放到裡面去，起冷凍作用。到四川他們也想過推廣秋蠶，只是這地方氣候暖和，冬天不見冰雪，蠶種冷藏問題解決不了。誰知這位農民卻出了這個主意。費達生回來和大家一商量，都覺得是個好辦法，就請這位農民領路到峨嵋山去勘察。

---

[38] 鄒如章：《蘇稽蠶種場今昔》，政協樂山市市中區文史委編：《樂山市中區文史資料選輯》第五輯，1991年，第127-128頁。
[39] 同上，第128-129頁。

　　經過實地勘察，決定由蠶校負責在半山腰初殿旁邊修建冷庫。可容10萬餘張蠶種冷藏的冷庫房屋建好已經到了冬天。峨嵋山每年十月後開始下雪，積雪數尺，收雪冷藏蠶種，至翌年二、三月才逐漸化凍。

　　峨嵋山上，白雪皚皚。樹枝彎彎下垂，上面堆著雪，下面結著一條條冰凌，形成晶瑩如玉的一道道冰簾，在燦爛的陽光照射下，萬樹銀花，色彩變幻不定，蔚為壯觀。

　　費達生顧不得欣賞峨嵋山的雪景，「和工人們一起把山坡上的冰雪一塊塊搬進冰庫堆積起來。她見冷藏庫內的幾個臺階上撒了些冰屑，路滑，工人背著冰塊很難走，就站在幾個臺階中間，一手抱住一根柱子，伸出另一隻手把工人一個個往上拉，助一臂之力。房間裡空氣有點悶人，幹了一陣子，她額上出汗了，仍堅持著幹。等到搬完，她往外走時，覺得渾身疲軟，氣喘吁吁，胸膛發悶。她扶住門口一顆大樹，咳嗽了兩下，一股粘液湧上喉頭，腳下出現兩口鮮紅的血痰……同事扶她坐下來休息了一會，要送她下山。她仍堅持著看到把冰雪堆好，才下了山，到蘇稽蠶種場去休息。」[40]

　　初殿冷藏庫建好之後，繼又在峨嵋山清音閣利用從老峽穀緩緩下流的飛泉建立浸酸池，同時建涼種室一幢，可供職工食宿。這裡是蠶種浸酸的理想場地。

　　1942年，在蠶種生產得到保障之後，蠶校便開始著手幫助樂山地區的絲廠進行生產工藝的改良和提高。樂山地區原本有兩家實力絲廠，分別是華新和鳳翔絲廠。其中，華新絲廠早已停產，院內荒草叢生。財產抵押給四川絲業公司，為絲業公司第六絲廠。鳳翔絲廠也僅是在勉強支撐，每年開工不長的時間。蠶校經過和四川蠶業公司和貿易委員會的協商，準備首先從華新絲廠開始進行改造，在1942年派出技術人員，幫助安裝了學校研製的複搖式絲車。因為改複搖後，可以實行生絲檢驗，製造定級的高級生絲，所以在管理上也進行了一些改革，實行賞罰制度。但在開始實行時，工人不理解，差一點引起罷工。原來當技術人員宣布要實行賞罰制度時，工人中就議論紛紛。技術人員的江浙口音，解釋了半會，工人也沒有全懂。有的說：「廠裡欺騙工人，要減少工資了！」有的說：「幹一個月看看，發了工資再說吧！」到了月底工資算出來，確有一部分人因做出的生絲質量差而受罰。他們情緒激動，找到工會要求罷工

[40]　余廣彤：《蠶魂──費達生傳》，蘇州大學出版社2002年版，第126頁。

抗議。廠方報告當地政府和女蠶校實驗區，由樂山縣政府主持召開各方代表參
加的調解會。

　　費達生和樂山實驗區副主任王天予代表實驗區出席了調解會。會議開始，
工人代表指責廠方想方設法扣減工人工資。他氣呼呼地說：「現在廠裡產量增
加了，生絲質量好了。可是工人工資不但不增加，還要往下減，這公道嗎？」
費達生耐心解釋說：「實行賞罰制度目的是促使技術向上，提高生絲質量，並
不是要降低工資。這個制度過去在江蘇實行過，對促進技術進步有明顯效果。
現在一絲廠、四絲廠也實行了。」接著技術人員也拿出了當月實際執行的結
果，說明得到了獎賞的人多，受罰的人少，工資總額是增長的。「現在物價飛
漲，我們就拿那麼一點錢，還要七折八扣，一家人怎麼過活啊？」一個女工代
表可憐巴巴地說。費達生聽了心裡一震，過去只是從有利於技術進步著想，而
對工人群眾生活的考慮太不夠了！當即表明態度：「絲廠工資我們實驗區無權
處理。至於賞罰辦法，如果大家認為有不妥當處，我們可以修改！」經過半天
的協商，工人代表的情緒緩和了，表示同意繼續執行這個制度；同時，廠方也
接受工人的意見，對賞罰條件作了修改，擴大獎賞面，減低處罰的金額。經過
技術改造後，該廠的產品質量和生產效率明顯提高。[41]

　　鳳翔絲廠的廠主看見華新絲廠面貌大為改觀，親自來到實驗區，請費達生
和鄭辟疆到廠裡去，商量技術改造計畫。至此，四川南部地區特別是樂山蠶絲
實驗區內的栽桑、養蠶、製絲以至蠶繭收購形成了完善的體系，各環節可以在
新的技術層面上配合進行，整個川南地區的蠶絲生產面貌煥然一新。雖然後來
華新絲廠仍由廠主收回自辦，實驗區希望女蠶校幫助創建一所新絲廠以補充製
絲加工之不足，因為抗戰勝利，女蠶校遷回原址而擱淺。

　　1945年12月中旬，鄭辟疆先行返回滸墅關蠶校原址，而在四川本校的學生
則分為兩個部分，女蠶學生於1946年併入四川南充農校，蠶專學生返回滸關。
從此，兩校預算獨立，而設備仍如前合用，鄭辟疆兼任兩校校長。蠶校所遺樂
山校產，則由校友朱朝文等人全部買下，開辦「嘉陽蠶種場」。

　　回想在樂山六年間，晚年費達生說：「受盡了物質條件的重重困難，同時
也受到經濟威脅。從樂山到重慶路途險惡，山水阻隔，汽車要走幾天，時有覆

[41]　余廣彤：《蠶魂——費達生傳》，蘇州大學出版社2002年版，第122-124頁。

車之虞……我總認為我赤膽忠心為的是國家，為的是抗戰，所以任勞任怨，最后基本成功。」「抗戰勝利後，1946年1月，我懷著欣喜的心情，回到蘇州，一心想著恢復學校，重興江蘇蠶絲業。」[42]

[42] 費達生：《解放前從事蠶絲業改革的回憶》，余廣彤：《費孝通和姐姐費達生》，中央文獻出版社2008年版，第213-214頁。

第八章
烽火薪傳的文化機構

第一節　齊魯文物：大佛作伴十三年

日本侵華戰爭，不僅使中國的文物受到掠奪，也使中國圖書館事業遭受了一場浩劫。然而，我圖書管理人員為搶救祖國文化遺產，仍堅忍奮發，圖謀發展，並未因戰爭的影響而有所鬆弛或退縮。他們忍受遷徙之苦，歷盡艱辛，甚至獻出自己的生命。數以百計的圖書館遷移後方，保存珍貴典籍，延續文化命脈，為中華民族的復興，做出了應有的貢獻。比如山東省圖書館，有五大箱五百多件珍貴圖書文物輾轉搬遷到樂山大佛寺，存儲長達13年之久（直到1950年底才完歸故里）。在這個曲折的過程中，國民黨山東省主席何思源、王耀武，共產黨山東省代主席康生等，均給予高度關注，下令保護。

七七事變之後，「各地抗敵戰起，戎馬生郊，風鶴俶擾。濟市居民皆紛紛遷避，十室九空」。[1] 山東省圖書館館長王獻唐認為，「本館為吾東文獻所薈萃，脫有不測，吾輩將何以對齊魯父老？」[2] 誓言「欲為吾魯存茲一脈文獻」，於是向山東省政府主席韓複榘請款，但政府置之不理。在這種情況下，王獻唐「只得到處奔走，求親告友，還將自己收藏的文物出讓給朋友，拼湊運費」[3]。其子王國華回憶說，「因為我們這些老弱婦孺的家屬跟隨不便，他只得棄家不管，獨自出走，我們也只得去投靠親戚。圖書館的人員，只有館中編藏部主任屈萬里先生，和一位工人李義貴，跟隨父親轉移。」[4] 王獻唐選善本及金石書畫精品裝為10巨箱（其中書籍400餘種2,600餘冊裝5巨箱；金石器物730餘品裝3巨箱；漢魏石經殘石132品為1箱；書畫150餘軸為1箱），於10月12日晚委派當時的編藏部主任屈萬里及工友李義貴將書運至兗州。屈萬里赴曲阜與孔府奉祀官孔德成接洽儲書房舍，獲得孔氏的慨然相許，於是將書籍文物轉存奉祀官府內。據孔德成傳記云：「初選南遷地點時，省教育廳想到故宮博物院在南京的保存所；王獻唐則想到奉祀官孔德成，孔府當可做為南運的中繼點。孔德成年紀雖然才十八歲，卻很有見識，他慨然允諾把這批古籍文物存放

---

[1]　王獻唐：《雙行精舍序跋輯存續集》，齊魯書社1986年版，第132頁。
[2]　屈萬里著、屈煥新編注：《載書漂流記》，中西書局2015年版，第8-10頁。
[3]　王國華：《王獻唐生平事略》，《中國當代社會科學家》第3輯，書目文獻出版社1983年版，第3頁。
[4]　王國華：《王獻唐生平事略》，《中國當代社會科學家》第3輯，第3頁。

在府中。」[5]

本來，館中古物書畫圖集已經徵得故宮博物院的同意，可以存放到該院的南京之保存所，但考慮到故宮博物院保存在南京的文物已經開始西遷，足見這裡也不安全，再者，他認為到曲阜奉祀官府較為妥當，「既有人幫忙，又有特殊之理想無形保護，過此則遍地荊棘矣」。事後證明，王獻唐的決定是明智的，曲阜藏書之旅頻頻得到有識之士的幫助。

10月17日，濟南，此時已是半夜，周圍漆黑一片，遙聽炮聲隆隆，王獻唐在家中來回踱步，異常不安，隨後他伏案疾書：「自弟行後，兄日夜提心吊膽，以劇院運箱件至泰安，中途曾經被炸故也……」信是寫給剛剛到達曲阜的屈萬里的，王獻唐在信中提到戰事已緊，圖書館裡只剩十來個人，「無論如何，亡國奴帽子至海枯石爛，兄決不戴也。」[6]王獻唐又從書籍文物中檢出若干，裝為2箱，於10月23日托人捎往曲阜。王獻唐於11月16日日軍迫近濟南時赴曲阜，「來曲後，晝每相與偕遊，夜則篝燈談學，恒至夜分，實喪亂中一快意事」[7]。過了幾天安定的日子，王獻唐不久又返濟南，點檢書籍磚瓦等19箱，運至曲阜。

南京陷落後，日本又將南侵津浦路北部，曲阜無日不聞敵機轟炸聲。12月27日，王獻唐從曲阜的館藏中精選出宋元版善本書、唐人寫經、商周銅器、秦漢瓦當、明清瓷器等裝成5箱，與屈萬里、李義貴二人攜帶遠徙，其餘的妥訂辦法保存在奉祀官府。三人一路顛沛流離，「過銅山，經汴鄭，出武勝關，凡八日行程，三遇空襲」[8]，於次年初抵達漢口。此時，苦於經費不足，運船又找不到。恰好山東大學教員也在漢口，準備遷至四川萬縣開學，校長林濟清就請王獻唐任中文系教授。考慮到其書籍能與山大書籍一起運輸，比較安全，遂接受聘請，主講文字學和版本目錄學。並讓林校長先預付了800銀元的酬金，作為運資及三人日常開銷，以解燃眉之急。

1938年1月19日，他們自漢口起身，逆江而上，經嘉魚，過赤壁、沙市，於23日抵達宜昌下船。在宜昌轉船西上時，正值東部各省難民及各機關職員蜂

5　汪士淳：《儒者行：孔德成先生傳》，（臺北）聯經出版公司2013年版，第110頁。
6　張文豔：《護書南遷，驚心動魄》，《半島都市報》2018年4月24日。
7　屈萬里著、屈煥新編注：《載書漂流記》，中西書局2015年版，第21頁。
8　屈萬里著、屈煥新編注：《載書漂流記》，第24頁。

擁西上，船票緊缺。幾費周章，至2月1日，三人才得以繼續西行，接著出宜昌，入三峽。2月4日抵四川萬縣後，移住縣城鄉郊的馬超灣山村。4月上旬，太古渝公司將館中古書物運到萬縣。因等待山東省政府安置命令，直至11月3日，在萬縣停儲近9個月。

卻說山東大學在萬縣復課不久，就接到教育部「暫行停辦」的命令，學生轉入已遷至重慶的中央大學。於是，王獻唐「撿來的」山大教職也隨之終止。

再一次失去經費來源的王獻唐，遂由傅斯年（時任中央研究院歷史語言研究所所長）向中英庚款總幹事杭立武申請辦理中英庚款董事會協助科學工作研究員一事。董事會每月劃撥專款200元，支援其研究工作。但按規定必須到大學工作，而萬縣此間無大學，遂接受黃炎培建議，擬將館中書物西遷至四川樂山存放。國立武漢大學已於1938年4月遷於此地。這在屈萬里《載書記事》有載：

> 爾時獻唐先生已受中英庚款委員會之約，擔任史學研究員，惟指派於何處工作，尚未發表。因相約當局如准撥經費，俾書物能隨其運移，則事畢後予即另謀工作，否則予將留萬邑守書。蓋研究員例須在大學中工作，而萬邑無之，故獻唐先生必將派赴他處也。至十月，得會中通知，被派於樂山武漢大學。館中書物，當局亦准移樂山保存。[9]

經過管理中英庚款董事會多方審查，同意王獻唐作為「管理中英庚款董事會第一屆協助科學工作人員」。9月28日，鈐「管理中英庚款董事會關防」之公函發往已西遷至四川樂山的國立武漢大學。公函為油印，未鈐「朱家驊」印信。公函全文如下：

> 本會鑒於戰事以來，各地科學工作人員多因機關緊縮，不能繼續工作，特提會決議，劃撥專款指充協助。現收到申請書件，已審查竣事，擬將附單所開二人資送貴大學繼續研究工作。未知貴大學可否容納，並能否予以相當便利。至祈酌示，以便轉知。如蒙惠予同意，則嗣後研究

9　屈萬里著、屈煥新編注：《載書漂流記》，中西書局2015年版，第43頁。

工作之進行，工作報告之審核，以及逐月協款之發給等事，本會並擬托
請貴大學代為辦理。所有詳細手續，已在領受協款規劃內分別訂明。該
項規則，隨函附奉，籍供參考。又為接洽便利計，並懇指定專人負責照
料，尤紉公誼。[10]

至10月16日，王獻唐知中英庚款董事會資助學術研究事已正式確定登報公
告。見其《雙行精舍日記》：

十月十六日，陰，星期。……十二時，雲浦邀至一山東飯館午飯，
飯後聞孟真已至，即至聚興村中央研究院訪之。適李濟之、張慰慈均在
座，詢濟之及彥堂諸人近況，亦日在遷播中也。中英庚款董事會資助學
術研究事，孟真前為余介紹，業已正式確定登報公告，即赴兩路口該會
辦事處晤杭立武君接洽一切。今日為星期，尚有手續須明後日再往辦
理，並言有通知與予，亦未接到也。[11]

10月18日，王獻唐至中英庚款會晤杭立武，諮詢相關手續。又到中央研究
院會見傅斯年，請其為支款簽署保證人，並將研究地點定在樂山，亦請傅氏代
為辦理。其當天日記云：

八時起。乘公共汽車至中英庚款會晤杭立武，即介紹章鑄質、劉景
禧兩君，晤談詢一切手續。知會中已自八月份起發薪，最低八十元，最
高二百元。以二十元為一級，一年為限。余隸人文科學科，月薪二百
元。此項乃中英庚款會提出一部分款項，資助學術人員繼續研究學術，
意甚善也。當取簡章一份，又交予請款書件、支款憑單，囑由保證人簽
署再支款，共八、九兩月四百元。即至聚興村中央研究院晤傅孟真，請
其為保證人。至研究地點規定在嘉定，亦請孟真辦理。又詢翼鵬著作情
事，旋辭出。路遇觀澄、君軍諸人，同至上清寺飯肆午飯。飯後，訪少

---

[10] 轉引自李勇慧：《王獻唐接受中英庚款資助史實考略》，《山東圖書館學刊》，2009年3期。

[11] 王獻唐：《雙行精舍日記》，未刊稿。轉引自李勇慧：《一代傳人王獻唐》，山東教育出版社
2012年版，第107-108頁。

華。二時至鼎兄處。四時，復往中英庚款會晤會計處李主任，將款取出，並規定日後寄款由嘉定武漢大學轉交。[12]

11月3日，屈萬里、李義貴攜館中書物，乘船到達重慶。在重慶轉運時，用小船從岸邊將書籍運入火輪，雨滑舷窄，屈萬里在駁船上失足，幸身健捷，得攀纜以免，然一股已沒及膝上，「以彼處江流之急，脫非迅執船纜，吾為魚矣」。[13]屈萬里感念，此次避難入川之山東同鄉，在長江及漢水溺斃者，已20餘人，自己實屬萬幸了。

11日，王獻唐與屈萬里、李義貴，離渝繼續西行。14日，抵宜賓，停留三日。17日，換木船溯岷江西上。

8天後，他們一行終於抵達樂山，寓興永客棧，館中物品也暫存於客棧中。王獻唐在11月24日的日記中寫道：「三時抵嘉定城，北門外泊船。嘉定本為府，今改名樂山縣。下船後，寓版廠街[14]繼興永客棧，主人為謝繼皋，並將館中物品一同移至棧中暫存。」[15]

爾後，他們依照防黴、防蛀、安全嚴密的要求，選擇樂山大佛寺天后宮內大佛一側隱秘而乾燥的崖洞，妥放文物箱件，砌堵洞口。至於文物種類，李義貴在1949年之後回憶道：

> 由於運輸條件的艱巨，我們僅從運到曲阜的二十幾箱珍藏中，忍痛割愛地篩擇了五箱，其中包括商代銅器78件，秦漢瓦量一件，明代瓷器15件，宋元版善本書30多種，唐人寫經20多種，共計2111件（套）。[16]

這些文物由李義貴一人守護，王、屈二人向他作了要求後離開天后宮，到樂山城內居住。「自載書離稷下，流徙至此，計程凡七千餘里。爾後館中文物，當不至再播遷矣。」[17]

---

[12] 轉引自李勇慧：《一代傳人王獻唐》，山東教育出版社2012年版，第108頁。

[13] 屈萬里著、屈煥新編注：《載書漂流記》，中西書局2015年版，第43頁。

[14] 版廠街，應為「板廠街」。舊時此街開設過木板廠。

[15] 轉引自李勇慧：《王獻唐接受中英庚款資助史實考略》，《山東圖書館學刊》，2009年3期。

[16] 李義貴遺作，李連英整理：《李義貴自述》，《山東圖書館學刊》2009年第3期。

[17] 屈萬里著、屈煥新編注：《載書漂流記》，中西書局2015年版，第44頁。

12月2日，王獻唐致函武漢大學，告知寄款地址：「敬啟者：鄙人現受中英庚款董事會學術研究之補助，每月二百元。該會會計處規定，按月匯貴校，分別轉交。鄙人現寓銅河扁街天后宮內大佛寺下院，如該款寄到時，敬懇隨時賜予通知，當即來取。無任感盼。」[18]至於王獻唐先生何時不再接受中英庚款資助，現並無確切史料，但據山東省圖書館研究館員李勇慧女士考證認為，「王獻唐先生接受中英庚款資助時間至少為三年（1938年8月-1941年7月）」。[19]

王獻唐到樂山之後，主要為中英庚款董事會潛心撰述《中國古代貨幣通考》，他與李義貴仍羈棲於岩窟佛寺，雖衣食不繼，而意志彌堅。

至於屈萬里先生，「在樂山停居五月，日長多暇，惟假讀書遊覽遣悶。每日晨間以兩時治《易》，午後以兩時遨遊，餘時則溫習經、子。計五閱月中，凡治《周易》一過，簽出新得四十餘條。經、子之類，若《周禮》、《公羊傳》、《穀梁傳》、《爾雅》、《孝經》、《國語》、《國策》、《管子》、《墨子》、《莊子》、《荀子》、《列子》、《孫子》、《吳子》、《尹文子》、《韓非子》、《呂氏春秋》、《賈子》、《春秋繁露》、《淮南子》、《大戴禮》、《說苑》、《白虎通》、《論衡》等書，或重閱，或新讀，皆粗覽一過，得箚記二冊。蓋他日擬述為《先秦兩漢五行學說流變史》一書，箚記所錄，多此類材料也。然邊陲致書不易，尚多要籍不得入覽，是可憾焉。」[20]

1939年5月11日，屈萬里離開樂山南下。王獻唐以其在武漢大學執教的微薄收入維持與李義貴的開支。8月19日，樂山遭受36架日機轟炸，王獻唐由於「僕居山中，幸安全（此間鄉親友人均安全）」。他在9月9日致屈萬里信中說：「館場新修理一洞盛之，欲避濕，甚費心力。炸後，不得工人，消耗昂極，今大半完工矣。」[21]10月15日，又致屈萬里信云：「高晉生兄，亦來同寓。彼治易甚勤，有獨到處，惜不得與足下共研討也。來注易經，早被裝箱封入洞中，專為此事啟洞，則不必。俟晾曬時再取出寄來。李義貴三個月生活費已收到，嗣後三月一寄最妥。」[22]王獻唐之子王國華回憶其父說，「在川中，

[18] 轉引自李勇慧：《一代傳人王獻唐》，山東教育出版社2012年版，第109頁。

[19] 李勇慧：《王獻唐接受中英庚款資助史實考略》，《山東圖書館學刊》，2009年3期。

[20] 屈萬里著、屈煥新編注：《載書漂流記》，中西書局2015年版，第46頁。

[21] 王運唐等主編：《屈萬里書信集·紀念文集》，齊魯書社2002年版，第23頁。另，該書將此信年份誤為1938年，實為1939年。

[22] 王運唐等主編：《屈萬里書信集·紀念文集》，齊魯書社2002年版，第24頁。

常有敵機空襲警報，大家都避入防空洞，唯獨他始終守著書籍文物，有人勸他暫時躲避，他總是笑著說：『這些東西就是我的生命，一個人不能失去了生命！』就在此時，他把書齋命名為『那羅延室』。『那羅延』是梵語堅牢的意思。取堅牢不破、牢守齊魯文物之義。從他這階段的日記和詩文中可以看出，他無時無刻不在懷念大明湖畔的圖書館，盼望早日勝利，重返濟南，開展他胸有成竹的建館計畫」。[23]

1940年2月，國民政府國史館籌備委員會在重慶成立，3月，王獻唐被聘為顧問。5月，國史館籌備委員會在歌樂山向家灣正式辦公。國史館籌備委員會主任張繼（溥泉）、總幹事朱希祖（逖先）多次來函，催其到重慶辦公。王獻唐「以館物存樂山，一時無人代管，正在覓人。在覓得前，擬在樂山為會中工作，如季刊、論文及審查《大事記》稿等，似亦不須駐渝」等理由請假。10月，在張繼以及丁惟汾等人多次催促下，王獻唐將館藏文物保護辦法向工友李義貴做好交代，便離開樂山前往重慶，寓歌樂山雲頂寺。

抗戰勝利後，1945年9月15日，王獻唐編造館物由樂山至南京運費預算，又繕具上教育部呈文，請政府撥款將存川書籍文物運回山東。9月16日至傅斯年處，以呈文預算托其交教育部設法批准，終因時局動盪未果。至1946年9月時，在重慶治病的王獻唐以時局測之，認為仍存樂山較為妥當，遂安排李義貴在樂護書，自己於當年9月下旬起程至南京。起程前，王獻唐專函向山東省政府教育廳廳長李泰華報告本館及其個人安排。函曰：

> 欲以本館物品與國史館同行，先至南京，免去途中諸多困難，請求發給運輸費在案事，隔兩月迄未賜復，史館不能久等，其物品已於本日啟程矣。獻唐以生活費問題，勢難枵腹為本館在此照料此物品，亦將於本月底赴京。至樂山方面，只有專使保管員李義貴一人負責。以時局言之，暫存樂山似為得宜。以保管言之，一人似覺孤單。即將來運回，亦需再派一人至樂山副之，用費更昂。此事鈞座當有困難，獻唐以職責關係，亦不能不為鈞座陳之。至獻唐抵京後，當再稟陳一節。[24]

[23] 王國華：《王獻唐生平事略》，《中國當代社會科學家》第3輯，書目文獻出版社1983年版，第3頁。
[24] 轉引自李勇慧：《一代傳人王獻唐》，山東教育出版社2012年版，第273頁。

1946年9月23日，李泰華廳長復王獻唐函，准自1946年4月份起，支王獻唐館長生活補資，月薪400元，並請王獻唐不要赴南京。

11月20日，王獻唐致函李泰華廳長，為存樂山圖書文物運南京及李義貴生活費事，並上告近況。11月27日，教育廳長李泰華答覆王獻唐請示函，同意支付李義貴1947年1月至6月生活費，並代山東省政府主席王耀武致電王獻唐館長，催其回濟服務。

1947年1月，國史館在南京正式成立，王獻唐被任命為纂修。4月6日，為省圖書館寄存曲阜與樂山文物運出事，致函山東省政府教育廳。函曰：

> 本館所存曲阜奉祀官府之圖書字畫古物，於國軍收復曲阜後，該府即派員來京，謂所存各件，完全無恙。惟有請示者二事：（一）曲阜尚未完全脫離戰區狀態，欲求安全，是否暫將該項物品，運京保存？（二）四川樂山所存物品，現以上游水淺，不能通輪，五六月間可通，是否屆時亦運存南京？懇先諭知，以便計畫進行，至為公便！[25]

5月2日，山東省教育廳就王獻唐請示函，擬文呈請省政府王耀武主席指示。函曰：「據省立圖書館館長王獻唐呈稱……等情。據此，查曲阜、樂山所存書畫古物均系珍品，請示各節理合，據情簽請鑒核示遵。」翌日，李泰華廳長代王耀武主席復王獻唐電，就遷運曲阜樂山兩處文物提出四種辦法。「一、存曲阜圖書實時運至徐州，並與省府彭委員國棟（現駐臨城）洽商赴徐，妥擬位址保存；二、存樂山文物俟通輪後，先行運京妥存；三、以上兩項物品統俟徐州交通恢復，再行運濟；四、所需搬運資，存曲阜者應先約估數目，速呈本廳墊發。存樂山者，俟通輪後再編預算呈核。」[26]

6月6日，存曲阜圖書文物終於運抵南京，寄存於國立中央博物院內。安置妥當，王獻唐於是月中旬赴北平醫治腦病。10月，由北平回濟，山東省政府仍以省立圖書館館長之職任之。因病魔纏身，家中修養，由羅複唐任代館長。

1948年9月24日，濟南易幟，軍管會代表進館接收，王獻唐去職。去職後

25　轉引自李勇慧：《一代傳人王獻唐》，第264頁。
26　轉引自李勇慧：《一代傳人王獻唐》，第265頁。

王獻唐仍牽掛戰時南遷文物安危，並積極配合新政府遷回文物。1949年12月11日，山東省政府根據其提供的資訊，將存放在南京中央博物院的圖書文物運回濟南，交由古管會收藏。存放在樂山的書籍文物精品，因四川易幟較晚，於1950年12月從成都運抵北京。文化部文物司開箱核對無誤，王獻唐與李義貴受到政府表彰。除留北京13件外（滕縣安上村出土銅器12件、秦瓦量1件——引者注），其餘543件於12月25日全部運回濟南。先歸省古管會代為收藏，後移交山東省博物館，小部分圖書歸山東省圖書館保管。存樂文物詳細目錄可參見《四川運回古物目錄》：「計宋刊本14種，元刊本31種，稿本25種，批校本20種，寫本14種，抄本31種，明清刊本28種，共163種。……金石凡556件，除留北京13件外，實543件。」[27]

　　工友李義貴也不應忘記。他於1906年出生在濟南南部一個偏僻小山村，從小就失去雙親。也沒進過學堂，只在掃盲班上過一陣子。為了生活，他到濟南混日子，打短工、拉洋車。他常到省圖書館門口拉車，時任省圖書館館長的王獻唐常坐他的車，久而久之，王先生看他忠厚老實，就讓他到省圖書館幹雜務，從此才過上安靜的日子，並在濟南娶妻安家。他離開濟南時，兒子還未滿一歲，家裡沒法維持生活，結髮妻子就帶著幼子改嫁他人。曾經，王獻唐回山東幫李義貴尋親，無果。在四川的他知道消息後很是悲痛，回鄉無望的情況下，在樂山重新娶妻成家。[28]他在川護書十餘年，生活十分艱難，有時不得不兼做零工以糊口，令人感佩。據其自述：「起初，我還能定期收到王先生寄來的津貼，隨著戰亂的加劇，其僅有的生活來源也斷絕了。迫於生計，我只能去江岸搬運，清淤除汙，擔砂扛石，給人幫工，擺地攤，賣香煙，售菜果，朝出暮歸，自炊自食，以微薄的收入藉以糊口，年復一年地熬過了十三個春秋。在這連年的戰亂、饑荒、險惡的環境中忍氣吞聲，使這批珍藏，防禦了大自然的蟲蛀黴蝕，躲過了土豪兵痞的覬覦侵吞，完整無缺地回到了人民的手中。」[29]

---

[27]　轉引自李勇慧：《一代傳人王獻唐》，第281頁。

[28]　錢歡青：《文盲李義貴　年守護瑰寶》，《濟南時報》2011年8月22日。

[29]　李義貴遺作、李蓮英整理：《李義貴自述》，《山東圖書館學刊》2009年3期。

第二節　復性書院：從講學轉向刻書

　　抗戰時期的後方樂山，不僅有大名鼎鼎的國立綜合性高校武漢大學、鮮為人知的國立專科學校中央技專，還有一所時間不長，但名氣很大的特殊教育機構，那就是理學大師馬一浮在烏尤寺創辦的一所帶研究性質的自由講學機構──復性書院。用黃裳先生的話說，「在抗戰中間居然還有人來辦『復性書院』這樣古色古香的學校，用孔夫子『禮、樂、射、禦、書、數』[30]的原則來辦教育，又居然有一位賀昌群辭了教授的職位來一起努力。這幾乎都是不可思議的怪事。」[31]復性書院「可以視為過去嘉州書院、東岩書院之繼續」[32]，與梁漱溟在重慶北碚辦的勉仁書院，張君勱在雲南大理辦的民族文化書院，成為新儒家以私人身分在大後方創辦的三大書院，其宗旨都是弘揚中國傳統文化。在這些書院中，馬一浮與他的書院都更為接近中國傳統的理想，並確實得到了某種程度的嘗試。但在另一方面，儘管他要使書院遠離現實的政治和經濟，但同時又不得不面臨著外在世界的影響和壓力，並在開講一年零八個月後終止了講學活動。對此，烏尤寺高僧遍能法師公允地評價：「復性書院對當時樂山文化發展有一定影響，也為樂山歷史增添了光輝的一頁。」[33]

　　1937年「八一三」淞滬戰局失利後，杭州民眾處在一片避難混亂之中。馬一浮依靠私淑弟子姜心白的幫助，攜萬卷書避寇南遷。在顛沛流離之際，馬一浮不得已修書至江西吉安浙江大學校長竺可楨，代謀所攜書籍一處「椽寄」之所。竺氏接信後即飛電致馬，欲聘為浙大教授。為當時生計，馬一浮乃允以大師名義，去吉安泰和浙大講學。

　　1938年7月，贛北戰事日緊，浙大遷往廣西宜山。馬一浮繼續擔任特約國學講師。

---

[30] 黃裳先生此說恐誤。據劉夢溪《馬一浮與國學》第四章「馬一浮和‘六藝論’」云：「孔門之教，分技能操作與典籍傳習兩大類。技能則禮、樂、射、禦、術、數……典籍傳習則《詩》《書》《禮》《樂》《易》《春秋》，以為傳道之本。兩者都稱‘六藝’而形態不同。馬一浮所述論之‘六藝’，自是後者。」

[31] 黃裳：《賀昌群》，《珠還記幸》修訂本，北京三聯書店2006年版，第260頁。

[32] 遍能：《馬一浮先生與復性書院》，永壽主編：《遍能法師詩文選集》，宗教文化出版社2006年版，第159頁。

[33] 同上，第159頁。

　　馬一浮本來對現行學制有看法，他無意長期在浙江大學講學。同時他對當時宜山那種「出郭少嘉樹，四野唯荒菅」的環境，不願居住下去。因此，他在與弟子壽景偉、劉百閔等的通訊中，流露了願找一處山水勝地，創辦一所古典式的書院講學的想法。這個願望尤其弟子輾轉傳到陳佈雷、陳立夫那裡，後由陳轉到蔣介石那裡。老蔣原來早就仰慕馬一浮的德望，於是，就由國民政府教育部向行政院提出，院會通過，以行政院長孔祥熙的名義，於1938年8月向宜山浙大講學的馬一浮發了邀請電，除表欽敬之意外，恭請馬一浮講學。

　　接電以後，馬一浮仍感有好些重大問題似未落實。於是，又提出了《書院之名稱旨趣及簡要辦法》，主要講了四個方面的意見。一是，關於書院的名稱問題。馬一浮寫道：「書院，古唯以地名，如鵝湖、白鹿洞之類是也，近世始有以義名者，如詁經、尊經之類是也。以地名，雖得名勝之地如青城、峨嵋，似含有地方性，不如以義名使人一望而知其宗旨，觀聽所係較為明白廣大。今若取義，鄙意可名為『復性書院』。學術人心所以紛歧，皆由溺於所習時失之，復其性則同然矣。復則無妄，無妄即誠也。又堯舜性之，所謂『元亨，誠之通』；湯武反之，所謂『利貞，誠之復』。自『誠明謂之性，自明誠謂之教』，教之為道，在復其性而已矣。今所以為教者，皆囿於習而不知有性，故今揭明復性之義，以為宗趣。」二是，關於講學內容問題。馬一浮道：「宗趣既定，則知講明性道當依六藝為教，而治六藝之學必以義理為主。六藝該攝一切學術，不分立諸科，但可分通治、別治二門。通治明群經大義，別治可專主一經，凡諸子、史部、文學之研究皆以諸經統之。」三是，關於書院性質問題。馬一浮鄭重寫道：「書院之設，為專明吾國學術本原，使學者得自由研究，養成通儒，以深造自得為歸。譬之佛家之有教外別傳，應超然立於學制系統之外，不受任何制限。書院為純粹研究學術團體，不涉任何政治意味，凡在書院師生，不參加任何政治運動。」四是，關於書院經費問題。馬一浮認為：「書院經費暫由倡議人籌集，稱家有無，以開篳路藍縷之功。然須為久遠計，宜設基金會。基金來源由個人志願捐輸，略如佛寺叢林及基督教會之制，不由政府支給，但政府為扶持文化，意主宏獎，量予資助，義同檀施。其經濟須完全屬於社會性，不為國立、省立，不關審計，由書院自設主計委員會掌之。」[34]

---

[34]　虞萬里校點：《馬一浮集》第一冊，浙江古籍出版社1996年版，第748-751頁。

　　1939年2月8日（農曆臘月二十），離春節還有10天，馬一浮及其隨行乘國民政府交通部的車，奔赴貴陽，轉途入蜀。到渝之日，蔣介石仰其德望，先是派貴州大學校長張廷休接引，車迎到賓館。蔣介石親自宴請，並邀當時考試院院長周鍾嶽陪宴。

　　自重慶會見之後，蔣介石即指示國民政府教育部，書院特准設立。並要教育部主動與馬一浮商洽創設書院的具體問題。於是教育部在1939年3月間，聘請了屈映光（文六）、陳其采、陳佈雷、葉楚傖、周鍾嶽、陳果夫、壽毅成、沈尹默、邵力子、謝無量、熊十力、劉百閔、賀昌群、趙堯生、梅迪生、張曉峰、梁漱溟、朱鋒民、沈敬仲等為籌備委員會委員。後改為董事會，屈映光為董事長，陳其采為副董事長，劉百閔為總幹事。董事會成立後，正式聘請馬一浮為主講（馬不願自任院長）總持講學事宜。書院所需經費，除蔣介石撥3萬元專款作為建院基金外，並由教育部與四川省政府每年給予定額補助。馮友蘭回憶說：「蔣介石以其侍從室的名義搞了些提倡哲學的事。顧名思義，侍從室是他個人的侍從，個人的辦事機構……用侍從室的名義所辦的事，可以不經過行政院各部的管道，也不受他們的管轄，他們不能也不敢過問。當時有一個復性書院……用的款是侍從室出的。」[35]

　　書院的地點選在樂山烏尤山上的烏尤寺，與淩雲山（樂山大佛）並列。這裡是岷江、青衣江、大渡河的匯合處。三條大江從不同方向湧來，簇擁著一座青翠欲滴的山峰，可謂鍾天地之靈氣。「烏尤」二字乃梵文，為印度佛教密乘瑜伽部的主尊之一。山上還有一座古臺，據說是晉代郭璞注《爾雅》的所在，因名「爾雅臺」。書院選定烏尤寺為院址後，由籌備委員賀昌群與寺院交涉，租用爾雅台、曠怡亭、羅漢堂外兩側小院、荔枝樓、東客堂等房舍。講堂設曠怡亭，東客堂作圖書室，荔枝樓是學生宿舍，其餘房舍是職員辦公住宿用房。

　　馬一浮到達樂山的時間應在1939年3、4月間。當時武漢大學國文系教授葉聖陶於4月5日致上海友人信有云：「馬一浮先生已來，因昌群之介，到即來看弟，弟與欣安陪同出遊數回。其人爽直可親，言道學而無道學氣，風格與一般所謂文人學者不同，至足欽敬。其復性書院事，想為諸翁所欲聞，茲略述之。先是當局感於新式教育之偏，擬辦一書院以劑之，論人選，或推馬先生。遂以

---

[35]　馮友蘭：《三松堂自序》，人民出版社2008年版，第96-97頁。

大汽車二乘迎馬先生於宜山，意殆如古之所謂『安車蒲輪』也。（馬無眷屬，惟有親戚一家，倚以為生）接談之頃，馬先生提出先決三條件：一，書院不列入現行教育系統；二，除春秋釋奠於先師外，不舉行任何儀式；三，不參加任何政治活動。當局居然大量，一一贊同，並撥開辦費三萬金，月給經常費三千金。而馬先生猶恐其非誠，不欲遽領，擬將書院作為純粹社會性的組織，募集基金，以期自給自足，而請當局諸人以私人名義居贊助者之列。今方函箚磋商，結果如何尚未可知。院址已看過多處，大約將租烏尤寺，寺中有爾雅台，為犍為舍人注《爾雅》處，名稱典雅，馬先生深喜之。至其為教，則以『六藝』。重體驗，崇踐履，記誦知解雖非不重要，但視為手段而非目的。此義甚是，大家無不贊同。然謂『六藝』可以統攝一切學術，乃至異域新知與尚未發現之學藝亦可包羅無遺，則殊難令人置信。馬先生之言曰：『我不講經學，而在於講明經術』，然則意在養成『儒家』可知。今日之世是否需要『儒家』，大是疑問。故弟以為此種書院固不妨設立一所，以備一格，而欲以易天下，恐難成也。且擇師擇學生兩皆非易。國中與馬先生同其見解者有幾？大綱相近而細節或又有異，安能共同開此風氣？至於學生，讀過『五經』者即不易得，又必須抱終其身無所為而為之精神，而今之世固不應無所為而為也。昌群兄已離宜山，有電來，下旬可到此。書院若成，彼殆將佐理事務。而弟則別有私喜，多得一可以過從之良友也。」[36]看得出，葉聖陶是個明白人，書院後來的發展證明瞭這一點。

　　馬一浮到樂山後，分別去信蔣介石、陳立夫、陳佈雷、孔祥熙致謝，並反覆申明自己自由講學，在管理上不隸屬於教育部的立場。他致蔣介石信中說：「公命世之姿，當此艱危之運，思深慮遠，宵旰憂勞，猶複留意於經籍，旁求儒雅，此誠天下大幸……竊惟書院事議與學校教育殊科，學校領於學官，故事有常程，書院則當付之士林，而無責其近效。」[37]

　　6月1日，教育部公布《私人講學機構設立辦法》，書院的存在就有了法定依據。6、7月間，馬一浮就以「講明經術，注重義理，欲使學者知類通達，深造自得，養成剛大貞固之才」為書院宗旨，發布了《復性書院征選肄業生細

[36] 葉聖陶：《嘉滬通信》第八號，《我與四川》，四川人民出版社1984年版，第110-111頁。
[37] 虞萬里校點：《馬一浮集》第一冊，浙江古籍出版社1996年版，第754-755頁。

則》。簡章發出，以文字來求甄別者數百人，因應選者文理欠通、根底淺薄，可入選者甚少。葉聖陶7月16日的日記載：「昌群言投函來復性書院者已有百餘人，其中十餘人已決定錄取。最足資談助者，有一八十三歲之老人，工楷錄其著作，亦欲報名入院云。書院自不擬錄取之。老人為川省人。」[38]

最終，肄業生只錄取30餘人，加上參學人亦不足40人。連執事人員、刻字工人、院役在內，全院總共只60餘人，規模還不及大學研究院。書院對「肄業生」和「參學人」都酌量發給膏火（生活津貼）。據1940年入院學習的金景芳[39]回憶：「考察時供伙食，不給膏火費。考察合格者方為正式生，供給伙食與膏火費。初時伙食每月約法幣10元，吃得很好。膏火費為每月30元。有帶眷屬學習者。後來法幣貶值，膏火費每月增為50元，也不頂用，伙食至不能果腹。」[40]

8月，書院成立，馬一浮由樂山城區洙泗塘遷往爾雅臺。臺築於烏尤山中峰之西，共三層，結構精巧，營造別致。最上一層為臥室，中層藏書，下層為接待學人之所。臺前小院，不過40、50平方米，下臨絕壁，老樹鬱蟠，岷江繞台南流，日夜江聲澎湃。由爾雅臺南行百步出垣門，「花木圍繞，有曠怡亭，為先生講群經大義講堂。亭作長方形，內可容百人，而四面開窗，綠陰婆娑，外臨江流，遠收雲山，風物爽朗而清新，與爾雅臺並為烏尤勝跡」（烏以風《問學補記》）。在爾雅臺住了一段時間，馬一浮接見學人皆在台下，後因台狹，不能容眾，於是隔年復與寺僧簽約租地，在山下一條叫麻濠的小溪旁邊，建築精舍數椽，供自己及隨人居住。馬一浮取《莊子》義，將之命名為：「濠上草堂」。馬一浮在書院與學生答問的語錄，取名為《爾雅台答問》，這時期他的書法作品以「濠上草堂」、「濠叟」落款，雜著名《濠上雜著》。

1940年春天，江上偫前往復性書院拜會馬一浮。「上山後，第一觸入眼簾的是烏尤寺山門前懸一楠木雕刻的『復性書院』篆書木牌，每字大逾二尺見方，後來知道是先生寫的。當時接待我的，是書院都講張立民先生。當晚即住在荔枝樓（即是肄業生的宿舍），樓下是韋陀殿，樓上一橫排房間，兩兩對稱，大小十來間，中有較大的敞廳，是飯堂和放置報章雜誌的處所。一人

---

[38] 商金林編：《葉聖陶抗戰時期文集》第二卷，人民教育出版社2005年版，第19頁。

[39] 金景芳（1902-2001），遼寧省義縣人，歷史學家、文獻學家。1923年畢業於遼寧省立第四師範學校。1940年考入復性書院從事儒學研究。1941年到四川三台的東北大學任中文系教授。1954年調入東北人民大學（後更名吉林大學），歷任歷史系教授、系主任、博士生導師。

[40] 金景芳：《我的學術經歷》，《金景芳自傳》，巴蜀書社1993年版，第20-21頁。

或兩人住一間，亦頗軒敞。是夜張立民先生約略介紹書院情況。第二天早飯後，備上大紅紙書寫的門生束帖，由張立民先生帶引下山謁先生。翠竹叢中，有竹籬園屋，籬門外右側懸一約五尺長的楠木版牌，刻有用章草書寫的『濠上草堂』四大字，籬門內平壩頗寬，有少許花木。老式穿榫屋橫五間，入院門靠左當頭橫伸出一間是藏書室，由此入內，則系先生會客讀書之所。室內有寫字臺，靠壁設先生座。另設木椅二，茶几一，壁上張掛有先生用篆文書寫的，每字大逾一尺見方的『蠲戲齋』橫額。謁見時，呈上門生帖，並行跪拜禮。開始感到有點局促，但逐漸感覺得如坐春風，並不如見面時所想像的那樣凜凜如嚴冬。」[41]葉聖陶又謂，「馬翁書室中懸自書篆字聯，集杜句曰『側身天地猶懷古，獨立蒼茫自詠詩』，甚佳。」[42]

　　書院院事由主講馬一浮總攝。講習方面，在籌建時曾提出要設「四學」，擬請謝無量講「玄學」，熊十力講「義學」，肇安法師講「禪學」，馬一浮自己講「理學」。後因大師不得其人，馬一浮乃先講六經大義，獨自承當，亦不得已。根據書院《簡章》規定，主講負責院務。主講下設「特設講座」，馬一浮特聘其好友熊十力任之。並設「講友」，相當於大學的名譽教授。書院先後發出聘書，聘為「講友」的有四川名士趙熙、謝無量、葉左文、梁漱溟、張真如、黃離明；請為通信講友的是龍松生；在院的講友有賀昌群、沈敬仲等，不任講友，臨時講學的還請過錢穆，皆一時知名人士。擔任都講的，除牟宗二木到職外，有烏以風、張立民、劉公純、王星賢等，都是馬一浮、熊十力的很有才華的高足。相關行政人員，監院沈敬仲、總務王培德、典學烏以風、圖書張立民、編纂劉學煦等。擔任典學、總務等之王培德等人，均為大學畢業，多年從馬一浮學習，深造有得，學行優異之學者，除任專職工作外，並協助指導學習，整理、輯錄、校勘古籍，交印書部刻印。

　　書院在正式講學前，於9月13日舉行過一次開講典禮。是日晨，院中諸執事黎明即起，盥洗畢，先集學生於戶外，由都講烏以風迎主講馬一浮至曠怡亭講舍先入，講友、都講、執事及學生以次入。馬一浮齋戒盛服，立前正中位，講友、都講及諸執事分立左右。學生，一列在後，依序立。由引贊王靜伯唱

---

[41]　江上僑：《烏尤寺與復性書院——回憶馬一浮先生》，樂山市編史修志委員會編：《樂山市志資料》1983年第3期，第72頁。

[42]　商金林編：《葉聖陶抗戰時期文集》第二卷，人民教育出版社2005年版，第138頁。

先行謁聖禮，師生向先師位北面三禮，焚香讀祝複三禮，謁聖禮畢。次行相見禮：（一）賓主相見禮。馬一浮右立，講友、都講諸執事左立，相向一禮；（二）師生相見禮。學生北面，馬一浮南面，學生向馬三禮，馬答禮；（三）學生相見禮。左右相向一禮。禮畢，由籌備委員賀昌群報告籌備經過。報告後，主講馬一浮作《開講日示諸生》發言：「天下之道，常變而已矣。唯知常而後能應變，語變乃所以顯常。……今中國遭夷狄侵陵，事之至變也；力戰不屈，理之至常也。當此蹇難之時，而有書院之設置，非今學制所攝，此亦是變。」[43]詞畢，復由講友沈敬仲、都講烏以風致勉詞。

9月15日，書院正式開講。馬一浮舉「主敬為涵養之要，窮理為致知之要，博文為立事之要，篤行為進德之要」四目為學規，詳加闡釋，並印發《復性書院開講日示諸生》。17日，特設講座熊十力作《復性書院開講示諸生》，也就書院規制、地位、性質和研究旨趣等問題作開講談話。其講話的宗旨是：提示入院各生如何注意日用工夫。說明書院之設，為研究哲學及文史諸學之機關。要以本國學術為基本，而尤貴吸收西洋學術思想，以為自己改造發揮之資。他認為，成學、行道、立德，必由於此。然而，熊十力在復性書院講座一月左右便拂袖而去。

書院學習「以自由講習與實踐為主，不採學校鐘點制」。每月大約講課二至三次，所有講義，都刻在《復性書院講錄》五冊中。特設講座講課時，「設皋皮椅二，一在講座旁為先生所坐，講前，先生紹介，講後先生歸結，並致謝意。言語不多，率中肯要。」「肄業生平時自由閱讀，寫箚記，每半月由都講收箚記一次，先生親自檢閱，兩三日即發還。每次箚記本上都有先生的批語。講課前，先發講義，無鐘點限制，率以上午為限。」江上偲回憶馬一浮，「先生教人多方，善於取譬。最益人神智的，是平時至濠上草堂質疑問難。每次少則一小時；多至整個半日，無專題，率性而談，亦無絲毫局促。先生吸紙煙，每次請益時，手中煙未嘗熄，其實每支煙大半燒完，極少上口。後來紙煙不易買，改吸雪茄。每次到草堂，總是先生講話的時候多。除了指導讀書外，掌故很多，從清末民初，只要是先生所交識的人，無不談到……」[44]

---

[43] 馬一浮：《開講日示諸生》，《復性書院講錄》，浙江古籍出版社2012年版，第3-5頁。

[44] 江上偲：《烏尤寺與復性書院——回憶馬一浮先生》，樂山市編史修志委員會編：《樂山市志資料》1983年第3期，第73頁。

　　馬一浮在復性書院共講了四個學期。他在講了《學規》、《讀書法》、《通治群經必讀諸書舉要》之後，又按六藝的次第講群經大義，即《詩教緒論》《禮教緒論》《洪範約義》《論語大義》《孝經大義》《觀象卮言》。《春秋大義》未及講論，因1940年7月，馬一浮忽然接到教育部通知，要他將書院教師的履歷和所用教材「送部備核」，完全是一副上級對下級的口吻。據說此事部長陳立夫並不知道，而是經辦人員所為。但馬一浮對此事十分憤慨，即致書教育部，責以違背當時「以賓禮相待」之諾言，決意辭去講席，遣散書院諸生。

　　到了1941年底，書院學生多已離去；但有楊煥升等五人，懇請繼續留院研習，暫獲准續留一年。12月31日，馬一浮寫了一篇《告書院學人書》，表示自1942年1月起，書院「將以刻書為職志」，以便「寓講習於刻書」，「庶使將來求書稍易，不患無書可讀，尤為戰後所必須」。其主講職務，經書院董事會及教育部長陳立夫等多次勸說挽留，馬一浮才答應再續講半年，但自此就有去意。馬一浮在書院講學時間，從1939年9月15日始，到1941年5月25日止，前後共一年零八個月。對於書院草草落幕的結局，馬一浮其實早有預感。1940年3月，他在告書院諸生的一則啟事中就說：「書院亦是緣生法，待緣而興。緣具則暫存，緣闕則立息。此於道絕無增損。」

　　經過半年的僵持後，在既成事實的基礎上，董事會終於基本同意了馬一浮關於停止講學和書院轉向刻書的改制請求，並請其繼續留任，並允諾為其加薪，為書院增加經費三成。馬門弟子王培德在1941年12月24日的日記中寫道：「董會函告，議決先生增脩六百元，講學、刻書應兼顧或擇辦，請先生主持。」[45]馬一浮在12月26回復董事會的信中，同意留用，主持刻書，「實愧德薄，未能令學者興起。又諸緣不具，無以待四方之士，……今唯有寓講習之意於刻書之中，擇先儒著述傳本已微而為後學所必資者，量力刊佈，使天壤間猶知有此一脈，庶幾不為虛負」，「書院旨趣本在講學，今因學者寥落，轉為專事刻書。」[46]

　　馬一浮希望以刻書來保存一點文化血脈。「蓋以為中國古籍，如精選之群經統類、儒林典要等，皆先民學術思想，微言大義，至德要道，浩然正氣之所

---

[45] 王培德記錄：《復性書院日記》，吳光主編：《馬一浮全集》第五冊，浙江古籍出版社2013年版，第446頁。

[46] 丁敬涵校點：《馬一浮集》第二冊，浙江古籍出版社1996年版，第1083-1084頁。

寄，表揚而傳播之，可以鼓舞志氣，戰勝敵人，至宋胡安國《春秋傳》高標攘夷大義，馬先生特表彰之，為之作序而印行之。計刻群經統類十一種，二十一冊，儒林典要十七種，十七冊合前所刻講錄和叢刊計四十二種，四十九冊。先後所刻諸書，均以最低價格，對外流通。」[47]刻這樣的儒學書籍，且以最低價格銷售自然賣不了錢。實際上，由於經費闕如，整個刻書事業是馬一浮靠大書法家的身分鬻字維持的。葉聖陶有則日記可見刻書之艱難：「（1941年1月6日）前日馬翁談此間刻書工價，去年上半年每萬字四十五元，木板由刻工供給；至於最近，每萬字將近二百元，木板自備，且須供刻工膳食。記之，亦書林掌故也。」[48]

1945年8月，抗戰勝利了，馬一浮提出書院要及時東遷，繼續發展。有《復員》一首：

> 初聞解甲復耕桑，板蕩聲中夢富強。書記翩翩皆黨論，饔餐粒粒是公糧。
> 盈庭爭議餘雞尾，行客相逢盡布囊。鳥道雲封豺虎亂，窮黎何敢望飛肮。

1946年5月，馬一浮離開了居住6年多的烏尤山，回到杭州西湖葛蔭山莊，復性書院也一併遷來。然而重振書院的希望，很快就在內戰的硝煙中破滅了。

第三節　中央技專：毫不起眼的學校

國立中央技藝專科學校（簡稱「中央技專」），用當年曾在該校任教的文史學家程千帆的話說，這是「一所不起眼的學校」[49]。它是抗戰後方五所國立職業專科學校之一，其餘四所是國立中央工業專科學校（設於重慶沙坪壩）、國立自貢工業專科學校、國立西北農業專科學校（設於甘肅蘭州）、國立西康技藝專科學校。英國大名鼎鼎的李約瑟博士1943年5月底訪問樂山時參觀了中央技專並做講演，在講話的末尾，「他突然用中國話作了結束語，可以料想，

---

47 唐效實：《復性書院始末》，樂山市編史修志委員會編：《樂山市志資料》1983年第3期，第64頁。

48 商金林編：《葉聖陶抗戰時期文集》第二卷，人民教育出版社2005年版，第138頁。

49 程千帆：《桑榆憶往》，上海古籍出版社2000年版，第18頁。

立刻受到熱烈的掌聲歡呼。」[50]後來李約瑟在其《川西的科學》文中不忘寫上一筆：「在嘉定還有一些頗為重要的教育機構。我們可以提一提中央工業專科學校，該校開設了輕工業的化學與工程各科學科，例如農產製造科、造紙科、染織科、制革科與蠶絲科等等。」遺憾的是，李約瑟博士把學校名稱寫錯了，也許是翻譯之誤。

1939年1月23日，教育部長陳立夫交劉貽燕[51]負責籌辦中央技專，籌備處設在重慶雷公嘴8號。經查勘與聯繫後，決定校址設於樂山。2月21日登報招生，4月24日行課[52]。當時在武漢大學任教的葉聖陶先生長子葉至善（小墨）就報考了該校，據其回憶：

> 沒想到在三月初旬，國立中央技藝專科學校搬到樂山來了，校址選定了江雲庵，在嘉樂門外岷江邊上。父親和我只當散步去看看，這座破舊的庵堂還在修理。遇到一位老師曹自晏先生，大家就坐在木料堆上談了起來。原來在計畫中，這樣的國立專科學校有二十一所：其中的十五所附設於有條件兼顧的大學中，在去年秋季已經開學；剩下制革、造紙、蠶桑、染織、水產、農產製造等六所無所歸屬，合辦成這所技藝專科學校。父親和我聽說是學習生產技術的，都說錯不了。過些天技專招生，我報名考上了農產製造科，四月十日開學。「農產製造」用如今的話說，應該是「農產品加工」。[53]

當年4月5日，葉聖陶致友人信中也說：「小墨已考取國立中央技藝學校。該校系屬初創，分科甚多，彼隸農產製造科，其科校址即在樂山城外。學校

[50] 黃興宗：《李約瑟博士1943-44旅華隨行記》，李國豪等主編：《中國科技史探索》，中華書局香港分局1986年版，第53頁。

[51] 劉貽燕（1884-1966），字式庵，安徽懷寧人。1907年畢業於安徽高等學堂，後被選送日本早稻田大學學習。辛亥革命後，任南京臨時總統府秘書。1919年畢業於英國格拉斯哥大學。1922年創辦安徽工業專門學校，任校長。1926年任北京農業大學、北京大學教授。1927年任浙江省建設廳技正，1932年任安徽省建設廳廳長兼公路局局長。1938年任國民政府經濟部委員，次年任中央技藝專科學校校長。1940年任西康省建設廳廳長。1946年任救濟總署安徽分署署長。1951年，任交通部中國建設總公司上海辦事處工程師。1956年任上海市文史館館員。

[52] 《國立中央（樂山）技藝專科學校校友錄修訂本》，中央技專成都校友會編印，1994年，第1頁。

[53] 葉至善：《父親長長的一生》，江蘇教育出版社2004年版，第198頁。

送上門來,且系傳授實用技能,畢業年限只二年,膳食制服而外無他費,自無不往報到之理。下旬即將入校,距離較遠,勢須住宿,星期末自可回寓留住。」[54]葉聖陶又有日記曰:「校就江雲庵改建,利用大殿外,餘皆簡單之新屋,布置頗緊湊。」[55]

4月25日技專籌備處撤銷,正式成立國立中央技藝專科學校。辦學宗旨為:「中國技術人才,向賴大學或職業學校培植,結果均未盡適合工廠等處實際要求。本校則取二者之長,而舍其短,采手腦同時訓練,理論與實習並重,以造就製造與管理兼長,能令複能受命之技術人才。而完成建設現代化國家之大業。」(《中央技專概況》)

中央技專的訓練目標也十分明確,即「偏重實用」(大學教育偏重研究),比如:

1. 使具有各項基本科學切實之根底。
2. 使具有各專修學科理論之基礎及切實操作之技能。
3. 使具有創辦小規模工廠及自營生產之能力。
4. 使具有從事大規模工業之知識,並使具有設計經營與科學管理之能力。
5. 使具有研究之能力,以期促進新工具新方法之發明,並期向農村推廣,以期改進農產製造及各項舊式工業,使農村工業化。
6. 使具有正確之思想,領導之才能,堅強之體魄,及耐勞苦,負責任,服務忠實,服從命令等習慣。

葉聖陶在1939年4月27日致上海友人信中,對中央技專有如下介紹:

> 小墨已入校,其校距此七八里,步行一點鐘可達。中央現辦專科凡二十一科,某大學於某科有特長者,專科即附設焉。餘下六科(制革、造紙、蠶絲、染織、水產、農產製造)無處可附,乃特辦一技藝專科學校。功課並不低於大學,四年之功課趕於兩年學完,且比大學為切實,多實驗實習。小墨學農產製造,重要功課為化學與微生物學。將來大概能制味精、酒、醬油之類。弟於斯校,以為尚可滿意。開發西南,現似

---

[54] 葉聖陶:《嘉滬通信》第八號,《我與四川》,四川人民出版社1984年版,第109頁。
[55] 商金林編:《葉聖陶抗戰時期文集》第二卷,人民教育出版社2005年版,第11頁。

在努力。「等因奉此」固然不免，而切實有效之舉措亦或有之。[56]

　　其實，中央技專在創辦之初，只設有農產製造、染織、造紙、皮革、蠶絲五科，均為二年制，入學資格為高中畢業生，男女兼收。「嗣以肄業期間太短，知能傳習，頗感不敷」，乃自1940年起呈准教育部改為三年。1942年改染織科為紡織染科，擴充皮革科為化學工程科，1945年奉令增招化學工程及蠶絲兩科各一班為雙軌。並且計畫將來逐漸添設土木工程、機械工程及電機工程專等科，以應社會國家之需要，但最終未能實現。

　　1939年招收第一屆新生，由於投考學生眾多，錄取的學生亦多，超過原來的計畫，準備的校舍不夠使用；加之聘請專業對口教師也有困難，於是學校當局將蠶絲科委託南充蠶絲職業學校（地址在四川南充）代辦；皮革科委託成都華西協合大學化學系代辦；如此，既可解決師資缺乏和學生實習的困難（南充蠶絲職業學校附設有蠶種製造場，華西大學化學系附設有皮革製造廠），又緩和了校舍不敷的矛盾。1940年秋，中央技專租用了四川省立嘉屬聯合中學校舍（當時該校為了避免敵機空襲，已遷到夾江杜公場）和華新絲廠繭庫，擴大了校舍。以徐家扁四川省立嘉屬聯合中學校舍作為本部，內設造紙廠科，農產製造科，紡織染科，皮革科；牛咡橋華新絲廠繭庫等房舍為蠶絲科；江雲庵為各科實驗室。校舍既已擴大，將原委託成都華西大學化學系代辦的皮革科和原委託南充蠶絲職校代辦的蠶絲科遷回樂山，1942年暑期畢業。

　　1942年秋，由於皮革科報考學生較少，教師也奇缺，學校當局決議動員皮革科的二年級上期學生轉入其他科。從此未再以皮革科名義招生，改設化學工程科。此時中央技專計有：蠶絲科、化學工程科、農產製造科、紡織染科（染織科於1941年秋季更名為紡織染科）、造紙科等五科，學生約500人，教職員工200餘人。教師中一部分為該校從全國各地聘請來校的學者、教授和專家，一部分為聘請當時西遷樂山的武漢大學教授兼課。學校進入了全盛時期，在四川享有聲譽，樂山、峨嵋、夾江、洪雅、青神、內江、榮縣等地的青年學子，多願報考該校就學。

　　中央技專學制雖是大專三年制，與四年制的大學或工學院相差不大。葉聖

---

[56] 葉聖陶：《嘉滬通信》第九號，《我與四川》，四川人民出版社1984年版，第115頁。

陶在致友人信中說到中央技專，「功課並不低於大學，四年之功課趕於兩年學完，且比大學為切實，多實驗實習。」[57]筆者翻閱《國立中央技藝專科學校概況》（1946年4月版）所載各科學程表，果不其然，如化學工程科有功課27門，農產製造科30門，造紙科32門，紡織染科34門，蠶絲科34門。由此可見，「各科的課程，相當的多，相當的忙，而且來得更專門，更切實用，都是針對著國家的需要應運而生的」。[58]葉至善入校後，「其校功課甚忙，上午聽課，下午實驗，夜作練習」，[59]連寫遊記的空閒時間都沒有。

中央技專的教員，「計分教授，副教授，講師，助教四等。其薪酬地位與國立各大學相同。多住校內，故均能安心教學，協助學校發展，平時除在教室授課外，複分大部分時間，指導學生從事工業試驗。製造生產及各種研究等工作」。[60]抗戰時期，人才集中於大後方。當時技專教師，陣容整齊，學術水準頗高。例如1942年的統計：在校學生僅206人，但有專職教授14名，副教授4名，講師8名，助教8名。專任教師中留法6名，留美3名，留比2名，留德1名，留日11名，另有兼任教授若干名。1946年有專職教授19名，副教授11名，講師6名，助教13名，兼任教授若干名。[61]以上統計說明當時教師中，資歷高深者多，師資力量雄厚。其中有三位兼職教授（梁樹權、方心芳、高尚蔭），後來當選為中科院院士。

中央技專十分重視學生實習，實習場所計有製革、釀造、造紙、機織、漂染、製絲等工廠6所；蠶種製造場1所；普通化學、定性分析、定量分析、工業分析、農產品分析、有機化學、物理學、生物學，微生物學等各有實驗室；儀器，藥品、圖書及實習機器，總是不斷擴充。此外，學校又與樂山本地各公私立工廠取得聯繫，供學生隨時前往實習，實習時由教師率領，並請各廠技術負責人員指導，以補助校內實習之不足。又每至寒暑假期，則由校方資派高年級學生赴他處各大工廠，長期駐廠實習，此項實習成績，由各廠負責人評訂，作為畢業之必要條件。鑒於學生畢業後擔任技術工作中，結合中國原材料提高產

---

[57] 葉聖陶：《嘉滬通信》第九號，《我與四川》，四川人民出版社1984年版，第115頁。

[58] 炬葦：《抗戰中的中央技專》，王覺源編：《戰時全國各大學鳥瞰》，重慶獨立出版社1941年版，第286頁。

[59] 商金林編：《葉聖陶抗戰時期文集》第一卷，人民教育出版社2005年版，第139頁。

[60] 《國立中央技藝專科學校概況》，國立中央技專編印，1947年，第5頁。

[61] 《國立中央（樂山）技藝專科學校校友錄修訂本》，中央技專成都校友會編印，1994年，第4頁。

品質量和數量是新問題，要求開展科研工作來解決。因此學校在教學過程中很自然地把教學、科研、生產緊密結合起來。比如，蠶絲科附設蠶種場1所，每年春、秋二季共計製「改良蠶種」3、4萬張、發售樂山、峨嵋、夾江、洪雅、眉山一帶，對川南蠶絲事業的發展，起到了良好的效果。農產製造科實習工廠以全華醬油廠（今樂山釀造廠）為基地，對「全華牌」醬油，樂山「口裡香」（當時頗受樂山人稱譽的一種「甜酒」）的釀造和研究，都作了一定的貢獻。造紙科以嘉樂紙廠為實習基地，紡織染科以保險傘製造廠為實習基地，對當時學生學用結合，培養專業技能，也起著深遠的影響。

　　考入中央技專學習的學生，學、食、雜等費用，全由國家負擔。購買書籍和零用困難者，學校還可每月評給部分獎學金。故當時前來投考就學者，多係貧苦學生，也多能勤奮學習。「學生在校，除按時上課外，暇則參加各科學會，各學術研究團體，或各種球隊、田徑賽、游泳、爬山等。此外話劇、平劇、歌詠、弦樂等，亦各就性之所近，分別參加，團體生活，則有三民主義青年團分團部及學生自治會等。出版物有各科學會之研究作品及通訊，各項壁報，與夫由學生自治會編印之《中央技聲》等。學生兼辦社會事業，則有民眾學校，職業補習班，校工訓練班，技術問題函答等。蓋本校訓練學生，不僅注意於學識之研討及技能之嫻熟，對於人格之修養，性情之陶冶，體格之鍛鍊及社會服務之訓練，同等注重；務使其能手腦並用，德術兼修。」[62]

　　由於學校所設專業和開設課程，都是與人們日常生活緊密相關的輕紡工業的理論和技術。所以學生畢業以後，「分別服務於各工廠、機關、學校，充廠長、經理、工程師、技術人員等職務，其地位與大學畢業無殊，但技能嫻熟，較大學畢業生更強；因在校時，校內外實習切實，有以致之」，很多畢業生「勤奮工作，頗得各機關、場、廠主管人之信任，及同事之推重。故每臨畢業時期，各地工廠，機關咸紛來預約，由主管人直接與約者有之；由主管人委託服務各該工廠，機關之本校畢業校友代約者亦有之；此可證明本校學生平素埋頭研習，學有專長，畢業服務社會，又能盡忠職守，博得社會人士之信任也」。[63]當年葉聖陶長子技專畢業後，「可往者有三：一為四川省農改所，元

[62]　《國立中央技藝專科學校概況》，國立中央技專編印，1947年，第6頁。
[63]　《國立中央技藝專科學校概況》，第6頁。

義所介紹；一為雅安某廠，技專前校長今西康建設廳長劉君指名照往；一為經濟部化工實驗所，在重慶，該所向學校要人，由學校介往。」[64]

中央技專首任校長劉貽燕在籌建與創辦技專，確定辦學方針方面，有卓越貢獻。當時半壁河山，淪於敵手，來川流亡學生人數眾多，而大後方又亟需輕工業技術人才，普通大學年限太長。「為了發展戰時輕工業，推廣農村工業，同時也為了給今後建設現代化國家預儲高級技術人才」（引自劉貽燕校長在開學典禮上的報告）[65]，設立了技藝專科學校。在辦學條件極為困難的情況下，能創設五科，並能延聘碩儒專家講授高級科技。除自辦實習廠場外，還能聯繫有關工廠種場，進行生產實習。在物質匱乏之際，千方百計通過勻購、商借等方法，向有關院校乃至私人求援，充實圖書設備，培養了不少高級人才。

1939年底，劉貽燕調任為西康省建設廳長。教育部長陳立夫本來要他的留美大學同學、時任西康建設廳長的葉秀峰[66]來接長中央技專，葉沒答應。這在程千帆回憶錄裡有記載：

> 抗戰開始了，我找不到工作，有人推薦我到四川重慶的西康建設廳……後來葉秀峰就跟著陳立夫走，他到西康當建設廳長……一年多以後，由於國民黨內部的問題，不知是陳立夫、陳果夫與劉文輝有什麼矛盾，所以葉秀峰就不當廳長了。當時在樂山有一所中央技藝專科學校，有蠶桑、製革、農產製造等專業，現在或者叫技專，陳立夫就想讓葉秀峰去當這個技專的校長，葉秀峰不肯做。他後來就說，你原來手下的一班人如果沒有地方去，可以到這所學校去教書。這樣，在1940年的2月，我就到了中央技藝專科學校去教語文。[67]

最終教育部派周厚樞接任技專校長。周厚樞，字星北。江蘇省江都縣人。

[64] 商金林編：《葉聖陶抗戰時期文集》第二卷，人民教育出版社2005年，138頁。

[65] 張文藪：《國立中央技藝專科學校歷史沿革》，周文華主編：《樂山史志資料》1987-1988年合刊，總第5-12期，四川省樂山市市中區編史修志辦公室印，第205頁。

[66] 葉秀峰（1900-1990），江蘇揚州人，北洋大學礦冶系畢業，美國四茲堡大學碩士。歷任中學教員、國民革命軍總部機要秘書、南京市黨部委員。後轉入中統，任國民黨中央組織部調查科長。

[67] 程千帆口述、張伯偉整理：《勞生志略》，程千帆：《桑榆憶往》，上海古籍出版社2000年版，第17頁。

1920年於國立南京高等師範數理化科畢業，先後在美國路易斯安那州立大學、麻省理工學院學習，獲化工碩士學位。曾任國立廣東大學、河南中州大學、國立東南大學教授。1927年，出任江蘇省立揚州中學校長，時年28歲。

抗戰爆發之後，周厚樞舉家入川，初奉教育部令在合川創辦國立四川中學，不久該校易名為國立第二中學。依教育部指示，該校專負責收容從江蘇、安徽、浙江、南京及上海各省市流亡入川之忠貞耐苦的各中學的師生。周氏艱難建校，一面安定全體師生的生活，一面弦歌不輟使青年繼續受教。1939年，「複奉令在嘉定出長國立中央技藝專科學校，為國家培養各項技術方面的專門人才。但是這兩所學校均系成立於抗戰最艱苦的時期，由於經費的短絀及交通的不便，校舍、設備、師資在在都感覺困難。尤其是技專分科較多，更難羅致學術兼備的優良教師。對於這兩所學校，先生總以未能如在揚中十年承平期間之得心應手為憾。可是這兩所學校仍然為國家造就了不少人才。先生任中央技專校長期間曾兼任中英庚款董事會專家委員及教育部工業教育委員會委員。」[68]

令人不解的是，周厚樞在樂山上任伊始，就遭遇了技專學生們的抵制風波。這在葉聖陶的日記裡有記載：

1939年12月22日：小墨之校長劉君近被任為西康省建設廳長，教部派一周君來繼任。同學以周君資歷較差，且前任四川中學校長頗不為學生所喜，擬拒絕之。昨已致電周君及教部，若周堅欲來就任，則校中必起風潮。小墨在技專功課頗好，教師皆重視之，頗為得所。若因起風潮而不得不散出，則大為損失矣。

1940年1月18日：小墨校中，新校長周君將來接事，教部派員來訓話，謂學生不宜拒絕校長，而學生猶主非拒周不可。結果如何，數日內當見分曉也。

1940年1月24日：聞小墨校中風潮已可平息，學生讓周君入長其校，而以增加經費、派遣實習、津貼費用為條件。教部似以不損體面為主，務令周君得居其位，於學生之要求咸允從焉。

---

[68] 李祖壽：《周厚樞先生行狀及其治理下之揚州中學》，人人網。

1940年1月25日：小墨同學一班，每人得校中津貼三十元，至成都參觀工廠。他明日與一李姓同學先行。參觀工廠蓋其名，實際則乘此到成都玩一趟而已。拒校長而得此結果，殊出所料，且可笑也。[69]

周厚樞於4月24日到校後，「長校四載，在延聘教師，充實設備，掌握辦學方針等方面，良多貢獻。他強調『畢業生應具有深厚的科學基礎和熟練應用的方法；在修養方面，具有刻苦耐勞，忠實負責，能令受命的服務道德；在技能方面具有工程師的才能和技工的身手。能自營小工廠複能管理大工廠』（引自周所寫的《建校三周年》）」。[70]

1943年冬，周厚樞據說是「由於貪汙舞弊，激起全校師生的不滿，舉行罷課。學生提出響亮口號：『不趕走周厚皮（即周厚樞）決不復課』；並由各科選出學生代表張重渝等人組成赴重慶請願代表團於1944年1月出發，抵重慶後，向教育部面述學校弊端，並遞交了『請願書』，經過一個寒假的交涉，教育部迫於形勢，為了防止學潮擴大影響後方社會秩序，便於當年2月，免去其校長職務」[71]。之後，周厚樞改任中央設計局設計委員。

技專校長之職繼任者為教務主任張儀尊。張係國立東南大學理學士，法國里昂大學理科博士。曾任國立四川大學教授兼化學系主任，在技專教過有機化學等課，學術造詣甚深。「由於張氏學者風度甚濃，處事直爽，又不善於社會交往和折衷應付，辦事頗感棘手，遂於1945年向教育部自行申請辭職。」[72]

抗戰勝利之後，國立武漢大學復員，教育部令撥該校工學院房產交予技專，併發復員費一億五千萬元購買樂山女兒山大業印刷公司全部房產（今碧山路樂山四中），改建為技專校舍。這裡「泯水前橫，峨山西峙，境地清幽，風景佳絕。名勝學府，相得益彰，暫作講學讀書園地，自無不可」[73]。1948年10月初，又租賃牛咡橋蠶種場（今樂山嘉州花城小區）作校舍。大陸易幟之後，

[69] 商金林編：《葉聖陶抗戰時期文集》第二卷，人民教育出版社2005年版，第53、58-60頁。

[70] 張文藪：《國立中央技藝專科學校歷史沿革》，周文華主編：《樂山史志資料》1987-1988年合刊，總第5-12期，樂山市市中區編史修志辦公室印，第205頁。

[71] 李又林：《解放前在樂山的大專院校簡述》，樂山市編史修志委員會編：《樂山市志資料》第2期總第3期，1982年7月，第40頁。

[72] 李又林：《解放前在樂山的大專院校簡述》，第40頁。

[73] 《國立中央技藝專科學校概況》，國立中央技專編印，1947年，第2頁。

中央技專由中共接管，並於1950年更名為樂山技藝專科學校。

　　據《中央技專校友錄》統計，中央技專在抗戰時期培養學生近700人。從創建到1949年，共培養了學生約1,000人。這些學生遍及各省，甚至美國、加拿大和荷蘭等國。

第四節　峨嵋山下：程天放與四川大學

　　自從國民政府遷到陪都重慶之後，日本的飛機就頻繁光顧成渝兩地，對後方民眾的生命財產造成巨大損失。地處成都市中心的國立四川大學是日本轟炸的重點目標，常常是老師剛剛開始講課，警報就響了，學生們抓起書本就拚命往城外跑。

　　1939年春，本來是個郊遊踏青的好時節，然而日機卻接連到成都上空搗蛋。上任不久的四川大學校長程天放為保護師生安全，避免無謂犧牲，提出將學校遷往成都西南的峨嵋。

　　程天放（1899-1967），江西新建人，生於杭州，係湖廣總督程喬采曾孫。1917年入復旦公學，1919年為回應北京「五四」運動，組織上海學生聯合會，並受到孫中山先生接見。1920年公費留美，1922年獲伊利諾大學政治學碩士，1926年獲加拿大多倫多大學政治學博士學位。回國後任教於復旦大學等校。後投身國民黨黨務系統，1927年任國民黨江西省黨部執行委員兼宣傳部長，1930年代行安徽省主席職，1931年任國民黨中央宣傳部副部長。1932年任國立浙江大學校長，1935年出任國民政府駐德國首任大使。

　　1938年8月，程天放辭去駐德大使職務，10月回到戰時的首都重慶，陳立夫正擔任教育部長，因為四川大學還沒有校長，是由文學院院長張頤代理，他就要程去執掌川大。程天放當時對教育行政興趣不太濃厚，而是想到前方去做點和戰事有關的實際工作，並沒有接受他的好意。不料陳立夫趁程天放到成都去的機會，不等他同意，就請國民政府正式任命。川大雖是國立，可是地方色彩濃厚，排外思想嚴重，成立以來的校長如王兆榮、任鴻雋等都是四川人。現在政府忽然讓一個外省人做校長，於是就有些川籍士紳和川籍教授出來反對，拒絕程天放到校，不過一些在校學生卻紛紛表示歡迎。程天放早年回憶錄中說，「我本來無意擔任這個校長，可是我的個性對於任何壓迫決不屈服，

所以川籍士紳和教授的反對，反而促成我就職的決心，我就在十二月中到校接事。」[74]

12月9日，行政院以「國拾貳5字14795號訓令」飭令四川大學代理校長張頤立即移交校政，程天放先行任職視事，由此引發了一場從「拒程」開始而以「驅孟」結束的鬥爭。

代理校長張頤，基本按照前任校長任鴻雋的辦校方針實施校務計畫，受到師生和大多數社會人士的肯定。張頤被無故撤換，內心甚為憤懣，但出於行政院和教育部命令不便公開反對。秘書長孟壽椿，在學校掌著實權。他迫不及待地想加強CC系在學校的實力，對程天放接長四川大學極為興奮。理學院院長魏時珍系青年黨，而青年黨在四川大學尚有一批教職員。最關鍵的是，當時青年黨和國民黨CC系有矛盾，他們唯恐程天放長校後排擠、壓制青年黨，因此堅決反對程天放來川大。文學院院長朱光潛，力主民主自由，且不屬任何黨派。他對國民黨CC系實行黨化教育甚為憎惡，認為程天放長校將無學術自由可言。法學院院長曾天宇，認為程天放長校是行政院會議通過任命的，反對程天放接長只能結怨於程，因此不公開表示態度。同時，也有部分教授保持著靜觀中立的態度。

12月16日，由朱光潛、魏時珍、董時進領銜，60餘名教授簽名，聯名致電教育部、行政院，強烈要求收回成命。教授們的主張，得到地方紳耆的支持。12月20日陳立夫復電地方紳耆，強調「維持原案」並抬出蔣介石：「四川為今後抗戰建國之策源地，川大實為西南培育人才之樞紐」，「委座對國立四川大學人選審慮周詳」。程天放則與孟壽椿經過密謀，於23日在學校「奪印上任」，激起了川大師生的更大反感，朱光潛等86位教授表示強烈抗議，並宣布從即日起全體罷教。

中共南方局認為國民黨中央派程天放來川大，要反對是反對不了的，不如提出「歡迎程天放，建設新川大」的口號，其中包含了主張學術民主，開展抗日救亡等內容。而提出「驅孟」的要求，則可以削弱程天放在川大的勢力，給國民黨CC派一個有力的打擊。青年黨學生亦以「反程」不能，如果「驅孟」成功，也稱為勝利而擁護。

---

[74] 程天放：《程天放早年回憶錄》，（臺北）傳記文學出版社1968年版，第145頁。

1939年1月7日，復課請願團在學校致公堂舉行「驅孟」大會，並在報端發表聲明。孟壽椿眼看大勢已去，只好接受教育部命令離開了川大。1月9日，川大正式復課，而朱光潛等二十餘位教授拒絕回校就職。於是程天放任命向楚為文學院院長，張洪沅為理學院院長，王善佺為農學院院長，鄧錫侯的同鄉好友傅況麟為秘書長。

「拒程驅孟」風潮剛一平息，1939年1月，程天放以保護學校安全，避免無謂犧牲為由，提出將川大外遷。4月，程天放呈准教育部，決定將校本部和文理法三院遷至峨嵋，成都只留望江樓側的農學院及理學院的應用化學研究處、測候所和植物園。

5月中旬，川大提前放假，程天放率員先赴峨嵋考察，決定利用峨嵋山麓各大寺院為校舍，同時在峨嵋山搭竹棚作為補充校舍。回蓉後，程天放立即成立了臨時遷校委員會，辦理遷校事宜。6月初，圖書儀器等以五百部板車開始運送。由於搬遷十分倉促，運輸條件很差，沒有任何機動車輛，在搬遷過程中備盡艱辛。比如運送桌椅儀器的木船在岷江中遇狂風被打翻，儀器箱子沉入江中，桌椅板凳滿江飄流。運送圖書的板車在山道上被搶劫，損失不小。一些教員的衣物等也有丟失，造成極大生活困難。搬遷過程猶如逃難，學校教學科研受到了一定損失。學校原定8月中旬在峨嵋臨時校舍復課，後來因臨時校舍建築不及，交通不便，圖書儀器搬遷延期等，直到9月21日才正式復課。

遷到峨嵋之後，川大租用報國寺做一部分有眷屬教授，和許多單身教授的宿舍，程天放一家也住在裡面。報國寺在公路的終點，所以來遊峨嵋的人，都是先到報國寺歇腳，然後再上山。報國寺因為在平地，而且在山背，所以看不見峨嵋主峰，也沒有多少風景，可是四圍的樹木非常茂盛，尤其有大桂花樹，開花時很遠就聞見香氣。寺裡又有很大一塊平地，是軍官訓練團操練的地方，川大就利用它來建築新增的師範學院，和附設中學的校舍。

出報國寺大門，向右沿山路走三華里，就到了伏虎寺。伏虎寺比報國寺大得多，不過房屋很破舊，廟產很少，所以無錢修理。川大將它全部租下來，大加修繕，成為校本部和文法兩院所在地。除了保留少數房間，供和尚使用外，客廳、大殿和正樓，都改做學生宿舍，右邊的偏殿改做女生宿舍，左邊的客廳和客室，則改為校長、教務、訓導、總務三處，和兩院院長、各系主任的辦公室。另外一座閣樓改為圖書館，由皇城搬了10萬卷圖書到峨嵋，供師生研究參

考之用。又在空地上建了幾十間教室，和一個可容700人的大禮堂。文法兩院二、三、四年級學生最多時到過680人，全部住校。白天加上上課和辦公的教職員，超過800人，但是並不覺得太擁擠。至於理學院則設在萬行莊，一年級新生全部在鞠槽，租用民房，集中受軍事管理。

伏虎寺不但寬敞，而且風景也很好。它的山門離正殿很遠，國立四川大學的校區是戴季陶所題，每字有二尺見方，掛在山門上十分雄偉。沿著石坡上去，兩旁都是樹木，下面又有一道溪水，終年不斷地流著，要走將近半里路，到橫貫溪水的一個閣樓，那就是圖書館。再走上去約20丈，又有一個牌坊，程天放就集古人成語「仁者樂山，智者樂水」「十年樹木，百年樹人」做一副對聯，掛在那裡。「再進五六丈路，就到了正殿大門，由這裡望出去，右邊是虎山，山形好像一頭作勢要搏人的猛虎，左邊是鳳坪，山形好像一隻振翼要起飛的丹鳳。兩座山都長滿了樹木，沒有一點隙地。青蔥的山色加上淙琤的澗聲」，程天放覺得這裡「真是一個優美的研究學問的環境」。[75]

然而四川大學官方校史認為，「學校搬遷到峨嵋，從政治上說進入了法西斯統治的強化時期，從學校發展說也進入了一個挫折時期。」因為「學校在未搬遷之前，許多條件是有利於學校發展的。當時學校擁有2,000餘畝土地，較之其他內遷大學有設備，圖書等更為完善的條件，學校有了任鴻雋、張頤時期的較大發展，在教學科研和人才集聚方面都出現了生氣蓬勃的局面，具有更大發展的勢頭。但是由於搬遷峨嵋之後，卻使許多有利條件完全喪失，學習遠離西南學術文化中心，失卻了學術發展的社會環境；峨嵋山極其簡陋的條件也給教學科研帶來了許多難以克服的困難；許多名流學者由於峨嵋山條件艱苦，沒有較好的教學科研和生活條件也不願來校任教。」[76]事實上，由於川大也匯聚了相當一批名流學者，教師學生在極其艱苦的條件下共同努力，教學科研方面有一定發展，取得了一些成就。

由於抗戰曠日持久，自淪陷區轉來川大的學生越來越多，學校儘管在峨嵋山之上，條件簡陋，但規模仍有較大擴充，1942年學校共設5院23系，有專任教授、副教授、講師103人，助教62人。當時的各院院長及系主任如下：

---

[75] 程天放：《峨嵋憶遊》，《程天放早年回憶錄》，（臺北）傳記文學出版社1968年版，第149頁。

[76] 王廷科主編：《四川大學史稿》，四川大學出版社1985年版，第277頁。

文學院：院長向楚。中國文學系主任向宗魯，外國文學系主任金尤史，史地學系主任李季谷，教育學系主任張敷榮。1941年7月17日，西南聯大羅常培教授觀光川大後記道：

> 十七日晚上，在程校長家裡，會到文學院院長向先喬先生（楚）。據他告訴我，川大中國文學系有向宗魯，龔相農，陳李皐，李炳英，徐中舒，殷石曜，胡荏蕃，穆濟波，蕭滌非，曾爾康幾位。其中只有中舒和滌非本來是熟人，其餘都沒會過，假期中大半離開學校，所以也沒有拜訪的機會。先喬年近六十，容貌態度酷似順德黃晦聞先師。宗魯治校讎目錄學，著述頗多，北大文科研究所近兩年來所收的劉念和王叔岷王利器諸生都是由他指導出來的。在川大圖書館裡所保存的中國文學系學生畢業論文有呂氏春秋校注，鶡冠子校注，說文段注校正，文選賦類異文考，詩經釋詞，左傳引經考，左傳地理今釋等。又藏有四川大學國文選二冊，所收有禮記，諸子，史記，漢書，韓柳文，太炎文等；由此兩部分，頗可以窺見他所提倡的風氣的一斑。聽說他對於教育部委託我所擬的中國文學系語言文字組課程草案，頗有批評。我這次很想會一會這個畏友，當面討論一下。可惜不單我到峨嵋沒能見著他，最近中舒來信說「他已經在善覺寺病故，現尚停柩報國寺中」；從此竟自終古沒有面商的機會了。[77]

理學院：院長鄭愈。數學系主任柯召（惠棠），物理系主任張宗蠡（少墨），化學系主任張儀尊（達如），生物學系主任方文培（植夫）。1939年春，奉教育部令附設化驗專修科。

法學院：院長吳君毅。法律學系主任胡元義（芹生），政治學系主任吳君毅（兼），經濟學系主任金孔章。

農學院：院長王善佺（堯臣），農藝學系主任（缺），園藝學系主任李駒，森林學系主任程複新，植物病蟲害學系主任楊志農，蠶桑學系主任熊季光。

師範學院根據教育部指令，於1941年8月恢復，由黃建中擔任院長。設教育、公民訓育、國文、英文、史地、理化、數學等七系，另設史地、理化、數

---

[77]　羅常培：《蜀道難》，《蒼洱之間》，黃山書社2009年版，第59-60頁。

學3個專修科,並有附屬中學、附屬小學。

學生方面,由於淪陷區學生紛紛轉入川大就讀,因此人數有較大增長。1939年共有學生1,376名,其中文學院343名,理學院219名,法學院456名,農學院358名。1940年暑假統計,「全校有學生1,177人。其中文學院252名,理學院156名,法學院454名,農學院315名。」1941年8月恢復師範學院後,「五院共有學生1,244名。1942年為1,650名。」[78]學生除邊遠地區如黑龍江、熱河、新疆、寧夏外,其他各省均有。他們與川省學生融為一體,互相交流,打破了原來比較閉塞的狀況,使戰前學校濃厚的地方色彩得到相當克服。自從遷峨以後,因校舍有限,不再收借讀生和轉學生。

鑒於程天放與陳立夫的關係,教育部在川大的經費上給予相當大的支持,由過去的年預算53.7萬元逐年增加,到1941年為83.9萬元,1942年為115.3萬元。除年度預算外,還有一些臨時經費,1939年度為23萬元(內有學校搬遷費5萬元);1940年度為美金8000元,國幣16萬元;1941年度為美金2.5萬元,國幣25萬元。學校經費總額雖然有較大的增加,較之當時許多內遷四川、雲南的學校經費總額都多,占全國高校經費總額的1/22,在國立大學中占第四位。但因物價高漲,經費仍感拮据,學校也常常陷於困境。

建築設備方面,峨嵋山臨時校舍雖然廟宇較多,但適合於作大學教室、圖書館、實驗室之用者甚少。除了儘量利用廟宇原有房屋及租用民房加以修葺借用外,並打算於伏虎寺建築草房大小教室60餘間,辦公室10餘間,圖書館一棟,大禮堂一座。1941年又於伏虎寺建成學生宿舍20餘間,以作校本部和文法兩院之用,於萬行莊建築大小教師宿舍20餘間,大小辦公室10餘間;於保寧寺建築理化實驗室10餘間;於鞠槽建築禮堂一座(可容納400餘人),教室10餘間,圖書室3間,教職員宿舍6間,大小辦公室5間,男女生寢室共20餘間,以作新生院之用。以上建築因陋就簡,勉強敷用。

設施方面,因地處山野,對日常必不可少的附屬設施,不得不設法解決。「峨山非大都市可比,無醫院診所之便,為解決師生醫藥困難及擴大以往校醫室,添聘校醫,成立醫藥衛生組,並於各院分設診療所。峨山地廣人稀,對

---

[78] 何大興:《川大遷峨始末》,政協四川省峨眉縣文史委編:《峨眉文史》第三集,1987年,第39頁。

治安問題，在遷校之際，便成立了警衛隊，共有警兵60名。關於照明，買有發電機，裝置電燈。至於電訊新聞等，因不能當日讀到成都報紙，於是設置收音機，聽取消息，編印日刊。並請交通部於報國寺設置電報電話局，在伏虎寺設立郵局一所，各院分設信櫃。皇城之金城銀行辦事處也隨校遷至峨嵋。」[79]

圖書方面略有增加。據1939年7月1日統計，共有中日文書籍124,662冊，西文書籍26,659冊，合計151,321冊。1940年，中日西文書籍增至160,970餘冊。期刊方面，原有中文雜誌1,247種，西文雜誌200餘種，遷至峨嵋後，因交通不便，僅能收到中文期刊224種，西文期刊45種，中文報紙20種，西文報紙5種。整個看來川大藏書在當時各著名高校中並不為富，但抗戰中淪陷區高校及圖書館多遭日機轟炸，而川大則未受到影響，許多珍貴書刊文獻得以完整保存。1941年7月18日，西南聯大梅貽琦校長、羅常培教授一行參觀川大，事後羅氏在文章中寫道：「圖書館現有中文書十萬冊，西文書二萬冊，還有一部分在成都沒運來。因為地方潮濕，管理人對於書籍的保存上頗費心思。」[80]《梅貽琦日記（1941-1946）》中也說：「程校長來，以花杆[81]邀往川大參觀文法學院，在伏虎寺，有山有水，風景頗好，但潮氣太重，圖書館頗有困難，圖[書]館主任為孫。」[82]

研究方面，1941年理科研究所化學部和文科研究所中國文學部當年得到教育部經費補助共7萬元，其中文科研究所3萬元，理科研究所4萬元。1941年開始招收研究生，文理科各招四名，各科研究生每年由教育部撥款1,200元培養費。1943年又開始籌設史學研究部，籌創《史地季刊》。理學院在科研方面，加強實用性問題的研究。應用化學研究處對於油脂水鮮等研究積極進行；對於研究成功的項目作了一些推廣工作。生物系在系主任方文培主持下，重修《峨嵋山志》，生物志部分由生物系教職員負責，取得極其可喜的成績。理學院又定期舉行教授研究討論會，探討各科的問題及發展，用以充實教材和提高研究興趣。數學系科研方面有顯著的成績，該系的特色在於教授們各有專長，系主任柯召在數論和組合論方面造詣很深。該系為加強科研，每週設專題研究課，

[79] 何大興：《川大遷峨始末》，政協四川省峨眉縣文史委編：《峨眉文史》第三集，1987年，第40頁。
[80] 羅常培：《蜀道難》，《蒼洱之間》，黃山書社2009年版，第59頁。
[81] 花杆：今作「滑竿」，四川山區常見的竹制轎子，由兩個腳夫所抬。
[82] 黃延複、王小寧整理：《梅貽琦日記（1941-1946）》，清華大學出版社2001年版，第71頁。

召集全系師生作集體研究，各人闡述自己的研究心得，大家討論。這種專題研究十分吸引人，有時學生變成先生，站在講臺上邊寫邊講，而教授學生們則靜坐聽講。這種平等探討的學風，造成了一批在數學上銳進不已的人才。

在娛樂生活方面，教職員和學生分別舉行過多次棋類比賽。1941年5月，由師生及家屬中善畫、善書、善刺繡、善收藏、善雕刻者提供展品，在伏虎寺舉行展覽會，共陳列藝術品3,000多件，五光十色，琳琅滿目，觀者稱快，為山中之僅有。此外師生和家屬自行組織平劇社、望峨劇社、歌詠戲劇隊等，在節假日或迎送新舊同學之時登臺獻技。常舉行教職員茶話會，助以歌舞音樂等遊藝節目。

1939年9月，浙江大學校長竺可楨參觀川大之後，在日記中如是寫道：「（9月20日星期三）11:20至伏虎寺，川大文法學院有七八百學生方到此校中註冊，事務、校長辦公室亦在此。遇前中大註冊主任熊文敏，尤其指導參觀各處。女生宿舍在羅漢殿前，男生宿舍在兩廊。余見男生多西裝，且坐在廊下與女生打紙牌，亦有女生坐男生宿舍床上縫針線。據熊云，明日上課補足上學期所缺，但以意度之，恐二三星期內難復課。程天放適在開會，留一名片而去。次至報國寺，在禪堂中膳。蚊蚋極多，允敏以為苦。一點半出發，經聖積寺至峨山招待所已二點半矣。稍息即偕允敏至東門外大佛寺，以存故宮博物院件未得入。晚膳後鄭涵清、張儀尊來，知理學院在保寧寺附近以一萬五千造茅屋二幢，每幢八間，故明日可以上課。此間生活米糧價廉，故學生膳每月七八元可以勉強。川大學生向無讀書習慣，程天放自兼訓導長，引導學生研究黨義等。實驗室及一年級生宿舍均未造云。」[83]

1943年1月5日，國民政府行政院第594次會議決定：「國立四川大學校長程天放另有任用，應予免職。任命黃季陸為國立四川大學校長。」此時的四川大學，「在程天放大力擘劃下，漸具現代規模，當時反對他到任的川籍人士，也不得不為之嘆服了。」[84]

1月23日，黃季陸赴峨就任。到校之第四日的總理紀念周上，黃季陸舉行宣誓就職禮說：「我這次之所以願來川大，就為了挽救你們，挽救你們這樣孤

---

[83] 竺可楨：《竺可楨全集》第7卷，上海科技教育出版社2005年版，第166頁。
[84] 王家瑩：《樂育菁莪——程天放傳》，（臺北）近代中國出版社1983年版，第133頁。

陋寡聞的見解。在我所瞭解的大學是什麼？一個大的時代就是一個最大的大
學，在此非常時代你們深居這峨嵋山谷，風景固然優美，恐怕時間一久，你們
都將變成『鄉下佬』了，所以我覺得如果將這所大學久久僻處峨嵋，未來真不
堪設想！……川大在這裡，好的教授們漸漸的走了，好的學生慢慢地少了，我
們在這裡除了留戀風景外，還能得到什麼好處？我決將川大遷回去！遷到時代
的熔爐中去。」[85]學生歡聲雷動。

　　遷移工作從2月1日開始。總計遷校的教職員及家屬1,500餘人，學生1,800
餘人，加上校具、檔案、圖書、儀器、師生行李，分別以汽車、板車、船隻、
木筏，水陸並運。陸上運輸途經夾江、眉山、彭山、新津、雙流，水上運輸途
經樂山、青神、眉山、彭山、仁壽、華陽。為保證水陸運輸安全，校長黃季
陸分別致函川康綏靖公署、四川省水上警察局，請其飭令沿途各地駐軍、分局
「惠予妥為保護，以利運行」。陸上運輸從2月12日至3月12日運完急需物品，
水上運輸也很及時、順利。當時校刊報導遷校途中情景：「一時蓉城道上，飆
輪競馳，青衣江頭，舳艫相接，漸見山城冷落，奇門荒涼，弦歌歇處。」[86]

第五節　凌雲山上：唐燿與木材試驗室

　　1943年5月下旬，英國大名鼎鼎的李約瑟博士為調查戰時中國各地科研情
況，對四川西南部進行訪問。在樂山的5天內，他參觀了武漢大學、中央技專
和中央工業試驗所的木材試驗室。數月後，李約瑟在世界著名學術期刊《自
然》發表《川西的科學》一文，記述他這次訪問的情形，其中「嘉定和李莊的
生物學」一節寫道：

　　　　離城不遠有一座寶塔的高坡上，可以找到國立木材試驗室，該室在
　　精力充沛的唐燿博士的領導下，是一個活躍的中心。唐燿博士直到戰時
　　都一直與大多數國家的林學界保持著密切的關係。美國有約1,000種森

---

[85] 黃季陸：《長校八年的回憶》，張其昀等著：《中華民國大學志》，（臺灣）中華文化出版事
　　業委員會1954年版，第201頁。

[86] 轉引自王廷科主編：《四川大學史稿》，四川大學出版社1985年版，第285頁。原載《國立四
　　川大學校刊》第15卷第1期。

　　林樹種，而中國有2,000種，他們研究認為，在兩國擁有的這麼多樹種中約有10%真正具有價值。該室擁有來自中國及世界各地的木材標本，以及收藏著令人羨慕的複印本與縮微膠片文獻。[87]

　　李約瑟博士的隨員黃興宗也在訪問記中提到：「木材試驗室座落在寶塔下的另一所廟宇裡。我特別記得那次訪問，因為它就在凌雲山大佛身旁……」[88]
　　這個能讓李約瑟博士訪問的木材試驗室，到底是個怎樣的機構呢？
　　大約在1937年全面抗戰之前，北平靜生生物調查所[89]創辦人胡先驌與實業部工業試驗所所長顧毓琇商定，由兩家合作從事木材研究。顧毓琇1931年從美國康奈爾大學獲企業管理學博士學位回國之後，主持中央工業研究所多年。1939年唐燿[90]自美留學回國後，胡先驌即派其與顧毓琇密切合作，草創木材試驗室。其中原委，顧毓琇於1943年6月親臨該試驗室時所作之《訓詞》，有詳盡回顧：

　　　　八年前在南京時，對於木材試驗室的理想與希望，現已逐漸實現。我以前參觀了美國的木材試驗，得到很多資料，像我這一個機器工程師，對於木材材性之興趣，卻從那時開始。本來在學校裡也曾做過材料試驗，只不過在學校裡有這樣功課罷了，並無多大興趣。那時看見他們的許多工作之後，使我發生很多興趣，這興趣增加我對於看材料的方法，同時在興趣方面也有所轉變。在回國主持中央工業試驗所後，很想做此項工作，不過覺得自己經驗不夠，沒有早早進行。那時本所材料室有一位法國留學者，勉強做了一些，但結果不甚圓滿，還是覺得能力不

[87] 李約瑟：《川西的科學（二）生物學與社會科學》，李約瑟、李大斐編著：《李約瑟遊記》，貴州人民出版社1999年版，第120-121頁。

[88] 黃興宗：《李約瑟博士1943-44旅華隨行記》，李國豪等主編：《中國科技史探索》，中華書局香港分局1986年版，第53頁。

[89] 靜生物調查所，是近代中國建立較早、最有成就的生物學研究機構之一，1928年2月28日成立於北京，1950年結束，是現今中國科學院動物研究所和植物研究所的前身。主要創辦人為動物學家秉志和植物學家胡先驌，以建所前去世的中國生物學早期贊助人范靜生（范源濂）命名。

[90] 唐燿（1905-1998），字曙東，祖籍安徽涇縣，出生于江蘇省江都縣（今揚州市）。1923年考取南京東南大學理學院植物系，受業于胡先驌。1927年大學畢業之後，先後在上海暨大附中、揚州中學做教員。1931年起任靜生生物調查所研究員，從此走上一條探索木材的奧秘、開拓中國木材學的道路。1935年赴美留學，1938年獲耶魯大學哲學博士學位。

夠。有一次在金大研究木材的朱惠方先生，採有成渝線木樣三百多種，來本所磋商合作，他的目的想做供應成渝路枕木用之參考。倘戰事不爆發，那報告已發表，但是結果或許亦不甚可靠。八年前我就想推動這項工作，可是總覺得沒有相當的人去計畫並擔當此項長期工作。

　　有一次在南京胡步曾先生和我談起這方面工作，他的意思預備把靜生生物調查所木材的部分和本所合作，使研究木材的人與我們這裡研究工程的人聯繫起來，就是他們以研究植物的方法研究木材，我們就物理範圍研究木材，同時並進。當時我就認為只要人的問題有辦法，很可以進行。胡先驌就說前在靜生生物調查所主持研究木材的唐燿先生尚在美國繼續研究，不久可返國擔任其事，並表示靜生方面還有許多地方可以幫助。那時我就希望唐先生回來正式開始。所以戰前，就與唐先生函件來往幾次。戰事發生之第二年，唐先生返國，那時我們試驗所的遭遇最為困難，經費有限，設備不全，與唐先生見面商談以後，我們希望的和唐先生所見到的不謀而合，才決定開始進行。[91]

　　唐燿係1939年8月底自歐洲回到上海，稍事停留即往香港，旋經滇越鐵路到達昆明，於黑龍潭雲南農林植物研究所拜謁胡先驌，並與在農林所的前靜生所同仁們相聚之後，遂於9月22日飛往重慶，在中央工業試驗所開展工作。工業試驗所為唐燿配備兩名助教，囑其在北碚籌設木材試驗室。至於靜生所與工業試驗所的合作，可能因受戰爭的影響不了了之。木材試驗室之經費並未納入靜生所的預算，其主要來源還是經濟部，故室名之為「經濟部中央工業試驗所木材試驗室」。唐燿還草擬了試驗室的研究計畫大綱等檔。據其所撰《設立中國木材試驗室芻議》一文可知設立該室之目的有數端：「一、促進並輔助有關林業之公私機關，進行大規模吾國現有森林之調查和發展；二、調查吾國現在木業之情況，並徵集伐木鋸木等之方式及其用具，木材乾燥法及一切有關木材之製造品，以便厘定名稱並改良土法；三、進行中國商用木材及可供開發主要林木各種材性上之試驗與研究；四、根據調查及試驗與各國成例，改良舊式木工業之製造、處理、應用上各問題，並協助新式木工業之發展。」時值

---

[91]　轉引自胡宗剛：《唐燿與中國木材學研究》，《中國農史》2003年第3期。

抗戰之際，為滿足國防需要，合理應用木材資源，設立此研究機構，當為意義重大。

正值木材試驗室在北碚籌備之時，不幸於1940年6月遭到日機的轟炸。資料記載，6月24日，日機126架分四批先後轟炸重慶市區、北碚及江津，其中第四批36架於14時59分在北碚投彈23枚，燃燒彈40餘枚，損毀全鎮一半房屋，死亡45人，傷37人。[92]北碚的中央工業試驗所新屋中燃燒彈，損失慘重，但這並沒有減損唐燿的志趣和希望，於8月初把木材試驗室遷往樂山。這裡是岷江、大渡河及青衣江的匯合處，又近峨嵋山，木材資源豐富，遷此便於研究。唐燿自己也曾言：「嘉定這個地方，是川康木業的中心，松、理、汶、茂的木材，可由岷江運嘉；洪雅的木材，可由青衣江（一稱雅河）運嘉；峨邊、沙坪等地的木材可由大渡河（一名銅河）運嘉。此外嘉定附近的九里山、鎮子場、板橋溪等地，也供給木材不少，就嘉定在地理上的位置，水陸交通的關係，在將來實在可為以變成中國木材工業的重鎮，這點已有種種跡象可尋。經濟部中央工業試驗所木材試驗室，所以遷來此間，也就為這一層地利的緣故。」[93]9月9日，試驗室恢復工作。草創階段，創業維艱，他們在大佛寺的靜修亭樓上，租了幾間小屋當工作室，下面是一個茶館，如果燒起灶來，則滿屋煙霧彌漫。

研究伊始，試驗室先在沙坪伐木區採到木橡16株，絲栗15株，各鋸成有標高的、長4英尺半的百多個圓筒，供作木材物理力學等作試驗。此外，在峨邊及峨嵋采到了百餘號有臘葉標本的木材標本。值得一提的是，在1941年10月，唐燿把寄存於香港書刊、標本（包括由北平靜生生物調查所的）共計19箱的研究資料，在中央工業試驗所顧毓琇所長的協助下，派專人前往香港運到緬甸的仰光，再經昆明，運到了樂山。這件事情的意義在於，對中國木材研究能夠在極其艱苦的歲月裡開展了一些力所能及的工作，和培養這方面不少人才都起到十分重要的作用。1942年8月，試驗室購下所租靈寶塔下的姚莊，複添築宿舍、工棚。時武漢大學有電機設備在樂山閒置，即借予使用。試驗室設備的安裝系按自美國帶回的圖紙進行施工。就這樣，唐燿篳路藍縷，經經濟部同意將試驗室擴充為了木材試驗館。這是中國第一個木材研究館。

---

[92] 據潘洵、周勇主編：《抗戰時期重慶大轟炸日誌》，重慶出版社2011年版，第206頁。

[93] 唐燿：《中央工業研究所木材試驗館》，《林訊》1994年第3期。

　　木材試驗館從事木材試驗的情況，可從樂山《誠報》記者1944年1月22日寫的一篇報導《木材的魔術》來瞭解。文章說：

　　　　木材也值得試驗研究，我懷著好奇心到樂山對河的凌雲山，跨越了300多級石梯，踏入這木材魔術團。剛進大門，就被一堆的機器模型所包圍，鋸木機、圓鋸機、防腐廠、乾燥廠。在接待室內，放了五六十種出版的刊物，我翻閱了一下，發現了這一工作並不平凡。據謂在遷抵樂山的三年內，測定了2萬多次木材的重量和收縮，進行了2,000多次的力學試驗，製成了100多種木材切片。我在顯微鏡下看木材構造，好像織錦圖樣，你說奇怪不奇怪。據木材學家說，由此可以鑒定木材。

　　　　木材化學區是在一所新建築的樓上。我在想又有什麼把戲呢？這裡面擺了一棵樹，掛了不少圖表和很多瓶的樣品，說明瞭木材的成分，是由從空中的二氧化碳同根中吸收的水份同肥料，賴葉綠素直接利用日光能造成很複雜的纖維素，木素和其他很多的化合物。招待的人告訴我：木材有四千種以上的用途，可以製成食物，可以拿來做衣服，襪子，可以做炸藥，可以提酒精、造醋酸，可以代皮革，也可以做成電木一類的塑膠。無怪德國人在第二次世界大戰時把木材作為天然5種重要的原料之一。

　　　　我在魔術集團裡，明瞭了國外對木材的新貢獻，真有點駭人聽聞。據說，把木材浸以食鹽，雖曬不易起裂；浸在濃尿素內，烘熱後可以任意扭曲變形，冷卻後即可定形。這項在國外的新發現，在木材用途上開闢了一個新的途徑。

　　　　在木材物理力學區裡，掛著各式各樣木材的試樣，長的短的，大的小的。首先引起我注意的，是一段木頭旁邊，放著一大瓶水，它的重量是用以表示這段木頭內所含的水分，差不多占了木材的一半，真是難於置信。木材翹曲，我是知道的，可是在一個木材圓盤上，方的可以變成長方，圓的可以變成橢圓，那是奇之又奇。據他們的解釋，是因為木材的收縮，在弦面的較徑面大一倍的緣故。

　　　　記者放下了對木材研究的懷疑心，平著氣去看中國木材資源區，遇到該室主任。他說：今後中國的森林資源，估計僅可供需要量的1/4。

如何能夠物盡其用，不能不在科學的利用上打算盤。他說，他那裡有5000號的中外標本，10000多冊各國有關木材文獻，都是他收集和用照片照來的，試驗室工作目標是，有系統地研究中國木材的材性，從林區同市況的調查到改進用途。為了示範起見，還打算成立木材加工實驗工廠，以期用機械化的生產，把研究得來的結果，供給新興的需要。懷著異常的歡喜歸來，我不禁這樣想，「唉，魔術的木材！魔術的木材！」[94]

前面說過，戰時中央試驗所的宗旨就是為國防服務的，因此從1940年起，木材試驗所先後受交通部、航空委員會及兵工署的委託，分別作軍需國防工業用材的研究。包括枕木的調查與供應研究、飛機用材的研究、手榴彈柄及槍把的用材研究。此外，對於建築用材及文教器具用材也曾分別加以研究，取得了相應的結果。唐燿《木材科研工作五十年》一文中介紹，試驗館把有關木材的調查試驗和研究的範疇分為下列八類：

（一）中國森林和市場的調查和木材樣品的收集；

（二）國產木材一般材性及其用途，如木材構造及鑒定，國產木材一般材性及用途的記載，木材的病害、蟲害等；

（三）木材的物理性質，如木材的基本物理性質，木材試驗統計上的分析和設計，木材的物理性的慣常試驗等；

（四）木材的力學試驗，如小而無疵木材力學試驗，商場木材的試驗，國產重要木材的安全引力試驗等；

（五）木材的乾燥試驗，如木材堆集法和天然乾燥，木材人工乾燥車間，木材的乾燥程式等的試驗和研究；

（六）木材化學及利用的試驗，如木材防腐、防火和防水等研究，木材防腐方法及防腐工廠的設備，國產重要木材天然耐腐性的試驗等；

（七）木材工作性研究，如國產重要木材對鋸、刨、鑽、旋，彎曲、訂釘等反應，及新舊木工具的研究；

---

[94] 轉引自唐燿：《從事木材科研工作的回憶》，《中國科學家回憶錄》第一輯，光明日報出版社1988年版，第193-195頁。

（八）伐木、鋸木及林產工業機械設計等的研究。

　　戰時的木材研究任務繁重，對於研究人才的延攬就特別關鍵。唐燿在給雲南農林所從事木材研究的張英伯[95]信箚中說：「敝室進行之工作，重要者大約如上，惟頗感綆短汲深，人才之當有待充實。大凡事業之能收效功與否，莫不視人力如何而定，此理至淺。而此人力，分則收效微，合則易為功，此理又至為顯明，尤以草創之時期為著。燿頗願閣下於研究雲南木材之告一段落，先來川共同樹立並健全一般木材之研究事業。此意蓋非始自今日，燿前曾□□。敝室下年度經費增加至二十餘萬，之尚不計合作協款，事業即將擴充，亟待志識堅越之士，戮力促成。」[96]由此函可知，唐燿之所以誠邀張英伯來樂山一起工作，是因為此前曾為木材室人才缺乏，主持招收了一批研究生。由於戰時有許多從淪陷區流亡至內地的青年學生，就業機會實在太少，所以木材試驗室的招生，吸引了很多學生應試。但唐燿對招收的這些人員，大多數不太滿意，曾致函雲南農林所之鄭萬鈞云：「苦優秀工作人才之不易有耳！今日青年大多學少根柢，而志趣不定，見異思遷，尤為一般通病。弟臨事以來，深深感此，輒又無法以改善，不知兄其何以教我！」[97]因而要求鄭萬均派張英伯來四川協助工作。此事經與胡先驌通信聯繫獲准，張英伯也願來川，以向唐燿問學請益。只是在張英伯成行之前，已獲准赴美留學而未果。唐燿又曾致函其師長茅以升，請求推薦工程師來所工作，云：「敝室近經與武漢大學工學院合作，擴大進行木材力學試驗，頗苦人手不足，擬請吾師代為物色有志木材力學試驗之中級或高級人員一二人，如能木材工業機械設計者尤佳。」[98]茅以升於此也愛莫能助。館中其時主要人員有王愷、何定華、柯病凡、俞誠鴻及外籍人士屠鴻達等人。他們中的許多人，後來也成為國內外知名的木材學家。唐燿晚年回顧說：「在工作中培植了一些專才——我們吸收了林產利用及從事物理、化學及工程等專業的大專畢業生，在實際工作中培養他們成為專才：例如，現任華南農學

---

[95]　張英伯（1913-1984），樹木生理學家。直隸武清（今屬天津）人。1937年畢業于北平師範大學生物系。1947年獲美國耶魯大學研究院林學碩士學位。1949年獲美國密歇根大學林學研究院木材學碩士學位。1951年又獲密歇根大學理學及森林資源學研究院哲學博士學位。1956年回國，任中國林業科學研究院林業研究所研究員等職。曾主持創建中國林科院樹木生理生化研究所。

[96]　轉引自胡宗剛：《唐燿與中國木材學研究》，《中國農史》2003年第3期。

[97]　同上。

[98]　同上。

院林學系副教授何天象，中國科學院華南植物所研究員俞誠鴻，多年來對木材解剖學都做出了貢獻。他們在這方面的基礎都和木材試驗館期間樹立了初基分不開。又如現在安徽農學院森林系工作的柯副教授（即柯病凡），擔任過森林樹木學的研究，原在木材試驗館擔任伐木、鋸木研究的王愷，在出國深造後成了新式家具廠的專家。原擔任木材物理研究的屠鴻遠，出國進修後，在美國成了膠合板工廠的工程師。在抗日戰爭勝利後仍繼續留在木材館工作的何定華，對木材的合理利用有較廣泛的知識，現還在進行木材人工乾燥的研究，這一些都說明瞭木材研究專才的培養和成長，同當時木材試驗館在艱苦創業中樹立的研究環境不無聯繫。」[99]顧毓琇1944年視察後，為自己的理想在唐燿的擘劃下得以實現，高興地說：「今日看過諸位的工作，非常欽羨，可知在唐先生指導下的試驗室，其方法、制度已與國外的不相上下，這非但為中國之木材工業樹基礎，至少在國外也有相當地位。」[100]

抗戰勝利後，中央工業試驗所遷往上海。唐燿不願拋棄多年經營起來的木材試驗館，仍留在樂山繼續研究。他在晚年總結說：

> 回顧我在樂山主辦木材研究時期，在人力物力極端艱苦的情況下，一切工作無不在篳路藍縷中興創。所幸五載辛苦經營（一九四一至一九四五年）擔當了興導木材研究的重任。創建了可以進行初步研究工作的環境，並樹立了一種潛心研究的風氣。
>
> 在樂山的五年中，我們的主要工作是：我們首次創辦了中國木材研究館，釐定了木材試驗的規範：如關於木材水分、收縮、比重的試驗；木材的力學試驗，影響木材力學諸因數及木材力學試驗指導；木材力學抗強在纖維飽和度下調整的方法；木材的韌性、木材「平衡含水量」，木材天然抗腐性的試驗等。[101]

此外，在1942年至1950年期間，唐燿在從事木材科研的同時，還兼任設在樂山的中央技藝專科學校教授，講授木材造紙、林產製造、木材化學等課程。

---

[99] 唐燿：《木材科研工作五十年》，《中國科技史雜誌》1981年第4期。
[100] 轉引自胡宗剛：《唐燿與中國木材學研究》，《中國農史》2003年第3期。
[101] 唐燿：《木材科研工作五十年》，《中國科技史雜誌》1981年第4期。

　　1949年5月，上海被共軍佔領後，試驗館的經費來源斷絕了，但唐燿一幫人仍在繼續工作。唐燿在這段期間還編寫了《中國森林資源》（基本工業叢書之一）的稿本（何定華協助）。何定華則致力全國各林區木材資源的整理和木材產銷圖的編制。同年12月16日，樂山易幟。次日清晨，唐燿和夫人曹覺到大佛寺，「簞食壺漿，以迎王師」。

尾聲
抗戰勝利了

　　1945年8月10日傍晚。樂山城像平時一樣靜謐，忙碌了一天的人們吃過晚飯，有的手握蒲扇坐在通風處納涼，有的在茶館裡喝茶擺龍門陣。正當人們在議論「德國法西斯已經垮臺，小日本已吃了兩顆原子彈，眼看也就快完蛋了」的時候，突然從大街上傳來天大喜訊：「日本鬼子投降啦！投降啦！」「我們勝利啦！」「抗戰勝利啦！」

　　呼喊聲和歌唱聲越來越高昂，越來越響亮。這時，每家每戶的大人、孩子紛紛湧向街頭，大街小巷的人群，開始在公園門外「抗敵陣亡將士紀念碑」周圍聚集，大家拚命擠向《廣播消息》木牌前，想看個一清二楚。

　　這個《廣播消息》是武漢大學電機系力訊社學生主辦的。那時，大家非常關心抗日消息，但樂山只有一份發行量很小的《誠報》，重慶、成都的報紙當天看不到，大家又不像現在有半導體收音機，所以消息很閉塞。力訊社成員周志驤回憶，「我們為什麼不用電機系有收音機的優勢去為大家服務呢！趙師梅老師非常支持我們這個想法，答應由學校供應紙張筆墨，經幹事會研究由施壽煙負責這項工作，並規定傳播內容只限於抗日消息，不傳播電臺其他宣傳內容。『力訊社』組織社員夜間收聽廣播，連夜寫成大字報第二天早晨上課前貼在工學院三育中學過道上。第一期出刊後受到廣大師生熱烈歡迎，成為當時樂山第一家快報新聞。後學校又要求我們在校本部文廟貼一張，後來連當地政府也送筆墨紙張來，要求我們在公園也貼一張。」[1]「當日本帝國主義宣布無條件投降，八年抗戰終於取得最後勝到的時刻，『廣播消息』及時張貼了『號外』，激起了校內外廣大民眾的歡欣若狂。」[2]該消息全文如下：

　　〔中央社渝十日急電〕據美新聞處舊金山十日電：據合眾社本晚接獲東京廣播：日本政府接受其無條件投降之波茨坦公告，惟一要求為保留天皇。

　　看過消息內容的人們，情不自禁地歡跳來起，又呼又叫：「好啦，鬼子投降啦！」「老子再不跑警報啦！」有的人抓住同伴們的手，不住地用力搖動，

---

[1]　周志驤：《我與「力訊社」》，《武大校友通訊》2006年第一輯。
[2]　俞大光：《回憶武大力訊社》，臺北武大校友會編：《珞珈》第130期，1997年1月。

還立即把自己剛聽來的勝利消息，傳給站在更外層的人。這時，又有人把自己的小孩高高舉起，拋上拋下，他連周身都在淌汗也不覺得。上了年紀的人，雖不像年輕人那樣手舞足蹈，但也向人群莞爾而笑，有時還灑下了幾滴興奮的淚水。歡歌起舞的年輕人，更是快樂非常，他們大聲說話，使勁握手，而對相識的和不相識的人都頻頻點頭，隨意搭話，每個人似乎都有說不完的心裡話要講要談，可是人聲鼎沸，誰也不能清楚地聽清對方的話語。此時此刻，到處是笑臉，到處在歡呼，掌聲、歌聲、鞭炮聲、交談聲……匯成了一組歡快的交響樂。這時，站在裡層的人，紛紛移動腳步，如浪潮一般地向玉堂街、東大街、土橋街流去。這長龍似的人流，沒人組織，也沒人發號施令，然而遊行行列卻十分整齊嚴肅，從4人一排逐漸增至8人、16人，分不出哪裡是排頭，哪裡是尾巴，整個行列既熙熙攘攘，又浩浩蕩蕩。參加遊行較早的，多半是在樂山客居多年的武大師生，他們首先把勝利的消息傳給樂山人民，使整個城市都沸騰起來了。[3]

這是植物生理學家湯佩松博士即將離開樂山返回昆明聯大的晚上。他和武大生物系的高尚蔭夫婦等一幫朋友一起聚餐，突然聽到門外有股聲浪，起初似是一陣狂風怒吼，由遠而近，繼之是人群的狂呼和吶喊聲。開門出去，看到街上充滿了人流，如同潮水一般，毫無目標地在奔湧歡叫。從鼎沸的人群喊叫中只聽清一句話：「美國飛機在日本投下一個丸（四川音「元」）子炸彈。」湯佩松、高尚蔭他們欣喜若狂，回去把留在餐桌上尚未收拾的美酒痛飲了一番。這幫洋博士，一點也顧不得斯文體面，放聲高叫，淚濕胸懷！湯佩松自己甚至「癲瘋」到將主人珍藏多年的一隻雕花玻璃酒杯，摔碎在飯廳的壁爐磚上。[4]

這一天，武大文學院學生張守恭和一幫同學，正在興發街第五宿舍裡晚自修，忽聽門口有一位同學大喊：「日本投降了！」這一聲好似一陣春雷，頓時滿室歡呼，張守恭不禁把書一拋，不顧一切地沖出大門，奔上街頭。一面狂奔，一面直起嗓子大喊大叫：「日本投降啦！」「我們勝利了！」「我們可以回家啦！」當然，不只是他一個人在瘋跑狂叫，有些同學興奮得忘乎所以，簡

3　據唐叔慶：《一個永志不忘的夜晚》，《樂山市志資料》1983年第2期總第6期，第91頁。
4　參見湯佩松：《為接朝霞顧夕陽》，科學出版社1988年版，第113頁。

直聽不出他在喊些什麼。他們就這樣在昏暗中不知跑過幾條街道，大約一個多小時以後，鑼鼓聲、鞭炮聲四起，樂山各機關、群眾遊行慶祝的隊伍出來了，可是他們已經聲嘶力竭，再也不能跑了，只好蹣跚著回到宿舍。

這天晚上，剛從武大外文系畢業的女生楊靜遠在日記本上寫道：

> 這一天的日記該用紅墨水記啊！八年整的苦戰，竟然突然中止了。日本，那兇殘橫暴的敵人，居然豎起了降旗！但是，一則以喜，一則以懼。要是情形只是這麼簡單該多幸福！晚上九點鐘的時光，我坐在燈下靜讀《今日蘇聯》，只聽得外面小孩子叫嚷聲。有點奇怪，也沒有在意。爹爹從葉喬[嶠]家回來，在門外就以不常見的興奮的聲音喊：「好消息喲！頂好的消息：日本投降了！」我一聽，頭一個感覺是茫然，不知道高興好還是暫時冷靜地想想好。第二瞬間，一個陰影爬上我正待躍起的心。日本問題目前是解決了，可是蘇聯已進攻偽滿，東三省也許到頭來只換一個異國主人，我連笑都笑不出。這時外面爆竹聲大作，像是久被壓抑而爆發的狂笑。八年來忍氣吞聲的中國人的情緒，一下奔放地沖上來。那一處接一處的爆竹聲，夾著細微的孩子叫喊聲，使人不由得心裡一陣酸，我可憐的中國人！爆竹粗壯地無憚地笑著，我肆意地哭著。懷念以往，感觸目前，憂心未來，情緒複雜如一團亂絲。這時媽媽和蘇先生等都一股子勁地喊著要上街看看。我摸去眼淚，和她們一同走。這是難得的機會，我要去觀光這「勝利夜」的狂歡。[5]

翌日早上，在武大校本部文廟的民主牆上，學生們發現了袁昌英教授仿杜甫《聞官軍收河南河北》寫的一首慶祝抗戰勝利的詩：

> 戶外忽傳真勝利，初聞涕淚濕衣裳。卻看妻子愁何在，漫捲詩書喜欲狂。
> 白日放歌須縱酒，青春作伴好還鄉。即從巴峽穿巫峽，便下宜昌向漢陽。[6]

5　楊靜遠：《讓廬日記》，武漢大學出版社2003年版，第370頁。
6　劉萬寅：《在樂山讀書時的一點回憶》，《武大校友通訊》2008年第1輯。

8月14日，就讀武大附中的女生陳小瀅忍不住內心的狂喜，給遠在英倫的父親陳源寫信。信云：

> 親愛的爹爹：
>
> 我在極度大興奮中寫這封信給你，今日晚上聽廣播中稱，日本投降！晚飯後八時許，忽聽山下繆恩釗家大嚷，日本投降了！我聽了狂極跳了出來和繆家的一個女孩擁抱起來。我和同學克強、永直一起跑下山，瘋狂地跳著、喊著，我一隻皮鞋底掉了一半。我買了炮（爆）竹，一路點一路奔跑耍舞，人火混在一起都分不清楚了，我們一直跑到公園門口又碰到一些男孩子，遂點著火把高呼口號，我們都瘋狂了。後來我們又跟著一批大學生一起跑，一直跑到半邊街，大喊「中華民族萬歲」「祖國萬歲」等等。後來永直頭髮全起了火，頭髮燒光襯衣燒爛。我和永直及方家的一個孩子站在路邊高跳喊著「抗戰軍人萬歲」。走回家中冷靜下來，想到一些死亡了的受傷了的軍民，遂很嚴肅地起誓我要將身體獻給國家。我是真高興又難過，真的我要瘋了，寫不下去了。深夜近安！
>
> 女兒小瀅　三十四年八月十四日[7]

聽說抗戰勝利了，復性書院的馬一浮先生作《聞寇退口號》六首：

> 平陂往復事如環，萬井流離或暫安。但使蒼生免塗炭，頹年甘分忍饑寒。
> 競說單于夜遁逃，未聞哀痛下明朝。空村故里無人問，柺檟當年恐半凋。
> 救邢存衛建高牙，原野蕭條集亂鴉。從此山河應有主，可堪獫狁令無家。
> 受降城外海連天，下有蛟龍夜不眠。遼鶴飛來猶避彈，麻姑幾度見桑田。
> 破斧焚巢始偃兵，何人霖雨賦東征。非關季世詩亡久，萬法從來不自生。
> 一片歸心逐亂雲，祇今道路尚紛紛。閉門收拾閒言語，猿鶴山中靜不聞。[8]

7　郭玉瑛：《小瀅同學抗戰時期的兩封家書》，陳小瀅、高豔華編著：《樂山紀念冊：1939——1946》，商務印書館2012年版，第29頁。

8　丁敬涵校點：《馬一浮集》第三冊，浙江古籍出版社1996年版，第368頁。

8月15日上午10時，日本廣播以淒哀聲音，播出天皇裕仁《終戰詔書》，標誌日本正式接受波茨坦公告，宣布投降。

8月31日，《誠報》頭版刊登啟事：「抗戰勝利，舉國狂歡。本市各界為申慶祝，除於本月二十一日召開會議分組籌備外，凡機關、團體、學校或個人，願準備遊藝節目（如戲劇、音樂、歌詠、魔術、國術、雜技等）及遊行節目（如彩燈、彩船、龍燈、高蹺、獅子、平抬暨各種化妝故事等），參加者請於本月三十一日以前在叮咚街54號（九八師政治部）本會秘書處登記，以便列入日程。敬希各界積極籌備，踴躍參加，共襄盛舉為荷。」[9]

9月2日9時，日本政府代表在東京灣內的美國戰艦「密蘇里」號上簽署了無條件投降書，為第二次世界大戰畫上了句號。

9月3日，國民政府下令舉國慶祝，放假1天，懸旗3天。樂山《誠報》刊登消息：「〔本報訊〕慶祝抗戰勝利大會……本縣各民眾均於本日準備彩燈對聯，各機關亦紛紛以竹木柏枝紙花對聯紮成牌坊，以備明日開始舉行。本縣各界慶祝抗戰勝利大會籌備會，以連日天雨，籌備不及，於昨日召集臨時緊急會議，決定改於九月五日起正式舉行，連續三日，並通知各界屆時參加云。」[10]

伴隨著抗日戰爭結束，國共內戰開打，國家的軍費支出猛增，財政赤字越來越大。因此，國民政府主要以印發紙幣的辦法來平衡赤字。於是引起物價猛漲，工礦企業的原材料、工資、稅收等開支也跟著飛漲，維持生產周轉所需的流動資金也越來越大，加上美國對華大量傾銷戰爭剩餘物資，嚴重地打擊了民族企業。樂山城內，先後倒閉商號300餘家；綢廠由25家減少為6家，嘉華水泥廠、嘉樂紙廠、絲廠、鹼廠等多數企業都處於停產狀態。[11]更重要的一方面是，抗戰勝利狂歡之後，大量內遷單位開始復員，人口陡然銳減，使得地方經濟由大輸血變成了大抽血，樂山戰時的繁榮成為「曇花一現」的景象。

（2014年7月-2015年2月初稿，2016年2月-8月二稿，
2017年12月-2018年8月三稿）

9　據周文華主編：《樂山歷代文集》，樂山市市中區史志辦編印，1990年，第375-376頁。

10　據周文華主編：《樂山歷代文集》，第376頁。原載《誠報》1945年9月7日。

11　千鳴豐：《樂山城市史稿》，中央文獻出版社2006年，第270頁。

主要參考資料

一、大陸公開出版物（以出版時間先後為序）

《蜀南三種》，黃炎培，（重慶）國訊旬刊社，1941年版。

《戰時全國各大學鳥瞰》，王覺源編，重慶獨立出版社，1941年版。

《康昌考察記》，朱偰，大時代書局，1942年版。

《屠龍集》，蘇雪林，上海商務印書館，1947年版。

《抗戰中的中國文化教育》，延安時事問題研究會編，上海人民出版社，1961年版。

《少年時代》，郭沫若，人民文學出版社，1979年版。

《陳翔鶴選集》，陳翔鶴，四川人民出版社，1980年版。

《中國現代作家傳略》上，四川人民出版社，1981年版。

《民呼民籲民立報選輯》（一），馬鴻謨編，河南人民出版社，1982年版。

《馮玉祥詩選》，馮玉祥著、于舟選編，四川人民出版社，1982年版。

《中國當代社會科學家》第3輯，書目文獻出版社，1983年版。

《花萼與三葉》，葉至善等，三聯書店，1983年版。

《劉盛亞選集》，劉盛亞，四川人民出版社，1983年版。

《我與四川》，葉聖陶，四川人民出版社，1984年版。

《四川大學史稿》，王廷科主編，四川大學出版社，1985年版。

《中國近代學制史料》第一輯下冊，朱有瓛主編，華東師範大學出版社，1986年版。

《中國科技史探索》，李國豪等主編，中華書局香港分局，1986年版。

《雙行精舍序跋輯存續集》，王獻唐，齊魯書社，1986年版。

《化工先導范旭東》，中國文史出版社，1987年版。

《中國航空史》，姜長英，西北工業大學出版社，1987年版。

《我的抗戰生活》，馮玉祥，黑龍江人民出版社，1987年版。

《中國科學家回憶錄》第一輯，光明日報出版社，1988年版。

《四川工人運動史料選編》，四川檔案館、四川省總工會編，四川大學出版社，1988
　　年版。

《為接朝霞顧夕陽》，湯佩松，科學出版社，1988年版。

《聚興誠銀行》（重慶工商史料第六輯），中國民主建國會、重慶市工商聯文史委
　　編，西南師範大學出版社，1988年版。

《錢歌川文集》第一卷，錢歌川，遼寧大學出版社，1988年版。

《夾江縣誌》，夾江縣編史維修志委員會，四川人民出版社，1989年版。

《中國工業鉅子——范旭東》，胡迅雷，中國青年出版社，1991年版。

《蘇雪林散文選集》，蔡清富編，百花文藝出版社，1991年版。

《孫越崎文選》，孫越崎，團結出版社，1992年版。

《金景芳自傳》，金景芳，巴蜀書社，1993年版。

《天地間一個讀書人‧熊十力傳》，郭齊勇，上海文藝出版社，1994年版。

《葉聖陶集‧西行日記》第19卷，江蘇教育出版社，1994年版。

《抗戰時期西南的科技》，四川科學技術出版社，1995年版。

《中華文史資料文庫第12卷經濟工商編》，全國政協文史委編，中國文史出版社，
　　1996年版。

《四川文史資料集萃》第二卷政治軍事編，政協四川省文史委編，四川人民出版社，
　　1996年版。

《四川省志‧金融志》，四川辭書出版社，1996年版。

《長憶百齡翁——孫越崎紀念文集》，呂德潤主編，石油工業出版社，1996年版。

《馬一浮集》，虞萬里、丁敬涵校點，浙江古籍出版社，1996年版。

《工礦泰斗孫越崎》，薛毅，中國文史出版社，1997年版。

《中華民國史檔案資料彙編》第五輯第二編（財政經濟），中國第二歷史檔案館編，
　　檔案出版社，1997年版。

《中國近代紡織史》（下卷），中國近代紡織史編委會編，中國紡織出版社，1997年版。

《抗日戰爭》第五卷，章伯鋒、莊建平，四川大學出版社，1997年版。

《孫越崎》，花山文藝出版社，1997年版。

《企業先驅：范旭東大傳》，李玉，中華工商聯合出版社，1998年版。

《錢昌照回憶錄》，錢昌照，中國文史出版社，1998年版。

《朱東潤傳記作品全集》第四卷，朱東潤，東方出版中心，1999年版。

《李約瑟遊記》，李約瑟、李大斐編著，貴州人民出版社，1999年版。

《武大逸事：武大英華》，徐正榜主編，遼海出版社，1999年版。

《無邊往事——紀念譚聲乙教授百年誕辰文集》，中國紡織大學出版社，2000年版。

《桑榆憶往》，程千帆，上海古籍出版社，2000年版。

《梅貽琦日記（1941-1946）》，黃延複、王小寧整理，清華大學出版社，2001年版。

《中國近代工人階級和工人運動》第十冊，劉明逵、唐玉良主編，中共中央黨校出版

社，2002年版。

《屈萬里書信集‧紀念文集》，王運唐等主編，齊魯書社，2002年版。

《蠶魂——費達生傳》，余廣彤，蘇州大學出版社，2002年版。

《盧作孚書信集》，黃立人主編，四川人民出版社，2003年版。

《讓廬日記》，楊靜遠，武漢大學出版社，2003年版。

《中國西部抗戰文化史》，唐正芒等著，中共黨史出版社，2004年版。

《父親長長的一生》，葉至善，江蘇教育出版社，2004年版。

《我與四川》，葉聖陶，四川人民出版社，2004年版。

《去大後方——中國抗戰內遷實錄》，蘇智良等編著，上海人民出版社，2005年版。

《困頓與求索》，楊宏雨，學林出版社，2005年版。

《竺可楨全集》第7卷，竺可楨，上海科技教育出版社，2005年版。

《葉聖陶抗戰時期文集》（一－三卷），商金林編，人民教育出版社，2005年版。

《永利與黃海：近代中國化工的典範》，陳歆文、周嘉華，山東教育出版社，2006年版。

《珠還記幸》修訂本，黃裳，北京三聯書店，2006年版。

《遍能法師詩文選集》，永壽主編，宗教文化出版社，2006年版。

《樂山城市史稿》，干鳴豐，中央文獻出版社，2006年版。

《馬衡日記——1949年前後的故宮》，馬衡，紫禁城出版社，2006年版。

《江村經濟》，費孝通，上海人民出版社，2007年版。

《馬衡傳》，俞建偉等，上海教育出版社，2007年版。

《三松堂自序》，馮友蘭，人民出版社，2008年版。

《大變局——抗戰時期的後方企業》，張守廣，江蘇人民出版社，2008年版。

《我與故宮五十年》，那志良，黃山書社，2008年版。

《黃炎培日記》第8卷，黃炎培，華文出版社，2008年版。

《蜀道難》，羅常培，河南人民出版社，2008年版。

《樂山的迴響》，駱鬱廷主編，武漢大學出版社，2008年版。

《費孝通和姐姐費達生》，余廣彤，中央文獻出版社，2008年版。

《樂山時期的武漢大學》，涂上飆主編，長江文藝出版社，2009年版。

《蘇州蠶桑專科學校簡史》，李喆等著，蘇州大學出版社，2009年版。

《巨流河》，齊邦媛，三聯書店，2010年版。

《「永久黃」團體檔案彙編》，趙津主編，天津人民出版社，2010年版。

《故宮文物避寇記》，歐陽道達，紫禁城出版社，2010年版。

《千年鹽城五通橋》，易志隆，九州出版社，2011年版。

《李劼人全集》第七卷、第十卷，四川文藝出版社，2011年版。

《李劼人研究：2011》，曾智中主編，四川文藝出版社，2011年版。

《跨越元素世界》，侯德榜，百花文藝出版社，2011年版。

《一代傳人王獻唐》，李勇慧，山東教育出版社，2012年版。

《民國杭州航空史》，渠長根等編著，杭州出版社，2012年版。

《李燭塵傳》，李燭塵研究中心編著，光明日報出版社，2012年版。

《故宮文物南遷》，政協樂山文史委員會編，天地出版社，2012年版。

《故宮國寶受難記》，談古編著，經濟科學出版社，2012年版。

《復性書院講錄》，馬一浮，浙江古籍出版社，2012年版。

《樂山紀念冊：1939——1946》，陳小澂、高豔華編著，商務印書館，2012年版。

《工業回眸》，政協樂山文史委員會編，天地出版社，2013年版。

《中國近代航空工業史》，中國航空工業史修辦公室編，航空工業出版社，2013年版。

《民國財經巨擘百人傳》，張連紅、嚴海建主編，南京出版社，2013年版。

《馬一浮全集》第二冊、第五冊，吳光主編，浙江古籍出版社，2013年版。

《鄭辟疆教育思想與實踐研究》，朱躍，蘇州大學出版社，2013年版。

《中國戰時首都檔案文獻‧遷都　定都　還都》，重慶市檔案館、重慶師範大學合
　　編，重慶出版社，2014年版。

《中國化學工業奠基者「永久黃」團體研究》，趙津、李健英，天津人民出版社，
　　2014年版。

《上海市檔案館藏近代中國金融變遷檔案史料彙編：上海商業儲蓄銀行（機構卷）》，
　　何品、宣剛編注，上海遠東出版社，2015年版。

《伏線千里：戰時期金融機構大遷移》，王紅曼，商務印書館，2015年版。

《汪偽統治區奴化教育研究》，曹必宏等，社會科學文獻出版社，2015年版。

《烽火薪傳——抗戰時期文化機構大遷移》，孟國祥，商務印書館，2015年版。

《馮玉祥自傳2：我的抗戰生活》，馮玉祥，中國青年出版社，2015年版。

《載書漂流記》，屈萬里著、屈煥新編注，中西書局，2015年版。

《回首蕭瑟處》，吳令華，百花文藝出版社，2016年版。

《實業家李劼人檔案揭秘》，付金豔，上海書店出版社，2016年版。

二、港臺海外出版物（以出版時間先後為序）

《中華民國大學志》，張其昀等著，（臺灣）中華文化出版事業委員會，1954年版。

《前國民政府主席林公子超遺集》，（臺北）中國國民黨中央委員會黨史史料編纂委
　　員會、國史館編印，1966年。

《程天放早年回憶錄》，程天放，（臺北）傳記文學出版社，1968年版。

《學府紀聞：國立武漢大學》，（臺北）南京出版公司，1981年版。

《傳記文學》第39卷第4期，（臺北）傳記文學社，1981年。

《中華文物播遷記》，杭立武編著，（臺北）臺灣商務印書館，1983年版。

《樂育菁莪——程天放傳》，王家瑩，（臺北）近代中國出版社，1983年版。

《林繼庸先生訪問記錄》，張朋園、林泉，（臺北）中央研究院近代史研究所，1984年版。

《王世杰日記手稿本》第二冊，王世杰，（臺北）中央研究院近代史研究所，1990年。

《浮生九四——雪林回憶錄》，蘇雪林，（臺北）三民書局，1993年版。

《珞珈》第118期-161期，臺北武大校友會編，1994年-2005年。

《戰爭與革命中的西南聯大》，易社強著、饒佳榮譯，（臺北）傳記文學出版社，2010年版。

《兩個故宮的離合》，野島剛著、張惠君譯，（臺北）聯經出版公司，2012年版。

《儒者行：孔德成先生傳》，汪士淳，（臺北）聯經出版公司，2013年版。

三、大陸內部印刷資料（以出版時間先後為序）

《國立中央技藝專科學校概況》，國立中央技專編印，1947年。

《樂山地區樂山市地名錄》，樂山地區樂山地名領導小組編，1986年

《四川省樂山縣概覽》（1947年12月），樂山縣政府編纂，樂山市市中區編史修志辦公室翻印，1987年

《人民教育家俞慶棠》，唐孝純，江蘇文史資料編輯部編印，1988年。

《蘇州蠶桑專科學校校史（1903-1989）》，蘇州蠶專校史編寫組，1989年。

《樂山歷代文集》，周文華主編，樂山市市中區史志辦編印，1990年。

《蘇州蠶桑專科學校建校88周年紀念冊》，蘇州蠶專校友會籌委會編，1990年。

《近代中國蠶絲業的先驅：鄭辟疆》，蘇州蠶桑專科學校編，1993年。

《國立中央（樂山）技藝專科學校校友錄修訂本》，中央技專成都校友會編印，1994年。

《樂山歷代詩集》，周文華主編，樂山市市中區地方誌辦公室編印，1995年。

《王星拱校長紀念專刊》，武漢大學成都校友會編印，1996年。

《俞慶棠紀念文集》，政協江蘇省太倉市文史委編，1997年。

《愛國老人孫越崎》，政協浙江省紹興縣文史委編，1997年。

《懷念鮑國寶——紀念鮑國寶同志誕辰一百周年》，何初文主編，1999年。

《珞嘉歲月》，武漢大學北京老校友會編，2003年。

《嘉陽集團（煤礦）志》，嘉陽集團志編輯委員會編印，2008年。

《鉤沉——「永久黃」團體歷史珍貴資料選編》，天津鹼廠黨委宣傳部編印，2009年。

《歲月留痕》，溫吉言，2010年。

《雄雞一聲天下白：蔡聲白先生紀念集》，楊敏德編，2015年

《犍為抗戰記憶》，羅長安主編，犍為縣老科技工作者協會、犍為縣檔案局印，2015年。

四、文史資料

《文史資料選輯》

《天津文史資料選輯》

《五通橋文史資料》

《四川文史資料選輯》

《安順文史資料選輯》

《武大校友通訊》

《故宮文物南遷史學刊》

《威海文史資料》

《峨嵋文史》

《雲南文史資料選輯》

《湘西文史資料》

《犍為縣文史資料》

《樂山文史資料》

《樂山市中區文史資料選輯》

《樂山市志資料》

《樂山史志資料》

《蘇州文史資料》

五、期刊雜誌

《人物》

《山東圖書館學刊》

《文史天地》

《中國農史》

《中國科技史雜誌》

《四川檔案史料》

《民國檔案》

《抗日戰爭研究》

《林訊》

《金色時光》

《武漢文史資料》

《新文學史料》

《歷史研究》

《競爭力》

後記

2013年底，在武漢大學轟轟烈烈舉辦「120週年校慶」之際，我的「抗戰時期的武漢大學」「四部曲」悄然無息地收官面世。我寫書純屬個人行為，出書又在海峽對岸，沒引起多少人關注，也沒產生什麼影響。但，這絲毫不減少我做抗戰歷史文化研究的熱情。

我又上路了。我由點及面地展開了更為寬廣的樂山抗戰史研究，不再囿於一所武漢大學，還有中央技專、復性書院、故宮辦事處等；也不只是文教科研單位，還有知名廠礦企業，如永利川廠、嘉陽煤礦、嘉樂紙廠等；甚至還包括其他重大事件，如修築樂西公路、八一九大轟炸等。

書稿完成之後，出版之路很不順暢。自我檢討之後，覺得書寫內容過於蕪雜，不如將主題聚焦於一點——文化。於是痛下狠心進行把廠礦企業等其他內容刪減，只保留教育、文化、科研單位。於是，就有了那本《發現樂山：被遺忘的抗戰文化中心》（福建教育出版社2016年版）。通過這本書，我第一次將樂山定位在抗戰文化中心。當然嚴格說來，只能算是區域文化中心。哪怕只是區域文化中心，或者說「文化副區」，樂山也很少進入學人視線，更別說系統研究形成專著。這是我有點小得意的地方。

《發現樂山》出版之後，我總覺得樂山抗戰史這座富礦，還可以繼續挖掘。樂山不僅是區域抗戰文化中心，當年還是企業聚集、商業繁榮之地，甚至有人謂之「小重慶」。到底夠不夠這個稱號，並不重要。重要的是它曾接納過國民政府鹽務總局、近代中國化工的典範——永利與黃海、戰時唯一遷到後方的中外合資煤礦企業中福公司與民生公司合辦的嘉陽煤礦、戰時唯一的空軍降落傘生產廠、國貨絲綢時裝面料最主要提供商美亞織綢廠……等等，還有交通部直接辦理的「抗戰血路」樂西公路。不過對地方民眾來說，最深刻的記憶莫過於「八一九」大轟炸。能讓日軍戰機光顧，也從側面反應了樂山戰略地位之重要。

由於史料缺乏，還有一些戰時的知名企業沒寫，比如樂山木材乾餾廠、嘉

華水泥廠、全華醬油廠、亞西機器廠等。也因篇幅限制，出版時刪除了樂西公路、八一九大轟炸、三二補訓處、犍樂鹽場和鹽務總局等內容。留點遺憾給未來，何嘗不是一件好事情呢？

研究抗戰、瞭解歷史，絕不是為了記住仇恨，而是為了更好地前進。這些年有兩個人的精神，一直激勵著我前進。

一是戰時武漢大學中文系教授朱東潤先生。先生離家千里，隻身獨處在樂山城郊，「住的是半間幽暗的斗室，下午四時以後便要焚膏繼晷。偶然一陣暴雨，在北牆打開一個窟窿，光通一線，如獲至寶，但是逢著寒風料峭、陰雨飛濺的時候，只得以圍巾覆臂，對著昏昏欲睡的燈光，執筆疾書。」「空襲警報來了，是夏天，身上著的白衣服不宜於跑警報，只好伏在窗下」，等敵機轟炸以後，揚長而去，先生再從窗下爬起來繼續工作。蜀中生活的艱難，並沒有動搖先生堅持學術研究的信念。曾經我也像朱先生一樣孤身一人在樂山工作，凡八年。每當我想偷懶時，就想起朱先生。

一是「戰時故宮」創建人、農民企業家王聯春先生。十年前，年屆七旬的樂山安谷人王聯春老先生，決定個人出資修建故宮文物南遷史料陳列館。他和老夥伴們四處尋找文物南遷時留下的物件兒，有丟了壺蓋的白瓷茶壺、鏽跡斑斑的燭臺……還有三塊「功侔魯壁」木匾的局部，恰好可以完整拼出那四個字。這十年間，老人真金白銀地投入上千萬元，換來頗具規模的「戰時故宮」。有人費解，有人心疼，王聯春卻說：「建館之路才走了一半。只要我看准的路，就一定要走下去。」不才沒有王聯春老先生那樣的經濟實力搞文化場館建設，只有力所能及地幹一些史料打撈工作。一晃，也是十年矣。

想想看，樂山工作不過是我生命中的一段小小插曲而已，但是影響卻可能是一輩子。人生就這麼吊詭。

2018年10月10日，廣州

血歷史141　PC0784

新銳文創
INDEPENDENT & UNIQUE

歷史的插曲
—— 一座後方小城的抗戰記憶

作　　者	張在軍
責任編輯	鄭夏華
圖文排版	楊家齊
封面設計	楊廣榕

出版策劃	新銳文創
發 行 人	宋政坤
法律顧問	毛國樑　律師
製作發行	秀威資訊科技股份有限公司
	114 台北市內湖區瑞光路76巷65號1樓
	電話：+886-2-2796-3638　傳真：+886-2-2796-1377
	服務信箱：service@showwe.com.tw
	http://www.showwe.com.tw
郵政劃撥	19563868　戶名：秀威資訊科技股份有限公司
展售門市	國家書店【松江門市】
	104 台北市中山區松江路209號1樓
	電話：+886-2-2518-0207　傳真：+886-2-2518-0778
網路訂購	秀威網路書店：https://store.showwe.tw
	國家網路書店：https://www.govbooks.com.tw

出版日期	2019年1月　BOD一版
定　　價	490元

國家圖書館出版品預行編目

歷史的插曲：一座後方小城的抗戰記憶 / 張在軍
著. -- 一版. -- 臺北市：新銳文創, 2019.1
　　面；　公分. -- (血歷史；141)
BOD版
ISBN 978-957-8924-44-4(平裝)

1. 歷史　2. 中日戰爭　3. 四川省樂山市

672.9/333.2　　　　　　　　　107020963

讀者回函卡

感謝您購買本書，為提升服務品質，請填妥以下資料，將讀者回函卡直接寄回或傳真本公司，收到您的寶貴意見後，我們會收藏記錄及檢討，謝謝！
如您需要了解本公司最新出版書目、購書優惠或企劃活動，歡迎您上網查詢或下載相關資料：http:// www.showwe.com.tw

您購買的書名：＿＿＿＿＿＿＿＿＿＿＿＿＿＿＿＿＿＿＿＿＿＿＿＿＿

出生日期：＿＿＿＿＿年＿＿＿＿＿月＿＿＿＿＿日

學歷：□高中 (含) 以下　　□大專　　□研究所 (含) 以上

職業：□製造業　□金融業　□資訊業　□軍警　□傳播業　□自由業
　　　□服務業　□公務員　□教職　　□學生　□家管　□其它＿＿＿

購書地點：□網路書店　□實體書店　□書展　□郵購　□贈閱　□其他

您從何得知本書的消息？

　□網路書店　□實體書店　□網路搜尋　□電子報　□書訊　□雜誌

　□傳播媒體　□親友推薦　□網站推薦　□部落格　□其他＿＿＿＿＿

您對本書的評價：（請填代號　1.非常滿意　2.滿意　3.尚可　4.再改進）

　封面設計＿＿＿　版面編排＿＿＿　內容＿＿＿　文／譯筆＿＿＿　價格＿＿＿

讀完書後您覺得：

　□很有收穫　□有收穫　□收穫不多　□沒收穫

對我們的建議：＿＿＿＿＿＿＿＿＿＿＿＿＿＿＿＿＿＿＿＿＿＿＿

＿＿＿＿＿＿＿＿＿＿＿＿＿＿＿＿＿＿＿＿＿＿＿＿＿＿＿＿＿＿＿

＿＿＿＿＿＿＿＿＿＿＿＿＿＿＿＿＿＿＿＿＿＿＿＿＿＿＿＿＿＿＿

11466
台北市內湖區瑞光路 76 巷 65 號 1 樓

秀威資訊科技股份有限公司　　收

BOD 數位出版事業部

··

（請沿線對折寄回，謝謝！）

姓　　名：＿＿＿＿＿＿＿＿＿　年齡：＿＿＿＿＿　性別：□女　□男

郵遞區號：□□□□□

地　　址：＿＿＿＿＿＿＿＿＿＿＿＿＿＿＿＿＿＿＿＿＿＿＿＿

聯絡電話：(日) ＿＿＿＿＿＿＿＿＿＿＿　(夜) ＿＿＿＿＿＿＿＿＿＿＿

E-mail：＿＿＿＿＿＿＿＿＿＿＿＿＿＿＿＿＿＿＿＿＿＿＿